経営読書記録

裏

楠木 建
経営学者

日本経済新聞出版

はじめに

読書はスキだが愛書家ではない。蔵書には興味がない。読んだ本の95%は速やかに処分する。その辺の成り行きについては、本書の表バージョン『経営読書記録（表）』に書いた。

読み終わった本を片っ端から処分していくと、自分がどの本を読んだのかが分からなくなる。「これは面白そうだ……」と買って読み始めてみると、前に読んだことがある本だった――こういうことが頻発した。そこで、読書記録をつけることにした。書名と著者名と日付に加えて、短い感想を書いておく。最初はＰＣでエクセルのファイルをつくって記録をつけていた。

そのうちにツイッター（今のＸ）が出てきた。渡りに船とばかりに、２００９年から読書記録をこちらに移行した。実に便利なものが出てきたという気がした。というのは、読書感想をツイートすると、それを見た人がたまにコメントをつけてくれるからだ。「その本が好きならば、これもおすすめ」「この本は改訂増補版が最近出て、さらに充実している」――これが実にありがたい。読書生活が少し豊かになった。

紙媒体に書いたものはまとめてファイルするようにしているのだが、オンラインメディアに寄稿したものはどこに何を書いたのか分からなくなってしまう。そうこうしているうちに、オンライン記事にツイッターの共有ボタンがつくようになった。ボタンを押すだけで自分が書いた記事の備忘録ができあがる。インターネットという文明の利器を手にして喜んでいた。そのうちに読書やメディア寄稿の記録だけでなく、そのときどきに考えたこともメモ代わりにツイートするようになった。

しかし、文明の利器はしばしば文化の敵にもなる。しばらくするとツイッターが不穏な空間へと変容していった。何かツイートすると、しばしば「バカ」とか「ハゲ」（と言われても事実なので返す言葉がない）とか「この人、大丈夫?」とか「こんなヤツが国立大学教授なのか、税金返せ!」といった怒りの声が寄せられるようになった。ま、やりすごしていればイイのだが、あまり気分がよくない。都合10年ほど使い続けていたが、とあるツイートが軽く「炎上」したのをきっかけに、読書記録と日々の考えごとメモをツイートするのを止めた。現在では、オンラインメディアに書いたものの備忘録としてのみ使っている。

エクセルの読書記録に回帰したちょうどそのころ、ＤＭＭという会社からオンラインサロンなるものを開設しないかという誘いがあった。その気がないので断った。すると、「オンラインサロン」とは言うものの汎用的なプラットフォームであり、メンバーの交流を目的とするサロン形式に限らず、課金購読者に向けたブログとしても使えるという。有料のクローズドな場であれば、（よほどのことがない限り）「ハゲは逝ってよし」と言われることもないだろう。感想やコメントのやり取りも継続的で中身の濃いものになる。何よりも、ツイッターは１４０字しか書けない（当時）。ブログであれば好きなだけ書くことができる――。

ということで、ＤＭＭのプラットフォームを使った有料ブログを開設した。月曜日から金曜日まで平日は毎日何かしらの記事をアップし、すでに5年目に突入している。「楠木建の頭の中」というタイトル通り、読んだ本の感想の他にも、仕事や日常生活の中で考えたことを書き続けている。記事は書評と評論が半々ぐらい。クローズドな場にすることが第一の目的なので、料金は月額税込み５００円。こっちが手前勝手に書いているものを、おカネを払ってまで読んでくれる人はそうはいない。それでも一定少数の読者が読み続けてくださっている。

有料ブログを始めてみて、事前の期待を超えてイイものだということがすぐに判明した。のべつ本を読んでは考えているのだが、僕は生まれつきの「発表体質」にできている。考えがある以上、それを文章にして自分以外の誰かに向けて発表したい。その理由は、自分の考えを他者と共有する喜びにある。面白い映画を観ると、自分だけでグッときているのが我慢できない。「この映画観た？　ここがグッときたんだけどさ……」と、知り合いに話したくなる。他者に伝えると、自分の喜びも増す。伝えることによって自分の考えもまた深まる。

「楠木建の頭の中」は僕にとってまたとない発表の場だ。注文がこないとメディアには書けない。幸いにして複数の雑誌で書評連載をやらせてもらっているが、「出版後3カ月以内の新刊書限定」とか「3冊分の書評で2000字以内」とかの縛りがある。その点、自分のブログであれば、スキな本についてスキなときにスキなだけ書ける。しかも、読者からすぐに反応が返ってくる。こんなにイイことはない。

有料ブログを始めて半年ほどでコロナ騒動が始まった。室内生活者はパンデミックに強い。コロナがあろうとなかろうと、部屋の中で本を読んだり映画を観たり音楽を聴いていることに変わりはない。緊急事態宣言が発動すると、いよいよ水を得た魚状態。室内生活に拍車がかかった。仕事が暇になった分、いくらでも本が読めるようになった。読み終わったら、「楠木建の頭の中」にスキなことをスキなだけ書ける。コロナ下の幸せだった。

本書の双子の兄弟『経営読書記録（表）』には書籍解説やメディアに掲載された書評を集めた。その裏バージョンに当たる本書は、「楠木建の頭の中」に書いた（購読者以外には）未公開の書評を中心に収録してある。分冊構成となったおかげで、これまでに書き溜めた映画評や音楽評論を集めた「読書以外の室内生活」や、自著について語った記事も載せることができた。手前勝手なお願いを快く受け入れてくださった日本経済新聞出版の永野裕章氏にお礼を申し上げたい。

家で一人、何もやることがないときのために、『経営読書記録（表）』と共に本書をお手元に置いてくださいますように。

令和五年秋　室内にて

楠木建

経営読書記録　裏　目次

第2章　対話する書評　251

第3章　自著を語る　325

第1章

自由な書評

経営読書記録　裏

実行を促す教科書――マイケル・リューリック、パトリック・リンク、ラリー・ライファー『デザインシンキング・プレイブック』

デザイン思考は大流行ですが、僕の基本スタンスはこのようなものです。デザイン思考が発想や問題解決の方法として優れているのは間違いありませんが、あくまでも定型的なスキル。デザイン思考をマスターしても、いきなり画期的なビジネスモデルが出てくるわけでもありませんし、あらゆる問題がたちどころに解決するわけでもありません。

統計分析の教科書はさまざまな分析手法や統計分析ソフトウエアの使い方を教えてくれます。しかし、だからと言って、価値がある発見や事実の獲得を約束するものではありません。それは分析をする主体にかかっています。どのようなデータをどのような方法で収集し、そもそもどういう目的でどういう構成概念をつくってどうやってそれを操作化して変数をつくり、どの変数間の関係を見ようとするのか。分析する当事者がこういうことをいちいち考え、判断しなければ、どんなに手法を知っていても、分析はできません。

デザイン思考もそれと同じなのですが、当節花盛りのデザイン思考を伝授する本の中には、「これでたちどころに素晴らしいアイデアが出てくるよ！」という意図的誤解（?）を与える本が少なくありません。その点、本書はあくまでも方法論に限定して論じているのがイイ。良い意味での「ノウハウ本」で、余計なことを言わず「どうやってやるか」に徹しています。応用先としては「デジタル化時代のビジネスの機会発見」を主眼に置いていますが、思考のプロセスではわりとデジタルに懐疑的で、発想のアナログな側面を重視している。これも本書の美点です。

デザイン思考に限らず、一般に方法論の教科書について僕は次のような評価基準を持っています。

三流：そもそも「分からない」
二流：「分かる」

一流：「分かる」だけでなく自分で実際に「できる」
超一流：「できる」だけでなく「やりたくなる」

三流は論外ですが、二流と一流の隔たりも大きい。「分かる」けれども、いざ実行しようと思うと「できない」方法論は多いものです。一流の教科書は少ないのですが、超一流となるとますます稀少です。この本は「できる」手法を伝授するにとどまらず、「やりたくなる」レベルに到達している。実行を促す、タイトル通りの「プレイブック」。デザイン思考は類書が多い中で、私見ではいまのところこれがベストです。

好き嫌いの達人——池波正太郎『味と映画の歳時記』

秋休みをとって軽井沢に来ています。やることは犬の散歩と読書。あとは少々の仕事。僕にとっていちばん嬉しい時間。池波正太郎の膨大な随筆本のうち未読のものをいくつか読んでいます。

この本は、前半が食べ物、後半が映画について、著者の好み「だけ」をエピソードを交えて淡々と話していくのですが、どうしてこんなに上手いんだろう。題材に何も特別のものはないのに、実に読ませます。好き嫌いの話をさせたらこの人が東洋チャンピオンではないでしょうか。

僕は書評の仕事をスキでやっているのですが、書評の評価基準は単純で、読者がその本を読みたくなるか、これに尽きると心得ております。その点、池波正太郎の好き嫌い随筆は、食べたくなるし観たくなる。池波マナーで言えば、「これがもう、たまらない…」ということになります。

時代小説はあまり読まないので、池波正太郎の『剣客商売』に代表される名作群はよく知らないのですが、小説が苦手な人にも池波正太郎の随筆はおすすめです。自分の日常生活を振り返り、より良いものにしていくきっかけと刺激を与えてくれます。

「過去から見た未来」を振り返る――伊藤昌哉・福岡政行『戦国自民党』

伊藤昌哉は昭和の政治評論家。抜群に面白い自民党の派閥闘争ドキュメント『自民党戦国史』（これは人間社会の本質を学べる名著）を書いた著者が１９８８年に10年後（ということは、すでに四半世紀前）の政治リーダーを予想している。

いま読んでもほとんどの人にとっては面白くも何ともないと思いますが、僕は「未来を予測した昔の本」を読むのがわりとスキ。未来といってもいまでは過去になっています。「過去から見た未来」を振り返ると、表面的な変化と変わらない本質の線引きがどこにあるのかがよーく分かって面白い。

当時の首相は竹下登。消費税導入で中曽根内閣が挫折したあとを受けて首相になった直後で、後に大騒ぎとなったリクルート事件はいまだ表面化していません。後を継ぐと見られていた小沢一郎がまだ45歳。

感想を一言で言えば、政治はホントに変わらない。その後30年以上にわたって、政治リーダーのほぼ全員が改革を旗印にいろいろなことを言ったりやったりしてきましたが、当時も今もほとんど同じ。政治にはつくづく期待できないとの思いを強くしました。日本だけではありません。民主主義体制下の政治というのはそういうものだと思います。それでも民主主義がベターであることも変わりません。

これが日本の生きる道――松尾尊兊編『石橋湛山評論集』

中国の建国70周年をお祝いする盛大な式典が北京で開かれたという記事を読みました。とくに派手だったのは軍事パレード。スピーチに出てきた習主席も毛沢東ばりの人民服。例によって勇ましいことを言う。お腹の出方も含めていよいよイメージを重ねています。

こういうことをやっているうちは絶対に真の強国・大国になれないことは歴史が繰り返し教えるところです。ただ、気持ちは分かる。習主席の中国はホントに大変なのだと思います。中国のような統治難易度が極端に高い国を任されれば、ああいう強権的な姿勢をとるしかないわけで。また、そういうタイプの政治家でなければ、そもそも中国の元首になろうなどとは思わないでしょう。

　これから中国はいよいよ難しい時期に入ります。経済成長率は鈍化し続けます。当然ですけど。いつまでも過去10－20年の成長率を維持できるわけはありません。どこの国でもそうですが、高度成長期はいずれ終わります。当たり前ですけど。

　中国の企業経営、とくに投資活動は、日本の高度成長期の比ではないほど「イケイケモード」。僕の知る限り、中国の経営者の多くは驚くほど高度成長一本やりで、ありとあらゆる意思決定が高度成長を前提にしている。成熟化に伴う揺り戻しの厳しさもまた大変なことになるということは容易に予想できます。

　高度成長期が終わって久しい日本でも、依然としてその脱却からの葛藤が続いています。人口増や所得増の追い風を受けた成長が止まってからがその国の本当の力が試されるフェーズです。

　日本は「大国・強国」をそもそも目指すべきではない、というのが僕の年来の外交についての考えです。ＧＤＰが世界何位だとか、そういうことはもはやどうでもいい（人口当たりのＧＤＰは経済的豊かさの一つの尺度なので改善されるべきだとは思いますが）。

　僕は石橋湛山の「小日本主義」に深く賛同します。１９１０年代から20年代の日本で、石橋湛山が主筆を務める『東洋経済新報』が主張した外交思想で、当時の国策の主流であった「大日本主義」を批判するものとして提唱されました。

　小日本主義は自由主義の政治的表れなのですが、あっさり言えば「損得で考える」というプラグマティックな主張です。リアリズムで自国の得を追求し、損なことはしない。無理はしない。覇権やいっときの威信は高くつくわりに何の得にもならない。まことにその通りだと思います。

米中の大国が揉め、ヨーロッパも不安定な近未来にあって、石橋湛山の小日本主義はますます重要な思想になると信じています。これが日本の生きる道。ご関心の向きは岩波文庫の『石橋湛山評論集』をお読みください。いま読んでも、というかいま読むからこそ意味のある評論です。

異常組織の人間模様――西岡研介『トラジャ』

分割民営化以降のＪＲの労政問題（労使の揉め事）を徹底的に追いかけている著者による６００ページ以上の力作です。率直に言って、この方面に特別の関心がある人（↑僕のこと）以外には、マニアック過ぎてお薦めできませんが、スキな人には貴重な本です。

僕の仕事は競争戦略の分野ですが、大学院時代と一橋の講師になってから数年の間は組織論を中心に研究をしていました。その前、学部生のころと言えば（学者になるとは決めていませんでしたが）、興味を持って読みまくっていた分野は戦後日本の新左翼運動でした。

いまとなってはほとんどの方が知らないと思いますが、１９５０年代から60年代の大衆的な学生・労働運動が下火になった後、より先鋭化した新左翼運動が「過激派」によって行われていました。その派手なバージョンが、あさま山荘連合赤軍事件とか日本赤軍によるダッカ空港のテロ、三菱重工ビル爆破事件などです。

僕が関心を持って個人的に追究していたテーマは「異常組織」の社会学的研究です。世の中的にはまったく支持されず、何の正当性も価値もないのに、組織の中にいる人が異様に盛り上がって突っ走る。オウムなどのカルト教団もその一例です。20歳のころの僕はこうした現象に強い興味を持ちまして、当時すでに普通の人は見向きもしなくなっていた新左翼運動の文献を読みまくりやがっていました。新左翼の人が出入りする書店や中核派の池袋の拠点「前進社」（いまでもある）に行って、しばしば機関誌を買うということをしていました。公安警察から職務質問されたこともあります。

で、この分野はとうてい仕事にならなそうだということがよどみなく判明。こっちの路線をあきらめて、同じ組織でも研究対象を企業の組織にスイッチすることにしました。これが僕が経営学の道に入った成り行きです。

話は逸れますが、仕事にはしていないものの、いまでも当時の新左翼運動の「異常組織」には関心がありまして、機会があれば、往時にガチガチの破壊活動をしていた過激派ＯＢの方々に会って話を聞くのを楽しみにしております。みなさんすでにおじいちゃまで、起業をして大成功した人とか会社の要職についている（いた）人とか、それぞれにさまざまな人生を歩んでいます。

本に戻りますと、国鉄（現在のＪＲ各社）の労働組合、とりわけ「動労」は、核マル派の過激な労働運動の拠点としてかつてはガンガンやっていたのですが、民営化に伴って労使協調へ路線転換しました。ＪＲの労働問題もまずまず沈静化したのですが、そこは人間の世の中、内実はそう簡単に変わりません。かつてほど暴力的な衝突はなくなりましたが、その分、組織の奥底の方でより陰湿な紛争が続いていきます。

本書を読み、久しぶりに「異常組織」での人間行動の不思議をいやというほど味わいました。まったく楽しい話ではありませんが、そういう方面が好きという奇特な方にはたまらない一冊です。

映画よりも面白い映画会社の物語――ダーティ工藤編『新東宝１９４７―１９６１：創造と冒険の15年間』

これまたスキな人にはたまらない一冊です。

戦後の民主政策で労働運動が大いに盛り上がったころのこと。当時のエンターテインメントの元締め総本山として現在とは比較にならないほどの大産業だった映画業界でも労働組合が次々と組織され、東宝でもストライキがエスカレートしました。

映画制作は滞り、それにイヤ気がさした俳優たち（「十人の旗の会」。高峰秀子先生も入っていた）が別の組合をつくります。東宝が組合の強硬姿勢に対抗して従業員の大量解雇に動くと、いよいよ争議は紛糾。ＧＨＱも巻き込み、「来なかったのは軍艦だけ」のフレーズで有名な大騒動（東宝争議）になります（ジッサイに戦車が来たというのがスゴイ）。このごたごたの中、東宝から分離して発足した映画会社が新東宝でありました。

初期は高峰先生主演の『銀座カンカン娘』などの大ヒット娯楽作品やこれまた高峰先生の名作『細雪』などの本格映画を製作しておりましたが、徐々に業績は悪化。立て直しに社長として入ってきた大蔵貢《みつぎ》という人物、これがもうとんでもないハチャメチャな人で、僕はこの人と新東宝の成り行きに多大な興味を持っています。

大蔵貢はもと無声映画の弁士で、興業界たたき上げ。映画館の経営で財を成し、新東宝に乗り込んできます。とにかくカネと女がすべての人。下品極まりない。映画製作の目的はひたすら金儲け。ドケチ。女優にすぐ手をつける。当時の主演級女優の高倉みゆきを愛人とし、批判されると「女優を妾にしたのではなく、妾を女優にしたのだ」と啖呵を切るような人でした。

この本は当時の新東宝関係者であった俳優、映画監督などに対するインタビュー集。編者のツボを押さえたインタビューぶりが素晴らしい。

何と言っても丹波哲郎へのインタビューが最高に面白い。丹波はもともと文化座という劇団にいたのですが、会議のときに椅子が一つ足りなかった。いちばん下っ端だった丹波は「立て！」と言われて、「ああそうかい」と立ってそのまま帰宅し退団してしまいます。新東宝でも新人なのに態度がデカくてすぐに干される。この人はわりと年を取ってから映画界に入ったのですが、売れようとか成功しようという気がまったくない。真の傑物です。

新東宝を体現したような俳優、由利徹ももちろん出てきます。とにかくこのころの新東宝はホントにイイカゲンで最高です。濃い面々のドタバタ劇として、新東宝は映画よりも面白い物語を遺しました。

ギトギトしていて清々しい――大蔵貢『わが芸と金と恋』

新東宝の本に触発されて、大枚（送料込みで1万円）をはたいて古本を購入し読んでみました。昭和34年の初版です。

お話しした通り、大蔵貢は東宝争議を経て分離独立した新東宝の経営再生に乗り込んできた立志伝中の人物。ナイス過ぎるタイトルが表すように、芸と金と恋という人間の根源的な欲望の道をストレートに突き進んだ怪人の半生記です。

大蔵は木曽の極貧の生まれ。食い詰めて一家で東京に出てくる。広尾の豚小屋を改造したあばら家に筵を敷いて暮らす（明治の終わりには広尾に豚小屋や牛小屋があった）。小学校もまともに行けなかった大蔵少年は芸で身を立てることを決意。役者や浪曲師になろうとするも受け入れられず、13歳で活動写真（当時はトーキーの映画はなかった）の少年弁士に。めきめきと頭角を現し、当代トップの弁士として高給を取るスターになります。

この人が凄いのはここからで、「独立興行」に踏み出します。すなわち、映画館を買い取って自分で興行をやる。最初は浅草（当時の興行の中心にして一等地）の映画館を買って芸術映画で華々しくスタートしますが、これがフルスイングで空振り。早々に見切りをつけて、当時は田舎だった勝手知ったる広尾に引っ込み、「広尾キネマ」で再起を試みます。最小の経費と最小の人員で、徹底して大衆娯楽路線のB級作品に集中。続いて六本木松竹も立て直し、その勢いで銀座に進出。トーキーの時代になると、自分が弁士だったにもかかわらず、弁士をあっさりとリストラ。何十もの映画館を所有する興行師として大成功します。

経営哲学はとにかくカネ。カネがなければ何もできない。カネがあればなんでもできる。大勝負に出るまでは、女を買わない、煙草をのまない。骨身を砕いて働き、一分の暇でも読書して勉強。生活費以外はすべて貯金。この方針を決して崩しません。

弁士としてまずまず名が知られた存在になったころ、当時の活動弁士は人気芸能人ですから、相撲のような人気番付がありました。大蔵は前頭2枚目にいたのですが、番付発行者から「10円も奮発すれば、来年は大関にしてやるよ」と言われて「芸が上達すれば人気はひとりでに上がる。カネのほうが大切だ」と即時拒絶するところなどは、大蔵貢の真骨頂です。

敗戦で36館あった劇場の33館までを空襲で失い、20年前の文無しに逆戻り。そこから再び捲土重来。興行だけでなく映画制作にも乗り出し、昭和30年に新東宝に乗り込んできます。「3年で再建して見せる」と豪語し、実際にその通りになります。

製作費を切り詰め、すべての作品を自分で企画。脚本にも自分で手を入れる。「明るく楽しく」の大衆娯楽路線で、カネのかかるスターシステムは使わない。したがって、企画第一主義。「一にスピード、二にもスピード、三はすなわちタイムイズマネー」というナイス過ぎるモットーでリストラを進めます。

で、業績が回復したところで一気に勝負に出たのが『明治天皇と日露大戦争』という製作費2億円の超大作。天皇を主役とするという業界の「禁じ手」を繰り出し、個人の財産担保で銀行から資金を借り入れて「国民必見の映画」をつくります。これが映画界空前の大ヒットとなり、従来の最高記録『君の名は』を追い越し、２０００万人の観客を動員します。

当然のことながら次作は『天皇・皇后と日清戦争』。その次は『明治大帝と乃木将軍』。これを製作中の昭和34年に書かれた本書は、大蔵絶頂期の勢いを感じさせます。

幼少期の貧困と苦労がバネになっている。よく言えば独立独歩でガッツがある。悪く言えばヒジョーに下品。女優にも手当たり次第に手を出して妾にする。まともに食べさせてくれなかった父（またこの人が酒と女と博奕が大スキという絵にかいたような明治破滅型）を最後まで面倒見るのですが、「私は誰の世話にもならず、現在こうして何千人の人を使い、楽な生活のできる身分になったが、これも小さいころからの私に貧乏の辛さ、食べていくことの難しさを体験させてくれたおやじさんのお陰だ」と実父にこんこんと説いてきかせるくだりなど、実にエグイものがあります。

成功は失敗の母。ワンマン社長の企画が外れるようになると一気に悪循環に突入。数年後には新東宝は破綻してしまいます。昭和37年には大蔵映画へと会社を改組し、ピンク映画専門になるわけですが、それでも大蔵は78歳で死ぬまで、病床でも企画書や脚本を広げ、手を入れていたそうです。この辺、たたき上げの興行師の心意気を感じさせます。

ようするに映画とカネと女がスキでスキで仕方がない。その通りに生きたわけで、実に幸せな生涯です。これ以上ないほどギトギトしていて脂っこい。なのに清々しい。ダイナミックにして高濃度の人間ドラマでお腹一杯になりました。

鉄板の特殊読書——石原慎太郎・坂本忠雄『昔は面白かったな』

つまらない本は読まないに限ります。僕は本を読み出して面白くなさそうだったらすぐに読むのをやめてしまいます。ただし、つまらない本とイヤな本は違う。イヤな本は面白い。自分と考えや意見や好みやスタイルがまったく合わない。そういう人が思いっきり熱く自己を主張している。読んでいてヒジョーにイヤな気持ちがする。それを読むのが嫌いじゃない。というか、わりとスキ。私的専門用語で言うところの「特殊読書」です。

僕にとっての特殊読書界の重鎮が石原慎太郎その人であります。氏の昔の小説はキライじゃない、というか相当にスキ（とくに青春娯楽小説はスカッとして最高）。その一方で、この人の発言とかやることなすことが大キライでありまして、評論を読むといつでもどこでも即座にイヤーな気分に包まれます。すべてにおいて植木等の対極を行く男。石原慎太郎には絶対の信頼を置いています。鉄板の特殊読書。

　で、『昔は面白かったな』が出てすぐに読みました。例によって武勇伝のオンパレード。自慢話しかしない。延々と続く自慢話を、編集者だった坂本忠雄がきっちりとフォロー、石原御大を煽る煽る。タイコモチぶりをいかんなく発揮。気持ちよくなった御大はますます自慢話にターボをかけるという成り行き。もう僕の特殊読書のため（だけ）につくられた本じゃないかと思うぐらいで、読み終えたときには（短い本なので1時間で読める）すっかり気持ちワルくなりました。

　人間は年を取ると本質がむき出しになります。石原先輩はこのとき87歳。いよいよ石原節全開で誰も止められません。とくに執念を感じるのは三島由紀夫批判。最初から最後まで徹底的に三島を罵倒します。どんな話をしていても、ちょっと目を離したすきに三島の話にもっていってこきおろす。よっぽど三島にコンプレックスを感じていたとしか思えません。安定の高濃度特殊読書を満喫しました。

惜しい本——ミシェル・マクナマラ『黄金州の殺人鬼』

「ジャンルの垣根を超えた傑作。ページをめくる手が止まらない」「スティーブン・キング絶賛！」との惹句が帯にあります。ま、どんな本も「これは面白いよ！」ということを帯には全力で書くわけですが、それにしてもこれは言い過ぎだというのが読後の感想です。

　著者のマクナマラは犯罪ノンフィクションライター。「黄金州の殺人鬼」の正体は誰か。デジタルアーカイブを駆使して徹底的に追及するのですが、その途中で著者が急死してしまい、遺されていた文章を死後にまとめて本にしたというものです。

「黄金州の殺人鬼」とは、１９７６年から86年にわたって、少なくとも50件以上の強姦と10件以上の殺人をカリフォルニアで繰り返したシリアルキラー。前半の連続強姦強盗犯人はＥＡＲ（イーストエリアの強姦魔）と言われ、後半の連続殺人犯人はＯＮＳ（オリジナル・ナイトストーカー。その後に有名な「ナイトストーカー事件」があったため、「オリジナル」なナイトストーカー）と呼ばれました。後年のＤＮＡ捜査でＥＡＲとＯＮＳが実は同一人物だと分かり、ＥＡＲ－ＯＮＳ＝「黄金州の殺人鬼」（著者が命名した）という一大未解決事件となります。

猛烈に面白い素材で、実際に著者の真相解明に向けた執念は大変なものがあります。彼女が取材した警察の捜査プロセスも生々しく、その辺は局所的に「ページをめくる手が止まらない」のですが、全体的に構成と編集がやたらに雑。本としては読みにくい。

結局のところ、著者の独自捜査とはほぼ無関係に、ＤＮＡ鑑定で事件後30年（著者の死後）を経て犯人が捕まっています。これほどの興味深い事件なのですから、読みやすい構成で事件の進行を記述し、犯人がどういう人物で、事件後の「普通の生活」をどうやって過ごしていたのかをたどる「フツーのノンフィクション」になっていたら、どれほど面白くなったのか――惜しい！

これを読んで「グリーンリバー殺人事件」の犯人が、やはりＤＮＡ鑑定でとっくに捕まっていたことを知ったのが収穫です。この事件は「黄金州の殺人鬼」に輪をかけて複雑な連続殺人事件でして、『死体を愛した男』などの優れたノンフィクションが出ています。こっちも探して読んでみようと思ったのですが、事件解決までカバーした邦訳は見当たりませんでした。

お正月休みに読んだ中で、明らかに面白くなかったもう一つの本が谷充代『高倉健の身終い』。前作が良かったので読んでみましたが、これはというエピソードはほとんどなく、ネタ切れの感あり。それだけ最晩年の高倉健が世の中と隔絶した生活を送っていたということかもしれません。

江戸との連続性――日野原健司他『広重名所江戸百景』

歌川広重が描く19世紀の江戸の情景『江戸百景』をすべて収録し解説した図録。百景といっても実際は１１９枚あり、きれいな印刷。これで３０００円は安い。

順にじっくり眺めました。往時の東京が水の都だったことがよく分かります。いたるところに海と川と運河が描かれている。それもそのはず、往時は船が交通インフラでした。自分でも行くなじみのあるところの絵は特に興味深いもので、江戸の溜池や愛宕ののどかな風景を楽しみました。

僕が住んでいる広尾を描いた作品（「広尾ふる川」）もあります。広い野原に古川が通り、橋がかかっている。この橋は四の橋なので、現在の場所も特定できます。解説によると、広尾辺りは季節のピクニックの名所だったそうで、観光客向けのお茶屋が描かれています。あとは川と野原だけ。

広尾のお鮨屋さん「福寿司」（これぞ街場の大衆鮨店。出前もイイ）で聞いたところによると、いまの外苑西通りはかつて川だった。広尾商店街の交差点の名前が「広尾橋」である所以です。近所に住んでいる鹿島茂先生と話していて教えてもらったのですが、明治期の広尾は北海道開拓事業のための実験基地としての畜産施設（牧場）だったそうです。先日読んだ大蔵貢が田舎から上京して最初に住んだ町が広尾で、住居が「豚小屋を改修したあばら家だった」というのも合点がいきます。

僕が浮世絵をスキな理由は、第1に、対象が文字通り「浮世」だということ。当時の普通の人々の生活が描かれていて、対象に入り込める。第2に、現在との連続と非連続のコントラストが面白い。広尾も溜池も今とはまったく違う風景ではありますが、それでもなお現在との連続性を感じます。

第3に、成熟した日本文化の粋が凝縮されて表現されている。とりわけ人間と自然との関係についての認識が奥深い。人間社会と自然とが一体となって溶け合っている。おおらかでゆるやか。四季の移り変わりを積極的に愉しむ。こうした時間と空間の文化感覚は現在まで連綿と続き、日本人の情感に染みついているということを実感します。

光と影を基盤としたペインティングではないので、浮世絵をはじめとする日本画は輪郭線を必要とします。ようするにグラフィック。西洋の絵画芸術と比べて、淡白でフラットでユーモラス。とりわけ自由闊達な構図には驚きます。このグラフィックなところがつくづく素晴らしく、ゴッホなどポスト印象派の人々が腰を抜かして影響を受けたのも当然です。

江戸の文化や芸術がスキな方には絶対のおすすめです。

男女関係の事後性

——ビートたけし『ビートたけしのオンナ論』

仕事の現場から次の現場へと移動するときに1時間半ほど空き時間ができました。こういうときによくやるのは本屋に行って目についた「1時間で読める本」を買って喫茶店で読むということ。現場の近所にあった本屋に入ったところ、この本が棚にありました。ちょうど1時間ぐらいで読めそうだったので迷わず購入。

内容は一般的女性論と個別的な女性人物評です。「日付以外は誤報」で高名な「東スポ」の連載をもとにした本ということで、ごくクダラナイ話なのですが、さすがに話が面白い。空いた1時間に高品質の雑談を聞かせてもらったようで、楽しめました。男と女は訳の分からない期待を勝手に相手に抱く。だからロクなことにならない。諦観に満ちた話が続きます。

「いまだからこそ、ハッキリ言えるってこともあるんだよ。やりたいだけだった昔と違って、下心がない、いまのオイラの言葉はひと味違う」——議論のスタンスがイイ。

高倉健と『夜叉』で共演したときのエピソード。高倉健54歳、ビートたけし37歳。高倉健が著者に言います。

「もう女なんかどうでもよくなっちゃって、面倒くさいんだ。話すんだったら男の方がいいしな。女と変なことをする気はさらさらない」。「年取ったらそうなるの?」と聞くと、「オレはちょっと早いほうかもしれないけど、60過ぎたらみんなそうなるよ」。

　著者の結論は「本当に健さんの言うとおりだった」。「うまい酒飲んで、美味しいもの食って、あとバカ話していると楽しいんだ。やるために一生懸命に銀座で口説くよりも、下町のスナックでクソババア相手に下心なくしゃべっているのもだいぶいいもんだぜ。若い女とは話が合わねえし」――この歳になると大いに共感します。

　これこそ究極の事後性。本や会話で事前に知り得たとしても、そのときは絶対に腹落ちしない真実です。女性に対して期待や幻想を持たなくなる。これは加齢の利点の中でも相当に大きいものだと思います。しょせん男も女も人間です。

　若いころはとんでもない美女に出会うと、「こんな人と付き合ったらどんなに楽しいことだろう……」と反射的に想像したものですが、今となってはそういう気持ちは微塵もなくなりました。そういうのはすぐに慣れてしまうし、それだけだと飽きる。みんなしょせんフツーの人間。最近は男女の隔てなく、その人の人間性に興味関心が向くようになりました。こればっかりは絶対に（人によって早い遅いはあっても）年を取らないと分からないことです。若者がホントにどうでもイイことで思い悩んでいるのを見ると、「ゴクローサン！」と声をかけたくなります。

「女は芸の肥やしなんて言うけど、あれは大ウソ」「ずっと芸事をやっていればオレももっと出世した」と反省していますが、それは土台無理な話。気の向くまま遊んでいたからこそ、事後になって本当のことに気づくわけです。ようするに人間は段階を踏んでいくしかないといういつもの結論に帰着します。

　本書には個別の人物論でも慧眼と思わせる話が次々に出てきます。著者がよく使うのが「あんばいが悪い」という言葉。「ちょっとこいつ、センスないよ」という意味なのですが、さすがにセンス（だけ）で勝負する世界を長くしのいできた人だけあって説得力があります。

側面私小説の傑作——ビートたけし『キャバレー』

　綾小路きみまろの下積み時代を題材にした小説です。久しぶりに小説を読みましたが、これは面白かった。著者は自らの下積み時代も、漫才で売れてからも、キャバレーの営業時代を共にした綾小路きみまろを横で見ていました。私小説は自分のことを書くのですが、本作は「側面私小説」。綾小路きみまろへの思い入れの強さを感じさせます。

　綾小路きみまろはジッサイにスゴい人です。50歳過ぎまで黙々と芸を磨き、誰にも頼らない。自らの芸の力だけで身を立てた独立自尊の芸人です。こういうふうにひとつのことをずっとやっている人がいちばん強い。誰とも比較されない独自の看板。テレビから流れてくるのではなく、わざわざ人が観に行く芸・金を払う芸であります。近所に住んでいるHさん夫婦（僕よりもだいぶ若い）もきみまろ氏のショーを観に行き、大満足したとのことでした。

　誰もが駆け出しから仕事を始めるわけですが、僕のように基本的に一人でやる仕事をしてきた者にとって、きみまろの下積み時代の話はグッときました。お客のちょっとした反応を頼りに、細い糸を手繰り寄せるようにもがく日々。先のことなど考える余裕もなく、目の前の仕事を一つひとつこなすだけ。ああでもないこうでもないと考えても、結論はいつも「俺は俺のやり方でいこう」。

　まったく仕事の中身や状況は違うのですが、右も左も分からないまま、「そのうち何とかなるだろう」をモットーに仕事の現場を駆けずり回っていた20代のころを思い出しました。「若いころに戻りたい」と言う人がいますが、そういう人の気が知れない。当時は何とも思いませんでしたが、今になってみると、二度とあのころには戻りたくありません。

独立した生活者の記録――ショコラ『58歳から日々を大切に小さく暮らす』

40代で離婚してから化粧品メーカーの営業職でバリバリ仕事をして自活。マンションを買ってローンを払い終え、58歳で退職。その後はパートをしながら12万円の収入で暮らしている60代半ばの著者の生活のこまごまとした工夫について記した本です。ブログが人気になって書籍化されたとのこと。

具体的な生活術指南が僕にとって役立つということはないのですが、自立と自律こそが人間の幸福であるということを本書を読んで再確認しました。一つひとつのことごとを自分のアタマと心と体で判断し、生活を自ら設計して生きていく。人それぞれに状況は違うにせよ、そのプロセス自体に日々の幸福と充実があることを教えてくれる。独立した生活者の記録です。

こういう本が共感を集め、10万部以上売れる。日本の成熟を感じます。

政治の本質――伊藤昌哉『実録自民党戦国史 権力の研究』

絶対名著。若いころから繰り返し読む本の一つです。最近続編の『新・自民党戦国史』を読んだので、前編であるこちらも読み返してみました。何度読んでも面白い。

伊藤昌哉は当時の政治のインサイダーです。もともとは新聞記者ですが、池田首相の秘書官を経て、宏池会（自民党池田派、後の大平派）の事務局長に。昭和の55年体制の自民党の激烈な権力闘争を身近で観察してきた人です。

本書がカバーしている時期の自民党内の権力闘争、すなわち三角大福（三木武夫、田中角栄、大平正芳、福田赳夫）がそれぞれ接近しては離れ、痺れる駆け引きをしながら権力を奪取しようとするプロセス、これがもう「これ以上面白い話はあるのか！」と思うほど面白いストーリーでありまして、なぜいままで本格的な映画になっていないのかが不思議です。ま、登場人物が多く、話が複雑過ぎて、じっくり本で追わないと何が何だか分からなくなってしまうというのが理由かもしれません。２時間程度の尺にはとうてい収まらない。

佐藤長期政権の後、田中↓三木↓福田↓大平と政権は動いていく。とりわけ面白いのは、佐藤の絶対の後継者と見込まれていた福田を、反旗を翻した田中角栄が最終コーナーでぶち抜いて首相の座を獲得するくだりです。佐藤派をギリギリのところで割って出た角栄が勝負に出るところなどは、本当の戦国時代の話に勝るとも劣らない名場面です。

もうひとつのヤマは大平内閣時代の「40日抗争」。自民党の内輪もめが内輪で収まりきらなくなり、国会での首班指名選挙にまでなるというゴタゴタ劇。『仁義なき戦い』に勝るとも劣らない面白さです。

この時期の自民党の内部闘争は話として面白過ぎるのでいろいろな本が出ていますが、本書がベストだと思います。伊藤氏は一連の闘争の渦中にいた人だけに、人間の心理の分析とその相互作用が生み出すダイナミズムの考察が抜群に優れています。立場上大平正芳サイドに立った記述なのですが、当の大平についてもいたって客観的で冷静な目で見つめています。

僕はこの本を読んで、政治と人間についての理解を大いに深めました。政治が本質的には権力闘争であり、権力を求めるのは（一部の）人間の理屈抜きの本性であるということをまざまざと教えてくれます。

方法論の進化過程——ジョン・ダグラス『マインドハンター』

「プロファイリング」という連続殺人事件捜査の手法を確立したＦＢＩ特別捜査官の回想録。この方法論が成立する以前の試行錯誤と、実際に起きた殺人事件への応用事例が記述されています。

プロファイリングの進化の過程を「具体と抽象の往復運動」として見ると興味深いものがあります。試行錯誤の中で新しい概念が生まれ、それが現実の事件に応用されることによって、さらに概念が洗練されていく。概念と手法が相互作用しながら開発され、現在のプロファイリングが確立しました。

「秩序型」（例えばテッド・バンディ）と「無秩序型」（例えばコロンバイン銃乱射事件）という犯人の分類概念はよく知られていますが、これ以外にも研究の蓄積からさまざまな分類概念が精緻化されていきます。

例えば「手口」と「シグネチャー」。ある銀行強盗は人質にした人々全員を裸にし、性行為のような体位を取らせ写真を撮っています。この行為は銀行強盗を成功させるうえで何の意味もなく、かえってリスクを高めます。これが「シグネチャー」です。

別の銀行強盗は全員に服を脱がせているのですが、写真は撮っていなかった。これは目撃者の心理的・肉体的自由度を奪うための合目的な「手口」です。同じような行為でも、手口とシグネチャーでは意味が異なります。後者の「どうしても必要なもの」が犯人特定のカギというわけです。

犯罪者は手口からは逃れられない、といいます。しかし、シグネチャーと手口を概念的に区別すると、「手口は状況によって変わるけれど、シグネチャーは変わらない。したがってシグネチャーの方が犯人の特定に有効である」という仮説が出てくる。こうした経験に基づく論理的な思考の積み重ねがプロファイリング手法の基盤にあります。

著者はキャリアを通じて何人もの「モンスター」と対峙してきました。連続殺人をするような凶悪な人々は「そういう人」なのであって、改心することはない、したがって捕まるまで殺人をやめない、というのが著者の結論です。「そういう人」はごくごくわずかなのですが（そんなに多ければ社会はとっくに崩壊している）、人の世の広さと人間の不思議を思い知らされます。

教育者・高倉健――石飛徳樹編著『もういちどあなたへ』

高倉健の追悼本をいろいろと読んでいます。本書は最後の主演作品『あなたへ』の製作過程を追いかけたドキュメントと関係者へのインタビューで構成されています。例によって高倉エピソード満載。

「高倉健の映画を見ると、多くの観客は自分の情けなさにイヤになる」というのは本質を射た指摘であります。僕もその一人です。恩義ある人が窮地に立たされたとき、逆に美味しいエサが目の前にぶら下げられたとき、果たして健さんのような毅然とした態度でいられるだろうか――自分がイヤになるという成り行き。

高倉健は男性の観客の方に受ける。ここが普通の男性スターと違うところです。なぜかというと、男性ほど「この人のように生きたい」という憧れを持つからです。『あなたへ』も一定の年齢以上の観客に、見習うべき理想の生き方を教えてくれます。ストーリーよりも理想の提示に意味がある。

高倉健自身も理想の人間になろうとたゆみない努力と節制をした人です。理想への接近――一言で言えばそれが高倉健の人生でした。むき出しの自己中心主義に流れていく世の中にあって、高倉映画の本質は人間教育映画。高倉健という俳優の本質は教育者であったと言ってよい。

本書に出てくる共演者やスタッフもみな大いに高倉健に「教育」されています。中でも草彅剛のコメントには感じ入るものがありました。気持ちに偽りがないから真実がにじみ出てくる。いちばんの役作りは常に素直に生きていくこと――彼が高倉健に学んだことです。当然俳優として高倉健を目指そうと大いに奮い立つわけですが、それから6年後、やはり高倉健は凄過ぎて目指す対象ではないことに気づいたと言います。もっと身近な目の前のことをちゃんとやることに気持ちが向く。ただ、それも含めて高倉健から教えられたことだ、と振り返っています。僕はＳＭＡＰのことは知りませんが、この草彅という人はきちんとした人物だと知りました。

高倉健が人と会うときには、決まって高輪プリンスホテルの個室だったというエピソードもそれらしくてイイ。

制作関係者が異様に緊張しながら高倉健とのミーティングに臨む様子を読むと、映画界の天皇陛下のようです。

降旗監督の「主人公は幸せになってはいけない」というテーゼが深い。究極の二者択一をしなければならないのが主人公で、したがって定義からして幸せにはなれない。これは優れたストーリーの基盤にある考え方だと勉強になりました。

どこをとっても高峰秀子――高峰秀子『ダンナの骨壺』

何もやることがない完全休日に読むのを楽しみに取っておいた本。高峰秀子の単行本未収録のエッセイ46作を時系列で収録しています。

まずは目の前にあることをきっちりと記述できるかどうか――これが文章力の基礎なのですが、高峰先生はまずもってこれがうまい。いかに物事をゆっくりしっかり見ていたかということが分かります。若いころの文章は、随筆家となってからのそれと比べるともちろん粗いのですが、人格は20代前半から完成されています。

36歳のパリ旅行のときの文章。「エッフェル塔もサクレクールも、そしてノートルダムも、旅人に媚びるでもなくつッ放すでもなくただあるがままにつっ立っている。のれんに腕押し、それがパリだ」――ここで「のれんに腕押し」という文句はなかなか出てこないのですが、これほどしっくりする表現もありません。これこそ言葉のセンス。

年を重ねるごとに文章はいよいよ洗練されていき、無駄がなくなります。最後の美智子妃殿下（当時）とのちょっとしたやり取りを回想した文章など、上等の日本料理のような淡麗な味わいです。高峰先生も凄いが美智子さまも尋常でない。

敗戦直後の22歳から79歳までの文章。どこをとっても高峰秀子。万平ホテルの喫茶室でコーヒー&アップルパイともにとっくりと愉しむ至福の時間。今年いちばんの幸せでした。

犯罪ノンフィクションの始祖――チャールズ・ボズウェル『彼女たちはみな、若くして死んだ』

１８９０年から１９３０年の間にアメリカとイギリスで起きた10の殺人事件を取材した犯罪ノンフィクション。本書の出版は１９４９年です。

著者はジャーナリストですが、文章がとてもイイ。「犯罪ノンフィクション」の始祖と呼ばれるのも理由があると思いました。それ以前の３面記事的な犯罪実話モノはおどろおどろしい筆致で人々の好奇心を煽るものでした（江戸時代の日本でも同じ）。これに対して、正確かつ淡々と事実を報告しながら、ストーリーの流れの中で被害者や加害者、それを追及する捜査機関の人々の心の動きを間接的に浮き上がらせるというのがボズウェルの手法です。つまりは、「書かないことによって書く」。その手腕は洗練されたもので、戦後すぐの作品とは思えません。

本書が取り上げる不可解な難事件にしても、それを駆動しているのは人間の哀しい本性でありまして、１００年前も今もまったく同じ。つくづく人の世の中は変わらない。

当時の英米では、殺人事件一発でほとんど死刑（で即座に執行）だったことを知りました。人間は変わらないけれども制度は変わります。

行ってこいでチャラ――渡辺京二『気になる人』

多くの人がそうだと思うのですが、僕が最初に読んだ著者の本は『逝きし世の面影』でした。これが滅法面白く、以来渡辺京二の文明評論を好んで読んできましたが、読むうちにこの人との好みのズレもまた感じるようになりました。とくに僕に合わないのは、「運動的」であるところ。思想家ですがその根底には「社会運動」がある。ある意味でアクティブな人でありまして、その辺がどうも合わない。

渡辺京二は熊本の人です。熊本ローカルな交友の中から著者の「気になる人」9人を選んだ対談集。それぞれが独自の価値基準を持ち、「自分の場所」を自らつくって生きている人々の生活と意見が綴られています。

例によって、僕にとってはそれほど「気にならない」人が多く、著者との好みのズレを改めて感じましたが、これはあくまでも表面的な話で、根底にある著者の自由主義的思想にはグッとくるものがあります。

例えば、「国に頼らないことが大切」という主張。自由に生きていくには覚悟が必要です。社会の支配的な価値観（例えば、女性は社会進出しろ、スタイルがよくなれ、個性を出せ、成功しろ）から外れるのはいい。引きこもりたいなら引きこもればいい。会社に行きたくないなら、行かなければいい。ただし、その代償は全部自分で引き受ける。誰かに助けてくれと言ってはダメ。健康であれば自由に生きていく方法はいくらでもある。ただし、病気のときは仕方がない。社会が補助してくれるシステムに頼るしかない――まったくその通りで、これが真の自由主義思想だと共感しました。

ようするに、自分を見つめ、自分に嘘をつかずに生きる。社会の価値基準に従って「成長」することを「自己実現」と言っているけれども、それは自分がしたいことではないかもしれない。社会に吹き込まれているという面がある。自分は本当にどうありたいのか。そこを見極めることが大切だ、と著者は言います。

出てくる人の中では、熊本で「文化とジャーナリズムの拠点」だったスナックを経営していた女性の話がよかった。濃密な交わりの場が町から次々と消えていく――といったありきたりのセンチメンタルな意見に対する批判が素晴らしい。「昔はみんな貧しかったでしょ。やっぱり貧しさというのは嫉妬を生むんですよ。嫉妬が渦巻いていた。今はさらっとしていて、豊かになったと思います。……あの嫉妬深さが嫌だった。それは、庶民の中でも酷かった。貧しさのよさっていうのもいっぱいあったけど、豊かさがもつ強さもあるんでしょうね」

その通り。貧すれば鈍する、これは絶対の人間の本性であります。豊かに越したことはないわけで。僕はよく「昭和というのはあちこちで人が怒鳴られたり殴られたりしていた時代」と言っているのですが、それに加えて「嫉妬が渦巻いていた時代」だったのかもしれません。

だからといって昭和が今よりも全面的に悪い時代だとは思いません。近過去に限定して言えば、それぞれの時代にいいこと、悪いことがある。均せばだいたい同じようなもの。行ってこいでチャラ、というのが僕の基本認識です。

なぜそうなるのかというと理屈は単純。その時代の良いことと悪いことはたいてい同じことでありまして、一つのコインの両面のような関係にあるからです。先の熊本の磯さん（スナックを経営していた婦人）の「貧しさ↓嫉妬深さ」というロジックで言えば、貧しさが解消されて豊かな時代になると「豊かさ↓人間があっさり」となる。ところが、同じ原因が「貧しさ↓濃密な交わりの場↓人間形成」というポジティブな因果関係にもなるわけです。ある原因なり状態がつねに良いことと悪いことをもたらしている。ある時代の良いことと悪いことは、同じ原因から生まれている。「嫉妬深さ」と「濃密な交わり」は「貧しさ」というコインの両面です。

逆に「嫉妬深さ」という従属変数に注目してみると、これに影響を与える原因もさまざまです。豊かさは嫉妬深さを抑制する方向に働くでしょうが、いまの時代は昭和中期にはなかったインターネットとかＳＮＳというものがあります。そこでの人間関係は昭和のそれと比べればサラッとしたものでしょうが、これはこれで「嫉妬深さ」を増大するロジックを含んでいます。ある原因が解消されてもまた別の原因が出てくるわけで、いつの時代も「嫉妬深さ」はだいたい同じと考えた方がイイ。

なぜこうなるのかというと、結局のところ「人間ちょぼちょぼ」だからでありまして、つまるところはその時代を生きている人間の徳なり人格の平均値がたいして変わらないというところに行きつきます。

それでも徳には分散がある。いつの時代も徳がある人もいればない人もいる。われわれにできることは、徳がある人を手本にし（僕の場合は高峰秀子）、その人に見習いつつ、少しでも自分の徳を向上させることだけです。それが積もり積もって平均値が上がり、「良い世の中」になっていく。

　事実、超長期で見れば、こうして世の中は進歩しています。近過去で見ればちょぼちょぼでも、応仁の乱や墾田永年私財法が施行されたころと比べれば、確実に世の中は良くなっている（気がする）。もちろん技術進歩の恩恵は大きいのですが、それだけでなく人間総体の徳もまた向上している。この意味で僕は人間社会の将来について楽観的です。

　ただし、進歩には時間がかかります。すぐには「良い社会」にならないのは間違いない。それは僕自身の徳がこの10年間というもの、いっこうに向上していないことを見ても明らかです。

尖った人々――ヴィクター・ボクリス『バロウズ／ウォーホル テープ』

　バロウズとウォーホルは歳を取ってからは仲良くしていたそうで、その辺の話を、業界の事情通というか取り巻きをやっていた著者がまとめています。２０２０年代の今となっては、ほとんどの人にとって、面白くもなんともない本です。

　ウォーホルの作品や思想にはほとんど共感しませんが、人間の本質を考えさせるという意味ではヒジョーに面白い人です。僕のようなフツーの人にとって、バロウズの作品（例えば『裸のランチ』）もまったくピンときません。それでも、人としては興味深い。

　とにかく両者とも「尖った人」でありまして、「尖った話」が延々と続きます。ミック・ジャガーやアレン・ギンズバーグ、デボラ・ハリー、ファステンバーグ、トルーマン・カポーティといった１９６０－70年代の「尖った人々」の噂話が次から次へと出てきます。で、全員が奇妙奇天烈な行動をしている。

アメリカという国がそもそも喧噪的だということもあるのですが、それにしても騒がしい文化です。ちょっと目を離すとすぐに乱痴気騒ぎになる。作用反作用の法則というか、当時の「体制」が強固だっただけに、それに対するカウンターカルチャーもまた尖っていた、というのが僕の見解です。

20世紀は、芸術とかクリエイティブの方面では、こういう尖ったエキセントリックな人々がクローズアップされていました。現在のこの方面の人々は、一見してごく普通で、穏やかな暮らしでフツーの服を着て犬の散歩とかをしているわけで、こういう世の中の変化に僕はわりと興味があります。

プロの言葉に学ぶ ——斎藤明美『最後の日本人』

自らの信念に基づいて潔く生きる人々へのインタビュー集。25人が登場します。その中で僕がとりわけ好ましく思ったのは、高峰秀子（著者の養母）はもちろんですが、双葉十三郎（映画評論の仕事の量と質はもちろん、仕事のスタイルとして前々から僕が理想とする人）がいるのが嬉しい。

永六輔のテレビ批判がイイ。僕はテレビの仕事はほとんど受けませんが、たまにはイイかも……と思って引き受けると果たしてイヤな気分になることが少なくない。テレビの世界にはいい加減な人が多い。永六輔はこう言っています。「テレビのスタジオって訳のわからない知らない奴がゾロゾロゾロゾロいるんです。……ものをつくるという緊張感はあんな知らない奴がゾロゾロいるなかではできませんよ」

なぜテレビがこうなるか。理由は明らかで、いまだに圧倒的な買い手市場だからです。これはもう間違いない。なんでもいいからテレビに出たいという人が多い。だからテレビの側が弛緩してダメになる。頼みもしないのに「出てくれ」と言ってきて準備をさせ、しばらく経つとメール一本で「あなたの出演はなくなりました」——こうした常識を逸脱した振る舞いは普通の人はできないはずです。

安野光雅の話がイイ。プロの仕事とは何かを再確認しました。「私はプロです。プロとアマの違いは絵の上手下手ではありません。それを仕事にしているかどうかということです」「絵も学問も教えてできるものじゃないんですよ。教えればある程度までは行くけど、そこから先はダメだね。……僕が弟子を取らないのは、面倒くさいというのがいちばん大きいけれど、弟子を取ってもその人に何の保証もしてあげられないしね」「（外国への旅行に）働きに行っているわけですから、早い話が。だから観光客の喜ぶ美しい城があっても、僕は『ああ城か』と思って、中には入らないね。どこか絵を描くところはないかと思って、つまり、どこかにいい娘さんはいないかと思って探しているのとちっとも変わらない。そして、会ったら胸をときめかせてそこを描くわけです」

伊東四朗は前々から僕が尊敬している喜劇役者でこれまでもいくつも関連する本を読んでいますが、相変わらずイイことを言っています。「変わっている人が役者なのではなく、変わったことができる人が役者だと思うんです。この仕事はやっぱり〝職業〟だと思うんですね。職業であるからには、普段は一般の人でないといけないと思う。一般人が突然変なことができるというほうを僕は選びたいんです」「ふざけてやっちゃいけないんですよ。……照れてもダメなの。……喜劇を演ずるときにみんなが陥りやすいのは、とにかくウケようとすることなんですね。僕は、結果としてウケなきゃいけないと思うから」

とても良い本ですが、タイトルとメッセージには同意しかねます。著者は「日本が壊れていく。日本人の美徳が失われていく」という問題意識を持って、記憶にとどめるべき日本人の話を記録した、と執筆の動機を語っています。

そういう面も確かにありましょうが、渡辺京二『気になる人』の感想でも話したように、昔ならではの悪徳もまたあったはず（で、その種の悪徳は今は抑えられている）。空間軸でも、かつての日本人にとりわけ美徳があったわけでもなく、どこの国でも、忍耐、謙譲、潔さ、利他、信念といったまあ普遍的な人間の美徳の平均的な水準は、項目ごとに凸凹があるとしても、均せば同じようなものだと思います。つまり、時間と空間にかかわらず、上質な人間とそうでもない人間がいるだけというのが本当のところではないでしょうか。

「少年A」についての3冊――『「少年A」この子を産んで……』『絶歌』『少年A 矯正2500日全記録』

『「少年A」この子を産んで……』は神戸連続児童殺傷事件（酒鬼薔薇聖斗事件）の犯人の両親の手記。まことに気の毒。何を言っても仕方がない状態にもかかわらず、わりとストレートに心境を吐露しています。

犯人の少年Aはまごうかたなきサイコパス。もちろんその確率はごくごく小さなものですが（だから、ここまでの凄惨な事件は日本ではその後起きていない）、14歳でここまで病気が重篤になってしまう人が出てきてしまうことに戦慄を覚えます。

僕が学んだのは、こういう少年が不幸にして出てきてしまったときには、両親の対応はほとんど無力だということ。近い距離にいる家族だけに、現実を直視できない。子供の異常に「気づかないまま」（気づかなかったというのはにわかには信じがたいが）ズルズルと事態を悪化させてしまう。確率的にはごくわずかでも、万が一こういう人が出てきてしまったら、専門的な知見を持つ第三者の早期介入が不可欠だということを思い知らされました。

元少年A『絶歌』。神戸連続児童殺傷事件の犯人が事件の18年後に出版した手記です。出版当時は悪評紛々で、僕としても読む気になりませんでした。遺族の気持ちを思うと、この本の出版は明らかに間違っていたと思います（太田出版恐るべし）。内容についても、当時いきなり読んでいたら絶歌ならぬ絶句していたでしょう。

それでも長谷川先生の本から学んだことをベースに読むと、この人物（刑事司法の基準では責任能力は十分にあるが、極度の心の病気）がわりと素直に心情を記述していると思いました。著者の思考能力、とりわけ言語能力は、この原稿を本人が書いているとしたら（僕は本人が書いていると思う）、十分過ぎるほどあります。事件そのものを振り返る第1部は自己中心性と自己正当化に満ちているのですが、この人は当時のことをそうとしか書けないのだと思います。

事件の直後に取り調べた刑事が両手で著者の肩を掴んで「悪かったのう。もっとはように捕まえてやれんで」と言ったそうですが、この言葉がすべてです。

医療少年院を出所した後の生活を回想した第２部を読むと、あれほど病んでいた人が、よくまあここまで「回復」したものだと、率直に言って感心しました。相変わらず自己中心的な話の明け暮れに見えますが、事件当時は微塵もなかった人間的な感情をある程度まで回復しています。「更生」かどうかは分かりませんが、ここまで来るのには周囲の人々の努力があったことが分かります。

とりわけ感心したのは、身元引受人になった篤志家のＹさん夫婦。著者をまるで自分の息子のように迎え、社会復帰を全力でサポートします。Ｙ夫人はあるとき著者に言います。「もし忙しくなかったら、自治会のコンサートがあるんだけど、一緒に来てもらえない？　もう外暗いし、一人で行くの怖いから」――「俺が怖くないのか？」と著者は耳を疑うのですが、こうしたことの積み重ねでだんだんと心を開いていきます。

この世の中には天使のような人たちが確かにいます。底抜けの悪があれば強烈な善がある。社会の善を担う人々に頭が下がります。

頭が下がると言えば、医療少年院で少年Ａの更生教育プロジェクトに参加した人々の長期にわたる献身と努力には尋常ならざるものがあると思います。草薙厚子『少年Ａ　矯正２５００日全記録』を読んで、粘り強い取り組みがあったことを知りました。

刑事的な責任能力はあるけれども、自分でも訳が分からない衝動で連続殺人をしてしまうサイコパス。それが「病気」であったとしても、僕は死刑にするべきだと考えます。ひとつには犯罪結果の重大さと被害者感情もありますが、もう一つの理由は、そこまで行ってしまうともう「できあがって」しまっていて更生の可能性がほとんどないからです。

神戸連続児童殺傷事件は極端な性的サディズムによる連続殺人だったわけですが、犯人は14歳の少年でした。これをどう見るか。事件当時は、年齢を考慮することなく死刑にしろ！　という声が少なからずありました。本書を読んだ僕の結論は、「少年犯罪」という特別扱いはあってしかるべきだというものです。というのは、重篤なサイコパスであっても、子供の場合は完全に「できあがっている」わけではなく、一定の矯正の可能性が残されているからです。

ただし、その場合、大変な手数と試行錯誤が必要になります。この事件の場合、犯人が「正気」を取り戻したら取り戻したで、自分がやったことの重大さに耐えられなくなり、精神障害をきたすというリスクがありました。

ホントに粘り強い。２５００日をかけてどうなったかというと、僕が読む限り、少年Ａは性的サディズムを克服できたと思えます。人格的には変なところもあるでしょうが、少なくともあのような突拍子もない殺人はもうしないでしょう。なぜなら、それをやる理由（＝衝動）がもはや本人にないからです。

言語化ウルトラC——高橋睦郎『詩人の買物帖』

著者は高名な詩人。詩を愉しむ習慣がないので、そちらの方面についてはよく知りませんが、この人の散文は好物です。

ここでも再三お話ししてきた通り、アタマの良さというか知的能力の中核には抽象化があるというのが僕の見解です。で、その抽象化を支えているのが言葉の力。言語はそもそも実体を持たない抽象的なものです。言語化能力は抽象化の力そのものと言ってもよい。

高橋睦郎のエッセイが面白いのは、ごく日常的な身辺の話をしているのに、突然とんでもなく鋭い抽象化が飛び出してくるところ。子供のころの買物体験で、最も記憶に残っているのが当時五銭で売っていた「洋食焼き」（現在のお好み焼きをずっと粗末にしたもの。ウスターソースがかかっているから「洋食」だった）の買い食いだったという話をした後で、高橋睦郎はこういう議論を展開しています。

> それにしても、私の最初期の買物の対象が洋食焼きだったとは、なんと象徴的ではないか、といまにして思う。洋食焼き——そこには豪奢な光にあふれた西洋という彼方への憧れを誘う幻想的な名と、野暮で貧乏くさい小麦粉焼きという此方に密着した現実的な実との乖離がある。そして思うに、買うという行為は本質的に個の相反する二面、幻想的な名と現実的な実とに同時に向かうようだ。いいかえれば、その名と実とのちぐはぐの接点に買い物の醍醐味がある、と言えようか。
>
> 早い話が、くだんの洋食焼きも、ほんの申し訳程度にもせよソースがかからず、洋食焼きという名前がついていなかったら、果たしてあんなに美味しく感じられたろうか。（中略）
>
> しかも、そこにあるのは幻想だけでなかった。幻想の名をいってお金と引き換えに手渡された三角形の紙袋の中には、屑桜海老や青海苔が入りソースが垂らされた小麦粉焼という貧乏くさい、言い換えれば確かな現実があって、舌に載せ歯を当てるとなんとも野暮な味と匂いが口腔いっぱいに拡がり、幼い欲望を最終的に此方に引き戻し、安堵させるのだった。
>
> この売り手側からいえば遠心的な放り投げと求心的な引き戻しの構造、買い手側から見れば幻想への飛翔の快感と現実への着地の安堵感との生理、これらを理性的にといわずとも、動物的には知っていたに違いない洋食焼きの命名者は、やはり一種の天才だった。

長々と引用しましたが、この言語的抽象化はウルトラＣレベルの見事なものだと感嘆しました。言語化能力、とりわけ言葉を選ぶセンスが秀逸です。商売が「遠心的な放り投げと求心的な引き戻しの構造」を持つというところ。

消費の本質を「幻想への飛翔の快感と現実への着地の安堵感との生理」とするところ。この辺りにはとりわけ知的爽快感を感じ、シビレました。こうしたシビレとの遭遇があるので、読書はやめられません。

もうひとつ、僕が著者を好ましく思うのは、詩人という絶対に食っていけない仕事を本業と定めながら、世俗的な社会人としてもきっちりカネが取れる仕事を続けてきたところです。大学卒業後に広告プロダクションにアルバイトで入り、その後正社員になります。数年後には、サントリーの広告会社「サン・アド」（当時異能が結集していた）に移り、散文の仕事を徐々に増やします。５年後には常勤社員から週２回出社の非常勤嘱託となり、これを12年続けてから文章一本で食べていく著述家として一本立ちしています。

ゆっくりと世の中と折り合いをつけ、自分が好きなことを仕事として確立していく——キャリアの理想に近いものがあります。

自明のバカを批判しても仕方がない——百田尚樹『バカの国』

新潮新書の「バカ」シリーズ（それにしても新潮新書は『バカの壁』の成功体験なのか、「バカ」がスキですな）の最新刊。「クレーマー・バカ」とか「ＳＮＳバカ」「役人バカ」など、著者が見聞きしたバカの愚行を取り上げては嘆き、罵倒しています。

一例を挙げますと、覚醒剤に似せた袋入りの白い粉をわざと警察官の前で落として逃げた夫婦の話。夫がわざと落とし、逃げる姿を妻が撮影してＹｏｕＴｕｂｅにアップした。もちろん業務妨害で逮捕されたわけですが、調べてみると男は職業をＹｏｕＴｕｂｅｒと名乗った、というバカな話であります。

批判の対象があからさまな愚行ばかり。そこにこの本が面白くない理由があります。「正論を声高に言う」のと相似形です。いちいち論評する価値がない。誰が見てもバカと思う自明のバカをバカと批判しても詮無い話です。

「どうやらこの国はバカの国となった」と著者は問題提起します。「おいおい日本、大丈夫か」という言葉が帯にあるのですが、僕の答えは「もちろん大丈夫」。

なぜかというと、こういう馬鹿者はいつの時代もどこの国にも一定程度いるからでありまして、今に始まった話ではありません。太古の昔からこういう連中がいて、それでも世の中は何とか動いている。それが人間社会の実相です。この58年ほど（それ以前は生まれていないので判然としないが、おそらくこの５８０年ほど変わっていない）連日こういうバカな話がニュースとして発信され続けてきたわけですが、僕はなんとも思いません。バカにいちいち反応すること自体がバカバカしいからです。

「正解」よりも「自分解」——内田和成『リーダーの戦い方』

本書のメッセージを一言で言うと「人にはできることとできないことがある」——これには二重の意味があります。まずは「環境」と「打ち手」（戦略）との区別。ようするに自分の力でコントロールできることとコントロールできないことの線引きです。ここにその人のセンスが表れます。コントロールできないことをコントロールしようとする。逆に、コントロールできることを所与の動かせない条件だと思い込んでしまう。間違いの多くは、環境と戦略を混同することにあります。

本書の議論の中心は、もうひとつの「できることとできないこと」にあります。すなわち、その人の得意と不得意。すべてにおいて傑出したリーダーは存在しません。誰にもできることとできないことがあります。まずは自分の得意技を知る。つまりは自分を知る。「正解」でなく「自分解」で勝負する。できないこと、やりたくないことに拘泥しない。リーダーにとって決定的に重要なことです。

「戦略か実行か」「論理か感性か」、著者はこの2軸でリーダーを4つのタイプに分類しています。この2次元はこれまでも繰り返し指摘されてきたもので（著者も前著で「論理対感性」の問題をとっくり論じている）新味はありません。ただし、これまでいろいろな経営者と仕事をしてきた著者だけあって、実際の経営者の例の当てはめが面白い。著者の見立てでは、新浪剛史さんと本田宗一郎さんはいずれも「感性——実行型」に分類されていて、なるほどと思いました。

この分類に従っていろいろな議論をした上で、最後の最後に「決め手は運と人間力」と言い切ってしまうのも面白い。「人間力＝チャーム＋徳」というのが内田さんの定義です。チャームと徳は似て非なるものです。チャームがあるからといって徳があるわけではない。逆もまた真なり。徳は方向性がはっきりしています。だから、徳がある人には共通点がある。ところが、チャームは千差万別です。この「チャーム」というもの、その実体は何ともつかみどころがないのですが、僕は経験上これが非常に大きいと思っています。次の本では、著者にチャームの分類学をやってもらいたいところです。

リーダーにもできることとできないことがありますが、それ以前に、どのタイプかにかかわらず、そもそも「リーダー」という仕事ができる人とできない人、人間はまずはこの2つに大別されます。読み終わって再確認しました。僕はリーダーには向いていません。生涯一兵卒で仕事をしていこうとの思いを強くしました。

蒼先生に続け——宮崎紀秀『習近平VS.中国人』

一党独裁の官僚腐敗、人権弾圧、言論統制、政治による恣意的な刑法運用から、高度成長の歪み、貧富の格差、拝金主義、反日まで、習近平政権下の中国社会を現地取材でレポートしています。

実態はそういうことなのだろうと思いますが、だとしても、どういう政治だったら現代中国の問題を克服できるのか。大雑把な理解として、習近平政権は、共産党による政治的独裁の下で超資本主義的な経済成長路線を突き進む結果としてあちこちに噴出した矛盾を、力業でコントロールして乗り越えようとしている。無理があると言えばそれまでですが、現行の政治体制ではひとつの「合理的な選択」だと思います。

もちろん本書が伝えるような中国社会で生きていくのは大変なことだと思いますが、それでも毛沢東の時代に戻りたいかと言われて「是！」という中国人はあまりいないのではないかと推測します。超大国の中国を変革していくというのは１００年がかりの大仕事でありまして、誰がやってもそうそううまくいくわけありません。

いまの中国を知るにつけて思うのは、日本の明治維新の凄さです。幕藩体制を近代国家に転換させるのは、この数十年、中国が挑戦している転換と、まずまず同等の困難だったと思うのですが、よくまあ50年でケリをつけたものだとつくづく感心します。

本書を読んで面白かったのが、蒼井そらという日本の女優（調べたらアダルト系の女優だった）が、２０１２年ごろから、中国で人気を博しているということです。僕は知らなかったのですが、この人は中国で「蒼先生」と呼ばれ、大変な人気がある。尖閣問題で反日デモの吹き荒れたときも「尖閣諸島は中国のもの、蒼先生は世界のもの」というロジック（?）で、一貫して人気者。蒼先生は中国語もマスターし、中国でガンガン仕事をしているそうです。

こういうのは実にイイ。共産党政権の維持を絶対の目的とする中国共産党の内部事情を別にすれば（と言ってもこれが大きいのだが）、日中間にはもともと実質的な争点はそれほどないと僕は思っています。韓国もそうですが、政治権力者が内政のために外交を手段として使っているという面が強い。

個人のレベルで実利的な交流を深めていけば、日中関係は必ず良くなっていく。僕も自分の仕事を通じて、そのことを心がけています。

完全無欠のサイコパス――佐野眞一『別海から来た女』

木嶋佳苗という稀代の連続殺人犯による「首都圏連続不審死事件」のルポ。出来はよくない。著者の考察がいちいち陳腐で辟易しました。

かつての佐野眞一は『巨怪伝』（正力松太郎）、『カリスマ』（中内功）という経営者評伝の傑作を書いたノンフィクション作家です。とくに後者はあまたある経営者についてのノンフィクションの中でも五指に入る大名作だと思っているのですが、どうしてこうなってしまうのか。加齢なのか枯渇なのか。よく分かりません。

ノンフィクションとして出来が悪いので、木嶋の出自を追いかけた前半の「別海から来た女」は読む価値なし。後半の「百日裁判」は法廷での観察と記録としてはまずまず。

僕が犯罪ノンフィクションを読むのは人間についての興味関心からです。犯罪ほど人間の人間的なところがモロに出る分野もございません。多くの方が覚えていらっしゃるように、木嶋という人はもうとんでもない人でありまして、人間の不思議への興味をかき立てます。

ところが読めば読むほど興味が薄れる。というのは、完全無欠のサイコパスとして確立しているからです。あまりにも言動が（そういう人として）首尾一貫していまして、意外なところがない。自己中心的で自己優越を疑わず、自分の利益のために人をだましたり殺したりして、何ら反省するところがない。ある意味、裏表がない。職人の仕事のように、ものすごい速度と密度で人を殺していく。犯罪の中身も稚拙で、最初の事件の初動捜査がきちんとしていれば、すぐに逮捕されて一件落着、連続殺人事件にはならなかったはず。おそらくこの人の場合、殺人によって得られる利益（カネ）は欲求のごく一部で、騙して殺すこと自体が悦びになっていたと思います。つまりは捕まるまでひたすら殺し続ける。逮捕と死刑は当然の成り行き。

ことほど左様に木嶋自身は度を越した、ただしチンケな殺人者なのですが、著者も言っているように、こんな女に騙された人々の心理と行動、こちらには考えさせられるものがありました。人間の哀しさが集約されています。

途中で読むのを止めた本——柚木麻子『ＢＵＴＴＥＲ』

木嶋佳苗事件を題材にした小説。娘が読んでいたそうで、「わりと面白いよ」とのこと。僕も読んでみようと思いました。

小説に限らず、読み始めて「これはちょっと……」と感じたとき、僕はわりとすぐに読むのを止めるようにしています。この小説はすぐに「これはちょっと違うぞ……」と思ったのですが、著者の筆力もあって、しばし粘ってみました。それでも１２１ページで離脱。あまりにも内容とトーンが僕に不向きでした。

ターゲットは明確に女性。僕の性別は「過剰に男性」なので、これが合わない。しかも主人公（33歳の女性雑誌記者）に合わせた若者向けの小説です。これがますます合わない。主人公の思考と行動がとにかくナイーブ。感受性が強く脆弱。自分が重い。だから悩む。自分がすっかり軽くなってしまっている初老のハゲオヤジにしてみれば、どうでもいいことの連続で話が展開していきます。

自分の土俵で日々の仕事に集中し、「あー疲れた」とか「腹減ったな」とか言いながら、仕事が終わればご飯食べて寝る。この繰り返しの明け暮れでありまして、ほとんどのことがどうでもイイ。僕にしてもいろいろと滑った転んだはありますが、ド中年の心意気はＳＤＧｓならぬＳＧＤｓ。すなわち「それがどうした」。ほとんどのことがなるようにしかならない。で、まあ何とかなるわけでありまして、いちいち思い悩まない。自分を探したりしない。そんなものはどこにもない。探す方が無駄です。

期せずして自分が感受性が摩耗しきったオッサンであることを思い知らされました。ただし、向いている人が読めば、きっと優れた小説だと思います（途中までしか読んでいないのにそう言うのもナンですが）。

表現者の肖像――村崎百郎『鬼畜のススメ』

１９９０年代にこの本が出たときに買って読んでいたのですが、この度電子書籍として復刊されたことを知り、再読しました。

著者の村崎百郎氏は工場に勤めながらゴミ漁りをし、拾ってきたものに囲まれて暮らしていた人です。ゴミ漁りについて極めて詳細かつ実践的な記述をしています。ゴミ漁りをする地域や時間帯や季節ごとの特徴、はたまた犬や警察にどう対処するか、拾ってきた見知らぬ人の日記から透けて見える人生（についての妄想）などなど非常に奇矯な話の連続です。ようするに著者は表現者なのでありました。

僕自身には表現者の要素がまるでなく、フツーの生活者にして仕事者なのですが、それだけに表現者には興味があります。「すかしきった日本の文化を下品のどん底に叩き堕とす」ための表現活動がたまたまゴミ漁りだっただけ。それをやらないと死んでしまう。こういう超内発的動機を持って何かをやる人、というのが僕の表現者の定義です。もちろん少数派ですが、いつの時代も社会にはこういう人がいるわけで、芸術というのはそういうものだと思います。

実際の著者は他者に対しては常識的な振る舞いをする温厚な人物だったそうですが、２０１０年に精神を病んだ見知らぬ人からメッタ刺しにされて殺されてしまいました。表現者として活躍できなかったことが惜しまれます。

現代版夫婦善哉――かつみ『借金星』

著者は僕と同世代の漫才師。「かつみ♥さゆり」という夫婦漫才で出ている人なのですが、関西在住以外の人は知らないかもしれません。僕は演芸がスキなものですから以前から知っておりまして、かつみがツッコミでさゆりがボケ。「ぽよよーん」というギャグが有名です。

かつみ氏は１９８５年に漫才コンビ「どんきほ～て」で順調なデビューを果たし、新人賞を数多く取るという活躍をします。ところが時代はバブル。25歳で始めた株投資が大成功をして味をしめ、株、土地、絵画、ゴルフ会員権、先物などありとあらゆる投資活動で28歳時には3億円という資産を持っていました。ところがバブル崩壊で気づいたときには1億７０００万円の借金を抱えるという窮地に陥ります。

どん底から借金返済のためあの手この手を繰り出し、それがことごとくハズれるという苦闘の半生をつづったのが本書。オオクワガタの養殖販売や１００円ショップ、ラーメン屋と手を出した商売はいずれも空振りに終わります。下手をすると、かつみどころか克美しげるになりかねないところですが、本業は堅調（ジッサイのところ漫才は面白くない。夫婦仲良しのテレビタレントとして成功している）、いまでも関西では安定した人気を維持しています。

それもこれも、公私にわたる人生の相棒である夫人、さゆり氏によるところが大きい。１９９９年にどんきほ～てを解散し、かつみ♥さゆりで夫婦漫才を開始。さゆり氏とは借金苦に陥った後に結婚しています。彼女はひたすらに明るく鷹揚。自然体で前向き。51歳の今も心身ともに若い。

夫婦でさまざまな失敗を繰り返すのですが、何があってもへこたれない。夫婦で仲良く仕事をして、自己破産に追い込まれることもなく、ただひたすら借金を返していく。さゆり氏は間違いなく大人物です。こういう人が実在する。投資の失敗は不運（正確には自業自得）ですが、かつみ氏は異様にツイている。さゆり氏と結婚しただけで、すべての不運をチャラにする幸運だと思います。それだけの何かがかつみ氏にもあるということでしょう。

率直に言って本としては面白くない。それでもこの夫婦の半生は「幸せだから笑うのではない。笑うから幸せなのだ」という人間の本質を見せてくれます。

爽快な絶望――小幡績『アフターバブル　近代資本主義は延命できるか』

帯に「異能の経済学者」とあります。著者の小幡さんはまさしく異能の人。その独自の主張はいつも極端なのですが、好きか嫌いかで言えば、僕はスキです。

普通の人はバブルを「一時的な特殊状態」として考えがちですが、小幡さんは逆。資本主義とはバブルそのものであり、むしろバブルの一形態が資本主義であるととらえています。バブルとは「外部の力で膨らませたもの」。マクロ経済学を勉強したことがある人ならお分かりでしょうが、資本主義的な市場メカニズムの中には「成長」（例えばGDPの増大）というロジックは内在されていません。成長は外生的な変数に依存します。

その最大のものが人口増加です。しかし、人口増加は永遠に続くわけではありません。したがって、定常的な循環経済だけでは成長は続かない。外部から何かが注入される必要があります。新しい需要がシステムの外から入ってくることが必要なのです。

それをもたらしたのが、新大陸発見などのフロンティアの拡張、新しいモノの登場、それを買うための退蔵されていた富の放出でした。アダム・スミスが指摘したような分業の発展による生産性の向上（＝イノベーション）もあるのですが、生産力が上がってもそれにカネを払う人がいなければ需要は膨らみません。モノの値段が安くなって終わりです。だから、とにかく需要を膨らませなければならない。つまりは、近代資本主義は定義からしてバブル経済だ、というのが著者の基本認識です。

例えば都市。人々が移動して集まる。都市への集中は生産ではなく消費のためです。これが新しい需要を生み出します。宮廷でパーティーを開き、女性を着飾らせ、贈り物をして気を惹こうとする。これが資本主義をテイクオフさせたわけで、だからこそかつての経済学は財を「ぜいたく品」と「必需品」に区別していた――実に面白い指摘です。

近代資本主義はいつでも「バブルに次ぐバブル」なわけで、ポストコロナの時代ももちろんバブル。金融、財政出動でバブルになる。コロナショックで崩壊したバブルを救済するためのバブルがすでに株式市場では始まっている。実体経済も財政出動でバブルになる。で、金融市場も実体経済も、そのうちバブル崩壊を迎える。

小幡さんの論調の味わいは、その悲観のスタイルにあります。常に「絶望」しているのですが、それでも飄々としたユーモアがある。僕は言論の役割はポジティブなメッセージを出すことにある（そこにしかない）という主義なので、小幡さんのスタンスとは相いれませんが、それでも氏の芸風は魅力的です。ものすごく頭がイイことは間違いない。「ああでもない、こうでもない」と歯切れが悪いのが経済学者の常ですが、小幡績さんはいつもスパッと言い切ります。そこがイイ。

例えば、『アフターバブル』のこういう主張です。「コロナショックで世の中は何も変わらない。大恐慌でなくバブルがやってくるだけ。コロナはストックのショックでなく、フローのショック。リーマンショックでは多くの金融機関や投資家の資産が紙くずになった。金融ストックが失われた。しかもコロナでは東日本大震災と違って供給ショックも存在しない。武漢のＩＴ企業の生産もすぐに回復した。強烈な需要ショックが短期間に生じただけ。需要の瞬間的な蒸発だけなので、戻ってくるときはすぐに戻る。いったん需要が回復すれば何も心配はない。あくまでも需要がすべてだ」――実にスカッとした論理展開です。

もうひとつ、著者の美点は「元も子もないことをあっさりと言う」ところ。例えば、原油価格の暴落について。「価格が上がり過ぎたのが暴落する唯一の理由。上がったから下がる。上がらなければ下がらない。暴落するのは上がり過ぎたバブルだったから。バブルは上がり過ぎて下がり過ぎる。この2つはセットだ」

政府のコロナ対策についての批判も鋭い。コロナリスクはゼロにはなり得ません。風邪もインフルエンザもずっと続いているわけで。そもそも何事においてもリスクゼロはあり得ない。人々がリスクゼロを求める限り永遠に不安は消えません。

ゼロリスク神話を社会が許容するところに問題の本質がある。「非合理な不安」を強要する圧力が世の中を支配すると、一人の悲劇に全員が全力で寄り添うことになり、社会としてのコストとベネフィットのバランスは議論することすらできません。

一人感染者が出たら大騒ぎになる。すべての学校を閉鎖しろ、という議論になる。リスクは常にどこにでも存在するのですから、⑴それをトータルで減らす努力をし、⑵リスクが実現したときの備えをしておく。この2つがリスクコントロールの大原則となります。ところが、リスクゼロは不可能であるにもかかわらず、ゼロだと人々を安心させるように政府は全力で動く。論理的には不可能だから、論理的な説得ではなく、情緒に訴えるようになる。「安心・安全」というのは、もともとは「安全を確保することで安心を得る」という意味でした。ところが「安全だけでは足りない、人々が安心して初めて対策として万全だ」という意味に変容しています。これが日本を致命的に非効率な社会、破綻リスクの高い社会に追い込むことになった、と著者は言います。政府に命を救うことはできない。それでも経済やすべてのことを犠牲にしてでも命を救うというポーズをとっている。経済は政策で調節が可能であり、実現可能なことが多数あるのに、命のためにそれを放棄している。できることはやらず、できないことを全力でしようとしている。これではうまくいくはずがない——。

この辺、まったくその通りだと思います。ようするに国民の知的幼稚に根本的な問題がある。さらなる成熟を待つしかないのですが、成熟にはまだまだ時間がたっぷりかかるのもまた事実です。

僕は経済現象のほとんどはすべて「気のせい」だと思っています。特にこの日本では、中世じゃあるまいし、本当の意味で死ぬか生きるかという厳しい生活を強いられている人はほとんどいません。この点でも「価値のないものほどバブルになる」という小幡さんの指摘は面白い。実体がはっきりしないものほどバブルになりやすい。歴史的には金やダイヤモンドがそうです。ＩＴバブルもそうでした。

なぜか。実物としての価値が存在してしまうと、その価値と市場価格との差が見えてしまう。そうなると、価格が「実用上の価値から自由に解き放たれて飛んでいくことができない」。だから妥当な価格に落ち着いてしまい、本格的なバブルにはならない。

「稀少性のあるものほどバブルになりやすいと思われているが、それは違う」――このロジックも面白い。稀少であるものは高価になってもバブルにはなりません。みなが殺到できないからです。バブルになるためには人々が「殺到」する必要があります。そのためにはかなり多くの人が入手可能でなければなりません。あまりに稀少であると入手不可能で殺到する意欲を失います。しかもその殺到するものの「価値」を誰でも知っている方が都合がいい。その方が売却がしやすいからです。この辺、実に切れ味鋭い。リーマンショックを引き起こしたサブプライムローンを起爆剤とする不動産バブルはまさにこの条件を満たしています。

　小幡さんとは通っているジムが同じだったので、以前は挨拶ぐらいはする仲でした。ところが最近お見かけしません。別のジムに移ってしまったのかな。『アフターバブル』を読んで、久しぶりに小幡さんに会って、彼一流の「絶望節」を聞きたくなりました。

ストーリーの基本構図――ゲイ・タリーズ『汝の父を敬え』

　和モノで言えばヤクザ任侠もの、洋物で言えばマフィア・ギャングものが自分でもどうかと思うほど大好物でありまして、『汝の父を敬え』はこれまた僕の大スキなゲイ・タリーズの１９７１年の作品。ニューヨークの５大ファミリーの筆頭格にあった「ボナンノ・ファミリー」の興亡を描く大河ドラマ。父と子の絆と相克がテーマになっています。

　１９０５年、シチリア島のカステラマーレに生まれたジョゼフ・ボナンノは、ムッソリーニのファシスト政権を逃れて禁酒法時代のアメリカに移住。マフィアには珍しいインテリの知略派で、抜群の才覚と上品で洗練された言動で頭角を現し、26歳で最年少のドンになっています。

ジョゼフの長男ビルは大学へ進学したインテリでしたが、父への畏敬の念から後を継ぎます。そのころ（60年代）はＮＹマフィアのファミリーの間で複雑怪奇な抗争（バナナ戦争）が続き、内部抗争と裏切りの中でボナンノ親子の破滅は刻一刻と近づいていきます。ついにボナンノ親子の覇権は崩壊。ようやくビルは長年の重しから解放されます。

あらすじからも分かる通り、超大傑作映画『ゴッドファーザー』シリーズを彷彿とさせます。原作となったマリオ・プーゾの小説『ゴッドファーザー』は、実際にボナンノ一家（およびNYの5大ファミリーとその抗争）を題材にしています。

『汝の父を敬え』がそうであるように、アメリカンギャングものは必ずと言っていいほど、父と息子の関係を基軸にして話が進んでいきます。ギャングやマフィアは非合法の組織犯罪。どうしても国家権力には敵いません。隆盛を極めても、しょせんは破滅する定めにある絶対矛盾のあだ花。和モノ洋モノいずれにしても、「破滅の美学」となるのは必然です。

で、親子の絆と相克という「どうしようもないもの」をここに持ってくると、ギャングの基本構造にある矛盾がますます鮮明に浮き彫りになるというわけです。洋モノは親子や家族ですが、和モノは「義理と人情秤にかけりゃ」ということで、義理（ヤクザの建前＝ジッサイはようするに金と力）と人情（友情や恩義など、義理に叛くけれども大切なこと）の相克をテーマにすると、破滅の美学が一層色濃くなる。この辺、洋と和の社会や文化の違いを反映していて面白いところですが、基本構図は同じ。

『汝の父を敬え』には小説『ゴッドファーザー』のような派手さはありません。渋く抑制されたタリーズの筆致が冴えわたります。当事者への徹底取材を重ねた「ニュージャーナリズム」の王道を行く作品です。

囚人たちのシュールな光景――見沢知廉『囚人狂時代』

『31年ぶりにムショを出た』（本書の〈表〉に書評を収録）が面白かったので、類書を探してみました。同時期に同刑務所に入っていた安土茂の『ああ大阪刑務所四区』を読んでみましたが、いまひとつでした。

　もうひとつ、見沢知廉『囚人狂時代』というのがありました。これも同時期に同刑務所に入っていた人です。著者は『31年ぶりにムショを出た』にもちゃんと登場しています。むしろ本書の方が『31年ぶりにムショを出た』の手本となっているようで、僕は知らなかったのですが、２０００年ごろに出版されてベストセラーになったとのこと。

『31年ぶりにムショを出た』がフツーの犯罪者の回想なのに対して、こちらの著者は「政治犯」です。高校生のころから新左翼セクトでバリバリやり、後に新右翼民族派に乗り換えてゲリラ活動、スパイ粛清事件で懲役12年。１９９４年に獄中で書いた小説『天皇ごっこ』で新日本文学賞（ということはまた左に回帰している）を受賞。その後は小説家としてやっていましたが、２００５年に46歳で自死しています。

　基本的には著者が獄中で会った人々のユーモラスなエピソード集で、そこは『31年ぶりにムショを出た』と同じです（というか、『31年ぶりにムショを出た』がこの本に倣っている）。三越事件の岡田茂、ホテルニュージャパンの横井英樹などの大物や、あさま山荘事件の吉野（「あさまさん」と呼ばれていた）や金属バットの一柳展也、狭山事件の石川一雄も登場します。

　一柳氏のキャラクターは不思議なものだったそうで、本書でも多くのページを割いています。野球大会のときに一柳が出てくる。で、金属バットをぶんぶん振り回す。これはさすがに殺人犯ばかりの千葉刑務所の囚人もビビる。「先生！　大変です。一柳が金属バットを振り回しています！」――担当刑務官もこれには困った。別に悪いことをやっているわけではないので、「まあ、いいんじゃないの……」。

一柳氏はとても陽気な人だったそうで、著者が映画鑑賞会で一緒になったときのこと。この日の映画のタイトルがなんと『ひとごろし』。山本周五郎の小説をコント55号が喜劇化したものです。厚生課長が出てきて、「えー、今日の映画会は『ひとごろし』です。みなおとなしく鑑賞するように」。一同がざわざわする。

萩本欽一が画面を走り回って頻繁に「人殺しい！」という叫び声を上げる。囚人はみなイヤになってしまうのですが、一柳だけは大口を開けてゲラゲラ笑っていたとのこと。何でこんなタイトルの映画を選んだのか分かりませんが、実にシュールな光景です。

筆者は生きにくい人だったようで、獄中でも問題児で長いこと独居房に入れられたり、医療刑務所に送られたりを繰り返します。政治犯で小説を書くような人ですので、もちろん文章は上手で構成も凝っているのですが、僕としては観察や心境をストレートに書いた『31年ぶりにムショを出た』の方を面白く読みました。

これまで読んだ中でいちばん面白い本
——古川緑波『古川ロッパ昭和日記』

今までに読んだ本の中でいちばん面白いものを一つ挙げろ、と言われたら躊躇なく『古川ロッパ昭和日記』（全4巻）と答えます。この本（異様に長い）を読んでいるときは、間違いなく至福のひとときでした。

10数年前のことですが、本書を読んでいるころ、娘の中学受験がありました。聖心女子学院と東洋英和を受けて、結局は東洋英和に行ったのですが、聖心の合格発表の日に他の者の都合がつかず、僕に結果を見に行く役目が回ってきました。早めに着いてしまったので、聖心の近くにある都ホテル（当時はまだ都ホテルだったが今は名前が変わっている）のロビーラウンジ（ここがまた閑散としていて読書に適している）で「しめしめ、ロッパ日記を読みながら、しばらく時間をつぶしましょう……」と読み始めたら、例によって極度のトリップ状態になり、気づいたときには合格発表の時刻を数時間過ぎていました。あわてて学校に行きました。無事に合格していたのですが、事務手続きの窓口が閉まる直前で危ないところでした。

家人は僕からの連絡がないので不合格だと思っていたそうで、家に帰って事情を説明すると「ロッパと娘のどちらが大切なのか」と詰問されました。あのときは娘よりも「ロッパ・トリップ」の方が確かに大切だったのだと思います。

「エノケン・ロッパ」と並び称された戦前昭和の喜劇王古川ロッパ。この人は男爵家に生まれたインテリで、映画が大好き。大学を中退して映画評論家となり、文藝春秋の菊池寛にその才気煥発を見込まれて、自ら編集長として映画雑誌を刊行します。主筆として評論に腕を振るっていたのですが、雑誌は商業的に失敗。会社をたたんで心機一転。自ら映画に出るようになって、「批評する側」から「される側」に転身していきます。その才能は特異なもので、何の下積みもなしにいきなりスターになったロッパは、座長としてロッパ一座を率いて昭和喜劇の黄金時代の中心に腰を下ろします。

戦後になりロッパの芸はだんだん時代と乖離していきました。晩年はひたすら落ち目。苦労をしていないだけに生活は享楽的。金銭感覚も偏っていて、経済的に行き詰まります。結核に冒されても、借金を抱えて何とか日銭を稼がなければなりません。かつての大スターが血を吐きながら（本意ではない）営業仕事に駆けずり回る日々。その晩年はひたすら哀しいのですが、こういう成り行きに陥った「かつての大スター」は他にもたくさんいる。こうした生活をまるで傍観するかのように客観視し、日記に自らの悲惨を毎日淡々と記していったところにロッパの特異性があります。

その記述はマニアックなまでに克明。大正から昭和の東京の生活がどのようなものだったか（驚くほど今と同じなのが面白い）。それが戦争の深刻化とともにどう変わっていったのか。何よりも、日本が戦争に徐々に足を突っ込んでいき、緒戦の一時的な成功を経て泥沼の状態になり、本土爆撃にさらされ、焦土に放り出されて敗戦を迎えるという一連の成り行きを、当時の人々と世の中がどう受け止め、どのように反応していたのか。同時代の記録として最上の一冊です。

ロッパ死して日記を遺す。映画演劇の主演作は数多くありますが、ロッパの最大の仕事は間違いなく『古川ロッパ昭和日記』です。

概念と対概念

――三浦崇宏『超クリエイティブ』

広告の世界で活躍する気鋭の著者が「クリエイティブ」とは何かを縦横に論じます。機能で差がつかない時代は思想で差がつく。思想を体現するのがクリエイティビティ――というのが著者の基本スタンスです。

著者の仕事の例をとれば、「ＣＯＧＹ」という商品のクリエイティブ。もともとは「足漕ぎ式車いす」でしたが、著者は価値を再定義して「あきらめない人の車いす」として売り出しました。商品の形態や機能でなく、使う人の気持ちというかスピリット（自立的に回復に向かっていく人間の意志と行動）に注目したクリエイティブです。人間についての思想が商品に注入されています。

すなわち価値の再発見にクリエイティブの存在理由がある。クリエイティブはコミュニケーションとは似て非なるものです。あらかじめ意図されている価値の伝達ではない。最初から圧倒的に優れた商品であれば価値の発見は無用、したがってクリエイティブも不要となります。

圧倒的な素材と機能のダウンジャケットを１０００円で売れるのであれば、そこにはクリエイティブが介在する余地がない。あからさまな「進歩」はクリエイティブを必要としない。ところが、良いものが溢れている今日の消費市場では、進歩だけでは行き詰まる。それだけにクリエイティブの果たす役割が大きくなります。

思想は単に頭の中にあるアイデアではありません。自分にとっての規律となり、具体的な行動を決定するものでなくては思想とは呼べない、と著者は言います。

著者はかつて博報堂に所属していました。当時の先輩の話が面白い。その人は女遊びが大好きなプレイボーイでしたが、グーグルに転職して不倫をやめたそうです。なぜかというと「グーグルっぽくないから」。グーグルの思想の中核にあるのが“Don't be evil”であるということはよく知られています。グーグルの掲げるこの言葉は単なる標語を超えて「思想」になっている。

対概念のない概念は意味がない。これは知的活動の基本です。本書で最も勉強になったのは、優れたコピーライティングについても同じことが言えるということです。

糸井重里氏による西武百貨店の広告の「おいしい生活」（１９８２年）がなぜ優れたコピーなのか。それが「よりよい生活」でないからだ、と著者は言います。それまでの高度成長期、日本の人々は一次元上を前へ前へと進む豊かさを希求していた。しかし、80年代に入ると消費者も成熟し、「何がいいか」が人によって変わってきた。もはや「よりよい生活」は希望になり得ない。「おいしい生活」はもっと主観的な、その人の価値観に沿った豊かさを意味していました。「おいしい」というのは一義的には味覚。味覚は最も主観的な感覚の一つです。「よりよい生活」ではない、という意図が強く出る。だから「おいしい」という言葉を使う。そこが巧い。

坂本美慧の『ゼクシィ』のコピー、「結婚しなくても幸せになれるこの時代に／私は、あなたと結婚したいのです」にしても、結婚が所与のライフステージではなく、本人が主体的に選択するライフスタイルであるというメッセージを含んでいる。そこが優れたコピーたるゆえんです。

今でも使われているＪＲ東海の名コピー「そうだ　京都、行こう。」。これは「旅行ではない」というところに妙味があると言います。新幹線で2時間で行けるようになった京都は、東京の人々にとって事前に計画して観光する「旅行先」ではなく、気楽に思い立ってふらっと出かける場所になりました。だから「旅行ではない」——確かに巧い。

「13歳で結婚。14歳で出産。恋は、まだ知らない。」という寄付を募るＮＧＯの広告がありました。覚えている方もいると思います。記憶に残るインパクトはあったのですが、見た人がこれだと金を出さない。そこで、著者が提案したコピーは「女の子の未来に、投資を」。そっけない言葉ですが、ポイントは「寄付ではない」ということにあります。寄付でなくて「投資」だと思うからこそ、人はお金を出す。ここにクリエイティブの本領がある。

著者にとって最も衝撃的なコピーは、１９５６年の経済白書の結語の一文に出てくる「もはや戦後ではない」だと言います。「もはや戦後ではない」――ストレートに何では「ない」かを言っているのですが、短い表現の中に広く深い意味が込められている。この言葉一発で、いろいろなものが湧き出てくる。確かに名コピーです。あらためて『経済白書』のその部分を読んでみました。

> 戦後日本経済の回復の速やかさには誠に万人の意表外にでるものがあった。それは日本国民の勤勉な努力によって培われ、世界情勢の好都合な発展によって育まれた。
>
> しかし敗戦によって落ち込んだ谷が深かったという事実そのものが、その谷からはい上がるスピードを速やからしめたという事情も忘れることはできない。経済の浮揚力には事欠かなかった。経済政策としては、ただ浮き揚がる過程で国際収支の悪化やインフレの壁に突き当たるのを避けることに努めれば良かった。消費者は常にもっと多く物を買おうと心掛け、企業者は常にもっと多くを投資しようと待ち構えていた。
>
> いまや経済の回復による浮揚力はほぼ使い尽くされた。なるほど、貧乏な日本のこと故、世界の他の国々に比べれば、消費や投資の潜在需要はまだ高いかもしれないが、戦後の一時期に比べれば、その欲望の熾烈さは明らかに減少した。もはや「戦後」ではない。我々はいまや異なった事態に当面しようとしている。回復を通じての成長は終わった。今後の成長は近代化によって支えられる。

確かに名文と言ってよい。単に「戦後」が終わったと言っているのではない。時代の変化がもたらす機会と挑戦課題を正面から見据えている。気合が入っている。腰が据わっている。これだけ簡潔にして力のあるメッセージは昨今の政府刊行物ではまずお目にかかりません。

戦後復興とその後の経済成長は、数多くの見識と意欲において優れた人々によって実現されました。この文章を白書に書いた経済企画庁の担当課長、後藤誉之助氏もその一人でした。

不変の本質は確かにある——東海友和『イオンを創った女　評伝小島千鶴子』

１９１６年、四日市の呉服屋「岡田屋」を営む両親のもとに生まれた小嶋千鶴子。11歳で父を、20歳の時には母を亡くし、23歳でやむを得ず株式会社岡田屋呉服店の代表取締役社長になります。10歳下の弟の岡田卓也（イオングループの創業者）が社長になるまで、経営者として腕を振るい、イオングループの基盤をつくり上げました。

評伝としての出来はあまりよろしくない。もっとコクのある面白い評伝にできたはず。それでも人物が人物なので勉強になるところが多々ありました。

例えば「信用第一」という商売の基盤の徹底。１９４５年、空襲で店も商品も焼失した岡田屋を再建するときのエピソードです。すべてを失ったにもかかわらず、小嶋千鶴子は「岡田屋の商品券をお持ちの方には現金をお返しします」というチラシを配る。空襲のせいなのだからそこまでしなくても非難は受けない。それでも、店は焼けても岡田屋の暖簾は焼けていないという矜持を見せつける。これで岡田屋はますます信用を高め、小嶋の経営者としての名は上がったといいます。このとき弱冠29歳。この若さにしてこの判断。彼女がいかに腰が据わった商人であったかを物語るエピソードです。本質を瞬時に見極める力において傑出している。経営者としての力量は弟よりも優れていたかもしれません。

小嶋千鶴子はとくに人を使いこなすことにおいて抜群の能力がありました。「人事は人間を知ることから始まる。

（中略）個々人は個々に違う。違うことを知ることである。一人一人について、過去どのように生きてきたかを知り、今後どのように生きていきたいかという希望を知り、今どうしているかを知り、目標を持たせることである。人事担当者は知ることから始める。そのためには、聞くことから始める。注意深く見ることから始める。基本は、愛情である」――この発言は人事という仕事の根本を見事に抉り出しています。ようするに「ダイバーシティ」なのですが、最近の「形だけダイバーシティ」とは天と地の差があります。

　小嶋千鶴子は業界に先行して大卒女子の大量採用に踏み切ったことで知られています。ジャーナリストに「女性の人事担当常務だけに女性採用に熱心ですね」「女性の活躍に理解がありますね」と言われると、「あんた世の中をもっと勉強せなあかん。私が女性だからといってなんにも関係あらへん」と不機嫌になる。これが本当の意味で「性別に関係なく、意欲と能力だけを基準にする」ということです。著者に「なあ東海君、男も女も四十過ぎればみな同じやな。仕事もやるけど悪いこともするし、浮気もするし、ええ時代と言えばそうなのだが……」――こういうことをストレートに言える人こそが本物です。

　若くしていきなり経営者になったからか、「世の中をもっと勉強せなあかん」というのが小嶋千鶴子の口癖でした。大変な勉強家。とにかく本をよく読んでよく考える。出てくる言葉が本質を衝きまくっている。人間の本性を見極め、それをテコに人と組織を動かしていく。経営者として最も必要な能力、人間洞察において抜きん出た人で、その力量には唸らされるものがあります。

「良いも悪いも関係なくたくさんのものを観ることやな。そうしているうちによいもの、悪いものが峻別できるようになる。とにかく数をたくさん見ることや」――センスにおける事後性の強さとその克服についての要諦を端的に示しています。

「つまるところ会社は社会の一員として社会と暗黙の契約をしているという認識が必要である」――思考の抽象度が高い。だから本質をつかめる。「環境経営の重点ポイントは……」とか言っている「形だけＥＳＧ／ＳＤＧｓ」

の経営者に聞かせてあげたい言葉です。

「人はどんなときによく働くのか。愉快なときに働くのである。人間は、人から認められたとき愉快になるのである」――言葉がこのようにいちいち論理（AだからBになる）で組み上がっている。思考と行動において論理的でした。

「組織を活性化するためには、共有しなければならないものが３つある。同じ情報の共有、同じ目的の共有、そして同じ結果の共有である」――言葉が練りに練られている。「ＰＤＣＡの徹底」とか言うよりこう言った方がよほど腹に落ちます。

小嶋の人事の特徴は何でも表に出すことでした。良いことも悪いこともすべてオープンにする。人事政策を全員に周知し、その通りに実行する。で、実施したことを必ず検証する。採用時の評価を記した個人ファイルをしょっちゅう見返して現状と比較する。

ある社員が逮捕されたとき、すぐに「その人のファイルを持ってくるように。そんな奴、だれが採用したんや！」と怒鳴る。ファイルを見て黙っているので「誰でした？」と聞くと、「私やったわ。採用は難しい。やっぱりな」――そこでまた深く考える。方針を明確にし、周知し、実行し、検証する。当たり前の話ではありますが、当たり前のことを自ら徹底してやり続けることができるのが優れた経営者の条件です。

そして何よりも主体性の重視。「まず決心すること、見分を広げること、実行に手をかすこと、自分の意思で参加することだと思います。社会を変えるためには自分自身を変えることから始めなくてはいけません」――理由を環境や制度に求めず、自分の意思と行動をすべての基点とする。小嶋千鶴子はその通りに生きた人で、説得力があります。

「問題あらへんか？」――自ら店舗の現場に出ては従業員にこの質問を繰り返していたそうです。小嶋は根っからの商売人で、「客のためになる」かどうかを基準にすべてを判断していました。それが結局のところ儲けるための王道だからです。とりわけ「店が客のためになっているか」。経営のすべての行為は顧客接点にある店に結実している。そこに宝も問題もある。だから現場へ直接出向いていく。質問された従業員が「問題ありません」と答えようものなら「アホか、あんた勉強が足らんな」と叱られる。

「問題あらへんか？」は一石で何鳥にもなる経営ルーティンとして理解できます。第1に、現場の質と問題を知る。第2に、その従業員と置かれている状況を知る。第3に、その従業員に当事者意識を持たせる。

第3の鳥に妙味があります。「問題あらへんか？」と聞かれ、それについて考える。少なくともその間は当事者意識を持って考えるわけです。誰しも「当事者意識を持って仕事しろ」と言うのですが、普通の人にとってはこれがなかなか難しい。やらなければいけないことを一通りやるだけになってしまう。「問題あらへんか？」はたった一言で当事者意識を持つきっかけを提供しています。

そもそも「問題あらへんか？」は経営者が従業員にまじめに関心を持っていることを示す行動です。叱られたとしても当人は「見てくれている」という気になる。仕事の問題だけでなく、個人的な問題がないかについても聞き出していたそうです。「東海君、岡崎店のAさんのファイルを持ってきてください」と言われた著者が小嶋のところに行く。直近の自己申告書に目を通し、奥さんが病気で困っていることを知った小嶋は即座にジャスコの嘱託医に電話をかけ、その病気について詳しく尋ね、専門医の紹介を受け、懇意にしている大学病院に連絡して段取りをつけたといいます。

小嶋千鶴子は「どんな本を読んでいるんや？」「将来なんになりたいの？」「そのためにどんな勉強をしているの？」と相手かまわず声をかけ、必ず具体的なアドバイスをしていたそうです。経営者にならなければ、教育者として大成したでしょう。

本書を読んで思うところがあり、読後すぐにファーストリテイリングの柳井正さんに連絡しました。小嶋さんについての柳井さんのお考えを聞いてみたかったからです。柳井さんは大学卒業後にいったんジャスコに就職しています。当時の人事部門トップは小嶋千鶴子さんでした。

小嶋さんに対する柳井さんの第一印象は「地味な人」。ただし、周囲の人はみんな小嶋さんに対して「ビビっていたように見えた」。周囲の人の振る舞いを見て、柳井さんはすぐにこの人が実質的な経営トップだと感じたそうです。著者の東海氏は当時小嶋さんの直属の部下で、小嶋さんがよく「東海君、東海君」と言っていたのを柳井さんは覚えていました。

柳井さんは雑貨売り場に配属されるのですが、すぐに「ここにいても仕方がない」と思い、ジャスコを辞めて山口県宇部の実家に戻ります。当時の柳井さんはタダの新入社員でした。「入社後に小嶋さんと一対一で話したことはなかった」

それでも、辞めるときに柳井さんは小嶋さんに手紙を書いています。なぜかというと「この人なら分かってくれるのではないかと思ったから」。これは深い話だと直感しました。ほとんどやり取りすることもなかった若き日の柳井さんにそう思わせるだけの何かが彼女にあったということです。もちろん、小嶋さんからの返事はありませんでした。

小嶋さんについての柳井さんのお考えを聞いてみたいと思ったのは、柳井さんが小嶋さんから相当の影響を受けているように見えたからです。僕はファーストリテイリングと柳井さんの手伝いを始めて10数年になります。その間、仕事のさまざまな場面で柳井さんの言動を観察してきました。柳井さんが普段会社の中で言っていること・やっていることの中に、本に書かれていた小嶋さんにそっくりのことが多々あります。柳井さんが経営者になってから、小嶋さんと対話する機会がしばしばあり、経営者の手本として小嶋さんの教えを活かしているのだろうと僕は思っていました。

ところが、です。柳井さんはジャスコ退社以来、数年前まで、小嶋さんとは会ったことも話したことは1回もない、と言うのです。数年前に岡田家のどなたかの結婚式に出たときに小嶋さんがいらしたということで数十年ぶりに再会し、「昔お世話になりました」とご挨拶なさったそうなのですが、そのときは小嶋さんは相当にご高齢で、柳井さんを認識し、対話することはできなくなっていたそうです。

「ということは、柳井さんは東海さんがお書きになった本を読むまで（本の出版は２０１８年）、小嶋さんが本にあるようなことを言ったりやったりしていたことをまったく知らなかったということですね？」「そうです。本を読んであまりにも自分の考えと近いので驚いたんですよ。振り返ってみると、僕は小嶋さんに影響を受けていたのかな、と思うんだけれども、ご本人と話したことはない」

　これはどういうことか。やり取りがないのですから、「影響」という言葉は当てはまりません。経営とは何か、経営者はどうあるべきかをそれぞれが独立に突き詰めていった結果、同じ考えにたどり着いている。経営には普遍にして不変の本質というものが確かにあります。

経営者の教養――小嶋千鶴子『あしあと』

小嶋千鶴子本人による回想録。冒頭のこの一節が小嶋氏のリーダーとしての哲学を凝縮しています。

> 一家の中心になる人が生き生きしていれば、子供たちも生き生きし、その人が希望をもって生活していれば、家族全員も明るい生活を送ることができる。自分の周辺を変えていこうと思うのならば、まず自分自身を変えていくことである。

『イオンを創った女』を読んだ柳井さんは、すぐに小嶋さんがお書きになった本書を手に入れて読んだそうです。

「結局、教養がものをいう。小嶋さんはものすごく教養がある人だと思いました。教養は経営者にとって最も大切なものだと再確認しました」――柳井さんの感想です。

小嶋さんの商売の歴史に対する造詣の深さには驚くべきものがあります。近江商人の成り立ち、彼らの組織販売のやり方、「株仲間」という共同出資制度を研究し、そうした要素がなぜ「三方よし」という経営理念に結実したのか――小嶋さんは近江商人の研究から多くのことを学んでいます。

> 中井家（近江商人の代表格）では、帳合い法、今でいう管理会計を取り入れ、正味資産の増加に力を入れている。すなわち、いくつかある出先、出張所の資本の1割は強制資本蓄積法といって、必ず本店の資本に繰り入れていた。一方、最低一割を支配人の利益責任とし、それに足りないときは、損耗金処理、それ以上に利益が出たときは「分徳用」といって出精金（インセンティブ）の分配をしていた。
>
> 管理者利益責任制度といい、強制資本蓄積制度といい、そして成果配分制度といい、近代的な経営法そのものが、当時すでに確立されていたことに驚きを禁じ得ない。

越後屋の三井高利や石田梅岩からも「商道」を学んでいます。事業経営における公私のけじめを重視し、これが「店はお客さま（＝公）のためにある」という思想のバックボーンになっています。店が生んだ利益であっても、店主の身勝手な心には任せない。日本の商道はヨーロッパの「労資関係」ではなく、「労使関係」に軸足を置いているという着眼点も鋭い。

僕の母方の曽祖父は明治・大正期に成功した商人で、戦前は日本橋で栄耀栄華を極めていました。ところが、現金しか信じていなかった。新円切り替えですべてをパーにしてしまい、戦後は落魄の人生を過ごしました。小嶋さんは違います。ドイツの第一次世界大戦後の記録を戦時中に読み、日本も敗戦になれば必ずインフレがやってくると予見していました。新円切り替えのときにあるだけの現金を集めてすべて商品に替えています。

ビジョンを語る経営者は多いのですが、小嶋さんはビジョンはかならず実行可能な具体に落とし込まなければならないと強調しています。

> 自らのビジョンに従えば物事は必ず実現する。これは私の長い人生の中で確信に近いものとなった。例えば家を建てたいという願望の場合は、具体的に玄関はこうする、台所はこうする、あるいは窓や机はどのように配置するとか、頭の中でそのイメージを明確に描けた人が初めてそれを成就することができる。
>
> これは店や会社の場合でも全く同様で、漠然と大きくしたいというだけでは結局のところ店を大きくすることはできない。具体性を持ったビジョンをまず描かなければならない。（中略）
>
> このように成功の原則とは、具体的に目的を実現するための方法を決めることである。それが出発点である。自分の店をよくしたい、大きくしたいと考えたときも全く同じである。大きくしたいとは具体的にどのようなことなのかを考えて決める。これが成功するポイントである。

長期・全体・具体——これが経営者思考の3条件だということを、僕は柳井さんから学びました。小嶋さんの本も期せずして同じ結論を導いています。

社会進歩と多様性

——奥村チヨ『幸福の木の花』

クラブでの実演から叩き上げた歌手に奥村チヨがいます。これまた大いに独自の人で、そのステージングはクラブで鍛え抜かれたものを感じさせます。絶頂期は短かったのですが、楽曲はどれも素晴らしい。とくに『嘘でもいいから』という曲の歌唱におけるトーンの自由自在ぶりは、濃密な現場経験を感じさせます。

「ナイトクラブの奥村チヨ」というライブの名盤が出ています。ここでのステージングと客あしらいはもう完璧。クラブ歌手はこうでなくちゃいけません。収録は京都の老舗ナイトクラブ「ベラミ」。山口組3代目の田岡組長が襲撃された昭和の名店です。ナイトクラブとヤクザのオーディエンスと奥村チヨ。これ以上ナイスな組み合わせはちょっと思いつきません。

　昭和時代の人々は『恋の奴隷』を普通に聴いたり歌っていたのですが、いま冷静に振り返ると、歌詞の過激さに驚きます。

あなたと逢ったその日から　恋の奴隷になりました
あなたの膝にからみつく　小犬のように
だからいつもそばにおいてね　邪魔しないから
悪い時はどうぞぶってね
あなた好みの　あなた好みの　女になりたい

あなたを知ったその日から　恋の奴隷になりました
右と言われりゃ右むいて　とても幸せ
影のようについてゆくわ　気にしないでね
好きな時に思い出してね
（以下、同じ意味内容が続くので省略）

「影のようについてゆくわ」「好きな時に思い出してね」だけでも十分にお腹一杯なのですが、言うに事欠いて

「悪い時はどうぞぶってね」。自伝『幸福の木の花』を読んでいたら、歌っていた奥村チヨご本人も、「この曲は歌うのに抵抗があった。女性をバカにしているようで……」（↑その通り！）。いまの時代のリベラルな女性が聞いたら卒倒間違いなしの内容です。

　世の中は進歩して、『恋の奴隷』にある価値観は一般的には受け入れられないようになりました。それでも「こういうのがスキ」という女性はいまの時代にも一定少数いるはず。また、こういう女性がスキな男性もいるでしょう。そういう二人の好き嫌いが一致して仲良くしている分には何の問題もありません。それが多様性包摂だと僕は思います。スキなだけ「小犬のように」「あなたの膝にからみつ」いてください。男も好きなときに思い出せばよい（ただし、ぶたない方がイイと思う）。

昭和の若者生態——綱島理友・みうらじゅん『女の子エスニック図鑑』

　とにかくみうらじゅんがスキ。何か今まで読んだことがないものを……と探していたらみつけたのがこれ。ただし、買ってから気づいたのですが、みうらじゅんは絵だけで、文章は綱島理友の作品でした。

　綱島理友という書き手を知らない方が多いのではないでしょうか。本書の出版は１９８５年。僕が大学生のころです。綱島理友はそのころ若者の間でわりと人気があった若手コラムニストでした。いま読んでもなぜ人気があったのかはなかなか理解しにくいのですが、昭和当時は本書のような意識的、自虐的に軽薄な文章が好まれる雰囲気がありました。その綱島理友も今は高齢者。年月の経過を感じ入ります。

　内容はというと、当時の若い女性をいくつかの類型に分類してその嗜好や生態を論評するという社会風刺。とにかく自意識過剰で自分のことで頭が一杯、自信がなく将来が不安で人の目が気になり、そのくせ何事も自分に都合がよく考える——若者というのはそういうものでして、今も昔も変わりません。本書が戯画的に描く38年前の若者はいまの若者と変わらないし、38年後も同じようなものだと思います。

当然のことながら表層的な違いはあります。当時の若者にとっての自意識や自己主張のメディアはとにかく「モノ」――洋服やアクセサリーやクルマ――でした。ですから、本書の分類も「エレトラ」（と言っても今の人は分からないと思うが、エレガンス・トラッドのこと）とか「ソフトラ」（と言っても今の人は分からないと思うが、ソフト・トラッドのこと）とかアメカジとかサーファーとかニューウェーブとかＴＯＫＹＯブランドとかフレンチアイビーとか、ファッション志向を基準にしています。

確かに当時はそういう分類で女の子の生態の違いが大まかに把握できたものでした。初老になってしまった身としてはよく分からないのですが、今ではそうした細かいファッションの分類や、それに基づいた人物類型化はやりにくくなっているのではないでしょうか。

それでも、繰り返しますが、この変化はごく表面的な変化であって、若者の本質は変わりません（もちろんおっさんの本質も１９８５年からまったく変わっていない）。本書に出てくる１９８５年の若者にスマートフォンとＳＮＳを与えたら、今の若者とまったく同じ行動をとるだろうことは間違いありません。

その後の「ハマータウンの野郎ども」――ブレイディみかこ『ワイルドサイドをほっつき歩け』

副題に「ハマータウンのおっさんたち」とあるように、ポール・ウィリス『ハマータウンの野郎ども』と相通じるところがあります。『ハマータウンの野郎ども』は１９７７年に発刊されたエスノグラフィーによる社会学研究の金字塔です。

イギリスの労働者階級がなぜ社会に対する不平不満を言いながらも、自らの意思で労働者階級としての人生を選択するのか。『ハマータウンの野郎ども』は「労働者階級の再生産」の社会的・文化的メカニズムを解明する研究です。日本語訳はちくま学芸文庫から出ています。まだお読みになっていない方はぜひ。

当時の労働者階級の若者＝ハマータウンの野郎どもは現在はおっさん・おじいさんになっているわけで、イギリスに長く住み労働者階級の社会で暮らす著者が、日常で出会うハマータウンのおっさんたちの断片を実体験をもとに描いています。

イギリスと日本では社会も文化も大きく異なるのですが、おっさんの哀歓のありようはどこの国でも共通しています。ほとんどのことが思い通りにならないのが人生。幸運もあれば不運もある。滑った転んだを繰り返しながら、なんとか自分の人生と折り合いをつけて生きている。そこに人間の味わいがある。おっさんになったことのある若者は誰一人としていません。若い人が読むと、人と人の世について考えるところ大だと思います。

グローバリズム、競争社会、経済格差、緊縮財政といった現在のイギリス社会のあり方に対して、著者ははっきりと批判的です。著者の体験からくる意見に僕もおおむね共感しますが、だからといってかつての労働党政権の福祉国家のイギリスがうまくいっていたかというとそうでもない。しょせんは人間の世の中、原理的解決手段はあり得ません。結局のところは程度問題の匙加減、右へ左へと蛇行しながら少しでも良くしていくしかない。

アングロサクソン国家のイギリスで格差社会の生み出す問題は日本以上に深刻です。とりわけ、かつての福祉国家イギリスの象徴であり、いまでも労働者階級の精神的支柱であるＮＨＳ（National Health Service：国営医療サービス）の荒廃は本書で繰り返し出てくる論点となっています。

ＮＨＳは日本にとって重要な反面教師であると思います。日本の保険医療はＮＨＳよりもはるかにマシです。これを維持するためには、原則論や理想論ではなく、程度問題での対応策が必要だと思います。ＮＨＳのように完全福祉にこだわると福祉を維持できなくなる。サービスを受ける側に一定の負担を課すことによって、保険の濫用を抑制する。特に所得が多い層に対しては、通常医療での負担をもっと増やすべきだと考えます。

もうひとつ『ワイルドサイドをほっつき歩け』から学んだのは、安価な労働力と目先の内需を移民に求めることの深刻な弊害です。ブレクジットのごたごたの淵源も、移民が大量に入ってきたことにある。繰り返し主張しているのですが、安価な労働力を獲得する目的で移民を増やすことに僕は反対です。イギリスの轍を踏んではならないと思います。

　これにしても程度問題ですが、最低賃金の引き上げと累進税制の重要性を再確認しました。格差を緩和するための最低賃金の引き上げは、言論の自由と同じぐらい大切なことです。今の社会で所得の多寡を左右する要因としては、その人の能力と運が半々ぐらいだと思っておりまして、幸運にして経済的に豊かな人は、少なくとも今の日本程度の国民負担率は受け入れるべきだというのが僕の意見です。所得の再配分こそが現代社会の政治と政府の役割の根幹です。大きな政府か小さな政府かといった二者択一的な原理主義に陥ることなく、あくまでも程度問題として対処していくことが大切だと考えます。

『わたしの渡世日記』の原型

——高峰秀子『まいまいつぶろ』

　人生の師、高峰先生のごく初期の随筆集。31歳の時点で書かれた半生記「私の歴史」が収録されています。

　高峰先生がこの20年後に出版した『わたしの渡世日記』、これが僕にとって運命の一冊でありまして、以来先生を師と仰いでいます。本書の回想は『わたしの渡世日記』とはわりとトーンが異なっています。義母との抜き差しならない関係が触れられていません。このころはまだ著者も心の整理ができていなかったということなのだと思います。それでも、それぞれの出演作品についての感想など、味わい深いものがあります。

「平凡で、誠実で、ありのままで」という短いエッセイにも、確立された高峰哲学がストレートに出ていて、心の滋養になりました。

　ハイライトは映画『二十四の瞳』の小豆島ロケで一緒だった子役の女の子の思い出と別れをつづった「小さいコ

トやんのこと」。掛け値なしの名文です。6歳で母と死別したコトやんは、外国人夫妻の家庭にもらわれていきます。当時はまだこういうことが普通にあったんですね。コトやんとの別れの場面を読んで胸がいっぱいになりました。

高峰先生の本を読むと、いつも自然と背筋が伸び、自分の日々の生活をきちんとしなければいけないという気持ちになります。

遠い記憶――赤瀬川原平『ぼくの昔の東京生活』

著者の昔の心象風景の記憶を綴った本であります。ヒジョーにあっさりした本で、仕事の合間に読むのにはちょうどよろしゅうございました。

この本を読んで、人は記憶によって生きているということを再確認しました。実際、人間にとっていちばん大切なものは記憶の蓄積です。僕もこの本に触発されて遠い昔の心象風景の記憶を掘り起こしてみたのですが、そのときはなんでもないことでも、数十年の時間が経ってから思い起こすと、なんとも言えない感慨があります。

僕のいちばん遠い記憶は、家の庭の切り株に座って、親に写真を撮ってもらったということ。もしかしたら因果関係が逆で、写真が残っているので、記憶がある気になっているのかもしれません。

子供のころアフリカにいたのですが、アフリカ時代で忘れられないのはジャングルの夜明け。夕方だったのかもしれませんが、たぶんどこかに旅行をしていて、その宿の前に深い谷があり、その向こうにジャングルが広がっていました。夜明けか夕方か、とにかく目の前にドーンと広がっているジャングルの木々と空との境界が、太陽に照らされてキレイな赤に染まり、周囲は完璧な静寂で風がそよぐ音だけが聞こえるというその光景、子供心に陶酔感が押し寄せてきました。

１９７０年代半ばにフランス、イタリア、スイス、ドイツを経由して、アフリカから日本に戻ってきたのですが、帰途に寄ったヨーロッパの記憶も断片的に残っています。今もそうですが、都市部であっても、ヨーロッパの夜は日本と比べて暗い。今でも覚えているのは、そのときに泊まっていたパリのホテルの薄暗い部屋の様子です。その隣にカフェがあって、パリに着いたその日の夜、ここで簡単な食事をしたのを覚えています。なぜ覚えているかというと、バゲットというかあの硬いフランス・パンが印象的だったからです。あのときの乾いたパンの風味、一緒に飲んだガス入りのミネラルウォーターの奇妙なのど越しの感覚は今でも克明に脳内で再現できます。

遠い記憶でいちばん鮮明なのは、何と言っても小学校高学年でついに日本に戻ってきたときのこと。昔は一時帰国などというしゃれたイベントはなく、地の果てのヨハネスブルグに行ったが最後、帰国するまで一度も日本に戻ることはありませんでした。

羽田（当時は成田空港はない）に着いてひっくり返りそうになったのが、日本の高度文明。人の多さ、クルマの多さ、天空を走るモノレール、何と言っても圧巻だったのは「テレビ」という文明の利器であります。これがテレビか――目黒の家について鼻息も荒くテレビをつけると、今でも鮮明に覚えているのですが、郷ひろみが自転車に乗りながら歌う「ただいま、若さの、真っ最中ー、サンキスト・ドリンク♪」というジュースのＣＭでした。

帰国したその日、時差で眠くなってしまい、とりあえず実家の2階で昼寝をした。2時間ぐらい経って、拡声器で流れてきたちり紙交換の声で目が覚めました。「ちりがみ、こーかーん……」という日本語の音声を聞いて、ああ、ここは日本だ！　日本に帰ってきたんだ！――切なくて胸が締めつけられるような気持ちがいたしました。昭和40年代のお話です。

「徐々に」の恐ろしさ——ルドルフ・ヘス『アウシュヴィッツ収容所』

いくつかの事実の誤認が含まれているため批判もあるのですが、まずまず正直な告白だという印象。ナチスドイツの第三帝国があのように動いたメカニズムの一面が分かります。

第三帝国時代のユダヤ人の組織的な虐殺はその量と質においてとんでもないものでしたが、この本を読んでみると、アウシュヴィッツの所長であったヘスはとにかくフツーの人。ごく小市民的で、まじめ。いわゆる「小役人的」な発想と行動を最初から最後まで一貫してとっていたということがよく分かります。こういうフツーの人が命令に従って粛々と機械的に人を殺していく。当時のナチス幹部の精神をよく伝えています。アーレントの『イエルサレムのアイヒマン』が描く「悪の陳腐さ」と通底しています。

裏を返せば、それほどまでにこの虐殺が組織的に行われていたということです。なぜそこまでシステマティックかつ整然とことが進んでいったのか。第三帝国の過ちの歴史から何かを学び取ろうとするとき、ここが最大のポイントであると考えます。

ずいぶん前ですが、用事があって繰り返しミュンヘンに行くことがありました。毎回2、3泊でしたが、用事の合間に観光的なことをする時間が半日ほどありました。で、前々から訪問したいと思っていたダッハウ強制収容所に参りました。

ダッハウはミュンヘンから電車で20分程度のところにある静かな郊外の住宅地です。ミュンヘンが東京だとしたら、ダッハウは田園都市線の鷺沼みたいなもので、駅を降りるといかにもそういう感じの住宅地。ここからバスで10分程度のところにダッハウ強制収容所跡のメモリアル・ミュージアムがあります。感覚的にはあざみ野のテニスコートの辺りに強制収容所がある。

当時の建物はほとんど残っておらず、収容されていた囚人が生活させられていた数多くのバラックのうち2棟

（これは復元）と管理棟、監獄が内部を改修して博物館になっています。パネルの展示説明が秀逸。時間の流れに従って、ヒトラーのナチスが独裁体制を構築するに至ったいきさつや、その結果、なぜ、どのようにして強制収容施設ができていったのかをじっくりと解説してくれます。加えて、映画による説明がありました。

すでにヒトラーやナチスドイツに関連する本を通じて知っていたことでしたが、あらためて現地で強制収容所の歴史にふれてみると、いろいろなことを考えさせられました。とりわけダッハウは、「ダッハウ・モデル」と言われるように、一連のナチスドイツによる弾圧の歴史で登場する強制収容所としては最初に設立されたものでして、その後の強制収容所の仕組みの原型となったという意味で、興味深いものがあります。

僕なりに到達したことの本質は、「こういうことは突然始まるわけではなく、徐々に文脈が形成され、その積み重ねの中で起こる」です。ユダヤ人やナチスドイツに抵抗する政治犯や、ナチズムからして「不適切」な人々を、ものすごいスケールで強制収容所に押し込み、殺していく——想像を絶する悪行ではありますが、１９３０年代のダッハウは、当時としては「普通の政治犯」の収容矯正施設としてスタートしています。

強制収容所というと、ユダヤ人がガス室で殺されていくところというのが一般的なイメージですが、それはあくまでも途中からの話。当初は「普通の矯正施設」だったダッハウが、ヒトラーの第三帝国の膨張主義で第二次世界大戦に突入していき、国が混乱していく中で、徐々にとんでもないところに変容した。このプロセスの理解こそが大切です。

社会的な正義なり正当性の基準というのは相対的なものです。もしナチスドイツの犯罪がいきなりフルスケールで始まったとしたら、ナチズムはあれほどの国民的な支持を得られなかったはず。10年以上をかけて、徐々に加速した（１９４０年ぐらいからは加速度が飛躍的に増した）からこそ、あそこまでひどいことになったのだと思います。

不正義はそのときの世の中にギリギリ受け入れられるぐらいのところから始まる。その時点ではそれなりの社会的な正当性を付与されている。だからこそ、社会や当事者（この場合はナチスドイツの指導者層やナチ党員の国民）を幅広く巻き込んでいく。彼らが徐々に麻痺していく中で、最終的にはとてつもない規模の不正義に膨れ上がる。この「徐々に」というのが恐ろしいところです。一部の人があからさまに暴走する悪逆（例えばオウム真理教）はその時点で抑制する力が働くので、まだマシです。

だとしたら、ダッハウ強制収容所の歴史からどのような教訓を学ぶべきか。現代に生きるわれわれがこのような不正義を繰り返さないためには、ようするに何がカギなのか。その辺を考えつつミュンヘン駅前の宿舎へと帰りました。

つまるところは人権とか自由の尊重というごく一般的な概念に行き着くのですが、ポイントは、そうした普遍的な概念なり価値観がその時点での社会の事情とか情勢に左右されない「絶対的なもの」でなくてはならない、というのが僕の見解です。加えて、そうした絶対性を獲得するためには、自由や人権の概念が普段から相当に狭い範囲で、慎重に運用されていなければいけないと考えました。何にでも軽々に自由や人権を持ち出して規制したり保護するのは、大切な概念をかえって相対的なものへと貶めてしまう。結果的にダッハウのような「とんでもない規模での不正義のタネ」のようなものを産み出しかねないリスクをはらんでいる。本書から僕が学んだことです。

ポル・ポト読書

ナチスドイツの悪逆非道に比べると、ポル・ポト政権下のカンボジア虐殺は、同じ国家的な犯罪ではあるものの、ずいぶんと場当たり的にすすめられていった感があります。この違いがどこから来るのか。

クメール・ルージュによるプノンペン陥落（１９７５年）でロン・ノル政権が崩壊します。その後数年の間続いたポル・ポト派の民主カンボジア政権の恐ろしい時代がどのようなものだったのか。なぜあのような自国民族に対する大量虐殺が行われたのか。このことを考えるための読書にいっときのめりこんだことがあります。

ポル・ポト革命当時の僕は小学生でした。プノンペン陥落とかシハヌーク殿下とかポル・ポトとかキュー・サムファンとか、そういう言葉がニュースで飛び交っていたのは知っていました。しかし、カンボジアの内戦とそれに続くベトナムとの戦争は小学生には何が何のことだか分かりません。理解が茫漠としたまま、大人になってしまいました。

ポル・ポト革命の成り行きを現代史の重要事件としてじっくり考えてみようと思った直接のきっかけは、20年以上前のことです。僕が教えていた大学院にSrey Vuth氏というカンボジア財務省の財務官が留学してきて、彼の指導教官を担当しました。Sreyは僕と同世代。ということは、この想像がつかないほど凄絶極まる時代を子供のころに生き抜いた経験を持っている。彼に聞いた当時のとんでもない実体験はもちろん、話をする彼の深みのある表情、特に彼の何とも形容しがたい目を見ていると、これは同時代に生まれた人間として、きちんと知り、考えなければいけないな……と思わされました。

いろいろと読んだ上でのおすすめの本は以下の通り。

山田寛『ポル・ポト〈革命〉史』：読みやすい通史としてはイイ。まずはこれから。記述は薄い。

井上恭介・藤下超『なぜ同胞を殺したのか』：情報量が少ないがルポルタージュとして面白い。

本多勝一『検証・カンボジア大虐殺』：いつもの本多節炸裂でクセが強いが、さすがに情報量が多い。

クリストフ・ペシュー『ポル・ポト派の素顔』：革命に挫折し、森に潜伏してからの最晩期のポル・ポト派のルポルタージュ。マニアックだがリアリティがある。

デイヴィッド・チャンドラー『ポル・ポト 死の監獄S21：クメール・ルージュと大量虐殺』：著者は現代カンボジア史研究の第一人者。調査に基づく詳細な記述と論考だが、対象がS21施設に限定されている。

デイヴィッド・チャンドラー『ポル・ポト伝』：これが決定版。素晴らしい評伝。ポル・ポトことサロト・サルがいかに悪魔的で、いかに「やさしい」人物であったかを多面的に記述している。

同じアジアで巻き起こったこの悲惨な出来事を読むことは、人間社会について深く考える機会となります。

歌うアスリート——有田芳生『歌屋　都はるみ』

天才が生まれた過程と、天才として歌うことを宿命づけられた歌手の前半生を追う評伝。京都西陣の在日朝鮮人と日本人の母の間に生まれた都はるみは、幼少時から抜群に歌がうまかった。で、母の松代は娘を歌手にしようとガンガン投資をする。いくつもの音楽教室通いを経て、いよいよ東京のコンテストへ。当然のように勝ち抜き、16歳でレコードデビュー。

デビュー曲の『困るのことヨ』がいきなり15万枚売れる。ところが、松代が高級なステージ衣装の着物を次々に買うのでかえって借金がかさみます。半年後、『アンコ椿は恋の花』が大ヒット。レコード大賞新人賞を手にします。これは都はるみのイイところを全部絞り出すような名曲です。都はるみの歌唱を聴いて痺れた作詞家の星野哲郎がその日の深夜に書き上げたということを知りました。

その後もヒットを連発しているように見えますが、実際はヒットの間に停滞期がある。初期の攻撃的な歌唱を抑えてささやくように歌う『北の宿から』でレコード大賞、さらに抑えてつぶやくように歌う『大阪しぐれ』でレコード大賞最優秀歌唱賞を受賞。芸域を着実に広げています。

昭和歌謡界では年末の賞レースが歌手にとっても甚大な意味を持っていました。『北の宿から』は山口百恵との頂上決戦をのるかそるかで差し切った末の受賞でした。自ら獲りに行った『大阪しぐれ』の最優秀歌唱賞は、日本全国のキャンペーンに出て売上を伸ばした末の圧勝でした。北島三郎の『風雪流れ旅』と同時受賞になるかもしれないという知らせがあったとき、「冗談ではないですよ。絶対に嫌です」と思わず叫んだというエピソードはプロの世界の厳しさを物語っています。

このころの歌謡界はある種の戦場でした。レコード大賞の3冠を達成した都はるみは燃え尽きて引退。5年間を「ふつうのおばさん」として過ごします。この辺、極めてアスリート的。原動力は「意地」と「気合」。『巨人の星』

のようなストーリー展開。まさに昭和の天才です。

このあとはマイペースで活動しましたが、次第にかつての天才は消えていきます。仕方がないことですが、僕としては悲しくなります。これもまた都はるみという天才がアスリート的だったからでしょう。

コンセプトの力――隈研吾『ひとの住処１９６４－２０２０』

僕がスキな建築家、隈研吾さんの自伝的文明論。

隈さんはいつも巨視的な時代認識から思考する人です。「20世紀を一言で要約すれば工業化の社会だった」――工業化というと自動車や電気製品を思い浮かべますが、隈さんは「真の主役は住宅」だったと喝破します。なぜなら、自動車も電気製品も「家」のために買われたから。家という大目的に従属する存在だった。工業化社会の正体は建築化社会である――この辺のロジックが実に太い。

人々は家のために必死に働くようになります。すなわちローンを払うため。彼らは不安定を嫌うようになります。安定第一でないと先が見通せません。先が見通せないとローンも払えない。工業化の象徴であるモダニズム建築の父、ル・コルビュジエ『建築をめざして』（１９２３）の締めくくりが、「革命は避けられる」だったのは必然です。建築化社会では、大衆は黙って働き、革命を起こそうなどとは考えなくなる。

工業化社会＝建築化社会というアメリカ産の新システムの優等生が日本でした。戦前までの日本にはあまりに建築がなく、人々は建築に飢えていた。こういう時間的な奥行きがある考察も本書の魅力です。

少年時代の隈研吾さんは大倉山（横浜市）に住んでいた。当時は十分に田舎でした。で、東京オリンピックに合わせて建てられた丹下健三設計の国立代々木競技場を見て衝撃を受けます――建築家になりたい。大建築家の丹下健三は概念設計の天才で、これが彼を高度成長期のチャンピオンにしました。

建築家に必要なのは、造形力であるとか美的センスであるとか、様々な答えがあるが、もっとも必要な能力は、その建築に人々が何を求めているか、社会がその建築に何を必要としているかを理解する能力である。そこにこそ、丹下の天才があった。物質を通じ、ディテールを通じ、形態を通じて、その思いを形にする能力が最も必要とされるのである。

しかも「思い」は抽象化されたコンセプトでなければならない。コンセプトの一点で勝負するのが丹下の凄さでした。丹下のデビュー作は１９４２年の「大東亜建設記念造営計画」。ここでも彼のデザインは大東亜共栄圏確立の趣旨にばっちり適う案だったといいます。需要の核にあるものをつかみ、それをコンセプトへと抽象化するセンスが尋常ではない。

丹下の弟子で若きエースとして頭角を現した黒川紀章は「メタボリズム」、有機的建築をコンセプトに掲げました。隈さんは「黒川の思考方法は丹下よりも論理的だった」としています。丹下が直観に頼って造形する「芸術家」に対して、黒川は論理が先行して形が後から来るタイプでした。つまり、丹下が時代が求めるものを形態に翻訳したのに対して、黒川は時代の先を語って人々を魅了した。この対比は鋭い。

黒川紀章が一時期あれだけ注目されたのに、それが長続きしなかったのは、「時代の先を語って人々を魅了」する彼のスタイルが、時代の変化に対して脆弱だったからではないか。未来はそのうち現在になってしまう。そうなると、また次の未来を語らなければいけなくなる。黒川スタイルはその時その時の需要にきっちり応えていく丹下スタイルと比べて持続性の点で無理があったのかもしれません。

隈研吾さんは、生涯読んだ中での一冊として、吉田健一『ヨオロッパの世紀末』を挙げています。素晴らしい本で、僕も感銘を受けました。

吉田健一は父・吉田茂に対する最高の批判者でした。作ること・持つことよりも、それを使いこなし、使い倒すことの方がよほど豊かだとする考え方が吉田健一の真骨頂。「父は作る人、子は作ったものを楽しむ人」でした。丸谷才一は「吉田茂の最大の功績は、豊かに成熟した日本を作って、吉田健一の文学の土壌を創造したこと」と評価しています。吉田健一は成熟とは何かを考えるときにひとつの基準となる人です。いまこそ読まれるべき人です。

バブルがはじけて大きな仕事がなくなった隈さんは、吉田健一の思想を実現すべく、地方の小さな仕事をいくつも手掛けています。その起点は、梼原《ゆすはら》町の公衆トイレでした。町営レストラン、町営ホテルも設計しています。ここで隈さんはコミュニティのみんなとモノづくりを楽しむことの大切さを実感します。隈さんは「仕事がないことを大事にするといいよ」というアドバイスを若手にするそうです。

東京オリンピックのメイン会場となった新国立競技場の設計コンペはザハ・ハディッドが勝ちました。キンキンギラギラの「錯乱した建築」です。で、いろいろあって結局は隈さんが設計した「木のスタジアム」になったわけですが、とにかく「低い競技場」を意図したと言います。日本と西洋の建築界の最大の違いは庶民性にある。西洋で建築家は貴族や上流階級の職業。ハディッドはまさにそういう貴族マナーの人でした。

一方の日本には「建築家」という特権的な存在を必要としない伝統があります。すなわち、建築家がデザインして職人が工事をするという西欧的な分業はない。大工がデザインも工事も取り仕切る。建主との距離も近く、両者一体となって創り上げ、使い続けていく。施工と運営が連続している。施主とデザインと施工が運命共同体を形成しているという特質がある。日本の伝統的な住宅建築では、建物が完成した後でも終始模様替えが行われ、大工はいつも家に出入りしていました。エンドレスなリノベーションを前提としている。このことが異様にフレキシビリティが高い日本の木造建築システムを可能にしました。日本の建築家は現代版大工、すなわち「普通の人」であり、職人とともに歩み、利用者とともに歩み続ける。これが金融資本主義的建築の次に来るべきものだというのが隈さんの主張です。

新国立競技場は隈さんの知性——抽象化と具体化の繰り返し——がよくよく出ている物件です。隈さんは「国立」とは何かをまず考える。これからの「国家」は一つの形態によっては決して象徴することのできない、無数の小さく多様なものの集合でなければならない。だとしたら、細くて小さな木材をかき集めて造るべきだ。「小さな要素の、水平的で、ヒエラルキーのない集合体」と目標が設定されます。

「開かれている」ことも新国立競技場の重要なテーマです。建築と森をつなぐような、開かれたもの。工業化時代の建築の主役だったガラスは内と外を遮断します。つながっているのは視覚だけ。人間は自然と切断されています。コンクリートと鉄とガラスを否定して、大きな庇を張り出して風の通る内部を作り出す。庇や縁側というあいまいな装置を使うことによって自然に開かれている。自然を身体で感じ、自分のささやかな場所を確保する——こうした考えで、「風の大庇」が設計され、その下に「空の社」という1周８５０メートルの回廊が出来上がります。そこからは森が見え、森の風が吹き抜ける。日本の知恵、諦め、謙虚さが設計として具体化されています。この辺の抽象↓具体の変換能力は見事なものがあります。

それにしても、丹下健三の国立競技場にインスパイアされた少年の夢を新国立競技場で実現するというのが凄い。さらに凄いのは、そこに無理がないということ。自然な流れの先にそうなっている。改めて尊敬の念を深くしました。

誤解の三島由紀夫——本多清『三島由紀夫「最後の１４００日」』

私見では三島由紀夫こそ戦後日本最上の小説家です。三島由紀夫その人が作品以上にとんでもなく興味深い。僕はありとあらゆる評伝を読んで参りました。死後50年経った今でも間歇的に新しい評伝が出てくるところを見ても、三島由紀夫という人が人々の興味関心を引きつけるという点で格別であることが分かります。

本書は三島由紀夫が創設し自費で運営していた民兵組織「楯の会」の中心メンバーだった著者が自決前数年間の三島由紀夫の記憶を書き残したものです。はじめからたいして期待をしておりませんでしたが、読んでみると（悪い意味で）期待以上でした。

記述はいかにも凡庸。三島由紀夫の近くに1400日もいながら、その本質をまったく分かっていないのではないかと思わされます。三島の決起と自決が政治的な行動だという前提で話が進んでいく。三島由紀夫が本当にクーデターを起こそうとして、それに挫折し、自決した――いまでもホントにそう思っているのか、と驚かされます。

本人の作品やその後に出版された膨大な評伝や論説を読めば読むほど、三島の行動には政治的な意図はこれっぽっちもなく、徹頭徹尾、極私的な美意識に基づいた演劇演技だったということがはっきりしてきます。この視点を三島事件の直後からはっきりと持っていたのは、僕が知る限りでは、澁澤龍彦です。事件直後の大騒ぎの状況にあって、とんでもない慧眼でしたが、今となっては、三島事件は政治性ゼロ、私的美学のマニアックな追求の到達点だという理解で間違いないと思います。三島の「天皇陛下万歳！」は政治的なメッセージというよりも、美意識の呪文のようなものです。

三島由紀夫は作家であると同時に行動の人でありました。頭の中で構成された作品だけでは満足できない。自分が主役としてリアルな世界でその美意識を体現し、現実の行動で人々と自分自身に見せて示さなければ、追い求める美が完結しない。自己の美意識において極端に貪欲な人でした。三島は小説以上に戯曲において能力を発揮しました。自分の美的世界を戯曲にし、その主人公として最後まで演技をしたのが三島由紀夫でありまして、凝りに凝ったエンディングが市ヶ谷の自衛隊への突入と檄文演説、そして自決だったというのが僕の理解です。

三島は自分の美学や美意識が広く大衆に理解され、政治的なインパクトを持つなどとはまったく期待していなかったはず。自分の戯曲を実演し、ラストのエンディングまでもっていかなければ生きていてもしょうがない。極めて虚構性の強いものを、劇場の舞台でなく現実世界で実演してしまうところが凄い。世の中からすれば迷惑な話なのですが、これほど自分の美学に忠実に生きることができる人は三島のほかにいません。美意識を成就させたい一心で実際に死んでしまう。ようするに「派手な自殺」であります。

本書で若干面白かったのは晩年の三島の日常生活でのちょっとしたエピソードぐらいです。唯一の収穫は、三島が私財を投じてのめりこんだ「楯の会」（戯曲の重要な脇役）がこんなにも凡庸なフツーの若者で構成されていたという事実です。虚構を無理やり現実世界に持ち込もうとしても、演劇と違って実社会のナマの人間相手。キャスティングが思うままに行かないのは当たり前の話です。三島由紀夫が少し気の毒になります。

リベラル教養人——オードリー・タン『自由への手紙』

著者は台湾のデジタル担当大臣として最年少で入閣した「ＩＴの天才」。インタビューを基にした短く、あっさりとした本ですが、まずまず面白く読みました。

著者はイメージ通りのリベラリストでありまして、僕のようなどちらかと言えば保守主義的な者にとっては、本書の内容には部分的に懐疑的な面もあります。それでもついていけるのは、この人が優秀で有能だけでなく、伝統的な意味での教養人だからです。いたって常識的な人だという印象です。

「オープン」「透明」「ソーシャル」で問題解決と言いながら、一方では「アンチソーシャルメディア」。スマートフォンは使わない。理由は「テクノロジーの支配から自由になるため」。キーボードでなく指ですぐに操作できるとなると、常にスマホをスクロールしてしまい、依存症になってしまう。

自分のアイデンティティを特定のスキルセットに求めている人にはＡＩは脅威になる。私自身にはスキルセットはない。だから少しも心配していない。自分の価値観をスキルセットに置くべきではない——この辺、自身の原理原則と価値基準をはっきりさせ、それに忠実に行動するという教養人ぶりがうかがえます。

国民健康保険証を機械に通すときは社会主義の中にあり、クレジットカードを機械に通すときには資本主義の中にある。この2つが共存している台湾は社会民主主義国家だというのが著者の基本認識です。透明性が重要だが、それは一方通行のものであるべきで、国家が国民を見通せることになってはいけない——リベラルなのですが、自分の自由のために他者の自由を損なわないためには「ざっくりした合意」にとどめておくべき、という現実主義者でもあります。

台湾はこのところ行政の効率と先進性において注目を集める国となっています。ごく小さい面積に2300万人が住むというコミュニティ意識の強さもあるでしょうが、何と言っても中国の脅威からくる緊張感が大きい。独立路線で行くにせよ、中国との宥和路線で行くにせよ、政府がぴりっとしていないと、とんでもないことになる。日本とは政治の腰の入り方が違う。

「政府に必要なのは透明性と説明能力」と著者は強調します。で、実際にそれを実行し成果を上げている。日本の政治や行政にもこの人のような人材がいれば、と思いました。安宅和人さんあたりにやってもらえないものか。

女性から見た三島由紀夫——『彼女たちの三島由紀夫』

女性から見た三島由紀夫・三島由紀夫から見た女性がテーマのアンソロジー。冒頭の1967年の『婦人公論』のインタビューからして三島節全開です。

ワイシャツはオーダーですか、と問われて「既製品だ。オーダーはどうしてもぴったりとしないのだ」——うまい。カッコいい男性5人に選ばれたことをどう思いますか、に対して「浮世のつきあい」——さすが。

何メートル泳げますか、には「そうですね、100メートルは無理。25メートルプールを往復……75メートルだな」——超絶運動音痴の三島は素直に答えています。女性の肉体のどこにセックスを感じますか、に「顔。カオをあげるのは、セックスを知らない証拠だそうだがね。つぎはオッパイだろう」といたってフツー。こういう（三島にとっては）どうでもいいことについては、ごくフツーにやり過ごすのが三島一流のスタイルです。

三島は一生涯「三島由紀夫」という虚構を演じました。三島由紀夫というのはフィクションであり、長い時間をかけて練り上げられた作品です。作品として鑑賞するのが正しい姿勢だと思います。「僕の生活は演技だと人は云うだろうけれども、まあ世間に向かって演技しているのか、自分に向かって演技しているのか、本当のところは分からない。でも演技しまいと思ったら、全然生きていけないと思う」と言うのですが、世間に向かっても自分に向かっても完全に演技で生きている三島は「本当のところ」が分かっていたはずです。そうでないとあそこまでやり切ることはできません。

「三島氏は劇場が好きで、劇場的な生き方がその嗜好であった。死後にふと振り返ってみると、彼の傑作が劇に多いこともあらためてうなずかれる」（円地文子）――その通り。朝から晩まで何十年も三島由紀夫という劇を生きていたのですから、戯曲が冴えるのは当然です。

　僕は波瀾とかトラブルとかが世の中でいちばん嫌いなたちだ。仕事にさわるような波瀾やトラブルを避けるためには、すべてレッセフェールにする以外、生きられない。昔気質の文士、それから最近では太宰治とか坂口安吾とかいう破滅型の文士の生き方と僕の生き方の違うところだ。彼らはすべて観念で動いている。

三島の美意識からして「破滅型」はダサくて仕方がなかったのだと思います。波瀾やトラブルは美意識で構成された三島の生活にとって大いに邪魔だったのでしょう。

本書の中にある有吉佐和子との対談「女は悲しくない」は絶品でした。有吉佐和子は猛烈に頭がいい人で、小説も実にうまい。昭和の小説家として巨大な存在でした。有吉がなぜインテリを嫌いになったのか。その理由を語っているところが猛烈にイイ。これだけで一編の小説ができます。

> 女学校のとき、お友達の家に遊びに行ったら、そこの家で大きなダルマを買ってきたところで、芽が出るの縁起かつぎに眼を入れているんです。みんなで楽しく笑っているの。その時に私はどうしても笑えなかった。何がおかしいのかわからない。その情けなさ――。真っ青になるような情けなさで家に帰りました。以来金輪際インテリにはなるまいと決意したの。

森茉莉との往復書簡で三島が繰り出す森茉莉の『甘い蜜の部屋』についての評論が凄い。森茉莉は言語的美意識が特異に発達した人でしたが、それを評して「あなたは文学の楽園に住んでおられます」「楽園とは、文学においては、言葉の楽園です。言葉が天の王権を持ち、言葉があまねく恵みを垂れ、言葉以外の何物もそこでは力を持たず、また、言葉以外の何物によっても代替されない世界です」

三島は「自分は失楽園の責苦の中で、あるいは失楽園の安逸の中で小説を書いています」と自己卑下していますが、ここにある「言葉の楽園」が三島の目指すところで、それが結実したのが数々の傑作でした。『愛の渇き』などは言葉の楽園以外の何物でもありません。

古くからの友人だという湯浅あつ子という人の文章は自己愛が強すぎてイヤなのですが、それでも近くで三島を見ていただけに、なるほどと思うところが多々あります。

堅実質素で小市民的な家庭に育った三島は自分の美意識と出自のギャップ、「男らしさ」と自分の肉体や男性的能力とのギャップに異様に敏感で、この克服が三島劇場の一つの主題でした。湯浅によると「育ちとゴージャスとグレイスフルな雰囲気」が三島の大好物だったそうです。だからゴージャス作家の谷崎を最も尊敬し、憧れていたといいます。「一見華やかな中で、4、5年の青春時代（結婚前にある女性と交際していた時）を除いて何一つ自分の思い通りにならず、思った生活を得ることができなかった三島由紀夫」と湯浅は嘆息しています。
何もかも思い通りになったら劇としては面白くない。フィクションに生きた三島は自覚的に、意思を持ってそういう方向に自分の人生をもっていったのだとすら憶測したくなります。

衝撃の名著――山崎朋子『サンダカン八番娼館　底辺女性史序章』

ノンフィクションの歴史的名作をようやく読みました。「衝撃」としか言いようがない感想を与えてくれる名著というのがたまにあるものですが、本書はまさしく衝撃の一冊です。もっと早く読んでいればよかったと後悔しました。

九州の天草での「からゆきさん」からの聞き取りが本書の骨格となっています。「からゆきさん」とは明治期から第一次世界大戦の終わる大正中期までの間、北はシベリアや中国大陸、南は東南アジア諸国、さらにはアフリカにまで日本から出かけて行って、外国人や現地の日本人を相手に肉体を売った海外売春婦を意味する言葉です。

「底辺女性史研究」を志す著者は、かつての日本の村々から売られていった海外売春婦こそが「階級と性という二重の桎梏のもとに長く虐げられてきた日本女性の苦しみの集中的表現であり、言葉を換えれば、彼女らが日本における女性存在の原点を成している」という認識から、当時（１９７０年前後）生存していたからゆきさんの取材を通じて、海外売春の実態とその経済・社会的な文脈を明らかにしようと決意します。

その方法論が凄い。天草で偶然に出会ったからゆきさんの生き残りである「おサキさん」というおばあさんと一緒に生活する、というのが著者の採った方法でした。おサキさんは一人で極めて困窮した生活をしているのですが、取材目的を明かさないうちに親しくなり、２度目の天草行きではおサキさんの家に同居することになります。内容からして突っ込んだ取材は極めて難しいのですが、著者は生活する中で徐々におサキさんの信用を得て、本書にまとめられた貴重な証言を引き出しています。

戦前の島原は農地がやせていたにもかかわらず人口が多く、文字通り食べていくことができない貧しい人々がたくさんいました。そこでごく若いころから海外売春婦という「奉公」に出る女性が少なくありませんでした。おサキさんの小さな村からも何十人もの少女が南洋に出て行っています。

おサキさんが島原を離れてボルネオのサンダカンに行ったのはなんと9歳のときのこと。同郷の友人のお花さんを誘って行こうとすると、やはり遊び友達のツギヨさんも「うちも外国さん行きたか、仲間に入れてほしか」と言い出し、３人で渡航することになります。彼女たちから親に向かって「外国さんやってくれ」と頼んでのことでした。売春婦の手配師が３００円という当時としては大金を親に払うというからです。少しでも家計を楽にしたいという気持ちでの「外国さんやってくれ」――。

長崎から船に乗って行くのですが、当時のボルネオはものすごく遠い。夏に長崎を出て、着いたのは年末になっていました。当時のサンダカンには日本人が経営する売春施設が9軒あり、１番館、２番館という名前がついていました。おサキさんは3番館に配属され、先輩女郎の身の回りの世話をするところから仕事が始まります。先輩がしていることがどういうことだか分からなかったおサキさんたちは毎日白米をお腹いっぱい食べられる境遇に「外国さん来てよかった。もう日本には帰らんちゃてよか」と話し合います。

ところが13の年になってついに客を取らされる。「何の仕事かいわんで連れてきて、今になって客取れいうて、親方の嘘つき！」と抗議するのですが「お前らの体にゃ２０００円もの銭がかかっとる。２０００円返すなら客ば取らんでもよか。さあ、今すぐ返せ」と詰め寄られ、地獄のような日々が始まります。

そのうち親方は死んでしまい、おサキさんはタワオ島というところに売り飛ばされます。なぜか借金は増えている。どうにもやりきれないと思ったおサキさんは島を脱出、サンダカンに戻ります。そこで身を寄せたのがサンダカン八番娼館――このオーナーが「サンダカンのおクニ」として南洋に知られる女傑でした。おクニは面倒見がいい人で、仕事は相変わらず売春なのですが、「まるで天国のごときあった」と思うほど、おクニさんの思いやりのある人柄に魅かれます。

そのうちおサキさんはミスター・ホームズというイギリス人の妾になり、悠々とした生活を送ります。月給は１０００円。そのうちの４００円か５００円を故郷に仕送りし続けます。余裕ができたおサキさんは10数年ぶりに故郷に一度戻るのですが、自分の居場所がなく、サンダカンにはおクニさんも友達もいるということで、半年もたたないうちにサンダカンに戻ります。高齢のおクニさんは病に倒れ、彼女を慕うおサキさんは最期までおクニさんの世話をします。結局、おクニさんが亡くなったことで、おサキさんは島原に戻るのでした。

その後も戦争をはじめおサキさんにはさまざまな不幸が襲ってくるのですが、この人の知性というか教養というか、厳しく苦しい生活の中で練り上げられた人生哲学の深さと優しさには驚嘆するものがあります。

たかだか１００年前にこういうことが現実にあった——その原因はひとえに当時の天草の人々の骨身を削るような貧困にあります。それは現在の相対的貧困ではありません。急激な人口増の中で「食べることができない」という絶対的貧困であります。東北などの地方でも若い女性の売春婦化は常態だったのですが、中国や東南アジアと距離的にも近い九州では、海外に出かけることに隔絶感はなく、かえってその方が稼げるということで大量のからゆきさんが出現したという成り行きです。

これは明治時代の国策とも軌を一にしていました。からゆきさんという「元手要らずの経済進出」から外貨を吸い上げようという考えです。明治33年にウラジオストクを中心とするシベリア一帯の出稼ぎ日本人による日本への送金額は１００万円でしたが、そのうちの63万円がからゆきさんによるものだったというデータがあります。

人には優しくしなければいけない。絶対貧困は絶対悪。こうした当たり前の、しかし人間社会にとって非常に大切なことを深いレベルで教えてくれるとんでもない名著。名馬オルフェーヴルのラストランとなった有馬記念、オルフェーヴルが8馬身差のぶっちぎりで優勝したあと、一息置いて実況が「これが競馬だ!」と嘆じました。本書を読んで僕は思わず「これがノンフィクションだ！」と脳内で叫びました。

突撃精神――山崎朋子『サンダカンまで　わたしの生きた道』

『サンダカン八番娼館』の著者による回想録。女優を志していた著者が、在日朝鮮人の恋人との出会いと別れ、ある男性に顔を切られたことで女優への道を断念。辛い経験を重ねる中で「底辺女性史」を志すに至る半生を振り返っています。

『サンダカン八番娼館』という大名著が生まれたのは、ひとえに山崎氏のアツさと突撃精神のたまものです。本書を読むと、実際に極めて情熱的な人だったということが分かります。こういう人でなければ『サンダカン八番娼館』は書けなかった。

　人生を貫く一本の志、その迫力は並々ならないものがあります。とくに痺れるのは『サンダカン八番娼館』出版のいきさつです。最初にこの本を出版しようと言ってきたのは中央公論社でした。当時の中央公論は今よりもはるかにメジャーな大出版社です。出版部長は、こう断言します。この本は売れる。間違いなくベストセラーになる。しかし今の原稿のままでは堅すぎてダメ。プロローグとエピローグを削り、からゆきさんの性的な体験を具体的、迫真的に書き直す。題名も『ある海外売春婦の告白』にして、副題の「底辺女性史序章」も取る。そうすれば売れる。あなたも貧乏暮らしから抜け出すことができる――大出版社からの誘いに著者の気持ちは揺れるのですが、結局、出版を断り、原稿を取り返します。今も昔も大手出版社というのはこういうものでありまして、僕にも心当たりがあります。

　で、1年半後。たまたま知り合った編集者にサンダカンの原稿を見せたところ、「これは立派なものです。出させていただきましょう」と、オリジナルのままで出版に至りました。この出版社は筑摩書房。さすが。筑摩は偉い！

中央公論の指示通りに書き直して出したら、確かにベストセラーになったかもしれません。しかし、筑摩のオリジナル版でなければ長く読み継がれるロングセラーには絶対にならなかったでしょう。僕を含む多くの読者の心を動かすことにもならなかったはずです。で、結局のところ、こっちの方が商売としてもよほど売れるわけです。これが出版業の面白いところです。とりわけノンフィクションや論説では、著者の主張と信念がストレートに出ているというのが結果的に大成功する本の絶対の条件です。編集者の目先・小手先の「マーケティング」は百害あって一利なし。

１９３２年生まれの彼女を突き動かす社会観は原理主義的な反資本主義思想で、僕の社会経済システムについての考えとは相当違います。それでも、自分の信念に忠実に生き抜いた著者のゆるぎない姿勢に敬服します。

職業としての「想造」——松岡圭祐『小説家になって億を稼ごう』

小説を書くための技法や「小説家になる」ための方法ではなく、小説で「儲けて富を得る」方法に焦点を絞っている。類例がない本で、その点は面白い。

著者の小説を読んだことはなかったのですが、『千里眼』『万能鑑定士Q』『高校事変』といったエンターテインメント小説のシリーズでいくつものミリオンセラー（つまり１００万部）を出している作家だそうです。小説だけでコンスタントに1億を稼ぐというのは確かに凄い。

経営書の分野では、その人のスタンスによりますが、僕のやり方では潜在的読者は多く見積もってもせいぜい2万人というのが実感です。その人たちに向けて考えたり書いたりしている。まれに運が良ければそれ以上の読者を獲得することもありますが、そんなことは狙ってできるものではありません。エンターテインメント小説という業界の大きさに改めて驚かされます。本を読む人が少なくなったとはいえ、こういう小説家が実在する。ということは、まだまだそれだけの読み手がいるということで、小説の力には底堅いものがあると思いました。

僕も本を書いて出版し、読んでもらうということを仕事にしているわけですが、そもそも僕にとっての本は自分の考えをお客さまに伝えるためのメディアの一つにすぎません。講義をしたりセミナーをしたり経営助言をしたり、場合によっては企業で実際に仕事をすることでも自分の考えを伝え、お客さまに役立ててもらうことができます。その点、小説家は小説というプロダクト一本で勝負するわけで、「出版」の意味合いが相当に異なります。

著者は極めて具体的かつ実務的に体験的方法論を開陳しています。著者の小説の書き方は「書くな」というもの。これが面白い。脳内で物語を作り出す「想造」に明け暮れる。完全に頭の中で最後までストーリーが出来上がるまで書き始めてはいけない。緻密で濃い「想造」ができてしまえば、原稿執筆段階ではノンフィクションのように書くことができる。人はそれぞれに個性がある。「想造」が紡ぐ物語は、決して他人には想像し得ないオリジナルなものになる――これが著者の信念です。

同じ執筆にしても、小説（フィクション）の世界はまったく違う。自分で小説を書いたことはなく、これからも書くことはありませんが、「想造」がスキでいつまでもやり続けられるかどうか、ここ（だけ）に小説家としてやっていけるかどうかの分岐点があるということは頭ではよく理解できます。

通勤時間ゼロ。朝寝坊しても問題は起きない。編集者との打ち合わせはメールだけ。もっと稼ぐ人はいても、彼らは外であくせく働かなければいけない。「想造」した物語をパソコンで執筆し、メールで原稿を送り、ゲラを修正する。あとは一斉に本が売られ、翌月か翌々月に印税が銀行口座に振り込まれる。一歩も外に出ず仕事ができる。編集者と会うこともない。都内に住む必要はなく、郊外に広めの家を買い、高級車に乗る――ベストセラー作家の暮らしぶりはまことに悠々自適ですが、どんなに豊かになっても空想はやまない。ひたすら「想造」を続ける。それが小説家の実像だと著者は言います。

ようするにひたすら空想→執筆ができるかどうか。しかも1回成功するだけでなくて、ずーっとやり続けられるかどうか。すべてはこの一点にかかっている。よほどスキなごく一握りの人でないと、「小説家になって億を稼ごう」ということにはならない。具体的方法を伝授しているように見えて、その実、本書が明らかにしているのは、小説家として成功し続けるのはものすごく難しいというごく当たり前の事実です。

裏街道を行く人々——吉田隆『紀州のドン・ファン殺害「真犯人」の正体』

著者は紀州のドン・ファン、野崎幸助氏の2冊の著書を実質的に書いたゴーストライター。『「真犯人」の正体』というほどの内容ではなく、事件の前後でドン・ファンのごく近くにいた著者が見聞きしたことが書いてあるだけ。本としての出来はよろしくない。

ちょっと面白いと思ったのは、次々に出てくるドン・ファンの周囲にいた人物が怪しい人ばかりだということ。ま、ドン・ファンがこれ以上ないほど怪しい人なので当然と言えば当然ですが、世の中にはこういうヘンな人たちの魑魅魍魎のコミュニティが確かにあるものだと再認識しました。全員が裏街道まっしぐら。だいたい事件記者の著者自身もわりとアヤシイ人ではあります。

本書が出版された２０１８年時点（事件の半年後）では、逮捕された元妻だけでなく、お手伝いさんの女性（これまたわりとアヤシイ人）も疑われていたということを知りました。もちろん容疑が濃いのは最初から元妻だったのですが、著者は「いちばん疑われる人間が、たった結婚3カ月で殺したりするだろうか？」と、やや懐疑的です。事件直後から著者は元妻と頻繁に会話をして探りを入れるのですが、「彼女の目が泳いだことは一度もない、という事実がある。22歳の女性が、殺人を犯しておきながらそんなに堂々としていられるだろうか」——。

もし元妻が犯人だったとしたら、それほどまでにバカでワルだったということです。

映画は小説より奇なり——松本清張『疑惑』

紀州のドン・ファン殺害事件にわりと似たプロットの中編。雨の港から海中に転落した車。若い妻は助かり、中年の夫は死ぬのですが、この妻というのが前科4犯のワルで、夫と結婚したばかり。しかも夫に高額の生命保険をかけています。状況証拠は真っ黒。担当する弁護士も健康を害して降りてしまいます。しかし、仕方なしに引き受けた国選弁護人がよくよく事件を検証してみると——。

意外な展開を引っ張る主人公は雑誌記者で、女の犯行を確信した彼はセンセーショナルな記事を書き立てます。この記者が小心者で、例によって例のごとく余計なことを考える。正調清張節です。清張は人間の小心ゆえの心配が爆発して悲劇に至るという話が大スキ。保身や小心は人間の業。人間の愚を抉り取り、イヤというほど見せてくれる。清張小説の面目躍如たる佳作です。

本作は１９８２年に映画化されています。タイトルは同じですが、話はまったく違う。被疑者の悪女（桃井かおり）とクールな女弁護士（岩下志麻）の心理葛藤劇になっています。

出来のよい小説の話をそっくり変えて映画化するとほとんどの場合失敗するものですが、『疑惑』の映画版は例外中の例外。小説よりもさらに面白い。桃井と岩下の丁々発止の名演技の応酬は素晴らしいものでした。岩下ははまり役でもちろんイイのですが、それ以上に桃井かおりが底力を出しています。かなりの傑作。気が向いたらぜひご覧ください。

「積極的不自由」の魅力——五味太郎『俳句はいかが』

僕の歳になると、周囲に俳句を趣味とする人がちらほらいて、彼らは最近しきりにオンライン句会をやっています。俳句を味わうことは嫌いではありませんし、句会というコミュニケーションフォーマットの魅力も理解できるのですが、今はまだ自分で句作するところまではいっていません。

本書は絵本の形式をとって簡潔に俳句の魅力を論じています。著者はもともとグラフィックデザイナーで、そこから絵本作家になった人なので、抽象概念をイメージで語るのがうまい。

言葉は人間の中から出てくるボールのようなもので、運が良ければ誰かの耳に入る（つまりコミュニケーションが成立する）。言うまでもなく俳句の本質は五七五ですが、これこそが言葉のボールを弾ませるための大発明だというのが著者の見解です。

五七五は「積極的不自由」で、ここに日本語の魅力があるといいます。日本語には二音、三音、四音の短い言葉が多い。その組み合わせで17文字の制約の中でも組み合わせが際限なく出てくる。五七五のリズム。しかも、日本語の最大の美点である省略の魅力が十分に発揮できる。

春の海終日《ひねもす》のたりのたりかな　谷口蕪村――「春の海の」でも「春の海が」でも通じます。これがイメージの広がりをつくる。

去年今年貫く棒の如きもの　高浜虚子――この名句は抽象概念を見事にイメージ化しています。この句のおかげで僕はしばらく前に書いた『逆・タイムマシン経営論』という本のコンセプトを固めることができました。

著者の主張でとりわけグッときたのは、俳句が目指すのは「とにかく言い切ること」だとしているところです。世界で最も短い詩形式の価値は言い切るところにある。シンプルかつ明瞭にスパッと言い切る。もたもたグタグタ言わない。いろいろと思うところ、言いたいことはあるけれど、そこをぐっとこらえてすっぱり17文字で言い放つ。つまりは、潔い。そこに俳句の最大の魅力があると僕も思います。

この本で挙げているいくつかの例のうち、僕が最高だと思ったのはこれです。

手袋に五指を分かちて意を決す　桂信子――17文字の中に長編映画にもなりそうなイメージが凝縮されていま

す。これが俳句だ！

極上の苦み――松本清張『黒地の絵』（傑作短編集2）

清張読み返し。この『傑作短編集第2巻』も私的専門用語で言う「清張三原則」を完璧に満たした秀作ぞろい。すなわち、暗い、重い、救いがない。

いずれも格別の味わいですが、救いがどこにもないにせよ、その後味で清張小説は分類できるというのが僕の考えであります。すなわち、「苦系」と「哀系」。これを僕は「清張味覚分類」と言っております。

第1巻はどちらかと言うと哀系が多かったのですが、本書に収録されている9編は表題作の『黒地の絵』以外はいずれも苦系。僕は苦味（しかもたまらないやつ）こそが清張の真骨頂だと思っているので、嬉しい限りです。結核で自宅療養をする男とそれを献身的に支える妻の夫婦に起きた惨事を描く『二階』。心中を決意して旅行に出かける若いカップルが意外な結末に遭遇する『拐帯行』。無名の画家の人生の裏にあるドロドロを探り当てる『装飾評伝』。画壇に反逆する贋作プロデューサーの策略を追う『真贋の森』。小市民的な小役人がふとしたきっかけでドツボに嵌る（これぞ正調清張様式）『紙の牙』。広告主と代理店に縋るしかないローカル新聞の広告部長の悲哀をこれでもかと煽る『空白の意匠』――いずれも苦味メーターが振り切れて、読んでいて顔が歪みっぱなしでした。どれも苦味が濃く深く、それでいてさまざまなタイプの苦みが味わえます。

ただし、朝鮮戦争時の小倉基地での米軍黒人兵集団脱走事件を題材にした表題作、これはいくらなんでも清張が過ぎる。米兵に妻を犯された男の凄惨な復讐を描いているのですが、あまりにも暗く、あまりにも重く、あまりにも救いがない。絶望小説と言ってもイイ。清張の筆致にもターボがかかって途中からレッドゾーンに入ったまま戻ってきません。確かに名作ではありますが、ここまでいくとキツい。苦過ぎて読書を楽しむことができませんでした。

「昭和の高度成長期は夢と希望があってよかった」という人がいるのですが、清張を読むと大嘘の寝言だということがよく分かります。苦味にしても哀しみにしてもその根本的な理由は貧しさ。60年前の日本は物質的にも精神的にも圧倒的に貧しかった。今も「格差」は問題ですが、ミッド昭和は次元が違う。経済的に貧しいがために人々の生活に自由がない。つまりは選択肢がない。社会的な価値基準のありようが貧しいから理不尽が放置される。これが清張地獄にターボをかけているわけで、清張を読むたびに「あのころに戻ってはいけない」という思いを強くします。

信念に殉ず——古川緑波『苦笑風呂』

戦前昭和の喜劇王、古川ロッパは映画演劇の大スターになる前は気鋭の映画評論家として筆を振るった人でした。前にご紹介した『古川ロッパ昭和日記』はその内容からして生前に公刊されることはありませんでしたが、日記以外の評論や随筆は数多く出版されています。

本書は敗戦直後の昭和20年代前半に書かれた随筆のアンソロジー。表題作は、入浴がままならない敗戦後の苦労を面白おかしく綴った笑い話で、ロッパはつくづく文章がうまい。オチも強烈でいま読んでも十分に笑えます。

もともと映画演劇評論家としてキャリアをスタートさせたロッパですから、その芸を見る目については傑出したものがあります。本書に出てくるエピソードに、評論家時代に当時の二枚目スター、岡田時彦に取材をしたときの話があります。ロッパが「どんな女性が好きですか」という定番の質問をしたところ、岡田の答えは「そうだな。二人っきりの時、大胆になれる女、と答えようか」。「ファンというものについてどう考えますか」に対しては「ファンというものは団体で来てくれると、こんな有難いものはない。が、個人で来られると、こんな困るものはない」。

いずれも名言に近いのですが、こういう言葉がとっさに出てくる「岡田時彦は全く天才的な頭脳を持っていたことに違いない。やっぱりそういう偉い人間は早く死んでしまう」と述懐しています。無声映画時代の大スターだった岡田は30歳で亡くなっているのですが、岡田時彦の本質を見事に衝いていると思いました。

ロッパは舞台で歌手としても活躍した人でした。歌手になりたいという人に対するロッパのアドバイスは、「巧く歌おうとは決して思うな」「自分だけの歌い方を工夫しろ」。

> ひと真似や、自分の好きでない歌い方などを一切避けて、これこそは、他に類のない自分一人の歌い方だ、と自信のある歌い方を、自分で勉強することです。そしてそれを聴いてもらうのです。（中略）自分の個性を十分活かし、ちゃんと歌えるようになれば、それはもう立派な歌手に違いありません。（中略）あなたの個性が十分発揮できたとしても、その個性が、所謂大衆の受け入れるものとなるか、ならないかは、別問題ですからね。（中略）大衆に愛される個性というものは、そんなにたくさんあるものではありません。が、大衆に愛されるばかりが目的なら、歌手として勉強法が違ってきます。大衆の求めているものは、こんな風な歌い方なのだな、と察して自分の個性を殺して、その大衆向きな歌い方に転じて、大衆の人気に投じた人もいますが、又その反対に自分の個性を殺した上に、大衆の人気も失った人もあります。大衆というのは、いわば魔物です。そんなものを初めから頭において、歌の勉強を始めてはいけません。個性を十分発揮し、そのためには力の限り練習もして、自分自身で恥ずかしくない、立派な歌い手になれば、こちらから媚びたり呼び掛けたりしないでも、大衆なんてものは黙ってついて来るものだ、とそのくらいの自信を持って、勉強してください。

後段にある「個性を十分発揮し……立派な歌い手になれば、こちらから媚びたり呼び掛けたりしないでも、大衆なんてものは黙ってついて来るものだ」というのは、まさしく慧眼です。これこそがロッパ自身の矜持で、この言葉通りに生きた人でした。

己の才能（だけ）を頼りに頭角を現し、スターダムの頂点に到達し、戦後の凋落もまたこの言葉通り。ロッパから人々は離れていきました。それでも、落ち目になったロッパは自分のスタイルを変えません。僕はそこにある種の爽やかさというか清々しさを感じます。それもこれも「大衆というのは、いわば魔物です。そんなものを初めから頭において、歌の勉強を始めてはいけません」という彼の信念があったからこそです。

自己陶酔の愚――保阪正康『開戦、東條英機が泣いた』

断片的なエピソードをつなぎ合わせるという手法で、太平洋戦争前後の軍部の政治介入の成り行きを鮮明に伝えています。

１９４０年、斎藤隆夫が「反軍演説」で除名されるころから軍部の政治介入はいよいよ露骨になります。挙句の果てに１９４２年の翼賛政治体制協議会による「翼賛選挙」になり、日本の憲政は完全に自壊しました。時の首相の東條英機や陸軍の政治将校がこれほどまでに議会を毛嫌いしたのは、自分たちの意思を通すという目的もあるのですが、「軍人は結論を出すために討論をする習慣を持っていなかった」ことが大きい。つまり、問答無用の「命令」で事を進められないのがイヤ。軍事政権の本質です。

翼賛選挙の投票率は83％と高いものでした。大政翼賛会の推薦候補の当選者が占める割合は81・8％に上ったのですが、それでも2割弱の非推薦候補者が当選しているというのは当時の世論に一定の頑健さがあったことを示しています。

非推薦で当選した一人が、第1回帝国議会以来、日本の議会政治をリードしてきた「憲政の神様」こと尾崎行雄です。当選したものの、尾崎は選挙期間中から特高から徹底的に嫌がらせを受け、演説内容にいちゃもんをつけられて不敬罪で東京検事局に起訴されます。国会は翼賛議員でなければ声が通らないので、尾崎は法廷闘争で信念を披瀝する道を取ります。

「もし私の演説した内容が不敬罪に当たるとし、それを裁くならできるだけ厳刑に処してもらいたい。私はそれを望んでいる」という異例の弁論を自ら行うのですが、判決は懲役8月、執行猶予2年。不敬罪としては異様に軽い刑でした。裁判所側も早く終わらせて決着をつけたかった。知人友人も「軽い刑だから受け入れた方がいい」と尾崎に勧めるのですが、「冗談ではない。皇室を侮辱したという大罪を犯したというのなら、これでは軽過ぎる。もともと無罪であると考えているが、不敬罪と言い張るのであればもっと極刑にするのが当然ではないか」と上告手続きを取っています。

実に勇気ある立派な人がいたものです。ここぞというときに、こうしたきっぱりとした行動をとれるかどうか。そこにその人の真価が出る。

本書が収集しているエピソードでとりわけ面白かったのが１９４１年12月8日午後7時、真珠湾攻撃当日の夜の首相官邸でのパーティーの話です。東條英機首相兼陸相兼内相が最も心を許している軍事と政治の指導者を集めた夕食会です。

真珠湾攻撃成功の興奮状態で、東條と周辺の日本の指導者は喜色満面で祝杯を挙げる。このときの高揚は開戦前の極度の緊張状態の反動でした。東條はこの2日前の深夜には対英米開戦という現実を前にしてただ一人寝室で号泣していたといいます。

パーティーでは出席者が東條に追従を繰り返すばかり。東條も「今回の戦果は物と訓練と精神力との総合した力が発揮されたのだ」という自画自賛の自己陶酔に明け暮れます。「これでルーズベルトも失脚するに違いない。アメリカの士気は落ちる一方だろう」と東條が言うと、「そうですそうです。これでルーズベルトは失脚するでしょう」

と何人かが応じています。

甘い。甘過ぎる。アメリカに対するこの程度の認識で開戦に踏み切ったとしたらまったく救いようがないのですが、実際はそんなこともなかったのだと思います。駐米武官からは冷静な分析に基づく報告書が何度も届き、アメリカとだけは一戦を交えないようにという結論が繰り返されていた。実際に真珠湾攻撃で日本に対する抗戦意欲は盛り上がり、総力戦に向けて米国民の団結は深まったのですが、そんなことは東條も予見していたはず。

ようするに、東條は心底ビビっていた。その不安を一時的に解消するための祝宴での自己陶酔だった。だとすれば政治指導者が絶対に冒してはならない愚の骨頂です。政治指導者ならずとも、自己陶酔は仕事の大敵。自己陶酔の人だけは信用できません。自己陶酔は趣味でやるべきだとつくづく思います。

三島由紀夫のハンバーグライス——椎根和『平凡パンチの三島由紀夫』

１９６８年、著者は若者男性文化の中心にあった雑誌『平凡パンチ』の編集者として初めて三島由紀夫に会います。以来、三島の担当記者となり、自決事件までの3年間、ごく近くで三島を見る立場にありました。三島の剣道の弟子になったり、自分の結婚式で三島がスピーチしたり、相当に親しい関係にあります。

本書に対する僕の期待は、著者が直接に観察した三島のエピソードの記述でした。ところがそれは2割ぐらいで、8割は著者による三島の心象や心性の考察になっています。三島の近くにいて、死の前も後も三島のことを深く考えた人でしょうから、三島考察も確かにところどころ面白いものがあります。ただ、できたら比率を逆転させて8割ぐらいは著者だけが知る三島のエピソードを開陳してほしいところでした。

何と言ってもいちばんグッときたのが三島との出会いのエピソード。取材交渉で電話をするといきなり「はい、三島です」と「昔の黒い受話器によく似合った声で」本人が出る。三島は死ぬまで秘書は置かず、自分で雑務をやっていました（こういうところもイイなあ）。企画の内容を説明すると、××日の2時に帝国ホテルのコーヒーハウスで詳しい打ち合わせをしましょう、と「逡巡とか計算という心理の影を少しも感じさせない明瞭簡単な答えであった」――この辺がいかにも三島です。

　で、打ち合わせの当日。コーヒーハウスで待っていると、5分前に三島が現れます。１００人はいたお客の会話が途絶え、視線が三島に集まります。そのオーラはすさまじいものがあったそうです。著者は三島と話していると、だんだんいい気分になってくる。「受け答えは丁寧すぎず、大まかでなく、冷たくなく、お節介でもなかった。会話の交通整理の名人だった。発せられる音声は、甘露な湧き水のように心地よく耳に入ってくる。自分には明晰な分析力があると錯覚させる麻薬的な力を同席する者にあたえた」――三島の魅力をよく伝えるエピソードです。

　三島の美点は率直で偉ぶらず、サービス精神が旺盛で気前がイイところ。端的に言って上品。打ち合わせが一段落すると、「腹が減ってないか、飯を食おう。僕はハンバーグライス」とボーイに注文します。「仕事話の続きのような真面目な声色で『キミはハンバーグライスの美味しい食べ方を知っているかい』と尋ねた」三島はハンバーグをフォークで切り刻み、その上にご飯を載せてぐちゃぐちゃに混ぜます。「ハンバーグはね、こうして食べるのが一番うまいんだよ。キミもこうしなさい」――言葉の正確な意味で三島が「親切な人」だったということを物語っています。「仕事話の続きのような真面目な声色で」がたまらなくイイ。

「ちょうどいい」の多様性――中村好文『中村好文 普通の住宅、普通の別荘』

　著者の住宅論は大好物です。絶対名著『住宅巡礼』は繰り返し読みました。本書は著者自身が設計した「普通の住宅」14件を紹介しています。著者のコンセプトである「普通」とは「特別」の対語です。気張りもしないし、気取りもしない。背伸びもしないし、萎縮もしない。無理もしないし、無駄もしない。実用性や美的観点からも過不足なくバランスが取れた「ちょうどいいもの」。言い換えれば「嫌なものがない」。

このコンセプトは実に強力で、著者は住宅設計の分野で評価が高い。このことは日本の成熟を示しています。本書で紹介されている作品にも好感を持ちました。

ただし、僕が家を建てるとして、著者に依頼するかというと（予算のことは別にしても）、しないと思います。コンセプトには完全に同意するのですが、それを具体化した作品の次元では好みでないところがあるからです（とくに家具や家の細部のちょっとした意匠）。

これはきっと著者の生活様式と僕のそれがわりと違うからだと思います。著者はいわゆる「丁寧な暮らし」「きちんとした生活」をする人です。僕は日常生活にひたすら怠惰と安楽を求める方なので、著者の設計は向いていません。本書に登場する住宅設計を依頼した人々を見ても、気が合わなそうな人が多い。「普通でちょうどいい」も人によって違うものです。

続いて著者の『集いの建築、円いの空間』も読みました。こちらは著者の非住宅、すなわちミュージアム、カフエ、レストラン、バー、ギャラリー、工房、ホテルなどの建築作品を紹介しています。住宅設計を主たる土俵とする著者ではありますが、パブリックスペースの設計も完全にそれと軌を一にしていて、「着こなしのできる空間」を重視する著者の仕事哲学が細部まで具現化されています。

非住宅の仕事は2つの愉しさがあると著者は言います。ひとつは、不特定の人を招き入れ、丸ごと見てもらい、建築空間に漂う気配と匂いを感じてもらい、その居心地を味わってもらえるということ。もうひとつは住宅設計では絶対に思い浮かばないアイデアが自分の頭の中にあったことを発見すること。

著者がファンだという伊丹十三の記念館。素人目に見ても確かに傑作です。伊丹十三のエッセイはある種の啓蒙的で、一時期は強い影響力を持っていました。僕も若いころに影響を受けた一人です。マガイモノ、マニアワセ、ツキナミを排除する――伊丹十三記念館には確かにそうした伊丹十三の姿勢が具現化されています。

ただし、この年になってみると、若いころの伊丹十三に対する共感は薄れました。時代が時代なので仕方ないのですが、スノビッシュに過ぎて、やや不自然に感じます。自然体ゆえの洗練を重視しているようで、「これが自然体だ」「これが洗練だ」という主張が不自然に強い。

著者の住宅評論は素晴らしいものです。本書の文章も楽しみました。ただし、です。「押しつけがましくない」「その人の生活や仕事に自然に調和する」という価値観はよく分かるのですが、それでも僕は「押しつけがましくないぞ」という押しつけ（?）を感じてしまいます。ようするに、若干趣味が合わないだけなのですが、そうしたことに気づかせてくれるという意味でも、著者の設計哲学とその具現化手法は首尾一貫しています。

芸術一流、経営二流――児玉博『堤清二　罪と業』

堤清二はものすごく興味深い人です。怪人と言ってもイイ。

父の堤康次郎は立志伝中の人物。中軽井沢の別荘地の不動産開発から身を起こして、鉄道と不動産の合わせ技で西武グループをつくります。「ピストル堤」と言われた剛腕で、先達の小林一三のような構想や理念は抜きにして、ひたすらカネと名誉を求めるという野心の塊でした。のちには国会議員を長く務め、衆議院議長にまで上り詰めます。当然のように好色家。未入籍のお妾さんを含めて妻は5人。堤清二は3番目の妻の長男でした。

康次郎が清二の異母弟の堤義明を後継者に指名したため、清二が譲り受けたのは池袋にあったショボい百貨店ひとつだけ。これを振り出しに、清二は独自の才覚を頼りに次々と事業を拡張。西武百貨店で渋谷に進出し、パルコ事業と併せて渋谷を若者の街に変貌させます。１９８０年代の西武は日本一の売上を誇る百貨店でした。

百貨店だけではありません。世紀のコンセプトと言える無印良品をはじめ、ロフト、Ｊ－ＷＡＶＥ、リブロ、リブロポート、ファミリーマートなどの事業を矢継ぎ早に立ち上げ、インターコンチネンタルを買収してホテル事業でも西武グループのプリンスホテルに対抗します。日本初の小規模ラグジュアリーホテル「ホテル西洋銀座」もこの人の作品でした。糸井重里の名コピー「おいしい生活」に象徴されるように、高度成長期にとどめを刺し、脱大衆の消費文化を先導した革命家でした。

解説を書いている糸井さんは、堤清二の事業は「芸術」であり、とどまることを知らない「表現」だったと回想しています。「誰もやったことのない芸術を造り続けてきた人であり、使える資本を芸術を通じて、直に社会に流し込む」――糸井さんの言う通り。有楽町西武をつくるときは、会員制の百貨店にできないか、モノがない百貨店というのはできないだろうか、と考えていたそうです。もちろん当時はインターネットは影も形もありません。誰も見たことがない商売を創ることにかけては天才的なセンスでした。

経営の傍ら、辻井喬の名前で詩人、小説家としても才能をいかんなく発揮しました。バブル崩壊後に経営を退いてからは次々に本格的作品を上梓し、室生犀星詩人賞、平林たい子賞、高見順賞、谷崎潤一郎賞、藤村記念歴程賞、野間文芸賞、日本芸術院賞・恩賜賞、現代詩花椿賞、読売文学賞とありとあらゆる賞を受賞しています。

自分の感覚だけに従ったイケイケの経営で、事業拡張はひたすら借金頼み。確かに西武百貨店の立て直しや良品計画の事業創造など功績もありましたが、インターコンチネンタルの買収や不動産事業は失敗に終わっています。バブル崩壊後のセゾングループはすべてが裏目に出て崩壊の一途をたどりました。芸術家としては超一流の天才でしたが、あまりにバランスが悪く、経営者としては二流と言わざるを得ません。

本書の主題は父・康次郎との葛藤にあります。妾宅で育つという出自からして自然な成り行きではありますが、父を憎悪し、後継者の義明と対立し、それでも最期まで堤家に執着するという清二の複雑な性格が垣間見えます。

革命家というのはそういうものなのでしょう。堤清二の情念と衝動は創造よりも破壊にあります。清二が共産党の活動家だったころに親しかった福本邦雄はこう評しています。「堤は体制があればそれを壊そうとし、そしてできた新しい体制をまた壊そうとする。どこまでたっても満足を覚えない。常に破壊し続けている人間なんだな」

――破壊の真の対象が父の存在であり、父に対する情念が破壊の原動力だったことは間違いない。

本書は父である康次郎に対する抜き差しならぬ情念を描いているのですが、僕にとってさらに面白いのは、西武グループ（コクドおよび西武鉄道）を継承した異母弟の義明との関係です。

清二は自覚的な天才で、自分の成功を疑わないような自信家でした。それに対して若いころの義明はひたすら父に従い、父の期待に応えようとする真面目な人。清二は後年にこう言って義明を突き放しています。「義明君が凡庸なことは分かっていましたが、そのまま維持するぐらいはできると思っていた。しまったな、と思うわけです。自分が引き継ぐべきだったのかなあ、と」

清二はホテル業に進出し、プリンスホテルの向こうを張るなど義明に対する対抗心を燃やしました。一方の義明もバブルとともにイケイケの経営をするのですが、とにかく屈曲している。父に対する尊敬とコンプレックス、堤家の後継者であることに対する誇りと抑圧――「凡庸な男」には耐えられない矛盾を抱えていたように見えます。

『堤清二　罪と業』にあるエピソードでとりわけ面白かったのが西武グループの幹部が元旦に行う儀式の話でした。父・康次郎の墓は西武グループが不動産事業として開発した鎌倉霊園にありました。西武グループの総帥である義明は、毎年元旦の7時に部長職以上の幹部数百人を鎌倉霊園に集めます。義明を乗せたヘリコプターが霊園に着くところから儀式は始まります。壇上に登った義明が年頭にあたっての檄を飛ばし、西武への忠誠を訴える。話が終わるや、義明はヘリに乗って飛び立っていく――父へのコンプレックス全開のうすら寒い話ではあります。

さらに驚いたのが、元旦だけではなかったということ。西武グループの各社から毎日2人が選ばれて、鎌倉霊園の施設に泊まり込み、康次郎の墓所の掃除や早朝の鐘撞きをさせられていたそうです。堤家への忠誠と奉仕の象徴としてこんなことを社員が義務づけられていた――現代の基準としてはもちろん、当時でも狂気の沙汰としか言いようがない。もちろんこうした行為を堤清二は忌み嫌っていたわけですが、それにしても堤義明の鬱屈の深さを思い知ります。がぜん堤義明という狂気の凡才に対する興味が湧いてきました。さっそく評伝を注文しました。読むのが楽しみです。

不幸な封建領主——立石泰則『淋しきカリスマ　堤義明』

ということで読んでみました。異母兄の清二もそうなのですが、この人物の不幸は堤康次郎という怪物の息子に生まれ、西武グループの後継ぎとして運命づけられていたということ。堤義明は「封建領主」のような2代目経営者でした。

初期の軽井沢の別荘地開発で成功した康次郎は国立学園都市の開発も手掛けています。僕が勤めていた一橋大学は旧北多摩郡谷保村にあります。現在の国立市ですが、「国立」という名称も国分寺と立川の間にあるということで康次郎がつけたものです。

東京商大（一橋大学の前身）はもともと千代田区一ツ橋にあったのですが（２０００年にキャンパスが再興され、それ以来僕の勤め先はこちらだった）、関東大震災で被災し、移転先を探していました。最初の候補地は、やはり康次郎が開発していた「大泉学園」だったということを本書で初めて知りました。

欲しいものは何としてでも手に入れる——康次郎は餓鬼道まっしぐらの人で、「近江の知能犯」「ピストル堤」と言われました。その商売の手法はエグいの一言。「商売というのは刑務所の門まで行く。行くけれども、中には入らない。そういうやり方なんだ。中に入ってしまっては、元も子もなくなってしまう。しかし、刑務所に近づかないようでもダメなんだ」——時代の産物と言えばそれまでですが、到底まともな実業家とは言えません。

カネに詰まった旧華族の土地を巻き上げてプリンスホテルを建てる。部下にも家族にも絶対服従を強いる。経営哲学は「感謝と奉仕」ですが、その対象はひたすら自分自身。人間不信だった康次郎は西武グループを徹底的に個人商店化します。

康次郎の欲望の対象は事業にとどまらず、政治家として衆議院議長にまでなります。康次郎は「政治第一主義」。事業は政治での成功に必要な資金を獲得し、政治家として大成するための手段でした。

言うまでもなく女性関係はハチャメチャ。姉と妹を同時に愛人にするという非道もへっちゃら。姉の子が清二、妹の子が清二の妹の邦子でした。清二の母が妹の子も引き取って育てています。義明の母もまた康次郎に囲われた妾でした。後年には息子（義明の異母兄の清）の嫁にも手を出そうとする始末で、康次郎は性的にサイコな人だったとしか言いようがありません。

康次郎は家庭でも絶対君主として振る舞いました。父が出かけるとき、義明は正座をして見送らなければなりませんでした。帰ってきたときも三つ指をついて迎える。康次郎のしつけは箸の上げ下げまでにわたる詳細かつ厳格なもので、違反したときの折檻も苛烈でした。義明にとって父と過ごす時間は緊張の連続で、食事は苦痛以外の何物でもなかったといいます。食べたものの味すらしないという緊張でした。「友人は作るな。利用されることばかりで、役に立つことは何もない」と父から言われていた義明は麻布学園でも影が薄い存在でした。

父に反逆してセゾングループを興して大奮闘を繰り広げた清二に対して、義明はあくまでも従順な跡取りでした。学生時代から事業構想をつくり、それらは大磯ロングビーチや軽井沢のスケート場として実現しています。康次郎は義明を高く評価しました。

西武鉄道グループの中核企業は、堤義明が支配する未公開企業のコクドでした。その下に上場企業の西武鉄道があり、そこに数多くの事業会社がぶら下がっている。西武鉄道グループは正確には「コクドグループ」なのですが、頂点にある親会社が徹底した秘密主義で経営されているため、全貌が分からないようになっている。

著者は限られた財務諸表の情報からコクドグループのメカニズムを徹底的に分析しています。堤義明の経営の一義的な目標は、利益を増やすことではなく、資産を増やすことにありました。しかも、資産を増やすために無謀なレバレッジをかける。利益が出れば法人税を払わなければならないので、借金をできるだけして金利を払うことによって利益を圧縮する。法人税を払わずに資産を増やす——そのため（だけ）に練り上げられた仕組みがありました。もちろん父の康次郎から引き継いだものです。もちろんこんないびつな経営が持つはずもなく、義明の西武グループはバブルとともに崩壊しました。

「私と父親のかかわり方は特殊です。だから、私の経営のやり方も特殊です。私が自信を持って経営できるのは、親父の思想でやっているからです。それでうまくいかなくてもどうってことない。私自身の考えなら、そんなに強く言えません。私の考えで失敗したら申し訳が立たない。親父の考えに沿ってやるだけです。だから、周りの意見を聞く気もない。親父が生きていたら今と同じような事業の展開をしたでしょう。けれども、事業規模は今の十倍にはなっていたでしょうね」——１９８７年、絶頂期にある義明の言葉です。「暴君」「ワンマン」と言われた経営者の内実を思うと気の毒で胸が痛くなります。

歌いながら考える——松山千春『ＳＡＧＡ冬　社会論』

為末大さんが「走りながら考える」人だとすれば、著者は「歌いながら考える」人。この本が書かれた２０００年代初頭当時のさまざまな出来事、例えば、ホーム転落事故、外務省機密費横領疑惑、教科書検定問題、薬害エイズ判決について自説を滔々と展開しています。

賛成できるところとできないところがあるのですが、感心するのは著者の発言や主張の基底にある当事者意識の強さです。「俺はこう思う」だけでなく、「だから俺はこうする」「こういうことはしない」「俺はこうやって生きていく」という話が必ず出てくる。言行一致が清々しい。

僕が特に重視している価値基準に「自分を棚に上げない」があります。綺麗事やもっともらしい正論は言うのだけれど、それを言っている当人がどういうことをしてどう生きているのかを見ると、言行不一致がはなはだしい人が少なくない。一例として「イノベーションを起こせ！」とか社員に言いつつ、組織の秩序に外れる行動をつぶしにかかる経営者。実にみっともない。当人の立ち居振る舞いを見れば、言っていることがぶち壊し。何の説得力もありません。「じゃあ、お前は何なんだ」という自省は言論に不可欠な要件だと思います。

その点、松山千春は徹底的にスカッとしている。例えばこういうところ。「千春はさあ、お酒飲まないじゃん。これがさあ、不思議なんだよね。ほら、よくロックバンドの連中とかは、コンサートの後に明け方まですんげえ酒を飲むじゃない」に対して、「俺にはまったく理解できない話だ。だって、そうではないか。俺はステージの上でそれこそ全身全霊を傾け、まさしくボロボロになるまで歌い切っているのだ。その後に酒を飲みに行く余裕なぞ、どこを探しても見つからない。逆に俺から言わせれば、コンサート後に酒を飲める力があったら、出し惜しみせずにその力さえもステージで燃焼させればよいということになる。（中略）俺は十分にコンサートで酔っている。そのうえ、さらにまた酒を飲んで酔いたいとは思わない」——イイね！

イイ感じの楽観主義——麻生太郎『とてつもない日本』

麻生太郎には『自由と繁栄の弧』や吉田茂の評伝などいくつかの著書があります。どれもなかなか面白い。政治家として毀誉褒貶のある人ではありますが、少なくとも価値基準は明確で、言語明晰。教養人であることは間違いありません。

首相のときは「庶民感覚がない」とその言動が批判されましたが、当たり前です。高祖父が大久保利通、曽祖父に牧野伸顕、祖父に吉田茂、妹が寛仁親王妃信子。こういう人に庶民感覚を求めるのは筋違いです。

本書は軽めの随筆。具体的な政策やその執行方法については何も書いてありません。それでも、軽いタッチではありますが、（当時）首相を目指す政治家としてのビジョンのありようが、わりとイイ感じで響いてきました。

小沢一郎の著作とは対照的です。小沢氏の著作は内容があまりにも方法に傾斜している。ビジョンのなさに辟易しました。田中角栄↓竹下登↓小沢一郎という系譜には方法論しかない。それはそれで必要なものではありましょうが、リーダーにいちばん必要なものが抜け落ちています。

『とてつもない　日本』の全部に同意するわけではないのですが、麻生太郎氏はリーダー向きの人だと再認識しました。どこがイイかというと、まず全体に横溢する楽観主義。政治指導者の絶対の条件をひとつ挙げろと言われれば、それは楽観主義だと思います。「このままだと日本はひどいことになっちゃうから、だからこうしなきゃダメなのよ！」というタイプの悲観主義、これはとにかく指導者には向いていない。

楽観主義にもイイ楽観主義とヨクナイのがありまして、ヨクナイのは上の方からやたらと威勢のよいビジョンを、檄を飛ばすように押しつけて、国民を引っ張っていこうとするやつ。ジッサイのところ楽観主義ではなくて恐怖や不安の裏返し。その最悪の例が、日本の昭和の戦争（東條首相）、ナチス・ドイツ（ヒトラー首相）、中国の文化大革命（毛沢東主席）でしょう。

これに対して、イイ感じの楽観主義は、一見すると「ま、なんとかなるんじゃないの？」という、「植木等モード」のように見えるのですが、きちんと本質を突いていて、じわじわと浸透していくうちに、「ま、それもありかもね、ひとつその方向でいってみようじゃないの……」と国民をその気にさせる、こういうタイプです。

小泉首相はどっちかというと「檄飛ばし」タイプの色もありましたが（とはいうものの、小泉氏は戦後の政治指導者の中ではなんだかんだ言って優れていたと思う）、麻生氏はもっとユルくて、僕のスキなタイプの「イイ感じ楽観主義」という印象を受けました。

僕はこれまで著者に2回会ったことがあります。初めはうちの大学院でやったあるレセプションのゲストでみえてのご挨拶。そのときは、とくにイイ印象もなかった。もう1回は、「会った」というよりも「見た」だけなのですが、改装前のホテルオークラのカメリア・コーナーでのこと。僕が大スキな昭和空間で、かつてよく利用していました。

あるときここで軽い夜ご飯を食べておりましたら、隣の席に麻生氏が仲間の何人かと食事をしていて、なにやらヒソヒソ声（それにしても政治家にはヒソヒソ声がよく似合う）で雑談をしていました。誰かの悪口だったみたいで、「あのヤロー、チキショウメ！」みたいな暗い話題のようでした。ところがその悪口？　のトーンがけっこう明るいというか、楽しんでいる感じで、このときはちょっと説明するのが難しい好感を持ちました。

政治家の麻生太郎氏とはまともに話したことはないのですが、株式会社麻生の会長である弟の麻生泰さんには一度ゆっくりとお話を伺ったことがあります。ずいぶん前のことですが、麻生グループで講演をする機会がありました。その時に麻生泰さんにお目にかかったのですが、太郎氏とそっくりなのに驚きました。兄弟なので当たり前と言えばそれまでですが、顔だけでなく声やしゃべり方、とくに話すときの口の曲がり方がまったく同じ。思わず笑いそうになったのですが、失礼なので我慢しました。

麻生というと、太郎氏が政治家になるまで社長をやっていた麻生セメントを思い浮かべるかもしれませんが、セメント業は斜陽になって久しく、現在の麻生グループの中核事業ではありません。もともと麻生の祖業は北九州・筑豊の石炭業です。石炭業が一気に斜陽化し、セメント業へ軸足を移し、現在では製造業から病院や専門学校、不動産業を中核とするサービス企業に転換しています。現在も２３００億円以上の売上がある九州の大企業です。専門学校業界ではおそらく日本最大。

１８７２年から続く歴史のある会社なので当たり前なのですが、産業構造の変化に対応した事業転換はダイナミックなもので、この辺の成り行きについての泰さんのお話が面白かった。石炭からセメントへの転進と比べて、サービス業への転換は相当に距離があります。これがどういう経営判断に基づくものだったのかとお尋ねしたところ、「麻生と言えば九州ではそれなりの信用がある。これからはサービス業だということになったとき、信用がものを言う商売といえば、病院と学校。これまでの資産を基盤にできると考えた」――これはなかなか奥深い意思決定です。

話運びの面白さ――松本清張『張込み』

清張読み返しシリーズ。新潮文庫の傑作短編集全6巻の5巻です。これと6巻は推理小説を収録しています。

清張推理小説はトリックの意外さはほどほどで、人間ドラマ、とりわけ人間の黒く深い心理に妙味があります。

表題作はその典型。ごくありふれた事件のありふれた捜査の中に人間の真実が浮かび上がります。

『顔』『声』『地方紙を買う女』の3編はいずれも犯人の心理を突き詰めた佳作。映画でヒットした『鬼畜』は途中までは清張三原則に完全に沿った展開でイイのですが、途中からあまりにも救いがなさ過ぎてついていけません。『黒地の絵』と同様、ここまで高濃度の哀しみ系清張は苦手とするところです。

その点『一年半待て』は苦味が抜群。宮部みゆきなど多くの人々が認める大傑作短編です。あっと言わせるラストまでページをめくる手が止まりません。大学教授の俗物性と嫉妬を軸に話が展開していく『カルネアデスの舟板』も実にイイ。清張ならではの人間洞察には極上のコクがあります。『投影』ははっきりと救いがある異色の作品（ただし暗くて重いのは他と変わらない）。たまにはこういうのもイイ。

それにしても清張の話運びの面白さと言ったら……！　何回読んでも面白い。だいたいタイトルが抜群に巧い。『地方紙を買う女』とか『一年半待て』。読みたくなりませんか。迷わずにお読みください。

言いえて妙――テリー伊藤・清水草一『間違えっぱなしのクルマ選び』

『間違えっぱなしのクルマ選び』と『男なら雲上ＣＡＲを目指せ！　間違えっぱなしのクルマ選び２００６』『レ

クサス０点、ランエボ１００点　間違えっぱなしのクルマ選び２００７』の3冊を読みました。

徳大寺有恒『間違いだらけのクルマ選び』シリーズは、それまでメーカーの提灯記事が多かった日本の自動車解説の次元をひとつ上げた自動車評論の金字塔でした。故・徳大寺氏が確かな価値基準を持ってクルマの良し悪しを論じていたのに対して、本書『間違えっぱなしのクルマ選び』（それにしてもタイトルがイイ）は、テリー伊藤と自動車評論家の清水草一の極私的な好き嫌い全開の評論対談です。

還暦になったらクルマを買い替えようと計画しているので、その関心で本書を読んでみました。もちろん何の役にも立ちませんでした。それでも実に面白い。久しぶりの爆笑読み物でした。いつものテリー節はもちろん、清水氏（この本で初めて知った硬派の評論家）のウィット抜群の語り口も秀逸。

良し悪しでなくて好き嫌いなので、当然、二人の評価は往々にして真逆になります。それこそ言葉を尽くして自分の好き嫌いの評価軸を説明しておりまして、そこにクルマに対する情熱と秀逸な言語化芸が表出しています。

テリー氏はレクサスＬＦＡ（トヨタが２０１０年12月から２０１２年12月にかけて限定５００台ハンドメイド生産・販売した2人乗りの中型スーパーカーでV10エンジン搭載）に0点をつけます。その理由は「東映が作ったボンドカー。哀しい大艦巨砲主義。いまさら戦艦大和をつくってどうする？　新しさも何もない」。清水氏も10点と手厳しい。「トヨタはスーパーカーってものをまったくわかっていない。スーパーカーは俺たちはこういうのをつくりたいんだ！っていう情念じゃないですか」

一方でテリー氏が「国宝」と評するランエボ（パジェロ以来ずーっと業績低迷に苦しむ三菱自動車が意地でつくっていたラリーレース仕様のカッコ悪いセダン。ただし走りは超絶）には99点を与えています。その評価がこれ。「ランエボってさ、ご飯粒を口の周りにくっつけながら、ドンブリ飯かっ込んでいるようなクルマなんだよ。腹が減ってがっつんがっつんメシ食って、ズルズル音立てながら味噌汁食ってるデリカシーのなさそうなやつ。でもさ、入院中の人から見たら、そういうふうに健康的にメシを食えることほど羨ましいことはない。ランエボってそういうクルマだよ。それから、一生懸命ダイエットしている奴の隣でドカ弁食っているのがインプレッサだね」――言い得て妙です。

嗅覚の作家――開高健『オーパ！完全復刻版』

著者46歳のときのノンフィクションの名作。大型豪華本として復刊されています。アマゾンのジャングルでの釣りの記録。恐ろしく凶暴なピラーニャ（ピラニア）やトクナレ、ドラド（金色の魚）から最大体長５メートル、体重２００キロに達する世界最大の淡水魚ピラルクーなど、怪魚との格闘の記録です。ＯＰＡというのは驚いたり感嘆したりするときブラジル人が発する言葉だそうで。

中国古諺が冒頭で引用されています。

１時間、幸せになりたかったら酒を飲みなさい。
３日間、幸せになりたかったら結婚しなさい。
８日間、幸せになりたかったら豚を殺して食べなさい。
永遠に、幸せになりたかったら釣りを覚えなさい。

僕はお酒が飲めないので、同意できるのは2行目だけです。しかも同意の程度は50%ぐらい。「永遠に、幸せになりたかったら釣りを覚えなさい」はまったくピンときません。釣りをやったことはありません。少なくとも現世ではやらないと思います。よほど体質が変わって生まれ変わったら、来世でやるかもしれませんが。

しかもアマゾン。これまたヒジョーに危険で不便なところです。ブラジル人もほとんどがアマゾンを見ることなく死んでいくらしい。水の殺し屋ピラーニャはもちろん、カンジエロという小さなドジョウのような生き物がいて、人間の目玉や肛門から体内に入り喰いつくしてしまうという恐ろしさ。水上に船で出ると、ありとあらゆる虫に刺される。室内安楽生活主義者の僕としては、現世はもちろん、来世でも絶対に行きたくありません。
「アマゾン」での「釣り」という、僕にはまったく関心がないことが延々と描かれているのですが、それでも面白く読めるところがこの名作ノンフィクションの底力です。他の作品もそうなのですが、開高健の文章の独自性は「匂い」が伝わってきます。読書の本質のひとつは疑似体験にあります。開高の文章は疑似体験性能がヒジョーに高い。読んでいて、アマゾンの匂いにむせかえるような思いがします。

釣りの話はピンとこないのですが、釣りを通して見えてくるアマゾンの人々と社会、これが実に面白い。厳しい環境の中で生きているにもかかわらず、とにかく陽気で余計なことは考えない。というか、因果関係は逆で、そういう文化だからこそアマゾンで生きていけるのだと思います。明日は明日の風が吹く、とばかりに今のその瞬間を楽しく生きている。人間の原型を知ります。

アマゾンでの長期の釣り旅行を終えて、開高一行は首都のブラジリアに戻ってきます。人工都市のブラジリアは、この当時まだ20歳にもなっていませんでした。高層ビルと高速道路。普通の都市とは比較にならないような人工的で機能的な空間が広がっています。

ブラジリアという都市とアマゾンとのギャップを目の当たりにした著者の考察が素晴らしい。この辺は開高健の本領発揮でありまして、都市とは何か、制度とは何か、人間社会とは何かについての深い洞察が匂いとともに披瀝されています。ブラジリアを描く章は本書からすれば付け足しのような部分なのですが、アマゾンと釣りに関心がなく、人間と社会に興味がある僕にとってはこの章が本書の白眉でした。

開高健さんは嗅覚の作家です。長編小説『輝ける闇』では、「匂いの中に本質がある」と書いています。私が最初に読んだ彼の作品『ベトナム戦記』からも、現地のむせかえるような匂いが伝わってきます。

嗅覚は五感の中で最も人間の記憶の奥底に残ります。いちばん深いところに入るので、文章にしにくい。聴覚もまた言語化が難しい。吉田秀和さんの音楽評論を読むと凄いと思わされますが、嗅覚はもっと難しいのではないでしょうか。匂いを書けることが名文家と呼ばれる一つの理由でしょう。

ひとつのところに佇んでいる——釣りはその土地と自然と人々の匂いを嗅ぎ、匂いを言語化するために最も有効な行為なのかもしれません。紀行文のテーマとして釣りを選んだところに開高健のセンスとスタイルが色濃く出ています。

目からうろこがポロっと落ちる——高峰秀子『高峰秀子の反骨』

著者は僕にとっての人生の師でありまして、著作はどれも生活と仕事の教科書のようなものとして正対して読んでおります。

本書の中に、彼女が46歳のとき（１９７１年）のこういう言葉があります。

> 私はテレビをあまり見ないのですけれども、チャンネルをひねるとクイズ番組をやっていて、大した理由もなくなんだかいろいろな物をもらったり外国に行ったりする。あれが低俗の中の最も卑しい部類に入るのじゃないかと思う。（中略）私はとても卑しい中の最高だと思います。クイズ番組の中で物をくれるということはもうやめたらいいと思うのです。

「劣情」という言葉があります。おカネが欲しい、おいしいものを食べたい、みんなに褒められたい——人間である以上誰もが多かれ少なかれこうした気持ちを抱えています。これはいずれも人間の情動にして本能ですが、それ自体は劣情ではない。自分が稼いだカネで美味しいものを食べればいいし、チヤホヤされたい人は自らの力でそういう状態を手に入れればいい。ただし、「大した理由もなく」手っ取り早くうまいこと自分の利得を手に入れようとする。これは劣情です。

もちろん劣情に負けることもある。僕にしましても週に3回は劣情に負けては反省を繰り返しているわけですが、それが人として「劣った情動」であるということを自覚していることが最低限大切なことだと思います。己の劣情を劣情と知らず、ためらいなく劣情を全開にする——こうなったら人間はおしまいです。

高峰先生は子役として映画デビューして以来、映画の世界から身を引くまでずっと一貫してスターだったという稀有な大女優なのですが、養母と親族郎党から「現金製造機」として搾取され続けていたわけで、女優は自ら望む仕事ではありませんでした。というか、気づいたときにはスターだった高峰先生にはそのほかの選択肢がなく、女優の仕事から離れるという選択も取りようがなかった。以下は61歳時点での述懐です。

> 高峰秀子というスターは、確かに人気がありましたよ。お金もたくさん稼ぎました。大きな家に住みまして、自家用車もあり、後援会も大きくて、人々にチヤホヤされました。まるで満開のバラの花のように、本当に華やかな存在でした。他人から見れば、まあ、いいご身分ねえというところだったと思います。ところが、そういう高峰秀子のどこからどこまで全部いや、嫌い！　という一人の人間がおりました。それは、高峰秀子、私自身でした。
>
> 私は、子供のころからなぜか、しらけ人間でした。何というんでしょうね、際限なく自分の目の前で膨張していく高峰秀子という虚像を、このころから、もっとしらけた厳しい目で見つめるようになりました。このころからやっと少しずつ大人の仲間入りをしてきた、ということかもしれません。

昭和20年、高峰秀子20歳。ロケで千葉県・館山に来たものの、アメリカ軍の艦載機の波状攻撃で撮影どころの話ではなくなります。空襲警報が鳴りっぱなしで、防空壕へ出たり入ったり。それでもメーキャップをして待機していなくてはなりません。ぼんやりと腰かけていると、山本嘉次郎監督が近づいてきます。

> 先生は、「あ、どっこいしょ」なんておっしゃって、私と一緒に腰を下ろされました。そして、「デコ、何を考えていたんだい」とおっしゃいました。私は何も考えちゃいませんでいたから、「何も考えていない」と素っ気なく答えました。先生はまた、「退屈かい」とおっしゃいました。私は「うん、退屈だ」と答えました。すると先生は、私たちの目の前がお庭になっておりまして、大きな松の木が一本ありましたので、その松の木を指差して、「ねえねえ、デコ、この松の木はどうしてこっちのほうに曲がっているんだろうね」とおっしゃるんです。
>
> 私、松の木なんかどうでもいいですから。「わかんない」とまた素っ気なく答えました。すると、山本先生は続けてこう言われました。
>
> あの松の木はさ、向こうのほうが海だろう。だから、その海から、風が少しずつ吹いてきて、いつのまにかこっちへスーッと歪んじゃったんだよ。きっとそうなんだよね。ねえ、そういう風に、デコもこれからは何を見ても、なんだろうな、どうしてだろうなと考えてごらん。（中略）そういうふうにして考えていくと、世の中というものはそんなにつまんなくもないし、退屈でもないよ。
>
> 山本先生はそれだけおっしゃると、ヒョイと立って、行ってしまわれました。私は松の木を見つめたまま、茫然としておりました。（中略）一生のうちに、ああいうことって何回かあるんですね。あのときは本当に、自分の目からうろこがポロっと落ちるような気がしました。何か今までの自分がスーッと遠いところへ行ってしまって、新しい自分が生まれたような気がしました。

高峰先生の回想です。僕にとっては高峰秀子（の著作）との出会いが「一生のうちに何回かあるああいうこと」

でした。32歳のときでした。

政府による敗戦の原因究明――井上寿一『戦争調査会』

出版時に評判になった本書。読んでみてつくづく良書だと実感しました。

敗戦後最初の内閣は東久邇内閣でしたが、すぐに辞任。後継となった幣原喜重郎は、政府による敗戦の原因調査とその公表が絶対に必要だと考え（その通り！）、戦争調査会を設置。１００名体制で国家プロジェクトに着手します。

残念ながら、戦争調査会は政治的理由でＧＨＱと対日理事会によって中止命令が出されてしまいます。本書はその成り行きを概観したのちに、戦争調査会が残した資料を読み解き、加えて最新の昭和史研究成果も参照しながら、戦争への道を検証します。

国力は20対1。対米戦争は「始めたと同時に敗北が決まっている」に等しい愚かな意思決定でした。なぜそうなってしまったのか、どこであれば引き返すことができたのか、決定的な分岐点はどこだったのか。敗戦直後の政府は真剣に考えようとしました。敗戦直後の調査だけに、議論に気合が入っている。インタビュー調査対象者となった人々の記憶も鮮明で、資料としての価値には重大なものがあります。

１９３０年代の世界恐慌下の「ブロック経済」。ブロック経済から締め出され、国際的に孤立した資源小国日本が追い詰められて戦争に至る、という理解がいまもあります。現実は正反対で、日本は十分に開放的な貿易を進めていました。領土拡張が必要だったかと言うと必ずしもそうではない。日中戦争勃発時に中華民国代表は国際連盟でこう演説しています。「満州には日本人はわずかしか入っていない。朝鮮から日本に入った人のほうが多いぐらいだ。なぜ日本は日本よりも人口稠密な河北省に入ろうとするのか。日本は北海道すら開拓していないではないか」

戦争は複数の要因の複雑な相互作用の結果として起きます。単一の要因では説明できません。それでも戦争に至った原因の主線を追うことはできます。第一次世界大戦後の一時的な「平和とデモクラシー」の時代に、軍部の社会的地位が急速に低下し、これに対する反発が軍部にあったことが土壌としてあった。時代は軍縮に入りますが、軍人蔑視の国民感情がかえって軍部の抵抗になったのではないか――これは僕にとって新しい視点でした。

日中戦争がなければ対米戦争もなかった。日中戦争になってからも何度も引き返すチャンスがありました。いくつものチャンスをつぶしています。軍部も悪いが、政治も悪い。軍部の中でも「満州国最優先で対ソ戦準備」という戦略的視点から日中戦争の早期の手じまいを求める声がありました。軍をうまくリードできなかった政治にも重大な責任がある、というか一義的な責任は政治にあると考えます。

政治家で誰が最も大きな責任を負うべきかと言えば、私見では近衛首相その人です。近衛内閣の「国民政府を相手にせず」という外交姿勢が日中和平工作を破壊しました。近衛首相はなぜか国民的に人気があり、しくじって辞任してもすぐにまた首相になる。

北進論を抑制するためのカードとして南部仏印進駐を進めたことが決定的でした。日米開戦の決意がなければ、南部仏印進駐をやれるわけもない。近衛は表面的には戦争回避派でありながら、自分の意思決定がその後どういう成り行きをもたらすのか、思考に時間的な奥行きがない。「その次」を考えない。やることなすことその場限りの思いつきで、軽率。救いようがないポピュリストです。

南部仏印進駐を受けてアメリカは対日全面禁輸に踏み切ります。こうなると後継の東條内閣の軍政が開戦に傾くのは必定。東條も度し難い愚劣な戦争指導者でありましたが、近衛にはそれ以上に責任があると考えます。

日本に限らず、戦争は一度始めると止めるのが極めて困難になります。近衛文麿のような愚かな政治リーダーが出てきたときに、国民がどのように反応し、どのような声を上げるのか、そこに真の分かれ目があります。

戦争の惨禍の現実を直視することは不可欠ですが、それだけでは戦争抑止はできません。過去の戦争の悲惨さを知り、戦争だけはやってはならないと全員が思っている。どんな戦争もそうした中で起こるのです。なぜ戦争になったのかを敗戦直後の生々しい資料で解明する本書を読むことは非常に大きな価値があります。

ふざけているのに論理的――町田康『人生パンク道場』

日本を代表する現役小説家による人生相談読み物。人生相談に答えるという形式をとりつつ、著者の達者な文章芸を味わえるところに一読の価値があります。

僕もしばらく前に同じような本（『好きなようにしてください』）をつくったことがあるのですが、相談というのはジッサイのところヒジョーに答えにくいものです。だいたいその人がどんな人でどういう考えでどういう状況にあって何を悩んでいるのか、短い相談文ではホントのところが分かりません。そこで、僕の本ではキャリア相談に答えるという形式に仮託して、自分の仕事論を自由に語ることにしました。

本書はとにかく笑えます。例えば冒頭の「同じバンドに彼氏がいるのだが、別のメンバーが気になって困っている」という質問に対する回答。自分の気持ちに逆らうな。でも、気まずくなるのも困る。したがって、メンバーを増やせ。増やせば気まずさは薄まる、と著者はアドバイスします。

ホーンセクションを導入して、ジャズのビッグバンドのようにしてしまえば22名の大所帯となり、中にはあだ名しか知らない人が出てきて、気まずさはかなり緩和される。いっそのこと交響楽を書き、管弦楽団にしてはどうか。ちょっとした会社ぐらいの規模になり、すれ違っても目礼程度の人間関係になる。交響楽が書けなければ、大量のダンサーを入れろ。そうした上で気になる人にアプローチすればよい。ただし、それだけの人数になると、他にもっと気になる人が出てくるかもしれないので要注意――こういう感じの縦横無尽の展開とオチの利いた文章が続きます。

本書の文章は徹底的にふざけているのですが、話の内容はわりと論理的です。「なぜ」を繰り返していく中に、著者の人生哲学が透けて見えます。

先日、著者との対談の機会がありました。随筆や小説はもちろん読んでいたのですが、お話しするのは初めてです。

町田さんと言えば「パンク」のイメージ。僕はパンクミュージックはあまり聞いてこなかったのですが、ＩＮＵの『メシ喰うな！』は僕の世代では相当に話題になったものですから、リアルタイムで聴いたことがありました（パンク好きの友人の家で聴いた）。セカンドアルバムの『牛若丸なめとったらどついたるぞ！』は未聴ですが、タイトルは印象に残っていました。

小説家としての町田さんを知ったのは『くっすん大黒』からです。音楽のイメージそのままのパンクな文体には驚きました。

で、ジッサイの町田さんもパンクっぽい方なのではないかという気がしていました。ところがこれは僕の思い込みで、お話ししてみると、実に穏やか。理知的で内省的な方でした。『告白』のような傑作を書く小説家なので、当たり前と言えば当たり前なのですが。

途中で音楽の話題になり、町田さんは「振り返ってみると音楽が好きなわけではなかった。表現の手段として音楽があっただけ」とおっしゃっていました。音楽がそもそもお好きで、それを小説に持ち込んで（すなわち、音楽の小説化）あのような独自の小説世界が生まれたのだと、僕は思っていました。実際は、もともと表現したいことがあって、その表現形態が音楽であったり、小説であったりするということで、たまたま音楽が先行しただけ。これは似て非なるものです。町田さんは古典的な意味での表現者＝芸術家なので、言われてみればそっちの方が自然です。

一方の僕はというと、音楽を音楽として楽しんでいるわけで、表現したいことは何もありません。そこにあるのはひたすら身体的快感の追求。自分がいかに非芸術的な「フツーの人」であるかを再確認しました。

よく言われるように、町田作品の魅力は独特な言葉遣いと文体、なによりもリズムにあります。これはどの作品を読んでも一貫している（だいたいＩＮＵ時代から「牛若丸なめとったらどついたるぞ！」という言葉のパワーがスゴイ）ので、どれを読んでもイイのですが、僕が特にお勧めしたいのは『宇治拾遺物語』の町田さんによる現代語訳。誰もが知っている「こぶとり爺さん」などのお話が収録されているのですが、町田さんならではの突き抜けた言葉遣いの面白さが凝縮されています。

才能（だけ）の人――山本一生『哀しすぎるぞ、ロッパ』

昭和戦前の喜劇王、古川ロッパの評伝。再三再四申し上げていることではありますが、『古川ロッパ昭和日記』は僕が読んだ中では最も「面白い」本でありまして、本書はロッパ日記に依拠した本格評伝です。日記本編があまりに長大で読む気が起きないという方はぜひこちらをお読みください。ロッパとロッパ日記のエッセンスをよく伝えています。

日記が面白いのは、それを書いた人の人間がストレートに表れるということがいちばんですが、それに加えてその時点での世の中がよく分かるということにあります。『哀しすぎるぞ、ロッパ』にも、当時の大きく揺れ動く世相を生きた人々の実相を伝える部分が多々あります。

昭和11年2月26日。二・二六事件が起きます。ロッパは砧の撮影所で映画を撮っていました。「5・15事件以来の重大事件が起きた」という情報が入り、不気味な気持ちのまま撮影を続けます。撮影所を出て渋谷周辺まで来ると戦車が動いている。共演者の徳山璉に「こんな日は家に帰って早く寝るのがいちばんでしょう」と言うと「こんな時だけ、家がいいんじゃない?」。受けてロッパは「そうだね。でも、こういうときいいとこが、ほんとのいいとこさ」——何気ない会話に味わいがあります。

反乱軍が引き揚げ始め、事態が鎮静化した2月29日には劇場がたちまち満員になります。「震災直後にも娯楽復興の早さには驚いたことだったが、如何に人間が娯楽を求めるものかがうかがえて感心した。革命後のロシヤを見るまでもない。日本人にも娯楽は必需品だ」

昭和12年、盧溝橋事件が勃発し、日中戦争が本格化します。ロッパの周囲にも出征者がちらほら出てきます。「僕らは根本においてむろん非戦論だ。それだのに、こうなってくると、銃とって立ちたいような気分になってくる——ここが僕らの大衆性なのではあるまいか」

9月15日に防空演習が始まります。18日に終わると、人々は一斉に街に繰り出しました。「夜の部も大した入りで補助を出し切った。近所の日劇も、列を成している。4日間のくらやみで娯楽に飢えた姿である。こんなとき、娯楽どころではないというのも大衆なら、娯楽なしに一日もいられないのも大衆である」

戦局が悪化を極めてどうしようもなくなった昭和20年になると、連日の空襲警報で人々の間には悲観論が広まっていくのですが、ロッパ一座は相変わらず劇場でわんわんやっています。1月2日の初日舞台は相変わらずの超満員で「客は馬鹿なことでもよく笑う」。28日の千秋楽の日の日記にはこうあります。「なんともヘンテコな千秋楽気分。入り大満員。又可笑しなこと。はしゃいで、いろいろやると客は笑いに飢えていて必要以上に笑う。でも、そこには不安が漂っていて妙な気分」

現下のコロナ騒動は戦時下の緊迫を1万倍ほどに希釈したようなものですが、当時と一脈通じるものがあるように思います。人と人の世の本質についてもロッパ日記はいろいろなことを教えてくれます。

ロッパが名実ともに喜劇王だったのは昭和10年から敗戦の20年までの10年間です。この人物の特異性は才能「だけ」で成功したということにありまして、人間の才能とは何かを考えるうえでこれほど興味深い素材は滅多にありません。

明治36年、ロッパは当時としては超一流の家系に生まれます。父は宮内庁の侍医、加藤照麿男爵。そのころの名家でよくあったように、生まれるとすぐ照麿の妹徳子の嫁ぎ先であった古川家に養子に出されます。古川家は軍人の家系で、養父古川武太郎は鉄道技師、その父の宣誉は陸軍中将でした。ロッパは番町幼稚園から青山師範付属小学校に進学します。幼稚園生のころから活動写真（映画）が大スキ。明日は活動に連れて行ってやると言われれば嬉しくて嬉しくて夜も眠れない。ノートブックを買って『クワツドウシャシンザッシ』を書く。芝居の真似で人気者になる。梅檀は双葉より芳し。

読書もスキで小学3年生のときに漱石や鷗外のような雅号を持とうと考える。お付きの女中が「若さまは静かに遊ぶのがお好きですから、静遊《せいゆう》というのはいかがでしょうか」と勧められるが気に入らない。で、古い川に緑の波という「緑波《りょくは》」を自分で思いつく。随分老成した小学生でした。

映画好きで読書好き。中学校のころには鉄筆と謄写版を買い込んで『映画世界』を発刊し、１００部刷って友人に配っています。映画雑誌にも投稿を始め、そのうち映画評論家として執筆陣に加わります。18歳で『キネマ旬報』に入社、早稲田高等学院に通いながらプロの評論家となり、早稲田大学の学生のころには高額の原稿料をとるようになりました。その後、文藝春秋に入り『映画時代』を創刊、4年後に独立して単独経営に乗り出しますがあえなく倒産、父から受け継いだ莫大な資産を使い果たし素寒貧になります。

で、菊池寛に「ボクは何をしたらいいのでしょうか」と相談すると（こういう相談をするのに菊池以上の相手はいない）、「自分じゃ何がいいと思うんだ?」。ユーモア小説家にでもなろうかと言うと、菊池は「駄目だよ。君は自分の才能を知らないね。小説家になったとしてもボクぐらいになる自信はあるかい? それよりか喜劇の役者にならないか」と勧められます。小林一三も賛成し、舞台を用意すると言います。ロッパの声帯模写（これはロッパの作った言葉）の巧さは評論家時代から業界では有名でした。

ロッパは評論する側から評される側への転身を決意します。小林一三に突き付けた条件は「いちばんよい役をやるスターであること」「給金は１０００円」（「千両役者」をもじった破格のギャラ）でした。このときロッパ30歳。当時の感覚ではすでに「中年」の域に達しています。

浅草の松竹座を振り出しに大人気を博す。丸の内・有楽町に進出すると、「頭がよくて歌が歌えて愛嬌がある」ロッパはインテリ大衆の心をとらえてますます人気を高めます。座付きの脚本家、菊田一夫の力を得て、ロッパはエノケンこと榎本健一を凌駕する喜劇王として舞台と映画に君臨します。「いつのまにか、エノケンは僕より下のものになってしまった」「敵のいなくなることは淋しい」と言うほど自信を深め、わずか数年で東宝のドル箱スターになりました。

戦後になるとロッパの芸は次第に時代とズレていき、人気は徐々に低迷していきます。ラジオやテレビでのヒットなど、盛り返すチャンスもあったのですが、結核に冒されていて体力や気力がついていかず、決定打が出ない。

何よりもロッパを追い詰めたのはカネの問題でした。名家のお坊ちゃんで金銭的な苦労をしたことがなく、カネ勘定がまるでできない。にもかかわらず生来の浪費を続け、経済的に破綻ぎりぎりのところまで追い詰められます。

仕方なく、カネのために本意でない仕事を受ける。やる気がないのでうまくいくわけもなく、評判はますます低下する。戦後も一定の評価を維持していたエノケンにひたすら嫉妬する。ますます名望を高めた菊田一夫を恨む。落ち目の境遇にクサりつつも、目先のカネが必要なロッパは質の低い演技を人々に晒す。それがまた評判を下げる。絵にかいたような悪循環に陥ります。

かつては座長として顎で使っていた役者や作家に離反され、バカにされても頭を下げて仕事をもらうしかない。しかもどんどん結核は悪化します。かつてロッパ劇団で脇役をやっていた弟子、森繁久彌に「金貸せ、と言いたくなるが、これも言えない」。「俺も、もう舞台はいかん」とつぶやくと、森繁に「まあ、オヤジさんは、もう出ないほうがいいんじゃないかなあ」と引退勧告を受ける始末。この地獄ぶりは本当に「哀しすぎる」成り行きでありまして、前半生が栄耀栄華に満ちたものだっただけに、読んでいて胸が痛くなります。

『哀しすぎるぞ、ロッパ』に描写されている落ち目のロッパの悲惨は自業自得としか言いようがありません。絶頂期のロッパは人気はあっても信用はありませんでした。一座を率いていたころは「暴君」と言われ、周囲の人を人とも思わないわがままな言動に明け暮れていました。苦労を知らず、下積みを知らず、いきなり大スターとなったロッパは謙虚さとか思いやりとは無縁でした。すべてが自分の思い通りになっていたときはよかったのですが、人気が下降すると人々が離れ、誰も助けてくれなくなるどころか、落ち目が歓迎される。それまでのロッパの言動からすれば、ごく自然な成り行きです。

仮にロッパが人格者であったとしても、戦後の凋落は必定だったというのが僕の考えです。時代は変わってもロッパは変わらない。というか、変わることができない。なぜかと言えば、もともと才能というのはそういうものだからです。

すぐに時代の変化に適応できるようなレベルの「才能」であれば、戦前のロッパの輝きもまたあり得なかった。突出した才能の光が強ければ、その影もまた深くなる。謙虚で健康管理もカネ勘定もきちんとできていればこれほど悲しい晩年にはならなかったにせよ、ロッパが時代に取り残されたことには変わりはなかったでしょう。だからこその天才です。

それでも僕がロッパをスキなのは、彼こそが「好きこそものの上手なれ」「川の流れに身を任せ」という僕の仕事の理想の究極だからであります。幼児のころから理屈抜きにスキでスキで仕方がなかったことが才能になり、才能一本を頼りに川を自然に流れていくうちに喜劇の世界に流れ着き、気がついたら大スターになっている。才能なりセンスの何たるかを鮮烈に体現した人です。彼の栄光と凋落は才能に動かされ、才能に殺された人間ドラマとしてまことに味わい深いものがあります。

初期の浅草時代、常盤座の舞台は大入り満員が続き、エノケンの本拠地、浅草一の松竹座での公演にロッパは乗り出します。

> それはいつになく暑い夏であった。
>
> 浅草には「びっくりぜんざい」という看板を掲げた甘い物やが大阪から進出してきていた。アイスクリームが他の店の倍も量があり、びっくりさせるとして名付けられた店であった。肥っていて、ことさら暑がりのロッパは、一日に何回も口にする。
>
> 舞台の裏には大道具の置き場があり、風通しがよく、「松竹座の軽井沢」と呼ばれていて、ロッパもよく涼みにいった。風に当たっていると、ある思いが去来する。
>
> 「浅草の夏。松竹座の軽井沢を思い出す。床几に腰かけて、びっくりぜんざい屋の、アイスクリームを舐めながら、『春から夏にかけて、居付いてしまったな。浅草の、俺は、役者になったんだ』そう思った。31歳の僕であった」

幼稚園で『クワツドウシャシンザッシ』を書いて以来、映画にのめりこみ、流れ流れていくうちに、才能が花開く場所にたどり着いたことを自覚した感慨が溢れています。ロッパが完全に悪循環に嵌った後で書かれた一文ですが、この「松竹座の軽井沢」での記憶は確かに残っている。人間にとって、これほどの幸福がありましょうか。本書で僕がいちばん痺れた部分です。

斜陽産業の実態――廣末登『だからヤクザを辞められない』

暴力団排除条例が施行されてから、ヤクザはますます割に合わない商売となり、離脱者が増え続けているそうです。ところが、堅気への再就職は難しく、再就職率はわずか3%と試算されています。離脱者にも厳しい社会権（例えば銀行口座の開設や住居賃貸契約）の制約があり、結局のところ伝統的な暴力団ではなく「半グレ」として犯罪行為で生計を立てる人が増えている。本書はこうした裏社会の最近の実情を紹介します。

半グレは暴力団のような規律がなく、ピュアにシノギを求めて動く。暴力団の組長が半グレのアジトに赴き、自分たちのシマで妙なことをするなと警告したところ、「あ、暴力団の方ですか。画像取りますね。警察呼びますか」といった始末だそうです。行動原理が違うので、暴力団は半グレに対抗せず、半グレの得意領域の仕事をアウトソースするという方向に進んでいます。こうして半グレは離脱者を吸収して大きくなっており、これが犯罪を助長するという結果になっています。

もちろん前に戻ればいいということではありません。反社会的勢力は徹底的に追い込むべきです。暴力団が社会の一部の人の受け皿になっていたのは事実です。「ヤクザがなければだれがそういうやつの面倒を見るんだ」――暴力団という存在にも一理あったという意見があります。ただし、です。「一理もないこと」など人間の世の中にはあり得ません。どんなに悪いことにも一つか二つの理はあります。暴力団が根絶されるべきなのは、暴力団が生み出す不幸や被害が「一理」よりもはるかに大きいということにあります。

離脱者が社会的な不利益をかこち、困難に直面したとしても、現行法そのものを緩和する必要はまったくない。18万人以上いた暴力団構成員は、現在は3万人を切っています。これは間違いなく前進です。ヤクザだろうが半グレだろうが犯罪集団は徹底的に締め上げるのがイイに決まっています。

離脱者の更生は別個の問題として解決していくしかない。そうやって社会は徐々に進歩していく。実際、著者は更生保護寮（刑務所を出て住むところがない人が一定期間居住できる施設）で仕事をしています。実に立派な人です。こういう人々が社会を前進させていく真の原動力です。尊敬することぐらいしか僕にはできませんが、尊敬しています。

正真正銘のモンスター――小野一光『全告白　後妻業の女』

「近畿連続青酸死事件」の犯人、筧千佐子についてのドキュメンタリー。一見して「関西のおしゃべりなおばちゃん」、その実、財産の奪取を目当てに高齢者と交際・結婚しては次々に毒殺していくシリアルキラー。「後妻業」にのめり込んだ不思議な人物の実相がよく描かれています。

悲しいのは被害者のほとんどがごくまじめな初老男性だったということ。純粋で人を疑わない人ほどころっと騙される。職業は農家やエンジニアや船員で、世間が狭そうな人が多い。被告は結婚相談所を通じて無数の男性とお見合いをしています。殺した人は多数に上りますが、それでもお見合いした男性のごく一部でしかありません。例えば、筧とお見合いをした元商社役員（ということは世慣れているであろう人物）は会って15分で「あ、こりゃあかん」。結婚相談所にもすぐに「あら気いつけなあかんど」と注意しています。

少なく見積もって11人を殺している筧被告は1・2審とも死刑判決、最高裁の判決も死刑で確定しました（ただし、裁判の対象になっている殺人は4件のみ）。

裁判で証拠として提出された被告と被害者とのメールのやり取りを見ると、この人物の化け物ぶりがよく分かります。夫を殺してすぐ次の獲物を仕込んでいる。一切の反省、良心の呵責というものがない。自己利益のためだけに、躊躇なく人を殺していく。仕事のルーティンになっている。ようするにサイコパス。もし最後の事件が発覚していなければ、もっと被害者が出たのは間違いありません。

ごく小さな確率ではありますが、たまにこういう人が出てきてしまうのが人間の世の中。死刑という刑罰の存続は仕方がないことだと思います。

自選の味わい――三島由紀夫『花ざかりの森・憂国』

三島由紀夫の短編集を読み返してみました。本書の価値は三島自身による選集であるということ。思い入れがある短編が並んでいます。本人による解説もイイ。

三島由紀夫の短編は、その完璧な文章技巧を味わうのにうってつけです。16歳のときの『花ざかりの森』はさすがにまだ若さを感じさせますが、これを書く16歳がいるという事実がスゴイ。あっさりとした話ながら、早くも異様な人間洞察をうかがわせる『遠乗会』、エンディングで痺れさせる得意技が味わえる『詩を書く少年』、展開の妙で読ませる『橋づくし』。いずれもイイのですが、僕の好みは『女方』と『百万円煎餅』です。

『女方』――何の盛り上がりもないストーリーですが、心象をここまで見事な文章にできることにただただ敬服。

『百万円煎餅』――ごく小市民的な健康な生活を送る若夫婦のだらだらした描写が続くと思えば、唐突に不思議な展開になる意外性。この意外性の出し方がさりげないところがたまらなく巧い。あれ？　と、思わず読み返してしまいます。

メインディッシュは何と言っても『憂国』。二・二六事件外伝というかヒジョーに単純な話なのですが、三島自身が「私がこの人生に期待する唯一の至福」「もし、忙しい人が、三島の小説の中から一遍だけ、三島のよいところ悪いところすべてを凝縮したエキスのような小説を読みたいと求めたら、『憂国』の一編を読んでもらえばよい」と言っていただけのことはあります。確かに「よいところ悪いところすべて」が出ています。ま、題材は「悪いところ」が強く出ているとは思いますが、それでも「よいところ」――絢爛豪華な言葉による狂気の文章力と完璧無比なスタイル――にはクラクラします。

狂気の特殊小説――三島由紀夫『英霊の聲』

一言で言って狂気の作品です。三島由紀夫という人物に興味がなかったら面白くもなんともない特殊小説。主題は現代天皇制批判。霊媒師のところに二・二六事件の青年将校の霊、引き続き特攻隊の霊が降りてきて、「などてすめろぎはひととなりたまいし」と恨み言を延々とぶちまけるという話。

出版当時は「イデオロギーか芸術か」と物議を巻き起こしたそうですが、いまとなってはバカバカしい議論です。もちろん政治的なメッセージ（の有効性）とは何ら無関係でして、１００％三島の表現活動。それにしても書きながら陶酔している。

最初から三島は陶酔して書く人だったわけですが、同時に冷徹に自己を客観視していた。この相反する２つの緊張感が名作として結実したのですが、このころになると客観視のブレーキが衰えて、ひたすら陶酔のアクセルを踏むようになっています。三島衰えたり。

変容する脱北者――申美花『脱北者たち』

著者の申さんは僕の大学院時代の同期で、韓国からの留学生でした。当時から成熟した人格者でした。卒業後は1度ぐらいしか会ったことがなく、それも何十年も前の話です。プロローグでご自身の半生についての話があります。大学院修了後の申さんはコンサルティング会社で働いたり、会社を経営したりした後に、いまでは日本で大学教授になっています。

このところ朝鮮南北問題に関心があり、それに関する本を探していたらたまたま申さんが本書を２０１８年に書いていることを知りました。脱北して韓国で起業家として成功している５人と、脱北者を援助する活動をしている

2人に対する聞き取りです。

5人の起業家はいずれも北朝鮮と何らかの関係があるビジネスをしています。典型例がチョン・チョル氏。彼はエリートの家に生まれ、自身もドイツのドレスデン大学に留学します。そこで北朝鮮の欺瞞に気づき、韓国に脱北。ひょんなことからテレビに出演し、コメディアンとして人気者になります。

知名度を生かして始めた商売が「故郷冷麺」。脱北者であることを逆手にとって、赤い紙に「偉大なる故郷冷麺万歳！」「冷麺を食べにみんなが立ち上がろう！」と書いたビラを配り、冷麺チェーン（冷麺の本場は北朝鮮）を立ち上げます。商売は繁盛していたのですが、詐欺に遭い、一度は経営権を含めてすべてを失います。そこから不屈の闘志で立ち上がり、再び冷麺をはじめとする外食事業で大成功しています。

チャン・ソンジン氏は韓国で北朝鮮情報サイト「ＮＥＷ ＦＯＣＵＳ」を設立し代表を務めています。彼によると、金正恩時代になって北朝鮮でも脱北者の家族の扱いに変化が見られるとのこと。かつては脱北者の家族は強制収容所に送られるなど厳しい制裁を受けたのですが、現在では脱北者の数が多くなり、すべてを統制することができなくなっている。中国を経由して韓国の商品が北朝鮮にたくさん入るようになり、また、多くの人が隠れて韓国ドラマを見るようになったことから、韓国に対する好感度は上がっている。「金正恩政権の言うことは嘘かもしれない」という空気が蔓延しつつある。

すぐに南北統一は難しいにせよ、北朝鮮の独裁は金正恩政権が最後になるのではないか――本書を読んでの感想です。

批評家への回帰――古川緑波『ロッパ日記代わり　手当り次第』

もともと映画演劇評論家だった古川ロッパはひょんなことから戦前の喜劇の大スターになったわけですが、戦後落ち目になるとまた旺盛な文筆活動をしています。批評する側から批評される側にまわり、批評される経験をとっくりと重ねてから、再び批評する側に戻っている。こういう人は滅多にいない。さすがに文章芸が練られている。

著者の興味は映画・演劇と食べること、読むことと書くこと（主として日記）に集中していまして、それ以外のことにほとんど関心がない。そういう点に僕は惹かれます。本書も、ロッパが見たもの、読んだもの、食べたものについての縦横な随筆になっています。

批評は「内容紹介」であってはいけない。内容を要約するのではなく自分の基準で価値判断をしなければいけないというのがロッパの基本的な構えです。僕が見たことも聞いたこともないさまざまな映画や本についてロッパの「価値判断」が綴られているのですが、内容紹介がないのでよく分からない。それでも読ませるというところがスゴい。さすがの力量だと感心しました。

例えば１９５８年の映画『夜の鼓』。当然僕はどういう映画だか知らないのですが、「有馬稲子はあやしく美しいが、自らもその美しさによろめいている」というくだりなど、なるほどそういうことだろうな、と思わされます。

当時は後の昭和爆笑王、林家三平が駆け出しの若手でした。「林家三平という人には参った。出てくるなり、いきなりおかしい。歌謡曲の穴探しから、ロカビリーにまで及んで、ひとりでテレたり恥ずかしがったりして、おきやくを、めちゃめちゃにする。それでいておかしくてたまらない。当夜、僕がいちばん笑ったのは三平だった」と評価しています。さすがの慧眼。

正田美智子氏（美智子皇太后）が皇太子と婚約したときの記述。「何とかかんとか言っていても、結局は旧華族の令嬢あたりに、おさまるんだろうと思っていたのが、チャキチャキの平民の娘だったのは、実に胸のすく思いがした。これで日本は、よくなる、そんな気さえした。映画のニュースで、美智子さんの、記者インタビューを見て、その応答ぶりの、頭の良さと、適当な、つつましやかさとに、またうれしくなった。ジャーナリズムの総攻撃の中に、少しも乱れを見せないのも、たのもしかった」――リアルタイムにして的を射た批評です。

１９５９年の正月に、13年前の敗戦翌年の正月を振り返って、「ご先祖様よ。門松もなければ、日の丸の国旗も出てないお正月です。空には、タコのうなりの代わりに、B29の爆音です。町には、羽つく子らもいず、アメリカのジープが走っています。ご先祖様、あなた方は、日本の国に、あなた方の子孫の家に、こんな正月があることを想像なさったことが、あるでしょうか。あなた方は、ほんとに、苦労知らずの、楽天家でいらっしゃいます」――戦争ですべてを失ったロッパの口惜しさと憤りを伝える名文だと思いました。

軽妙な文章が続きます。スターダムから転げ落ち、肺病と借金を抱えて、カネのためだけの不本意な舞台での仕事を続けているロッパがこれを書いていると思うと、何とも言えない気持ちになります。

勝負師の哲学――梅原大吾『勝負論』

17歳で世界大会で優勝した日本人初のプロゲーマーが自分のキャリアを振り返って綴った「勝負」哲学。原点にある問題意識が面白い。勉強やスポーツに熱中するように、どうして格闘ゲームに力を入れてはいけないのか。中学生の著者が出した答えは、「自分のゲームに対する努力が足りず、価値を認めてもらえていないから」。それならば誰もが格闘ゲームの魅力を認めるまで完璧になってやる――一段とゲームに打ち込んで14歳のころには誰と闘っても負けないほどに強くなったそうです。どんな分野でも、パイオニアというのはそういうものなのでしょうが、志がスゴイ。

野球少年はわざわざ野球の素晴らしさを説明しない。その必要がない。ところが、ゲーマーは単に目の前の相手に勝つだけでなく、一般の人にも格闘ゲームを理解してもらわなければならない。そこで著者は子供のころから、自分が高校野球の球児のようにインタビューされたら、自分のプレーや練習、そこにかける思いをどう答えるのか、いつも頭の中で考え続けています。

僕も深く同意するのですが、目先の勝負の結果でなく、勝ち続けることに著者はゴールを設定しています。短期的な勝敗は問題ではない。目先の勝負にこだわると、勝ち続けることがかえって難しくなる。より高いレベルの勝負になるほど、運に左右される。１００戦１００勝は絶対にない。連戦連勝を望むのは、「病気に近い危険な発想」だと著者は言います。

ようするに成長し続けられるかどうか。大会で勝つことではなく、「毎日自分を成長させるリズムを維持している」状態こそが目標であるという著者は「成長＝勝負に勝つ」という定義に至ります。

著者は一度は勝負事の世界から身を退き、介護の世界で1年半仕事をしています。それでも結局はゲームの世界に戻った。その理由も、勝負の世界で努力する方が「成長が実感できて楽しかったから」。人生でいちばん大切なことは、幸福感を高めること。幸せとは内発的なものであり、だとしたら好きなところにいる方がいいに決まっている——文章はお世辞にもうまいとは言えないものですが、自分の頭と体で獲得したものだけに、主張の内容には説得的なものがあります。

著者はなるべく一般性の高い「勝負論」を意図して書いています。ただし、です。著者もこの点は認識しているのですが、本書の主張がそのまま当てはまるのはゲームや麻雀（面白いことに、著者はゲーマーを辞めて一度麻雀の世界に転身しようとしたことがある）、スポーツのような勝負事だけです。この世の中のほとんどの仕事は「勝負事」ではない。著者の言う「成長の実感」を得ることはそれほど容易ではありません。だからこそ著者はゲームの世界にとどまっている。例えば、僕の仕事では、著者が言うような意味での「成長」を目的にするのは無理があります。それでも、勉強になる議論がところどころにあります。

例えば、効率を優先しない方がイイという話。特に基礎を固める段階では、定石やセオリーを疑い、崩してみる。自分で体験し、体験を通じてセオリーの意味を再発見することが大切で、納得できるまで自分で回り道をしてセオリーを疑ってみる。体験の重要性は著者が繰り返し指摘しているポイントで、体で覚えないと身につかない。僕もつくづくその通りだと思います。

セオリーで勝敗がつく段階を通り過ぎると、一気に自由度が広がる。セオリーや定石の段階を短期間で効率よく抜け出した人ほど、その後も幅が狭くなる。セオリーを疑いながら時間をかけて学んだ人は、抜け出した後のバリエーションが圧倒的に違う、といいます。これはそのまま「スキル」と「センス」の違いとして読めます。

聴衆が感動するようなプレーは「遊び」からしか生まれない。完成度の高さを見せつけられても、面白くもなんともない。確かにその通りで、スキルには「遊び」がない。「遊び」はセンスにとって決定的に重要なものだと思います。

大きな大会で優勝したときほど気をつけなければならない、という話もイイ。勝利の余韻を引きずらないように気をつける。自分本来のペースを乱してはならない。大勝利が死ぬまで幸福感を保証するならかまわないが、現実はそうではない。大勝利はしょせん運に強く依存しています。池波正太郎が直木賞をとったとき「2、3年で食いつぶされるのは目に見えていた。10年15年後の自分を考えて仕事をしていかなければならないと思った」と言っていたのと共通しています。

自分のペースを維持していれば、大舞台でも緊張しなくなる、と著者は言います。勝っても負けても自分の価値は変わらないということを自分自身がいちばんよく分かっている。そうした理解が心の余裕を生みます。

著者が一時期麻雀の世界に身を置いていたときに先輩から聞いた話というのが含蓄があります。「麻雀が強いやつには2種類いる。ひとつは麻雀打ち、もうひとつはバクチ打ちだ。バクチ打ちは、麻雀の専門的な知識はあまりないけれど、とにかく強いよ。本当の、一流のバクチ打ちと戦うと、こっちが何をされているのかわからないままやられる。そのくらい強いのと戦うんだよ。でもね梅ちゃん、これだけは覚えておかなくちゃいけない。最後に勝つのは麻雀打ちだよ」――確かに。瞬発力や野生の勘で押してくる人は局地戦では確かに圧倒的に強いのですが、トータルでは勝てない。自分の土俵をこれと決めて、自分に独自の能力を錬成してきた人には最後の最後でどうしても敵わないものです。

ドンの日記――山本一生『日記逍遥　昭和を行く』

ロッパ日記の他、政治学者の矢部貞治、内大臣木戸幸一、革新派貴族の有馬頼寧など8人の名日記から面白いエピソードを収集して紹介しています。

中でも面白かったのが笹川良一。笹川と言えば、僕の世代にとっては「戸締り用心、火の用心」。日本船舶振興会会長にして右翼の黒幕という胡散臭いイメージなのですが、本書を読んでこの人は確かに傑物だったと知りました。

自他ともに認めるファシストにして大物右翼の笹川ですから、戦後は当然のように巣鴨プリズンに収監されます。昭和23年に釈放されるまで2年間を巣鴨で過ごしています。その間の日記はとにかく元気で前向き。敗戦でがっくりしてしまう右翼や収監されるとひ弱なところを見せるエリートのＡ級戦犯が多い中で、あくまでも意気軒昂。「世界皆兄弟の気持ちを持てば戦争は起こらず」と、部屋の人々を終始元気づけます。

笹川は国粋大衆党総裁として非推薦にもかかわらず翼賛選挙で当選した衆議院議員でした。巣鴨プリズンで一緒になったＢＣ級戦犯は普通の人々。笹川は親身になって同部屋の仲間を励まし、力になろうとします。「君、心配するな。この部屋は巣鴨の極楽座じゃ、喜べ」「若し君達有罪となれば、予は獄中より如何なる方法でも講じてやる。君達を一刻も早く晴天白日の身として帰省せしめ、一家楽しく生産増強のため働くことを祈る」。同部屋の人々は「地獄で仏様に会ったようなもの」と歓喜します。

「この室は一家族、この棟は一家族、大は日本皆一家族の気持ちを持つことが即ち兄弟愛である。この愛を持ち合ってこそ共存できるのである」。得意のフレーズ「人類皆兄弟」でして、笹川は実際に雑居房の仲間に按摩をしてやったり、不足する食べ物を分けてあげたりして細かく面倒を見ています。一方で看守に対しては待遇改善を強硬に主張する。出所後も戦犯とその家族の支援を続けています。

前向きに希望を語り、人々を元気づける。とにかく明るい。それが人生の難局において全開になるのですから本物です。大変な求心力というか人間力で、「この人についていこう」と思う人が多くいたのも必然です。戦後もドンであり続けたのには大いに理由があることでした。

2950冊

今日の新聞の書籍広告に大川隆法氏の新刊が3冊出ていました。『金正恩　ミサイル連射の真実』『ウクライナ侵攻とプーチン大統領の本心』『ゼレンスキー大統領の苦悩と中国の野望』です。

「緊急発刊」とありますが、それにしても早い速い。なぜかと言うと、著者の大川氏には「守護霊インタビュー」という飛び道具があるからです。この3冊でも、金正恩、プーチン、ゼレンスキー、李克強といった相当にアクセスするのが難しい人物と縦横に対話して「本心」や「核心」を明らかにしているらしい（もちろん読んでないのですが）。これをやられたらもうどうしようもありません。

大川隆法氏の著作は2950冊を超えるそうです。一人の著者の出版冊数としてはおそらくこの人が日本一ではないでしょうか（世界一かも）。売上でも日本有数の書き手であることは間違いない。

そのうち2949冊は知らないのですが、ある人から教えられて大川氏の著作を1冊だけ読んだことがあります。というのは、そのビジネス書（?）には、僕の本の内容がわりとえげつなく丸パクリされていたからであります。身に覚えはないのですが、無意識のうちに大川氏の守護霊インタビューを受けていたのかもしれません。

気が合う人——テリー伊藤『学校では教えてくれない不道徳講座』

ピュアな雑談エッセイ。僕にとっては暇つぶしに最適でした。どうでもイイような話が続くのですが、著者をスキなのはこういうところ。

今の日本はだいたい勝ち組とか負け組とのようなことにこだわりすぎていると思わないか。若いころは勝ったとか、晩年は負けた、とか。そんなことにこだわりすぎ。みんな一生懸命生きてきて、どうして60過ぎて勝った負けたで分けられないといけないのか。勝ち組負け組なんて枠はない。人生は丁半ばくちじゃないんだからそんなに白黒つけなくてもいい。（中略）お互いの価値観を認めると、勝ち負けとは違う世界が開ける。言ってみればルーズエリア人生そのものにもだいたいの部分がある。俺は勝った、俺は負けたじゃない〝だいたい〟の部分がある。

ホントにその通りで、ゲームじゃあるまいし、勝ち負けなんてめったにあるもんじゃない。僕はこの歳まで生きていて、何かに「勝った」という実感は一度として得たことがありません。

話の展開が面白い。ウサギとカメの競走で、寝ていたウサギが起きたとき、そこに可愛い雌ウサギがいて「お疲れなんですか、うちで休んでいってください……」なんて言われたら、そっちの方が幸せじゃないか。カメは勝ってもチャンピオンになったばかりにまた頑張らなければならない。それはむしろ辛い。いったん負けると「あいつも歳をとったな」とか言われかねない。人生なんか何が幸せか分からない。とんでもない美人と結婚して子宝に恵まれ、宝くじに当たったなんて、そんな奴はいない。幸せは気の持ちよう。自分の中で幸せの基準をつくる。そして〝だいたい〟で暮らす——。

まったく同感です。すべては自由意思。自分の基準を確立した時点で幸せは約束されている。著者とはホントに気が合います。

第三帝国の特異性――アルベルト・シュペーア『第三帝国の神殿にて』

ロシアの戦勝記念日でのプーチン演説に注目が集まりましたが、予想に反して戦争状況や戦果についての認識には触れませんでした。ひたすら「反ナチ」「ネオナチの脅威の除去」という自己正当化を繰り返す。対抗するゼレンスキー大統領は「プーチンはナチスと同じことをやっている」と反論しています。

戦後77年を経ても「反ナチ」が正当化の文句になる。ヨーロッパでいかにナチスドイツが忌み嫌われているかということです。ナチスドイツの台頭と崩壊は20世紀の大事件でありまして、いまでも人間社会について考える重大な題材を提供しています。

ヒトラーと彼の第三帝国についてはいろいろ読んできました。最上の書はイアン・カーショー『ヒトラー』であります。これにはホントに参りました。文字通りの決定版です。カーショーは歴史家として伝記という方法に懐疑的な立場をとっており、ヒトラーという人物よりもヒトラーを取り巻く「状況」の変遷を記述しています。ヒトラーのナチスドイツの根本部分を歴史的な奥行きを持って理解できます。

あちこちでこの本を現代人の必読書として推薦してきたのですが、「長過ぎて読む気にならない」という声をよく聞きます。そうした方々におすすめしたいのがアルベルト・シュペーア『第三帝国の神殿にて』。第三帝国の成り行きを中枢で見た人の稀有な回想で、濃密な記述に圧倒されます。同じ敗戦国の日本人として考えることが多過ぎる。この本には「ただの弁解」という批判も根強いのですが、自己弁護の面があるにしても歴史的名著であることは確かです。

著者はもともと建築家でした。１９３７年には首都建築総監となり、新首都計画を主導。大戦時には軍需大臣を務めた有能な官僚です。ヒトラーに代表される独裁者はある意味で思考が柔軟で、次から次へと思いつきで行動に出るという傾向があります。プーチンも同じです。独裁者は堅実で安定的な業務遂行を志向する官僚機構を嫌う点で共通しています。

これが何を意味するか。独裁者の手前勝手な意思と指示に振り回され、現実のオペレーションを担う官僚組織はついていけないという事態になります。独裁者と官僚機構の齟齬がどんどん大きくなっていく。その結果として意思が実行できなくなり、独裁者は行き詰まる――これがお決まりのパターンです。プーチンはこのパターンに嵌りつつある。スケールは超小粒となりますが、主観的には独裁者である小池百合子も同じパターンを踏襲している。

『第三帝国の神殿にて』を読んで僕が興味を持ったのは、ドイツ第三帝国の特異性です。ドイツの官僚機構は極めて優秀で、ヒトラーのでたらめな思いつきの政策行動を何とか実現してしまう。あれほど大規模な組織的なジェノサイドができたのも、それを支えるオペレーションの体制が強固だったからです。

アルベルト・シュペーアは優秀なドイツの行政者の典型でした。関係企業・省庁を纏め上げ、兵器や武器の部品共通化を進め、「装甲の奇跡」と呼ばれた軍事生産力の増強を達成しています。

プーチンのロシアは往時のドイツ第三帝国とは似て非なるものです。経済力はもちろん、戦争を支える強力な官僚機構を持っていません。オペレーションの裏づけのない独裁者はやがて行き詰まります。

ウディ・アレンに同情する――猿渡由紀『ウディ・アレン追放』

僕の世代の人であれば、１９９０年代のウディ・アレンと当時の事実上の妻だった女優、ミア・ファローの大げんかを覚えている人も少なくないと思います。ファローはアレンの映画にずっと出ていた同志にして私生活でもパートナーでした。ところが、ファローの養女の一人だったスンイという若い韓国系アメリカ人とアレンが恋仲になってしまい、自分の養女に夫を取られたファローは激怒、マスコミに暴露を乱発してアレンも対抗するという騒動でした。

ま、これは明らかにアレンが悪かった。だいたいウディ・アレンはヘンな人で、女性関係は奔放。それまでにも離婚と結婚を繰り返し、ダイアン・キートンと暮らしていた時期もあります。

ただし、です。ファローの方もそれに輪をかけたようなヘンな人で、とにかくバンバン養子を取る。近年は社会活動家としても知られていますが、養子を完全にコントロールし、場合によっては虐待まがいのことをしていたフシもあります。10人の養子のうち、２人は若くして自殺、１人は貧困の中で35歳で死んでいます。

どっちもどっちの諍いというのが実態だったと思うのですが、２０１４年ごろからファローと一部の子供たちは、１９９２年のファローの養女ディランに対するアレンの性的虐待疑惑を問題にするキャンペーンを張ります。この件は当時、捜査機関によってシロと認定されているのですが、２０１７年ごろからの#metoo運動が追い風になって、アレンは窮地に立たされます。ファローとアレンの間に生まれた実子ローナンは#metoo運動のリーダーの一人。結局アレンはアマゾンとの契約を打ち切られ、新作はお蔵入り、映画界から干されることになります。

本書では判断は避けているのですが、僕はアレンに同情します。ファロー一派は憎きアレンをイテコマす目的で#metoo運動に引っかけて過去の疑惑を蒸し返しているだけにしか見えません。事実を総合すると、１９９０年代の性的虐待疑惑は事実ではなかったと思えます。アレンには小児性愛の傾向はなく、スンイとも何十年も結婚生活を続けています。アレンにひどい目に遭わされたダイアン・キートンでさえ、この騒動ではアレンを擁護しています。また、お蔵入りになったアレンの作品『レイニーデイ・イン・ニューヨーク』に出ていたエル・ファニングなどもアレンへの攻撃から一歩引いた立場をとっています。

女性の権利保護や#metoo運動にはもちろん社会的意義があるのですが、ファローやローナンのように私怨を晴らす手段として運動を濫用する人が必ず出てきます。一度流れができてしまうと、これを食い止めることはまず不可能。身から出た錆とは言え、アレンが気の毒です。

作品の出来不出来が激しいという評価はありますが、僕はウディ・アレンは独自にして無比の才能のある映画監督にして脚本家だと思います。人間と人間関係、そこに漂うユーモア（だけ）に関心があるというスタンスが一貫しているところが素晴らしい。２０１３年の『ブルージャスミン』は映画館で観ました。本領発揮の傑作でした。ケイト・ブランシェットの演技がとんでもなく凄かったのですが、アレンならではの味わいがあります。

アレンの出世作は才能爆発の『アニー・ホール』（これは確かに傑作）。この映画は大ヒットし、アカデミー賞の作品、監督、脚本、主演女優の４部門を取ったのですが、当のアレンは「ジャズのライブ演奏（アレンはクラリネット奏者としても知られている）がある」との理由で授賞式には行きませんでした。

> もちろんそれは言い訳である。ウディは芸術に優劣をつけることを信じないのだ。「誰がいちばん速いかという競争なら、やる意味はある。自分も、そんな競争で勝ったことがある。それは嬉しくもあり、誇りでもある。だが、映画はそうではない。映画の賞というのは、どれがいちばん気に入られたかを競うものだ。しかし、そこには必然的にどれがいちばん優れていたかという意味合いが含まれてしまう」と、ウディは後に語っている。（中略）それでも米映画芸術科学アカデミーはウディを愛し続け、長年にわたり、繰り返し会員に招待した。だが「アニーホール」で「自分みたいな人が会員であるクラブには入りたくない」というセリフを書いたウディは、その都度、辞退。ついに痺れを切らし、アカデミーは最後の望みをかけて「大規模な寄付をいただけたら、もうあなたをわずらわせることはしません」と一筆を添えて招待状を送った。それから一週間もしないうちに、アカデミーにウディから小切手が届いた。

こういうところが大衆芸術家としてのウディ・アレンの傑出したところです。

あのころ君はバカだった――渡辺和博『金魂巻』

１９８４年のベストセラーが文庫になっているのを知ったので読んでみました。僕もこの本が出たときは面白く読みました。同世代には当時読んだことがあるという人が少なくないと思います。

この手の社会風俗をテーマにしたベストセラーは、30－40年寝かしてから再読すると味わいがあります。高度成長期が終わってバブル突入直前の日本社会の様相がよく分かる。いまから振り返ると、ずいぶんバカなことをやっていた。恥ずかしい過去がみずみずしく描かれています。80年代日本は元気があったようでいて、その実ホントに貧しかった。なんだかんだ言って、日本も成熟したものだという感慨を得ました。

ま、人の世の中というのはある時期にはどうしてもこうなってしまうわけで、こうしたバカな時代を経ないと洗練もない。成熟には時間がかかるものだということを本書が身をもって示しています。

考えが深い人は余計なことを考えない――落合博満『野球人』

これまでもたびたび著書を取り上げておりますが、著者は現代日本最高のプロフェッショナリズムとリーダーシップの持ち主だというのが僕の見解で、その知性と見識を深く尊敬しております。本書は著者がプロ野球選手を引退した後、中日ドラゴンズの監督に就任する以前に書かれた本で、現役生活を振り返り、今後の野球人としての展望を語っています。

例によってグッとくるエピソード満載。例えば、プロ野球選手として確固たるモチベーションを獲得したきっかけの話。回り道をした挙句にプロ野球選手となり2軍にいたころ、落合は2軍戦で大洋の佐藤道郎投手と対戦します。故障明けの調整で2軍にいた佐藤は一流の投手。これが一流選手のボールなんだと感激しながらも、落合は自分の本当の力を試したくて対戦に集中します。果たして打球はホームラン。もやもやした気分はこの一発で晴れ、佐藤のような投手と毎試合対戦できる1軍へ上がるためなら何でもしようという決意が生まれたと言います。

三冠王時代の落合はポール際に大きなファウルを打つことはほとんどなかった。というのは、ファウルにならずスタンドに飛び込むように、レフトへは右に弧を描くスライスを、ライトへは左に弧を描くフックボールを打つという技術を確立していたから。信じがたい高等技術なのですが、「この打法を言葉で詳しく説明するのは難しい。簡単に言えば、投球に対していろいろな角度でバットを出す練習を繰り返し、このような打球になる角度を体に覚えさせたのだ。その角度が何度かと言われても答えられない。そのスイングを見せろと言われても見た目には普通のスイングと何ら変わらないはずだ」――究極の技能というのはこういうものだと思います。傍から見ていても正体がつかめない。

次に来る球の球種やコースは読まない。そんな努力をする時間があれば、バットを振るために割く。来た球に合わせてこう打てばよいということを体にしみこませる。次は間違いなくこのボールが来ると思ったことはたったの一度もない。「予想」しているうちはまだまだだということです。

アメリカのメジャーリーグとの交流戦。落合は投手のボールを5ぐらいの力ではじき返すスタイルを磨いてきましたが、力と力の勝負をしてくるメジャーリーガーにショックを受けて、10の力をもってボールを打ちに行こうとします。この1試合が自分の築き上げたスタイルを崩すことになる。後遺症は深刻で、本来の自分のバッティングを取り戻す戦いに明け暮れたものの、引退するまで取り戻すことはできず、ごまかしのバッティングでその後12年間をプレーしたと言います。「自分の中で長い時間をかけて築き上げてきたものが、たった一週間余りで崩れてしまう。私は自分の体験を通じて、技術の奥深さと人間の脆さを痛感している」

終章では「もし自分が監督になったら」という仮定で落合が考える理想のチームについて語っています。野球のセオリーを大切にする。ヘッドコーチはいらない。助っ人に期待しない。選手には成績を上げることだけを考えさせる。自分を犠牲にしてチームのために、という考え方を選手にさせない。選手の数字が伸びているのにチームの成績が上がらなければそれは監督の采配が悪い。選手の成績を一人でも多く伸ばしてやり、それをうまくまとめれば必然的にチーム力は向上するはず――当時の考えがそのまま中日の監督時代に実現されていることに驚きます。
とにかくいつも考えている。しかし、余計なことは考えない。だから考えが深い。例によって例のごとく、恐れ入りました。

談志の二面性――立川談慶『不器用なまま、踊り切れ。超訳立川談志』

落語界の革命児、立川談志。没後10年、弟子だった立川談慶氏が師匠から学んだことを回想しています。立川談志は物事を深く考えるタイプの人でした。冷徹な現実主義者。彼の言葉は厳しいのですが、共感するものが多々あります。例えば――「努力します」「努力した」と言っている時点で三流。努力とは結果を出せない人間の道楽にすぎない。自分独自の基準で人生を切り拓け。若者に未来はない。あるのは時間だけ。自分の五感を通して得た情報しか血肉にならない。テクニックは教えられるが、センスは教えられない、勝手に磨け。欲望を金で解決するのは下品なこと。あらゆる上昇志向は、単なる趣味でしかない。

談志は贈答品が届くと即座に礼状を出していたそうです。「無鉄砲で非常識なイメージがあるあの談志が丁寧な令状を迅速にくれる」ということで送り主は感激していたそうですが、談志に言わせれば、「切手代だけで義理を果たせるなんて、こんないいことはない」。

談志思考で特にグッとくるのは、文明と文化の定義です。「不快感を他人の力で解消しようとすること」が文明。

「不快感を自力で解決しようとすること」が文化。これはうまいと思いました。

立川談志はよく考えた人ですし、独特の芸も一流、落語に対する愛情は深いものがあったと思いますが、好きか嫌いかで言えば、僕はどうにも好きになれません。その落語は魅力的ですが、談志という人物は別です。一つの理由は談志があまりに負けず嫌いなところです。すべてを競争と考える。で、政治家になったりする。もっと言えば嫉妬深い。ゆとりがない。

もうひとつは、周囲に対する甘えがあるように思えるところです。「修業とは不合理、矛盾に耐えることだ」と言い放っていた談志。落語の特殊な世界の話ではありますが、『不器用なまま、踊り切れ。』には、著者の談慶氏が入門したその日に「おれを快適にしろ」と言われたというエピソードがあります。

本書を読んでも弟子に対する接し方や扱いはあまりに横暴で、いくら落語の世界とはいえ、読んでいて辟易します。「おれはこういう人間だから」という理解を周囲に要求し、それを前提に行動する——私見ではこれこそが甘えの極致であって、ヒジョーにカッコ悪い。

僕は毒蝮三太夫の毒舌がスキなのですが、本書にも面白いエピソードが出てきます。最初の子供を産院で失った談志が悲しみに暮れていると、訪れてきた毒蝮が「どうだった?」「かわいい子だったよ」と談志が言うと、「ああ、それはいいのを見せてくれたんだ」——この毒舌芸は相当のものです。

同時代に生きる不思議な人——岩下尚史『大人のお作法』

著者はヒジョーに不思議な人であります。國學院大學文学部を卒業して新橋演舞場株式会社へ入社。企画室長として「東をどり」を制作。幕末から平成にいたる東都の花柳界を調査研究して社史『新橋と演舞場の七十年』を編纂。退職後の２００７年に『芸者論：神々に扮することを忘れた日本人』で第20回和辻哲郎文化賞。10代のころから能、歌舞伎、新派劇、声曲舞踊の諸流をたしなみ、現在は一中節の宗家である都一中の相談役。新橋演舞場勤務当時に宮薗節を稽古するため交詢社の稽古場へ通い、千之流の浄瑠璃を皆伝。

著者を知ったのは、三島由紀夫のガールフレンドだった貞子さんに取材した聞き書きの書、『ヒタメン』です。これはなんというか、絶句するほど面白かった。著者にしか書きようがない本でした。

著者は1961年生まれですから僕と同世代なのですが、アタマのなかが昭和どころか戦前の様相を呈しています。極道にして斯道の趣味人で。こういう人が同世代にいるという事実だけでも価値があります。本書のあとがきからしてこういう具合。

小生無力の徒の如きが作法指南の銘打つ親書を上梓し、時勢を諷してよしあしきなどの賞めそしりはもとより、笑止な見当外れは定めのもの、罪障深き妄語は偏に御ゆるし被下度、先お詫び申し上げる次第でございます。

いつまで経っても「子供顔」の現代の大人たちに、著者が作法を指南するという仕立ての本書、なるほど、と思わせる話がそこここにあります。例えば「うまいマズイは気分次第」という話。「いちばん美味しい店」を求めるグルメに対する批判でありまして、食い物への執着が強過ぎると言っています。但馬牛と松阪牛の味の違いがどうだというのは傍目に不気味である、と言い切っています。店選びでいちばん大切なのは気分。心地よく食べられるかどうか。イイ店ならたいてい美味しい。どこがいちばん美味いかなどとは考えない――その通り。

著者の批判は自己中心性からくる執着心に向けられています。ジャイアンツファンで熱心に応援している人がいる。ジャイアンツの負けが込むとイライラする。その人はジャイアンツが負けたときに何か損をしているのかというと、何もない。テレビで試合をタダ見しているだけ。ジャイアンツのことを考えているようで実は自分の満足ばかり考えている。ジャイアンツを心底応援するなら、切符は買えるだけ買わないといけない。選手に祝儀を配る。

優勝したときは東京ドームにビールを届ける。選手に励ましのお手紙を書く。テレビを観ているだけで贔屓なんてことはあり得ない話だ——このロジックはいろいろなことに当てはまる。慧眼です。

自分を大事にし過ぎるな。とはいえ、人間は業が深い。すっぱり完全に断ち切るのは難しい。だから昔の人は執着を紛らわすために趣味と社交を大切にした。趣味の世界は社交の世界であり、社交の世界の中に趣味の世界があった——なるほど、趣味にはそのような面があるのかと気づかされました。

人の強さは他人を真っ直ぐに褒めることができるかどうかに表れる、という話もイイ。知り合いに何かの喜び事があったとき、心から素直に祝福できるかどうか。とかく無意識のうちに妬心が生じて、祝福の言葉のどこかに暗いわだかまりが混じる。世辞が嫌いだ、とわざわざ人前で言いたがる男ほど甘言が好物なものです。

ことほど左様に勉強になるのですが、僕にはどうしても理解できないのが著者の「位取り」へのこだわりです。地位や格の上下をヒジョーに重んじる（例えば、地位の高さに応じて座る場所を選ぶべき、というような話）のですが、フツーの１９６０年代生まれの僕にはちょっとついていけません。そんなことどうだっていいじゃねえか、と思うのですが、著者の生きる世界ではきっとそういうことなのだと思います。つくづく不思議な人がいるものです。

掛け値なしの名著——寮美千子『空が青いから白をえらんだのです　奈良少年刑務所詩集』

２００６年に奈良市に移住した著者。翌年から奈良少年刑務所の更生教育である「社会性涵養プログラム」に従事します。本書はそこで生まれた作品を57編収録している詩集です。

言うまでもなく、詩は言語表現の最高形態です。自分の心情と考えを言語化し、詩として表現する。すなわち、自らを内省して社会と向き合うということです。しかもそれが後で見返せるような形で残る。詩作は少年受刑者にとって有効な更生教育の手法になります。

胸を打つ詩がいくつもあります。いくつか例示しておきます。

朝だ　仕事だ

朝だ　仕事だ　体操だ
注意一秒　ケガ一生
自分の体は自分で守る

暑さに負けず
風にも負けず
怒られ落ち込む気持ちに負けず
一生懸命頑張れば
いつの日か　働く喜びわいてきて
最後は　みんなで大儲け
そんなことができるかな
いつか夢をかなえたい

この詩は労働と仕事の本質を見事に衝いています。素晴らしい。

言葉

言葉は　人と人をつなぐ
ひと言だけで　明るくなり
ひと言だけで　暗くなる
言葉は魔法
正しく使えば
互いに楽しいし　気持ちがいいけれど
間違えば
自分も相手も傷ついて　悲しくなる
言葉はむずかしい
けれど　毎日使うもの
大切に使って
言葉ともっと　なかよくなりたい

作者は確かに言葉をうまく使っています。

恥曝しの末路

僕は風船人間

今現在　気体を注入されて　膨らんでいます
けれども　その期待は水素なんて　立派なものではなく
憂鬱　倦怠　厭世観　るさんちまん　といった
有害物質を数多く含んだものです
注入が終われば　やがて空へと飛んでいき
黒い鳥の嘴か何かで突っつき破られるでしょう
風船人間が始末に負えないのは
破られた後も周囲の空気を汚染し続けて
その存在がなかなか失われないところにあります

自己客観視の程度がスゴイ。

メール

メールが来ると　テンションが上がる
いつも誰かと　いっしょにいる気分になる
「いま　何してる?」
これだけの文を　ふつうに手紙で送ったら
アホか　と思われるけど
メールだと送れる

不思議やなあ
自分の想っていることを　楽に伝えることもできるし
逆に　相手のことを　知ることもできる
でも　こういうのがくるとヘコむ
「もう　わたしに連絡しないで」

最後の一行にグッとくる。少年受刑者の人間関係についての意識を鋭く切り取っています。
僕が最も胸を衝かれたのは次の詩です。

ゆめ
ぼくのゆめは………

絶句で終わる一行詩です。作者は重い罪を犯し長い懲役で服役している。どんな未来が待ち受けているかは誰にも分からない。それでも、この絶句で終わる詩をこのときに書いたということが何よりも大切な意味を持つのだと思います。
本書のタイトルにもなっている一行詩には「くも」という題がついています。

くも

空が青いから白を選んだのです。

極めて完成度が高い名作です。作者は7年前に母を喪いました。病院での最後の言葉は「つらいことがあったら、空を見て。そこにわたしがいるから」――。

作者の父親は体が弱い母親をいつも殴っていたそうです。小さかった作者は何もできなかった。この詩の朗読は受刑者の心を大きく揺さぶりました。「ぼくは、おかあさんを知りません。でも、この詩を読んで、空を見たら、僕もおかあさんに会えるような気になりました」と言った子は、そのままおいおいと泣き出したそうです。

複雑な家庭に育ち、親からの愛情を十分に受けてこなかった人が少年刑務所には実に多い。もちろん似たような境遇に育っても犯罪に手を染めずまじめに生きている人の方がずっと多い。彼らが悪いと言えば悪いのでありますが、それでも大人の犯罪と違って少年犯罪は環境の影響が大きいのは間違いない。

何よりも大切なのは更生教育です。自分と向き合い、自分の考えること・思うこと・感じることを詩に表現する。言語化すれば人に伝わるし、後に残る。このことの効果はとてつもなく大きいと考えます。

更生には2つの条件があるといいます。一つは本人が変わること。もう一つは社会が受け入れること。この2つのいずれかもしくは両方について、自分でも何かできないものか、と思わされます。

一人でも多くの人に読んでもらいたい掛け値なしの名著です。

社会は主観でできている――テリー伊藤『新お笑い北朝鮮』

ベストセラーとなった奇書『お笑い北朝鮮』から10年後、２００４年に出版された本。著者独自（?）の北朝鮮の情報源から知り得た北朝鮮の実態が紹介されています。「北朝鮮の軍隊に同性愛者はいるのか」「反米ポスター過熱戦争」「外貨獲得切手大作戦」「よど号乗っ取り犯はモーニング娘。のファン」――ま、どうでもいい話が並んでいます。

話半分だとしても面白い。北朝鮮にはさまざまな褒章があるそうで、受章者はみな喜びを爆発させています。国旗勲章を受けたダム技術者は「もう泣きました。ボロボロ涙を流して泣きました。田舎にいる両親も今まで生きていた甲斐があったと大感激で、最高の親孝行ができました」。金日成表彰を受けた若者は「まさかと思いました。共和国に生まれて本当に幸せです」――受章者には食料の配給などさまざまな恩恵があります。

われわれから見れば北朝鮮はとんでもない国で、全員が不幸のどん底にいると思い込みがちですが、かの国に暮らしている人はそうでもない。客観的に見ればひどいことになっているのですが、それでも日常の喜怒哀楽の中で暮らしていることには変わりありません。

昭和10年代の日本も他の国から見ればまったく不可解だったわけで、現在の北朝鮮のように映っていたのではないでしょうか。人間社会が主観で構成されていることを思い知ります。

幸せは歩いてこない、だから歩いていくんだよ――小川仁志『バートランド・ラッセル 幸福論』

僕のスキな軽井沢のやなぎ書房（残念なことに、閉店してしまった）には、岩波文庫全冊、中公新書全冊、ブルーバックス全冊がそろっています。ＮＨＫ出版の『１００分ｄｅ名著』シリーズも全部置いてあります。先日行ったときに『１００分ｄｅ名著』の中に本書を見つけて買ってみました。偉大な数学者にして哲学者、ラッセルの名著『幸福論』のコンパクトな解説です。

僕の世代だとよくあるパターンで、ラッセルを初めて知ったのは高校の英語の教科書でした。英文読解の参考書にも、当時はやたらとラッセルの文章が使われていました。外連味たっぷりの美文にうっとりとしたものです。『幸福論』を読んだのは大学生のときで、大いに影響を受けました。本書が書かれたのはラッセル58歳のとき。自分がその歳になっていることに改めて驚きます。

ラッセルのスタンスは「幸せは歩いてこない、だから歩いていくんだよ」（水前寺清子もラッセルに影響を受けていたのでは）。幸せとは自ら能動的に獲得すべきことだという主張です。原題は*The Conquest of Happiness*。自分の運命を握っている神のような抽象的な存在はない。自分で獲得できるものであり、そうすべきだ――。

ようするに近代理性主義なのですが、ラッセルがイイのは徹底して経験主義の立場を取っていることです。自分の経験と観察によって確かめられたことを書く。具体的な例や比喩がたっぷりと詰め込まれています。すなわち具体と抽象の往復運動の幅が大きい。

ラッセルは自分が幸せであるという前提で話をしています。なぜ幸せになれたのか。第1に、自分がいちばん望んでいるものが何かを突き止めたから。第2に、望んでいるもののいくつかを本質的に獲得不可能なものとして上手に捨てたから。第3に、自分の欠点に無関心になり、注意を外界の事物に向けたから。

最初に読んだときインパクトを受け、未だに自分の思考と行動の基底にあるのは彼の「不幸論」です。すなわち、幸せの敵は「競争」「比較」「疲れ」「ねたみ」「世評を気にすること」にある――ラッセルと同じ歳になってみると、イヤというほどよく分かる。

本書はコンパクトにまとまっているのですが、あまりにコンパクト過ぎて『幸福論』の全貌というか味わいを掴むにはちょっと物足りない。考えてみればラッセル自身の本が平易に書かれているわけで、ご関心がある方は岩波文庫の『ラッセル　幸福論』をお読みになることをお勧めします。

犯罪抑止力としての清張——松本清張『共犯者』

宮部みゆきが編集した『松本清張傑作短編コレクション』中巻収録の一編。名作として知られていますが、改めて読んで昔よりも主人公の犯人に感情移入している自分に気づきます。

共犯者と銀行強盗に入り、奪った金で商売を立ち上げ、成功した男。いつ共犯者が自分を脅しに来るかと戦々恐々としている。で、例によって清張マナーの意外な展開になる。千葉にいた共犯者が福岡の主人公のところへ徐々に近づいてくるくだりのコワさがたまりません。こっちは何も犯罪をしていないのに苦しくなります。

主人公が十分に論理的な推測を重ねるうちに、策士策に嵌る。完全無欠の清張展開。いやはや、犯罪だけはするものではありません。自業自得は必定。

この後の人生で、万が一魔がさして犯罪に手を染めようとすることがあれば、その前に清張小説を読むことにしたいと思います。犯罪を思いとどまるに違いない。清張小説は犯罪抑止力として最強です。みなさまにおかれましては、万が一のときにすぐに読めるように、手元に『松本清張傑作短編コレクション』を常備しておくことをお薦めします。

並行的進化——会田弘継『世界の知性が語る「特別な日本」』

ひとつの国は世界にどう記憶されていくのか。広い意味での知識人（学歴でなく知恵のある人）が、そうした記憶に大きな役割を果たすに違いない——リー・クアンユー、李登輝、呉建民、ジョン・ダワーなどの知性が日本とその歴史をどう見たかが紹介されています。

まえがきがイイ。著者の知人のあるドイツの外交官は、学校では徹底的にドイツの戦争犯罪について叩き込まれ、いつも小さくなって生きていかなければならないのだと言われているような気がした。自分が犯した罪ではないが、それは受け入れなければならない。「アメリカやイギリスの皆さんには、想像もできないでしょう。そのようにして生きるとは、どういうことなのか」——国が敗れるというのはそういうことです。

日中戦争と太平洋戦争で徹底的に失敗した日本もまた、敗者を生きた国です。著者はアメリカの南部に親近感を感じると言います。最近でこそ発展する南部なのですが、南部アメリカ人もまた長く南北戦争の敗者として生きてきた、だから気持ちが分かる。

リー・クアンユーの日本についての意見はさすがに明晰です。疑われることのなかった白人の優位性を吹き飛ばした。しかし、シンガポール陥落後、征服者として君臨した日本はイギリスよりも残忍で常軌を逸していた。同じアジア人として日本人に幻滅したリーですが、同時に日本人に対する認容も漏らしています。自宅に押し入ってきた日本兵の不潔でガサツな姿と、日本人歯科医と看護婦、はたまた日本人の営む小売店の「完璧なまでの清潔さ」とのコントラスト。日本軍政による徹底的な治安維持と犯罪の激減。リーの日本観は微妙な陰翳を見せています。

ジョン・ダワーの章がいちばん面白い。名著『敗北を抱きしめて』の著者です。日本は欧米が先行した近代化の一本道を後進国として辿ってきたのではない。ペリーのころから、日本もアメリカも並行的に近代化していった、というのがダワーの見解です。

日本の明治維新とアメリカの南北戦争は同じような意味を持っていた。いずれも半封建国家を一気に近代に突入させた。南北戦争で北部が勝利するまでは、南部では奴隷制が維持され、大農場所有者は欧州貴族を真似て生活していた。日本では、幕藩体制は封建主義国家だけれど、商人社会は世界最先端の経済メカニズムで動いていた。日本もまた半封建・半近代だった。世界最大の先物取引所のシカゴ商品取引所は江戸時代の堂島米市場の取引技法を学ぶことによって発展しました。堂島はシカゴの教師だったわけです。

圧倒的な国力の差があるにもかかわらず日米開戦に踏み切ったのは、日本近代史上最大の愚行でした。それでも米国は日本の一部に驚異と脅威を見ています。１９４３年にハリウッドの映画監督たちが日本の戦意高揚映画を観て、欧米の同種の傑作よりもよほど優れていると驚いている。フランク・キャプラは『チョコレートと兵隊』という日本映画を観て、「こんな映画にわれわれは勝てない。あんな映画をわれわれがつくるのは10年に一度だろう」と称賛せざるを得なかったといいます。

ゆっくりと並行的に進んでいく。歴史変化はそういうものだということを再確認しました。

マニア向けの音楽ガイド――小西康陽『マーシャル・マクルーハン広告代理店。』

山口周さんから勧められて読んでみました。「ＣＤ時代の終焉にぎりぎり間に合わせた究極の独善的ディスクガイド」ということで２００枚のＣＤを取り上げた短評集。タイトルに嘘はなく、確かに「独善的」です。聴いてみたいと思うＣＤがほとんどありません。これがスゴイ。

相当にマニアックで、出てくるアーティストに知らない人が大勢います。

Jorge Ben（ボサノヴァ?）

Gato Barbieri（タンゴ?）

The Sandpipers（ソフトロック?）

The Dave Brubeck Quartet（ジャズ?）

野本かりあ（著者プロデュースのレディメイド系ヴォーカリスト?）

ヤン富田（？）

短評を読んでもどういう音楽だか見当もつかない。逆説的に音楽世界の広さと深さを知りました。

正論の限界――石破茂『異論正論』

防衛についての考え方など、部分的に著者と意見が合わないところもあるのですが、僕は石破茂氏は現役の国会議員の中で相当にまともな人の一人だと思っています。少なくとも政治家として誠実で、私心がないのは間違いない。

良くも悪くも昔の自民党的な色彩が強い人です。個別の具体的イシューについての認識と思考、アクションプランには優れたものが多い。「政策至上主義」に嘘はありません。しかし、大局観というか、こういう方向に進んでいこうというビジョンがやや細く、弱いというのが僕の印象です。こういう人は首相になったら（相対的には）仕事ができる政治家として評価されると思うのですが、首相になかなかなれない。そこに石破氏の抱えるジレンマがあります。

おそらく今後とも首相にはならないでしょうが、著者のような政治家が政権与党にいるのは、日本にとって救いです。

顕示的消費のブルース――アシュリー・ミアーズ『ＶＩＰ　グローバル・パーティーサーキットの社会学』

面白そうだと思って読んでみたところ、ホントに面白い。期待通りでした。著者はボストン大学社会学部准教授。

参加観察の手法でＮＹを中心とする大金持ち、というか成金の人々のパーティーカルチャーを記述し、考察しています。

なぜ著者がプライベートなパーティーでの参加観察ができたのか。理由は単純で、著者は元モデル。後で述べる理由で、成金のパーティーは大量のモデルを必要とします。彼女はモデルのふりをして数々のパーティーに参加しています。どんちゃん騒ぎの中でスマートフォンで観察記録を残し、それがこの研究成果として世に出たという成り行き。

経済学者のソースタイン・ウェブレンは１８９９年に「顕示的消費」という概念を考案しています。消費の本質は社会的ステータスを求める競争にある。当時の時代背景として、産業革命で世襲財産を持たない成金が出てきました。彼らは貴族階級ではありません。自分たちのステータスに対する不安を解消するために、顕示的消費に走りました。

この概念は現在でも十分に有効です。地に足がついていないキンピカの成金は不安にさいなまれる。社会的エリートであるという安心感を得たい。高価な時計やランボルギーニは顕示的消費ですが、走っている間だけしか見てもらえない。しかも、見る側とのインタラクションがない。その点、高級クラブでのパーティーは顕示性能が優れている。

面白いのは、クラブを貸し切りにしないことです。貸し切ってしまうと一般のお客に見せつけることができない。だから個室でもない。一段高いところにあるＶＩＰシートでどんちゃん騒ぎをする。クラブ側からすれば、３つぐらいのパーティーを同時にやっている状態が理想的です。成金間の競争によって彼らの顕示的消費にターボがかかるからです。

この種のパーティーに必要な要素は２つ。「モデル」と「ボトル」です。ファッションモデルを大量に呼んで大騒ぎをする。ここが強烈に面白いところなのですが、この市場で求められるモデルの条件はとにかく背が高くて痩せていること。オーディエンスが見てすぐに分かるからです。顔の美醜や身のこなし、会話能力、佇まいのカッコよさはどうでもイイ。

もうひとつが「クリスタル」などの高額なシャンパン。１本１０００ドルするようなシャンパンのボトルを何本も抜きます。一晩で１００万ドル使うようなパーティーもあるそうです。

パーティーのステータスはボトルのサイズと数、取り巻くモデルたちの身長と数で決まります。いい靴を履いて高額の時計をしていても、多くの人にいちどきに見せびらかせない。ヒールをはけば身長が１９０センチにもなる大勢のモデルに囲まれ、１００本のシャンパンを注文して壁に向かってぶちまければ、「リーダーは俺だぞ！　そうだ、俺は男だ、これだけのものに囲まれて、こんなに楽しんでいるんだ！」と顕示できる——世も末というか、地獄のような光景なのですが、こういう方向に走ってしまう人が確実に存在するのが人間社会の底の浅さの奥深さ。ひとつの人間本性の発露ではあります。

ひと言で言えば、本書は人と人の世の愚と矛盾を活写しています。そこから強烈な哀愁というかブルースが漂ってくる。これがたまらなく面白い。

本書がページを割いているのは、バカ騒ぎパーティーの主役である成金（＝クライアント）よりもむしろパーティーを取り仕切る「プロモーター」と呼ばれる人々です。プロモーターは会場を押さえ、モデルを呼び込み、パーティーを盛り上げるのが仕事です。その能力は女の子の質と人数で決まります。

ひときわ興味深いのは、プロモーターはモデルの女の子にカネを払わないし、クライアントもプロモーターに報酬を支払わないという事実です。あくまでもお互いに「友達」であり、仲間内でパーティーをやっているという建前になっています。

なぜか。女の子がお金をもらってしまうと、自分が売春婦になってしまったような気がしてプライドが傷つくからです。そういうやり方ではモデルを集められない。彼女たちのインセンティブは「ただ飯・ただ酒・金持ちとのコネ」にあります。クライアントがクラブでボトルを抜いて使ったおカネの一部を、プロモーターがキックバックとして受け取るという仕組みです。一晩で１０００ドルにはなる。

ＶＩＰパーティーシーンはプロモーターと女の子とクライアントの複雑な交換の連鎖で成立しています。経済的取引を隠蔽するべく細心の注意を払って設計されている。直接的な現金のやり取りはタブー。成金クライアントはアルコールにとんでもなく高いカネを払う。女の子をはべらせるために要した労力の不透明性を購入しているわけです。プロモーターを使い、クラブに高額を払えば、自分で女の子に声をかけなくても済む。つまりは、女の子の自発性という幻想を買っている。もちろんそれはあくまでも幻想で、自発的に参加したいと思う女の子はほとんどいないのですが。

プロモーター業界には、自分が将来は超大金持ちになる、なんでもできると思っている野心家が多い。年から年中金持ちと一緒にいるうちに、彼らとのコネを使えば自分にもチャンスがあると思ってしまう。ところが、金持ちへのアクセスがあるということと実際に金持ちになるということは別の話です。

プロモーターはポン引きと自分の仕事を明確に区別しています。女の子とクライアントの性的関係を取り持つつもりはない。それはプロモーターとしての評判を傷つけることになります。クライアントにも女の子にも「友達」「パーティー仲間」として振る舞います。

そのうちにクライアントと肩を並べる億万長者になることに夢が移行していく。プロモーターはコネを利益に転換できると信じている。ますます接客業ではなく「大親友」の関係だと思い込む。しかしクライアントにとってプロモーターはあくまでも「パーティー屋」で、ビジネスの取引をする相手ではないと考えている。

あるプロモーターは友人にこう忠告されます。「そいつらから連絡は来ないよ。そいつらはパーティーで楽しいからお前を気に入っているだけなんだ。ビジネスパートナーとして気に入っているわけじゃないんだよ」――強烈なブルースです。

著者はフェミニズム研究の一環として、女性性資本が社会でどのように消費されるのか、そのメカニズムに興味があってこの研究を出版しています。その意味は十分にあるのですが、僕は人間社会の悲喜劇として本書を読みました。これほどに哀愁が漂ってくる話はそうそうありません。ブルースがスキな僕にとって、たまらない一冊です。

自分の本能に忠実に生きる――青木真也『ストロング本能』

「35歳になって好きな格闘技やって、家庭壊して、一人ぼっちで、どうだ、お前ら羨ましいだろ!?」――総合格闘家である著者が試合勝利後に発した演説（マイクパフォーマンスと言うのか？）を知って、その言語能力に痺れました。格闘技はあまり興味がないのですが、青木真也選手の対談やインタビューをＹｏｕＴｕｂｅで観たところ、並外れた言葉の使い手です。

本書は期待ほどではありませんでした。青木選手の言語的魅力は文章ではなく、試合やインタビューで当意即妙とばかりに出てくる言葉にあるのかもしれません。

ただし、期待が大き過ぎただけで、内容は十分に面白い。何よりも僕と考え方がヒジョーに合う。格闘家という職業は僕のそれと対極にあるものですが、ほとんど同じようなことを考えている。

なぜ自転車で移動するのか――「一人反省会」ができるから。僕は自転車には乗りませんが、営業車でこれをよくやります。

青木選手は自分の本能に忠実に生きろと言います。人間は自分以外にはなれない。本当にやりたいこととは、人から「やるな」と禁止されても、どうしてもやりたくなってしまうこと。自分だけのルールや物差しに則して「のうのうと生きる」ことの重要性を説きます。自分に直接関係がないものごとには反応しない。人に期待するな。パーティーは地獄――いちいち趣味が合います。

フィジカルとメンタルは表裏一体、気持ちが折れるのは単純にスタミナが切れているだけ――フィジカルの極限を行く格闘家だけに説得力があります。フィジカルもメンタルも自分で維持するしかない。だからこそストイックさが求められる。折れる前に、カラダを休ませることに専念する。調子がいいときこそセーブした方がイイ。ずっと好調が続くことはない。

リスクやコストがないにもかかわらず得られるリターンなどたかが知れている、という話もイイ。僕もあまりにもうまい話には乗らないようにしています。だいたい後からしっぺ返しが来るものです。

ゆっくり、近く――青木真也『距離思考』

裕福は他人から見たものだが幸福は自分の中にしか存在しない――『ストロング本能』の続編で、青木選手が生活哲学を説きます。本としてはこちらの方がずっとよくできていると思いました。

著者は自分の仕事（総合格闘技）を芸事だと定義しています。深く共感するところなのですが、一方で格闘技は勝負事でもあります。勝つことですべてが肯定される。勝者が全部持っていく世界です。勝負の世界で生きる勝負師でありながらも、勝ち負けを超えたところにある芸を追求する。ある意味で矛盾しているのですが、ここに青木選手の独自性がある。僕のようにストレートに芸事を追求できる仕事と比べて、実に厳しいものがあります。

「ゆっくり、近く」という話がイイ。相手を倒そうと思うほど、距離をどうしても詰めたくなる。しかしこれは余計なリスクを背負うことにもなる。試合では相手との距離感を最初に「やや遠め」に設定し、後からジワジワ詰めていくという指導を青木選手はしているそうです。人間関係でも同じこと。僕も人間関係については「ゆっくり、近く」を原則としています。

家庭生活に失敗した著者は距離感を持って生きることの重要性に気づきます。家族と別物としての「ファミリー」——一定の距離感を保ちながらもお互いにとって都合のいいときにだけ会う関係——が本書のキーワードです。
人間関係は惑星のようなもので、ある時期にはグッと近づくけれど、別の時期には離れていく。たとえ自分の彼女であっても、独占したいと思わないし、束縛するつもりもない。自分のいないところで悪口をいくら言われてもいい。人は多面的な生き物だから、自分の目の前で楽しいやつでいてくれたらそれでよい。生活は孤独が基本。固定的な家族ではなく、ファミリーがいれば十分だと著者は断言します。

青木選手の言う「ファミリー」は、要するに「友達」を意味すると思うのですが、それをあえて「ファミリー」と言うところに著者の孤独の深さを思います。

遠回しに粋を語る——玉袋筋太郎『粋な男たち』

著者は頭がイイ。「粋」という論題の扱い方が上手いことを見れば一目瞭然です。粋は語るものではなくて感じるもの、察するもの。声高に語ると、その瞬間に粋と正反対の野暮になる。著者にとってのトータルメディアである師匠のビートたけしをはじめとして、見聞きした人のエピソードを通じて、著者は意識的に遠回しに粋とは何かを論じています。

「遠慮」「恩返し」「すべてを求めない」「気前が良い」——本書が挙げる粋の側面です。僕なりに統合すると、「自分の利を追わず、相手の実利を満たす（その前提として相手の気持ちや状況を察知できる）」というのが粋だということになります。例えば、ちょっとしたことで周囲の人に気づかれないように祝儀やチップを渡す。これは確かに粋な行為です。

その意味での粋を保持するためには、何よりも自分の生活がきちんとしていなければならない——著者は「インフラ整備」が大切だと強調しています。「破滅型芸人」は生き方としてカッコいいけれども、結局は粋にはなり得ない。まったくその通り。芸能世界にいる著者ならではの慧眼です。

著者は25歳のときにファンの女性と結婚しています。そのとき、彼女には夫がいて生まれたばかりの幼子を抱えていました。付き合っているのが夫にばれてしまい、これでおしまいかと覚悟をする。ところが、彼女の方が熱くなり、離婚すると言い出した。そこで著者は彼女が夫と暮らしていた家に彼女を迎えに行く。玄関先で土下座をすると、意外にも夫は冷静に応じる。たった一言「息子のことだけはしっかりと面倒を頼む」――その日以来25年、著者は彼とは一度も会っていないそうですが、その日の約束だけは忘れたことがないと言います。

当時1歳半だった男の子とも仲良く暮らし始めるのですが、いつ自分が本当の親でないことを告白しようかと逡巡します。息子が小学校高学年になったときのこと。「そろそろ真実を伝えるべきなのかな」と夫人に相談すると「もうとっくに知っているわよ」――以前に母から伝えたとき、息子は何の動揺もせず、ケロッとしていた。父に対する態度にも何ら変わりがない。よそよそしくもならないし、無理に親密になろうともしない。知り合いに「よかったね、お父さんに似なくて」（息子氏はハンサム）と言われて、二人で顔を見合わせてニヤリとした――。

著者も後で知ったそうですが、実の父親は離婚するときに内緒で夫人にまとまったお金を託していました。「もしも何かあったらこの金を使ってくれ」――著者も息子氏もその実の父親も、それぞれに粋であることを感じさせるエピソードです。

鬱屈のネット言説――中川淳一郎『よくも言ってくれたよな』

著者一流のネットメディア批判がスキで中川くん（学生のときに僕の講義に出ていた）の本が出るたびに読んでいます。これまではシニカルで揶揄的な批評が持ち味だったのですが、本書はコロナ狂騒下での価値判断基準のズレ、メディアのミスリードに対してわりとストレートに怒りを表明しています。

批判の対象を一言で言うと「手段の目的化」です。パンデミック対策はもちろん重要なのですが、政治やメディアでは「目の前の人にとりあえず怒られないこと」「刹那的な支持を取り付けること」が目的になってしまい、ヘンなことになります。

中川くんは大いに怒っている（とはいえそのスタイルは十分にヘラヘラしている）のですが、僕は怒る気もありません。世の中そういうもの。自分の判断基準に従って日々の生活をし、その方面のメディア報道には一切関わらない（もしくはある種のエンターテインメントとして面白がる）ようにしています。例えば、ラジオ放送にもかかわらず、「この放送はコロナ感染対策を徹底した上で、スタジオ内では十分に距離を取って放送しています」などとわざわざ番組の冒頭でアナウンスする――見えねえよ！　ということで、これには笑いました。

ＳＮＳに代表されるネットの言説がいつも不穏で不安で荒廃しているのは、そういうところで声を出す人がそもそも鬱屈しているからです。ようするに特定少数の鬱憤晴らし。世の中の実際とは何の関係もない――僕にとっての本書のメッセージはこれに尽きます。賛成したり共感したり幸せな気分になった人はいちいちネットで声を出しません。それぞれに生活の内実があり、そんな無為なことはしないからです。

中川くんはこう言い切っています。「日々、ネットで苛烈に誰かを叩いている人に対しては、『何のカネにもならないのによくやるな』と思います。私自身、ネットに実名でガンガン発言しておりますし、こうして公の場でも発言します。これはカネになるからやっているんですよ」――こういうところが著者のイイところです。

随筆の極北――小谷野敦『美しくないゆえに美しい女たち』

著者は評論家であるとともに私小説家です。評論の方は膨大な著作があります。独善的な評論がスキで（半ば特殊読書的な意味で）ほとんど読んでいると思います。

著者は知的な中学生がそのまま大人になったような人で、この数年の著者の書くものはいよいよとりとめがない。美醜は昔から著者の関心事なのですが、それにしても自分のスキなことをスキなように書いている。ホントの意味での随筆です。

読者のことをまったく考えていない。１５８人の美についての短評なのですが、芳村真理や藤山直美、白洲正子あたりはまだしも、マルグリット・オードゥー、アイリス・マードリック、ヘルタ・ミューラーと言われてもまった分かりません。この好き勝手かつとりとめもない文章（のみ）を楽しむためにある本で、僕と同類の小谷野愛好家以外は読んではいけない奇書です。

私小説の方は普通読書としても好物です。その味わいは妬み・嫉み・僻み・恨み・辛みの全開（だけ）にあるという私小説の王道を往くものであります。これまでもあちこちで書いているのですが、『黒髪の匂う女』という短編はまことに傑作です。西村賢太の私小説がストレートにねじれているとすれば、小谷野敦のそれは複雑にねじれている。たまりません。

「坂道愛」の発露

――タモリ『お江戸・東京 坂タモリ 港区編』

仕事の用事で江戸見坂を下から歩いているとき、勾配があまりに急ですっかり疲れてしまいました。それで思い立って東京の坂について調べていたら、タモリ氏が面白い本を書いていることを知りました。港区の87の坂を歩き、写真を撮り、語るという坂道ガイドです。

著者は博物学的な関心が強く、この辺の坂に江戸の痕跡が残っていることが「坂道愛」の基盤にあると言っています。名坂の４条件として以下を挙げています。

①急勾配
②湾曲の具合
③江戸情緒
④由緒

港区には実に坂が多い。家の近所なので、掲載されている坂の多くを（無意識のうちに）歩いたことがありました。江戸見坂も名坂に採り上げられていました。やはり急勾配が評価されていました。

歩いたことがあっても名前は知らなかった坂が多々あります。アークヒルズから赤坂の方に上がっていく坂を「南部坂」と言うのは知りませんでした。娘が子供のころに通っていた女学校の裏の坂は「於多福坂」という名前がついている。六本木からアークヒルズに下る坂（ようするに六本木通り）にも「市三坂」という名前があると知りました。

名前も存在も知らなかった坂もあります。しょっちゅう行っているジムのすぐ近くに道源寺坂と御組坂という由緒ある坂があります。次回、歩いてみようと思います。

著者による18年ぶりの出版。この人はまことに趣味がイイ。歳の取り方として完成されたものがあります。

アーティストのリリシズム――小西康陽『わたくしのビートルズ　小西康陽のコラム1992-2019』

エッセイ、レコード評、映画評、対談、日記などが詰まったバラエティーブック。著者のこの手の本は過去にも2冊読んだことがあります。

狂的な趣味人で、映画と音楽にかける情熱が尋常ではありません。大変なセンスの持ち主です。ただし、嗜好は僕とは異なります。共感できない話が多い。著者が僕と決定的に異なるのは、アーティストですから当たり前なのですけれども、極度にリリカルなところです。還暦を過ぎた今でも、いつでもどこでも恋愛できそうな感じ。フツーにおっさん体質の僕はどうにもついていけません。

ふつうはこういう人の本は話が合わないので読まないのですが、本書は例外です。ベクトルの向きはまるで違うのですが、その大きさだけでも十分に面白い。それだけ著者の趣味性には卓越したものがあります。

> **音楽が死ぬほど好きな人間は、いっぽうでそれほど社交的なタイプではない。それは自分たちで解っている。でも、だからこそ、同じ音楽の歓びを共有できる友人を求めて、クラブに集まるのだ。ここには自分の同類が集まっているのではないか、と期待して。**

僕は音楽が好き、かつ社交的ではありませんが、クラブに行こうとはまったく思いません。著者がわりと社交的なのか、僕が音楽が死ぬほどには好きではないのか、そのどちらかです（おそらく後者）。

大震災のときの話。自分よりも大きな存在に普段の面白おかしく暮らしている自堕落な生活を心臓が止まるほどの怒号で「馬鹿者」と一喝されたような気持ちになり、すっかり意気消沈してしまった、と著者は振り返っています。この辺、実に感受性が鋭敏です。僕もわりと自堕落な生活をしていますが、そういう気分にはなりませんでした。

情緒的な話になるとどうも合わないのですが、音楽や映画の本質部分についての評論はさすがにイイ。20世紀の音楽家の理想はポール・マッカートニーだと言います。なぜかというと、自分の好きな曲を書いて、それが同時に商品として大衆に喜ばれているから——完全に同意です。

とりわけ面白かったのが、昭和を代表する作詞家、阿久悠に対する批判というか疑問です。コピーライター出身の阿久悠は企画書を書き、プロジェクトを立ち上げるように作品を書いていたのではないか。自分が歌いたい歌をつくろうとしていない。この点で松本隆と決定的に異なる。だから心に響かない。『ざんげの値打ちもない』にしても、寺山修司が書くようなバラッドを自分はもっと巧く書けると腕自慢をして見せたかったのではないか。山本リンダの『きりきり舞い』。詞も曲も美しいが、「祭が近いだけでも」の祭という言葉の響きのせいでカバーしたくない。『ジョニーへの伝言』。ジョニーっていうのが恥ずかしい。

阿久悠はどこかオシャレじゃない作家で、筒美京平はそれを直ちに見抜いていた。デリカシーやウィットに欠ける人だからこそ、毎年の高校野球を観戦した「感動詩」なんていうものを書くことができた。そもそもこの作詞家は心から歌謡曲が好きだったのか。音楽が好きだったのか——まことに鋭い批評です。僕がうすうす思っていたことを的確に言語化してくれています。

阿久悠が昭和を代表する大作詞家だということは言うまでもありませんが、僕も同感です。プロ中のプロなのですが、一言で言うとカッコ悪い。だからこそ歌謡曲の作詞で大成功したわけです。

この視点から見ると、カッコよさの究極を行く都倉先生とのコンビが成功した理由についての理解が深まります。大衆の心をわしづかみにするような阿久悠の意図的な泥臭さを洗練された都倉メロディーがイイ感じで中和していた、というのが僕の見解です。

小悪夫婦——常井健一『おもちゃ　河井案里との対話』

公職選挙法違反で逮捕され、有罪判決を受けた前参議院議員の河井案里の実像をとらえようとするルポ。政治（家）ジャーナリストである著者の前作（選挙の怪人・中村喜四郎を描いた『無敗の男』）はとんでもなく面白い傑作でした。神保町のＰＡＳＳＡＧＥに納品に行ったとき、ある方の棚に本書があるのを見つけ、大喜びで購入。一気に読みました。

著者はさまざまなエピソードを元に彼女を批判するのですが、それでもわずかに同情的なところがタイトルに表れています。すなわち、恵まれた環境に育ち、優れた教育を受け、向上心がある若い女性が理想を掲げ政界に乗り出すも、政治権力を牛耳る「おじさん」のおもちゃにされてドツボにはまる――。

僕はこの人にとうてい同情はできません。自業自得としか言いようがない。その「理想」は空疎なもので、自分がスポットライトを浴びることしか考えてない。「政策」といっても、自分の利得になるようなその場の思いつきばかり。すべてを自分に都合のよいように考え、自己利益のみを基準に行動する。

夫である衆議院議員、河井克行の地元での評判は最悪でした。選挙区での地盤強化のため、克行は地元の広島で子飼いの県議を増やそうとするのですが、誰にも相手にされない。そこで、妻の案里を利用しようと考えます。若い女性で自分よりも人当たりがいい妻を県議会に送り込み、地元に影響力のある後見人を味方につける。地元の政治ボスであった檜山俊宏に案里を売り込んだのが、案里が県議として政治の道に踏み出すきっかけでした。

案里は「河井克行の子供は産みたくない」と周囲に漏らし、「ＤＮＡを残したくない」とまで言っていたそうです。それでもどんどん克行に似てくる。スポットライトを浴びる恍惚感に浸るうちに、善悪の判断がマヒしていくのですが、それもこれも根が克行と同じタイプだからであります。

自分の思い通りにならないと、誰かれかまわずヒステリックにかみつく。人によくしてもらっても「ありがとう」の一言もない。約束の時間に平気で遅れる。役所の人間にも平気で怒鳴る。自分の利益となれば、国会議員である夫の存在をちらつかせる。権力者や支持者に取り入るのは抜群にうまい。こういうことを繰り返していれば権力闘争の道具にされるのも当然の成り行きです。

その典型が、安倍や菅の後ろ盾を得て、自民党から２人目の候補として出馬した参院選です。この選挙は、安倍と岸田の代理戦争でした。この選挙戦はさんざん報道された通りの醜悪なもので、やることなすことズルくセコい。それでも「私たちは闘っている」――この一言で案里はすべてを正当化します。「私はこんなに頑張っている」――その目的はタダの私欲なのですが、それを献身とすり替える。すべてのことを自分に都合の良いように考える。しかも、本人にはその意識がない。タチが悪い。

文春のスクープ以来、河井夫婦は雲隠れを続けたのですが、広島地検による本格的な捜査が始まると、案里は2カ月半ぶりに姿を現し、記者会見を開きます。安倍一強内閣を味方につけ、その威を借りてヤメ検弁護団を組織した彼女は、ここでも高飛車な態度に出ています。自分が病気であることを理由に「私は悪くない」と開き直る主張に終始。「それでも国会議員を続けるのはなぜか」と聞かれると、語気を強めて一言、「日本を変えたいからです」――バカ者ここに極まれり。

同じ著者が書いているだけに、『無敗の男』の中村喜四郎と河井克行の異様なコントラストは実に興味深いものがあります。選挙に当選してこその代議士、何としてでも選挙に当選する――目的こそ同じなのですが、手段が対照的です。片やコツコツとドブ板を踏み、誰の力も恃まず、自力だけで票を集める。一方の河井克行は、権力者へのこびへつらいとウソとズルだけで手っ取り早く目的を達成しようとする。こんなやり方ではそのうち化けの皮がはがれるのは必定です。世の中はそこまで甘くはないわけで。

逮捕の直前に克行の運転手を務めた男性は暴露しています。ブレーキの踏み方、ナビの縮尺ひとつにも克行のルールがあって、守らないと怒鳴られる。何でもいいからおむすびを買ってくるように言われ、シーチキンマヨネーズを渡すと、「こんなの喰いもんじゃない！」と投げつけてくる。足元に転がったのを「食え！」と命じられる。あるときは車中で「昨日は案里と5万円のステーキを食べた」と自慢する――どうにもやり切れません。

とは言え、河井克行は巨悪でも何でもありません。法務大臣を直前までやっていた人が、地元にカネを配りまくる選挙違反で逮捕される――表面的には「空前絶後の悪行」に見えるのですが、ジッサイのところやっていることはひたすらスケールが小さい。その先にあるのはせいぜい自分の栄誉栄達で、田中角栄や金丸信のような昭和の巨悪とは比較になりません。世の中に与えるインパクトはほとんどない。チンピラの小悪が自滅しただけのどうでもいい話。５年後には誰も覚えていないでしょう。

それにしても、です。岸田派との権力闘争で案里の選挙戦に入れ込んだ安倍晋三はどうかしています。河井夫婦にカネはさっぱりなかったわけで、自民党が１億５０００万円という巨額の選挙資金を突っ込まなければ、買収もしようがなかったのは明らかです。いくら自分に忠誠を誓い、都合の良いように動いてくれるからと言って、こういうインチキ男を取り立てて、こともあろうに法務大臣の座を与える――いかにも人を見る目が甘い。安倍晋三という政治家の根本的な欠陥がここにあったと考えます。

話を案里に戻します。彼女に同情するところが一つだけあります。それは河井克行と結婚したことです。克行が知人に紹介された案里をひと目見て惚れこみ、結婚に至ったというのですが、著者が取材した案里の父親は、最初から悪評紛々の克行との結婚に反対だったと言っています。

１９９９年当時秘書だった人物はその醜態を告発しています。選挙区である広島三区に強力な対立候補がいた。河井はこの秘書に、相手陣営のポスターを見つけたら破棄するように指示します。クルマで移動中に対立候補のポスターがあると、後部座席でふんぞり返る河井は「行け！」と一言。日頃の暴言や暴力で恐怖支配下に置かれていた秘書は、その行為が器物損壊罪に当たることを知りながら、やむなく犯行に及んだといいます。このエピソードが象徴するように、とにかくセコイ。そんなことをやってもジッサイは何にもならないのに、目先の利得にどうしても体が動いてしまう。

案里の選挙でも、金を配ったことの他にも、ズルくてセコイことばかりしています。ＰＲコンサルタント業者にネット工作を依頼。ネット上のネガティブな記事を検索されにくくする。挙句の果てには「広島県の参院選挙観察日記」という裏サイトをつくらせる。架空の創価学会員を装う管理者が、案里の対立候補、岸田派の溝手陣営を監視するというブログです。克行の指示で溝手を中傷する記事を載せていたことが、後の裁判で明らかになっています。

溝手が私的な会合で「河井案里には1票も与えないように、どうかよろしくお願いします」と発言したことを聞いた克行は業者に相談します。「期待していた通り、溝手氏が失言をしてくれました。どうすれば効果的に拡散できるでしょうか」。業者が「創価学会員として書いているブログに書きます」と言うと、「どしどしやってください」。周囲のスタッフに「こんな面白いブログを見つけましたよ。どんどん紹介してください」と何も知らない体で紹介する。

上の者にはこびへつらい、下の者には威張る。自分に利得をもたらしてくれる権力者にすり寄り、粉骨砕身働く半面で、自分が優位にある県議や秘書に対しては恫喝やいじめを繰り返す。その場しのぎのウソを重ねる。すぐにズルをする。見栄っ張りで、終始虚勢を張って生きている――こんなインチキ男と結婚しなければ、案里はフツーの野心家として世の中と折り合いをつけてやっていけたのかもしれません。

簡素であるとはどういうことか――シャルル・ヴァグネル『簡素な生き方』

本書が意味する「簡素」は「豪奢」の対語ではありません。複雑で不安定であることの対語として簡素という言葉を使っています。１００年以上前、１８９５年の著作ですが、著者の問題意識は今でも通用します。人間社会の本質が当時とまったく変わっていないからです。

朝から晩までどこへ行こうと、忙しそうで、イライラしていて、心配そうな人に出会うでしょう。ある人は政治的ないがみ合いに巻き込まれてかっかしています。ある人は、文学や芸術の世界の卑劣なやり方や嫉妬に嫌気がさしています。商売における競争は眠りを妨げますし、やるべきことがあまりに多い研究プログラムや忙しすぎる仕事も、若い人たちの生活を台なしにしています。労働者階級は絶え間ない産業競争の影響をもろに受けます。政治家の威厳がなくなりつつあるので、政界で働くのは不愉快なことになり、教師への尊敬の念が減っているので、教えることもちっとも楽しくありません。どこへ目を向けても、不満の種ばかりです。

人間はもっと自立して、生きるために必要なものを求めて競争することもなくなる。生活はシンプルになり、誰もが高い徳を持つようになる——祖先がそう考えたのにもかかわらず、（当時の）現代人は自分の境遇に不満を覚え、物質的要求に振り回され、未来への不安にとらわれている。情報が溢れているにもかかわらず、真実を知ることが難しくなっている。これはなぜか、というのが著者の問題意識です。

「小人閑居して不善を為す」と「衣食足りて礼節を知る」の分水嶺のどちら側に転がるかで人間は大別できる。これが僕の年来の考えです。このテーマは著者の議論にもそのまま当てはまります。おカネがあればあるほど必要なものが増え、持っているものが多いほど持っていないものへの執着に心がかき乱されるという矛盾。「小人閑居して不善を為す」の典型的な成り行きです。

無益に生きることから人間を守るものが道徳であるとする著者は、道徳という心の掟に従って生活するということが大事であり、自分の望みや行動が心の掟と一致している状態を「簡素」と定義しています。この規律が失われると、複雑で不安定な生活になる。

自分は前より幸せだと感じない限り、人間は仲良く平和に暮らしていくことはできない。善とは自分自身の外にある何かを愛する能力にある。一瞬の輝きなど大した意味を持たない。新しいもの、珍しいものは決して長続きせず、凡庸なものほど長く続く。人間は信頼という糧で生きている——著者の教え諭すところにはいちいち納得するのですが、特に勉強になったのは、身近な人たちに対する単純な義務を果たすことが簡素な生活をもたらすという一節です。

　地平線の彼方にある素晴らしいものばかりに目を奪われて、「人類」や「社会福祉」や「遠くの不幸」にばかり情熱を注ぎ、すぐそばにある人々や問題には目もくれない。ここに人間の弱さがある。自分に関わりのあることに専念しろ、というのが著者のメッセージです。宗教家にして教育者でもある著者の境地には達しようもないのですが、それでも少しでも善く生きようという気にさせられます。

　ヴァグネルはおカネに対して持つべき姿勢についても厳しく論じています。生き方を複雑にしてしまう根本にはおカネがある。おカネは「商品」と対を成している。商品がなければおカネも存在しない。ところが、本来は価値がないようなものまで商品になってしまう。これが人生を複雑で不安なものにする。

　著者が批判するのは、おカネそのものではなく、カネ儲けに毒された精神です。「おカネがあればなんでも手に入る」という前提で、「これでどれぐらい儲かるだろう」を基準に仕事をする。この2つの行動原理が世の中をおぞましいものにする――。

　仕事をして報酬を受け取るというのは当然の行為です。しかし、仕事をしている間報酬のことしか頭にないのはダメ。「これでどれぐらい儲かるだろう」を基準に仕事をすると、結局のところ大した仕事ができないからです。おカネにしか興味がないと、儲けが減らなければ仕事の手を抜くという行為に走ります。仕事能力を継続的に磨くことはできません。

　僕はわりとおカネがキライではありません。むしろわりとスキな方でして、仕事である以上は対価をいただくということを原則にしています。ただし、仕事に価値がなければおカネをいただくことはできません。目的と結果を混同してはならない。仕事で価値を提供できた結果としてカネが入る。「これでどれぐらい儲かるだろう」とばかりにカネを目的に仕事をしてはいけない――肝に銘じたいと思います。

『簡素な生き方』を読んで反省させられたのは、「言葉の力に頼るな」という著者の主張です。日常生活においても公的生活においても、言葉に凝るのはよろしくない。シンプルで穏やかで控えめな言葉で十分、というのが著者の考えです。「最良のものは自分の奥底にある」という節でこのように言っています。

> 善のために作用する力は目に見えないままです。私たち一人ひとりの人生においても同じことが言えます。私たちが持っている最良のものは他人には伝えられず、私たち自身の奥深いところに埋められているのです。
>
> 私たちの存在の根っこと絡み合っている感情がエネルギッシュであればあるほど、感情はこれ見よがしに外に出ようなどとはしません。（中略）自分自身の奥底に、神だけが知っている内なる世界を持っていることは言葉では語りつくせないひそやかな喜びです。

世の中にある最良のものは人に知られていないものであり、それを口にしただけでたちまち最良ではなくなる、とまで言い切っています。

自分の考えを言語化することを仕事にしている僕は、言葉の力を過大視する傾向があります。自分の考えを伝えたいがために、これでもかこれでもかとくどくど書くスタイルが身についています（読者からも、お前の文章はくどいと批判を受けることが多々ある）。言葉を控えめにし、言葉に対してもっと謙虚でなければならないという気になりました。

いちばん大切なことはあえて言葉にしない。それでも伝わる。それが究極の言語化なのだと思います。僕の芸風と能力からして相当に難しいことですが、このことをいつも頭の片隅に置いておこうと思いました。

適当の正体――高田純次『自伝』

高田純次はスゴイ。自分のスタイルが確立されています。独自のスタイル（だけ）で浮き沈みの激しい業界を悠々と泳いで御年75歳。

それもこれも下積み生活が長かったからに違いありません。劇団員となるも、生活が成り立たないため26歳で宝石販売会社に入社し、宝石営業とジュエリーデザイナーの仕事に従事。30歳のときに昔の知り合いだった柄本明と、偶然新宿の居酒屋で再会したことをきっかけに会社を辞め「劇団東京乾電池」に参加。しかし当初は売れず、妻子を養うために「警察に捕まるようなこと以外の職は、一通りやった」。テレビに初めて出たのは32歳のときでした。

２０２１年に「芸能生活だいたい35周年記念」で出版された『秘密主義』を読みました。とにかくいい加減でくだらない。「1時間で読める」とありますが、20分で読み切りました。それでもちゃんと面白い。この本は2時間で作ったそうです。

しゃべる相手がいないから、気づいたら「秘密主義」になっていた。芸能人の友達も少ない。誰も俺のプライベートの話なんか聞いてくれない。聞いてくれるのは公園にいる鳩ぐらい――こういう姿勢は僕にとってとても好ましいものです。

思わず笑ってしまう名言の連発です。

> オレはスタッフに育ててもらったけれど、若手を育てる？　そんなこと、しないしない。だいたいオレの弟子になっても教えることがない。
>
> まったく関係ないことを言う。「名刺じゃなくて精子出す」とか「鱗から目が落ちる」とかね。ようするに笑

いは裏切りだから。（↑「名刺代わりに精子出す」の方がさらにイイ気がする）

自分で事務所を経営しているから社長といえば社長だけど、稼いだ金は全部社員に還元してきた。出せるものは全部出す。何もなかったらチンコ出す。会社経営してきて苦労したことなんてないよ。オレなんて取り立てて才能ないし、ここまで芸能界で生き残ってこられたのは健康だったからじゃない？　自分の方向性とかそんなの考えたこともない。ギャグのヒットもない。今考えてみれば、ギャグのヒットがなかったからよかったのかなって気もするし。難しいところだよね。よく「難しいところですね」ってフレーズ使うんだけど、これは使えるよ。実際は何も考えていないんだけど、ちょっと頭よさそうに見えるじゃない。

貯金はね、１００億はないね。

結婚生活を続ける秘訣はおたがい無関心っていうのがいいんじゃない。オレなんて女房の携帯電話の番号はやっと０９０まで覚えたくらいだもん。

豪華リゾート別荘なんてオレだったら3分で飽きるね。「愛人」と「ヨット」と「別荘」は他人がもっていると羨ましいけど、自分がもつと大変だからね。ヨットなんてそのうち乗らなくなるもんね。愛人だって最初は乗ってたけど、だんだん乗らなくなるに決まってんだから。

授業参観とかも1回も行ったことがない。1回だけ、上の娘の中学かなんかの運動会に行ったことがあるな。娘が４００メートルの選手になったのよ。うちの娘は練習のときでも最後に後ろの方からガンガン抜いてゴールするらしいんだよ。で、運動会の日、校内には入らず、フェンスの外で見てたのよ。案の定、最後方につけててさ。ところが結局そのままびりで終わっちゃったんだよ。家に帰って「ぜんぜん追い上げられないじゃん」って娘に言ったら、「なんだか今日は疲れちゃって……」。やっぱり俺の娘だよね。ハハハハ！

上の娘はファッションデザイナーとして頑張ってんだよ。パリでやった大会で新人の最優秀賞を獲ったりしたのよ。35歳ぐらいなんだけど。ＮＨＫで講師もやるらしいよ。俺の娘だっていうことを頑なに隠しているみたいだけど。ほら、「高田純次の娘」ってハンデになっちゃうから（笑）。

「高田さん、適当だなー」って言われるから、この前コンビニでおカネ払わないで本持っていこうとしたら、「それ適当じゃなくて、泥棒だから」っていわれるし。この20年ぐらいは周りから求められるものが一緒だから、自分の中では進歩がないというか、20年間をどこかにおいてきちゃった気分だよ。45歳のときにやっていることと、いまやっていることがほとんどおんなじだから。

劇団を続けられたのも30代で、まだ若かったし、考えが甘かったんだろうね。今は60代だけど、もっと考え方が甘くなったよね。

ということで、適当であることにおいて一貫しています。すなわち、仕事に対して真面目であることは間違いない。ある種の偉人で、僕は尊敬しています。最高にイイと思ったフレーズは「木も見ず、森も見ず」。きっちりと真面目に裏切ってくれます。

『適当教典』という本も続けて読みました。人生相談に答えるという形式で徹頭徹尾適当なことしか言っていません。それでもところどころで著者の本音が透けて見えます。

「ダメダメ上司に爆発寸前」という悩みに対しては、「オレはね、会社にいるときは上司にはむかう気なんてまったくなかったね。会社においてはみな、他人。おごってくれる人だけはいい人。いいよ、気楽で」。

著者75歳の時点で書いた『50歳を過ぎたら高田純次のように生きよう』という本もさらに続けて読んだのですが、ほとんどまったく同じ内容でした。興味のある方はどちら読んでもイイと思います。同じですから。

新著には死についての記述があります。「死に際して伝えたいことは、まずは女房に『死にました！』でいいかな、友人にも『死にました。もう連絡しないでください』と書いておこう。まあ、死んじゃった後のことはどうでもいいかな。だって死んじゃってるんだもん（笑）」――高田節は健在です。

『適当日記』は著者60歳のときの日記です。編集者の依頼でイヤイヤ書いていることもあって、これほど内容とタイトルが一致している本もありません。

4月6日
今日は早く寝るよ。
4月7日
その分、早く起きたよ。

こんな調子で続きます。仕事で沖縄に行ったときのこと。沖縄料理のお店に招待されて「さあ高田さん、お好きな沖縄料理を召し上がってください」と言われて、「じゃあ、トンカツとソーセージ」。いよいよ最終日になって「今日で沖縄も最後ですから、美味しい沖縄料理のお店にお連れしたいんですが」に対しては「じゃあ、焼き肉で」。

7月9日

今日は雑誌のインタビューが3本あった。みんな、同じようなことを聞くので、全部に違うことを答えておいたよ。

でも、その3本とも、全部、嘘なんだ。

9月5日

オレは、お風呂では、一人遊びをするのが好きなんだ。

俺の下半身ってスネ毛もないし、色も白いのよ。だから、イチモツを太ももで挟むと、まるで女の人の下半身みたいになるわけ。

それを見ると興奮して、ぐーっと、下半身が上がってきちゃう。

「あー、やっぱり男か」ってがっかりして、しゅーってしぼむのよ。で、また太ももで挟んで、「女！　女！」って興奮するからまたしてもぐ～っときて、また、しぼんで……。

これを、5回ぐらい繰り返すと楽しいよ。

ま、これも嘘だとは思いますが、60歳になってこういう本が書けるのがスゴイところです。

ついに著作5冊目にして、著者が真面目に（というかフツーに）書いた本を発見しました。２０１４年に書かれた『自伝』です。

4歳のときに実母を亡くし、まったく母の記憶がない。父が再婚した継母とも打ち解けない少年時代。それでも生い立ちを深刻に思うことはなかった。グレることもクサることもない。だからと言って、生い立ちをバネに頑張るということもない。「気にするな」と自分に言い聞かせていたような気がする、と述懐しています。

ときどき自分にはどうすることもできない「冷たい風」みたいなものが自分の背中を通り過ぎていくと感じるこ

とがあった。これが「適当男」と関係があるかもしれない——どこかで醒めたところがある人です。

普通に勉強ができて、普通に人気者の高校時代を過ごす。大学受験は全部失敗。浪人しても美大に受からず、デザイナーの専門学校へ。卒業して結婚。フリーター生活を続ける。25歳のときに自由劇場のアングラ劇を観て感動し、劇団員になる。

そのうち演劇への熱は冷めます。その理由は「女房を路頭に迷わせるわけにはいかない。どんなことをしても食わせる」「女房は俺の人生にとって最も重要な人」。堅気になることを決意。宝石鑑定師の資格を取り、宝石卸会社に就職します。デザインも営業もできる人材として重宝がられ、2年で貯金が200万円になる（当時の200万円なので、いまの1000万円ぐらいか）。下請けや関連業者にも気に入られて、宝石の仕事で独立することを考えます。

昔の劇団仲間で劇団「東京乾電池」を旗揚げしていた柄本明やベンガルと再会したことが転機になります。芝居の話を熱っぽく語られても、彼らの話に入っていけない。疎外感にとらわれた著者は考えます。宝石会社でそこそこの収入はあり、子供も生まれ、女房も満足している。しかし、ただ単に女房と子供を養っているだけではないのか——柄本らに口説かれた挙句、「魔がさして」30歳で決断。再び劇団員になります。当然、奥さまは大反対するのですが、「どんなことをしてでも食わしていくから」と会社を辞めてしまいます。宝石会社の社長は、仕事ができる著者が独立するのだと思っていたそうです。

最初こそ東京乾電池は停滞するものの、そのうち評判になり、アングラ劇の聖地、渋谷の「ジァン・ジァン」が満員になるような劇をいくつも架けるようになります。テレビにも進出し、小さな仕事をこなしているうちにレギュラーが増え、40歳になるころにようやく「これでやっていける」。以来20数年、やっていることは昔も今も変わっていない。深く共感する話がいくつもあります。

——長い間芸能界で生き残ってこられたのはなぜかと聞かれても分からない。心がけてきたのは、いつも明るく、楽しく、元気に、ということだけ。

下積みという意識は全然なかった。少しもつらいと思ったことはなかったな。いつかいいときが来ると期待もしていなかった。アルバイトで深夜まで働いて、昼から稽古して、芝居をしてとすごく充実していた気がするな。もう30歳を過ぎていたけれど、全然めげていなかった。

オレは低めに自分を評価するほうが好きだね。オレたちみたいな仕事は、他人の評価でみんな決まる。仕事のあるなし自体が評価。評価されていれば仕事は来るし、されていなければ来ない。だからオレはそれ以上の評判を気にしないようにしている。基本的には相手次第。ほんとの受注専門産業だよ。

60歳を過ぎてCMの仕事が増えたけれど、永久に続くわけじゃない。オレの信条は「ものは考えよう」だからな。仕事がある今を良しとすれば、また働く意欲もわいてくる。

初めての主演映画『ホームカミング』は運悪く東日本大震災と重なってしまい、まともに興行できなかった。それでも「大地震には勝てない。仕方ないね」と受け流す。

高田純次は30歳のときに芝居の世界に戻ったのですが、その判断の基準を以下のように振り返っています。物事を損得で判断しない。面白いか面白くないか。宝石デザインと芝居の世界、どちらが面白そうか。面白そうな方を選ぶのが自分の生き方。計画性はなく、行き当たりばったり――「これを適当というなら、言ってもいいと思う」。適当哲学の正体ここに見ます。

彼がデザイナーになるための勉強をしていたときのアイドルが横尾忠則。特に好きな横尾の絵が「Y字路シリーズ」で、どうしても欲しい。横尾のアトリエまで行って必死にお願いして、1枚譲り受けた。その絵は今もリビングに飾ってあり、毎日見ているそうです。絵の構図は、真ん中に美容院があって、その前に一本の街灯が立っている。道は美容院を挟んでY字路になって奥に続いている。

どちらに行くか、迷ったとしても、T字路とは違う。T字路は右か左か、１８０度の違いがあるから、どちらに行くにせよ、はっきりした決断がいるよね。行く先が変わってしまうから、間違ったら大変だよ。けれど、右と左を間違ったとしても、すぐわかるよね。反対方向へ行っているわけだからね。気がついたら引き返せばいいわけだ。

ところがY字路は角度が微妙。90度もあるし60度もある。40度だってあり得る。どちらに行っても、同じ目的地に着いてしまうようにも感じるし、途中で曲がれば正しい道に戻ることができるようにも感じる。逆に2本の道は、どんどん違う方向へ伸びて行っているとも考えられる。だから、誰でも微妙な葛藤をするんじゃないかと思う。

つまり、T字路の場合は、白か黒かをはっきりさせなければならないけれど、Y字路の場合はそれがあいまい。このあいまいさ、微妙なところが、俺には人生の選択そのものに思えて仕方がないんだ。

著者が東京乾電池に走ったのはY字路での判断でした。人生はY字路の連続——その通りだと思います。僕の場合はかなり角度が小さい、30度ぐらいのY字路の連続でした。キャリアを重ねるごとに角度がさらに小さくなっていきます。しばらく前に僕としてはまあまあ大きな仕事上の選択を下したのですが、Y字路の角度は10度ぐらいになっていました。

論理展開の妙――鹿島茂『関係者以外立ち読み禁止』

このところの日本では巨乳が称揚される傾向にあるような気がします。僕は女性の胸の大きさにはまるで興味関心がなく、巨乳だろうと小乳だろうとどうでもイイ。大きさにはこだわらない。髪型もロングだろうがショートだろうがどうでもイイ。身長にも脚にもお尻にも興味なし。長年の親友のIくんは僕と同じで、「巨乳に傾斜する世の中が理解できない」と言っていました。

ところが、ある年のIくんからの年賀状に「巨乳元年」と記してありました。突然、巨乳に対する嗜好に目覚めたとのこと。思わず笑ったのですが、その翌年の年賀状には「巨乳二年」とありました。これには大爆笑しました。1年をかけたジョーク。まことに秀逸なものがあります。

15年ほど前に僕は年賀状のやり取りが面倒で止めてしまったのですが、現在もなおIくんの嗜好が変わらなければ、時は巨乳二十年を迎えています。巨乳時代は続いているのでしょうか。確認していませんが、巨乳政権はわりと短命だったのではないかと推測しています。

鹿島先生のフランスを中心とするヨーロッパの歴史と文化に対する造詣には尋常ならざるものがあります。しかもトピックの選択が面白い。『関係者以外立ち読み禁止』は鹿島茂の面目躍如の一冊です。

著者によれば、胸の大きさにも流行があり、歴史の中で巨乳から小乳、小乳から巨乳と同時代の価値観は振幅を繰り返してきた。先史時代から古代文明の発祥までは、当然のことながら巨乳が良しとされました。巨乳は飢餓があってもそれを乗り越え子供を育てることができる授乳能力の象徴であり、男性が配偶者を選ぶ際の最大のチェックポイントでした。

文明が発達し飢餓のリスクが後退すると、小乳が称賛され、乳房それ自体の隠蔽が進みました。例えばローマ帝国では、ふくよかな胸は蛮族をイメージさせると軽蔑されたそうです。ブラジャーが発明されたばかりか、胸が大きくなり過ぎないようにするための薬まで存在しました。

ゲルマン民族大移動を経て5世紀末に西ローマ帝国が滅びると、再び巨乳は価値を持つようになります。質実剛健のゲルマン人にとって子供を育てる乳が良い胸であり、それを押さえつけるなどもってのほかでした。加えて、6世紀から10世紀にかけては度重なる飢饉や疫病があり、豊かな栄養のシンボルである巨乳が再評価されます。

ゲルマン民族がケルト・ローマの被征服民とまじりあい、ローマ文化の影響で各国に宮廷が誕生する12世紀になると、時代の嗜好は再び小乳へと向かいます。農地開発と農耕器具の進歩で小麦の収穫量が飛躍的に増大し、人々は飢餓から解放されました。都市人口が増加してブルジョワジーが勃興します。上部構造では、セックスを罪悪視するキリスト教がヨーロッパに浸透し、聖母マリアの処女崇拝が浸透します。初々しい小乳がモテる時代になり、それが20世紀まで続きます。

では、なぜ21世紀になって巨乳がもてはやされるようになったのか。2つの仮説があります。第1に、哺乳瓶による育児が普及した結果、子供は母親の乳房をもてあそぶことが許されなかった。潜在的飢餓感が巨乳嗜好になるというもの。第2に、人口減少に対する潜在的な危機感が乳房の豊暁を求めるというもの。さて、どちらが正しいのか――。

僕は特に知識欲が強い方ではありません。読書の愉しみは「ようするに……」という本質への抽象化・概念化と「なぜかというと……」という論理展開にあります。

意外なことに、知識の量がやたらと多い人の中には抽象化と論理はさっぱり、という人が少なくない。鹿島茂さんの本がめっぽう面白いのは、博覧強記の著者が単に知らないことを教えてくれるだけでなく、「ようするに&なぜかというと」がふんだんに詰まっているからです。

「お魚くわえたドラ猫」――サザエさんの主題歌の冒頭のフレーズです。著者の奥さまはこれに疑問を持つ。絵柄から判断して、ドラ猫がくわえて逃げていくのは、サンマです。しかし、数多くの猫を飼った経験からして、サンマが好きな猫は一匹もいなかった。

で、ここからが著者の真骨頂なのですが、「これはどういうことなのか」についての論理展開が始まります。まずは3つの仮説を立てる。

①長谷川町子の観察は正しく、当時の猫はサンマが好きだった

②長谷川町子の観察は誤りで、当時も猫はサンマが好きではなかったが、サンマが大衆魚の代表だったので、長谷川町子に「猫が盗むならサンマ」という思い込みがあった

③長谷川町子の観察は正しく、当時の猫は確かにサンマを盗んでいたが、他にくすねる魚が存在しなかったので、仕方なくサンマに手を出していた

奥さまの証言が正しければ、仮説1は棄却される。長谷川町子も大の猫好きだったので、仮説2も偽となる。だとしたら仮説3が正しそうだ、ということになり、著者は昭和20年代の食料事情を調べます。この時代にサンマの漁法に革命が起き、漁獲高が数十倍に拡大していた。猫の好物とされるアジの漁獲高には変化がない。当時はサンマが突出していたので、人間側の事情で猫はサンマに手を出さざるを得なかった――いよいよ仮説3に傾きます。

ところが、ここから著者は意外な方向に論理を展開します。3つの仮説は環境決定論に傾き過ぎていて、主体である猫のことを考慮に入れていない。サザエさんの時代と現代の猫は果たして同じなのか――著者はすかさず猫の研究書に当たります。

日本の猫は昭和40年代を境に急速に和猫と洋猫の混血化が進みました。昭和20年代のサザエさんの猫は和猫です。和猫の特徴は雑食性にありました。ご飯に鰹節とおみおつけをかけた猫まんまを食べていた。洋猫は肉食性なので、現在の猫は猫まんまには見向きもしません。しかし、雑食性の和猫といえどもタンパク質は補給しなければならな

い。そこで家庭で消費される動物性タンパク質食品として突出していたサンマに手を出していたのではないか、というように仮説3が補強されていきます。

「お魚くわえたドラ猫」の魚がサンマであろうとなかろうと、知識としてはどうでもイイことなのですが、ダイナミックかつ緻密な論理展開の面白さ（だけ）でぐいぐいと読ませる。当代一流の論理展開の名手の技を堪能しました。

日本の経営が底を打ったとき——丹羽宇一郎・伊丹敬之『まずは社長がやめなさい』

２０００年の対談。表紙の写真の伊丹さんが若い。四半世紀の時の流れを感じます。同じ大学で仕事をしていた伊丹さんにはよくイジメられたのですが、言っていることは本質的。内容が古くなっていないのはさすが。

二人とも（当時の）日本の経営に対する危機感が強い。ようするに経営者が劣化している。したがってまずは社長が辞めろ、というメッセージです。その後20年以上経って、もちろんすべてが良くなっているわけではないのですが、日本の経営も平均的に言って当時と比べればだいぶマシになっていると思います。

振り返ってみると、１９９０－２０００年代が日本の経営の質の底だったのではないか。徐々にではありますが、確実に良くなっている。上がれば下がる。下がれば上がる。バブルの頂点から20年ほどは、それだけ経営がどうしようもなかったということです。

経営の美学——丹羽宇一郎『人間の器』

バブルの後遺症を引きずる１９９９年。伊藤忠の社長だった著者は、４０００億円の不良資産の一括処理に踏み切り、翌年には史上最高益を叩き出しています。経営者として文字通りの英断でした。丹羽さんが優れた経営者だったことは間違いない。

本書も「まことにその通り」と思わされる正論の連続なのですが、語り口が教条的というか説教風で、本としては面白くない。ま、真面目で一途な方であります。

もちろん勉強になるところは多々あります。例えば美しさと結果は比例するという話。ビジネスパーソンでできる人は仕事の仕方が美しい。無駄な力が入っていない。余計な動きがない。理に適った仕事の仕方は傍から見ていて美しいものだと言います。分かるような気がします。

人生の計画を立てても意味はない。なぜなら明日どうなるか、誰にも分からない。定石とは違うことをどうしてもやりたくなるときがある。打ち手が外れて負けるかもしれない。それでもやりたい手を選ぶ。それで負けても「これが実力」と思い定め、悔いることはない――これは仕事をし続けていくうえでヒジョーに大切なことだと思います。

悪い心を持たない人はいない。無理に打ち消す必要はない。無理やりなくそうとすると、自分を偽ることになる。「自分はまだこの程度の人間なんだな」と自己認識を新たにする。そうやって自己理解を深める方が多少なりとも人間の器を大きくすることになる、と著者は言います。悪い心をふんだんに持ち合わせている僕としては、これを指針にしていこうと思いました。

人間の器とは何か。ようするに自己犠牲です。美学者の今道友信先生もおっしゃっていますが、自己犠牲こそが究極の美であり、人間の大きさの最上の尺度です。自己犠牲というと大げさですが、自分の損得勘定を超えたところで行動できるかどうか。著者は名言王のサミュエル・ジョンソンの言葉を引用しています。「人を測る真の尺度は、自分に何の利益ももたらせない人を、その人がどう扱うかということである」

丹羽さんはとにかく裏表がないストレートな人で、役員時代のエピソードが面白い。社長を含め、役員たちで料亭で会食をしていたとき。自分の上に入る専務が社長のおべんちゃらばかり言っている。「社長のお話は本当に素晴らしい」と何度目かのお世辞を言ったとき、ついに我慢がならなくなった丹羽さんは「貴様、いい加減にしろ！　社長がいまいったことは全然いいことなんかじゃない！」――これには笑いました。イイ話です。

動物の血――丹羽宇一郎『仕事と心の流儀』

　こちらの方が読んでいて面白い。深く豊かな経験から絞り出された教訓が披瀝されています。「悲観的に考えて、楽観的に行動する」が著者の経営の原理原則だといいます。問題のない人生などない。問題がなくなるのは死ぬとき。問題があるのは生きている証し。絶好調のときこそ最悪の事態を想定しておく。最悪の事態を想定しておけば、かえって明るく取り組める。僕の絶対悲観主義と一脈通じるところがあります（ちょっと違うのですが）。

　僕は組織で動く仕事をしたことがないので、意見の合わないイヤな上司（形式的には学部長や研究科長）がいたとしても、一切無視して言うことを聞かなければイイのですが、会社での仕事はそうはいきません。「自分は絶対にああいうふうにはならないぞ」――著者はそういう上司は反面教師にするに限ると言います。

　ま、そうだろうなという話なのですが、ここから先が深い。立派な上司は手本になります。しかし、10年かもっと先に自分が上司になったときは状況や価値観が変わっているかもしれない。かつて良いことでも、価値観が変われば良くないことになっている可能性がある。しかし、人間が「けしからん」と思うことは時代が変わってもだいたい同じ。だから反面教師の方が役に立つ。

　人間に流れている「動物の血」を理解するべきだと著者は言います。人間の弱さ、むき出しの欲、保身、妬み、嫉み、業――こういったものをひっくるめて「動物の血」と表現しています。

「理性の血」が「動物の血」を制御しているのですが、人類文明の発祥以来たかだか1万年。猿人以来の動物の血が人間には脈々と流れている。こっちの血の方が濃いのは間違いない。だからこそコーポレートガバナンスが必要になる。

　しばらく前の話ですが、２０１５年、当時の伊藤忠の岡藤正広社長はシェールガス事業からの撤退を決断し、累計８００億円の損失を計上しました。この決断は正しかったというのが丹羽さんの評価です。失敗したと思ったときは素直に認めてバッサリと切るのがイイ。未練たらしく引きずっていてもイイことはない。精神的にもすっきりするし、社員にも分かりやすい。負け戦の処理ほど疲れる仕事はない。そのエネルギーは新しい商売に向けた方がイイ――。

　決断しても人がついてこなければ実行できない。すなわち経営者は信用されていなければなりません。丹羽さんは信用を獲得するための3原則「ＴＤＲ」を掲げています。

　Transparency：経営の透明度を高める
　Disclosure：社内外に適切に情報を公開
　Responsibility：トップが社員や市場に説明責任を果たす

ガバナンスの関連でＴやＤは必ず出てくるトピックですが、肝心なのはＲ。どうしてこういうことをやる／やらないのか、社会や社員に対してトップ自らが理由を説明することが何よりも重要です。これができない経営者は結局のところ信用されません。

　丹羽さんは伊藤忠の社長時代にとんでもない決断をしています。当時、伊藤忠はバブル崩壊の後遺症を引きずっていました。不動産などの不良資産を抱えて大幅赤字に転落。社内の役員や銀行は10年、20年という時間をかけて少しずつ償却し、不良資産を処理するというソフトランディングを主張しましたが、丹羽さんは一括処理に踏み切ります。

ソフトランディングの道を選んでしまえば、社員がいくら一生懸命働いても、利益は不良資産に吸い取られてしまう。給料も増やせない。新規事業にも投資できない。配当もできない。社内が暗くなる――覚悟を決めた丹羽さんは１９９９年に不良資産を一括処理し、４０００億円近くの特別損失を計上しました。バブル後遺症に苦しむ日本企業の中で、これだけの規模の減損処理をした会社は伊藤忠が初めてでした。

このとき丹羽さんは会社初の社員集会を開いています。旅費がかかる社員には会社が費用負担して全員集める。そこで会社の状況と意思決定の理由を包み隠さず説明する。ＴＤＲの原則に忠実に行動しています。

不良債権の一括処理を行うにあたって、丹羽さんは特命チームを立ち上げ、各事業や資産の実態を解明するところから始めています。徹底的に調べると、想定を超える損失が続々と出てきます。

人間は自分の出した損を自己申告するときに、自己保身という「動物の血」が体を走ります。露見しなければイイとばかりにできるだけ小さく報告する。これに対して利益の額が後から増えることはありません。「私がやりました」とわれ先に報告するので最初にドーンと出てくる。これもまた動物の血です。

３期連続赤字の子会社はほとんどすべて整理する。整理した子会社は４５０社に上ります。企業年金積立金の金利が６％もあったので、これを３％に引き下げ、イヤな人には積立金を引き取ってもらう。お願いをしたＯＢの大半はこれを拒否し、「社長の一存でそんなことをやっていいのか」と抵抗します。

社長ＯＢへの給与支払いを75歳で打ち切り、自分の代からこの制度を全廃します。歴代社長の給料を死ぬまで払い、黒塗りの車と秘書を用意するという制度があった（伊藤忠に限らず、当時はそういう会社は多かった）。当然ＯＢは反対します。「これからの人生設計が狂う」――丹羽さんは思います。「若い社員の方がこれからの人生はずっと長いんだ。会社をこんな風にしたのはあなたたちではないか」

役員が射程に入っている人は「役員にならなくてもいいので積立金はそのままにする」ということなら受け入れると伝えますが、一人も役員辞退者は出なかった。

すべては動物の血がなせる業です。動物の血はなくせません。企業にはガバナンスが欠かせない理由もここにあります。

調査を重ねるたびに損失額は膨れ上がり、当初の予想の3倍にもなったといいます。しかしここでケリをつけたために会社は信頼を取り戻し、２００１年には最高益を達成しています。絵にかいたようなV字回復ですが、いちばんの要因は社員だったといいます。経営者を信用して、若い社員がついてきた――経営にとって決定的に重要なのは人間洞察です。本書はこの真理を教えてくれます。

没後弟子の本懐――西村賢太『蝙蝠か燕か』

私小説がなければ生きていけない。私小説とはすなわち藤澤清造――没後弟子を自任し、師・藤澤清造にすがるように生きてきた著者の遺作。表題作を含めて３つの「藤澤清造もの」が収められています。

藤澤清造に対する著者の思い入れは文字通り狂的なものでした。藤澤に入れ込むうちに自らが私小説家になってしまう。師が乗り移って生まれたのが西村賢太という私小説家です。

師の遺した無念を引き受ける。そのためには人生を棒に振ってもよい。いや、棒に振らなければならない――29歳で出会ってから54歳で急逝するまで師に捧げた人生を（図らずも）締めくくる完璧な一冊です。つくづくスタイリッシュな人でした。

表題作の『蝙蝠か燕か』はいくつもある「藤澤清造もの」の中で間違いなく最高傑作。いったいに著者の作品は強いエンディングが魅力なのですが、本作のそれは大傑作の『一夜』に勝るとも劣らず強烈です。読み終わって全身に痺れが走りました。帯に「最後の雄姿を目に刻め」とありますが、まさしく雄姿を見せてもらいました。

コロナ騒動で迂回を迫られても、著者は最後まで『藤澤清造全集』の出版を諦めていなかったことを知りました。

むしろ「本当の始動は今からだ」と意気軒高でした。結句、全集は出版されませんでした。これはかえって著者らしく、これでよかったという気がします。

奇跡の私小説家
——西村賢太『雨滴は続く』

未完の絶筆。著者最後の長編小説です。1000枚超にもかかわらず徹底して一人のおしゃべりだけで最後まで一気に読ませます。これまでの作品の中でベストと言ってもイイ素晴らしい出来栄え。つくづく急逝が惜しまれます。これぞ最高の私小説。

『苦役列車』のような底辺青春ものや秋恵ものもイイのですが、日記『一私小説書きの日乗』を地で行く、私小説家になってからの自分を描く作品はたまらなく面白い。

藤澤清造の没後弟子を自任する北町貫多は師の仕事を継ぐべく、私小説家としての道を歩み始めます。とはいえ、その生活は完成された貫多マナー。なじみの人の好い古書店主から恫喝するようにカネを借り、風俗店で知り合ったおゆうに入れ込む。おゆうに純愛を注ぎつつも、ルーティンとして自らに課している七尾行き（清造のお墓参り）で若い女性新聞記者と知り合いになると、とたんに惚れ込み、次から次へと手紙を出す。

心はおゆうと新聞記者の間をものすごい勢いで往復するのですが、すべては脳内で盛り上がっているだけ。現実にはほとんど何も起こらない。桁外れの空回りに明け暮れます。どうしようもなくダメな話が続いていくのですが、とにかく笑える。著者でしか出せないユーモアに満ち満ちています。

肝心の私小説書き。こちらもダイナミックに空回りするのですが、原動力となっている清造エンジンはあまりに強力。一喜一憂右往左往しながらも着実に前に進んでいきます。

文芸誌から短編小説の寄稿を依頼された貫多。千載一遇のチャンスなのですが、編集者はドロドロの私小説をいったん離れた作品を書くことを示唆します。貫多も大いに悩むのですが、結局は清造路線で行くことを決意します。このくだりは感動的でした。

> 折角の千載一遇のチャンスがついえるのは残念だが、少なくとも前回のようにプロの書き手となる色気を出し、清造要素抜きのごく普通の——今どき誰も読まぬ私小説を提出し、再度のダメ出しを食らって終わるよりかは、藤澤清造を練り込んだ本然の自身が思うところの会心の一篇で一敗地に塗れた方が、まだしも得心がゆく。（中略）
>
> よくよく考えるまでもなく、もしその会心のつもりの作がダメなら、彼にはもう書く舞台はおろか、投げる球自体がなくなるのだから、いよいよ背水の陣といった格好であったが、一抹の迷いが吹っ切れると途端に悪度胸も定まり、むしろ最終作となり得る自作に臨むに際しては、何やら虚心坦懐といった、謎の境地になっていた。（中略）
>
> この時点で、『群青』誌への提出作のタイトルは、「一夜」に定まっていた。

あの超絶傑作『一夜』が生まれた背景を知りました。このエピソードには仕事にとっていちばん大切なものが凝縮されて詰まっています。

紆余曲折を経て、貫多は芥川賞の候補にまでなります。連載時の最終回の直前で賢太が亡くなっているため、結末がどうなるかは分かりません。おそらく、というか間違いなく、最初の芥川賞落選で編集者に毒づき、評者をけなし、世の中に呪詛の言葉をまき散らして終わったと想像します。しかし、その中にも明るい何かがぼんやりと見えてくる。そんなエンディングが自然と頭の中に湧き上がってくる作品です。

この調子で行けば、あと10作も20作も私小説家もので書けたはず。それが読めない。痛恨の極みではありますが、こういう大傑作を未完のまま遺して幕を下ろしてしまうところが西村賢太の真骨頂なのかもしれません。

『文學界』の２０２２年７月号で文芸評論家の阿部公彦東京大学教授が的確な評価をしています。

> 西村さんを好む多くの人は、一種の奇跡として彼の作品を読むと思うんです。これはもう二度とない存在であろう、と思いながら読んでいる。それ自体は西村さんによって演出されたものであるかもしれないけれども、演出されたというにはあまりに奇跡的な感じがするんです。今まで書いたこともないような長い小説を残し、西村賢太らしく亡くなるところまで含めて、伝説を生みそうな幕の下ろし方です。やはり奇跡を持って生まれてきた人だと思うし、基本的に模倣できないという意味では、文学史から超越している。どこがどんなに魅力的なのかというのが難しいところに偉大さがある。文学史では超越したものこそが歴史をなしているので、後世においても間違いなく屹立する存在だと思います。

まったくもってその通り。西村賢太は奇跡の作家でした。

ちょうどよい大きさ——堀部安嗣『住まいの基本を考える』

人間にとって自然な住まいとは何か。「ベーシックハウス」をコンセプトに住宅を設計している著者の回答が記されています。

料理と建築は似ている、と著者は言います。刺激的で濃い味はたまに食べればおいしい。しかし、日常的に食べる気にはなりません。住宅は何十年にもわたって毎日経験するものです。強くはっきりした味つけは必要ない。だからこそ難しい。

ときにそのことが退屈でつまらないものととらえられてしまうかもしれませんが、住宅設計には、淡々とした表現を粘り強く長いスパンで持続して考えてゆかなくてはならない難しさがあり、確かさが求められるのです。住宅の評価も、建物が完成してすぐに得られるものではなく、住みはじめて何年か経たなければその真価はあらわれません。

僕は「ベーシックハウス」の考え方に全面的に賛同します。自分が家を建てることがあれば、著者にお願いしたい気になります（ですが、一流の建築家に頼むとコストがかかるので、こういう本を読んで本質部分についての知識を持とうと努めています）。

とにかく重要なのは大きさです。「ちょうどよい大きさ」であることが第一の条件。人はとかく大きな家に住みたいと思いがちですが、実はこれが人間の本性に反しています。僕がスキな建築家の自宅はいずれも小ぶりです。

著者は１００平方メートルが基準と言っています。僕も経験的に同意見です。いま住んでいる集合住宅は１００平方メートルもありませんが、ベーシックハウスとしてかなりイイ線を行っていると思います。何の装飾性もないあっさりとした住まいですが、まったく飽きません。

仕事に向き合う言葉——パラドックス編『はたらく言葉たち』

一生懸命はたらく人々の言葉を集めた本で、長年にわたってシリーズで出ています。12号というか12巻が最近出て、帯の言葉を書かせてもらいました。

人々がどのように仕事に向き合っているのかが一つひとつに表れています。共感できるものもできないものもあります。当然ですけど。例えば「情熱も実力のうち」（商社・40代）――これは共感できない方です。それはそうなのですけれど、僕はそういうことは言葉にしたくありません。

「いい席はうまっている。いい席は自分で作っていくしかない」（コンサルティング・30代）――いい席も悪い席もないというのが僕の考えです。

　僕がイイなあと思ったものを挙げておきます。

「自分の人生なんだから、自分らしくていいんだよ。と娘に言いながら、本当は自分に言い聞かせている」（コンサルティング・40代）

「職人からは見積の１・２倍でモノを買え。０・２のおかげで誰よりいい仕入れができる」（飲食・40代）

「よく、『立っているだけ』なんて言われますが、そう思われるのがいちばんいいですよ。それだけ、この場所が平和だということですから」（警備会社・20代）

「売上が落ちた時、本当に大切なことは、メニューを増やすことより、毎日の掃除ができているかとかそんな小さなことなんだよね」（飲食・40代）

「卒業証書を見せにきてくれてね。コロッケ３個おまけしちゃったわよ」（惣菜店・60代）――こういうことはＥコマースでは起きません。

「自分の手柄にしない。それが一番の手柄です」（アパレル・30代）

「このピンチに感謝をしたい。本質的な議論ができるから」（介護・20代）

「全部ぶっ壊すのは、全部を作った創業家の最後の仕事だな」（建築商材・60代）――壊せる人に事業をバトンタッチできるかがカギです。

「忙しいから後手になるんじゃなくて、後手だから忙しくなる」（アパレル・30代）――その通り。

「妥協をするか、徹夜をするか。私は妥協も徹夜もしません」――まずは寝た方がイイ。

「どうしてもあれこれ考えてしまってじっとできないほどになるときは、坐禅なんかやめて、登山にでも行った方がいい。そっちの方が、気分が晴れますよ」（僧侶・30代）――説得力がある。
「石橋を叩いてダッシュ」（ブランディング・20代）――うまい！　僕のバージョンは「石橋を架けて渡る」です。
「飲み会で愚痴が多いか、未来の話が多いか。それがいい会社の指標のひとつだと思います」（飲食・30代）
「真鶴に吹く風は甘いんです」（工務店・50代）
「意義を伝える。それが、指導をするということです」（飲食・40代）――シンプルですが、まことに本質を射抜く言葉です。
「彼女を写真に収めたくてカメラを始めました。フラれたのに、カメラだけはずっと続けています」（フォトグラファー・20代）
僕がこの本に言葉を寄せるとしたら、「心配するな。きっとうまくいかないから」――当たり前ですけど。

人間観察の名手――辻井喬『叙情と闘争　辻井喬＋堤清二回顧録』

辻井喬こと堤清二はものすごく複雑な人です。二流小売店だった西武百貨店を、往時は時代の旗手と言われたセゾングループへと脱皮させた堤清二。向こうっ気が強く、天才肌で、イケイケどんどんの経営者でありながら、辻井喬としてはビジネスの傍ら詩人にして小説家として高い評価を受けた作品を生涯にわたって創造し続けました。その人の回顧自伝です。面白くないわけがない。

明るいんだか暗いんだか分からない。とてつもなく屈曲した人でありまして、その原因はもちろん西武グループの創業者、政治家としては衆議院議長にまでなった「ピストル堤」こと父・堤康次郎にあります。

剛腕一本でのし上がってきた康次郎は絶対君主として一家に君臨しました。妾腹の子として生まれた清二（母の青山操＝歌人の大坪道子は後に正妻になっている）は徹底して父に反発し、東大に進むと共産党に加入、左翼運動を展開します。異母弟の堤義明が康次郎に絶対服従の姿勢を貫いたのとは対照的です。父への反発と後の父に対する理解というか受容が辻井作品を貫くテーマとなっています。堤康次郎の子として生まれるというのは、それほど強烈な意味があったわけです。

政治運動を離れ、叔父が経営していた西武百貨店に入社をするところから堤清二のビジネスマンとしてのキャリアは始まります。当時は赤字続きの弱小百貨店。清二は労働組合を認めることと、公募で大学卒業生を採用すること、この２つにまず取り組みます。

「アキンドに学問はいらん」が康次郎の信念でした。当然のことながら大反対されます。当時の西武百貨店は役員会が一度も開かれたことはなく、すべては支配人である叔父の指示で運営されていました。典型的な個人商店（オーナーは康次郎だが）でした。取引先の大多数も、支配人の顎使に甘んじる零細企業。

支配人付という役職でとりあえず入社した清二は、叔父である支配人に気を遣いながら会社全体の合理化に取り組まなければなりませんでした。しかし会社は会社、商売は商売です。現状を直視し、業績不振の原因を突き止め、改善の方針を因習にとらわれず打ち出し、それを会議で決定して実行に移せば結果は数字になって出てくる。

そうしているうちに、清二を中心とした経営改革会議のようなものが若い社員の間に自然発生的に生まれます。専務から「お考えはよく分かるが、あまり短兵急におやりになりますと、支配人に傷がつくことにもなりかねません」とたしなめられるのですが、清二は「分かった、君のような幹部がいる限り会社はよくならないということが分かった。ありがとう」と席を立ちます。叔父に会って自ら辞任するように勧めると、彼は呼吸困難になるほど立腹し、「そういうことでわしを辞めさせるのなら、こちらにも考えがある。わしは会社のためを思ってここ7年、毎朝誰よりも早く店にきて店員一人一人に挨拶してきたんだ」――愚の骨頂です。こうしたところから清二は西武百貨店を改革しなければなりませんでした。

清二の妹の邦子は、長くパリに住み、西武百貨店のマーチャンダイザーとして活躍した人でした。清二も日本に輸出する商品を選ぶ仕事でしばしばパリに滞在しています。清二は性差別について彼の世代ではまれなほどに批判的だった人でした。彼がパリで気づいたことの一つに、女性がいつも男性の目を意識し、男性はいつも女性の目を意識しているということがあります。「性差別がないことがそれを可能にし、また女性が心置きなく男に献身的になることを容易にするのだ」と喝破しています。これもまた鋭い視点だと思いました。性差別の権化のような康次郎を父に持った人ならではの考察です。

本書のとりわけ面白いところは、清二が邂逅した人々とのさまざまな逸話の述懐にあります。衆議院議員だった父の秘書を経験しているので、アイゼンハワーにも副大統領時代のニクソンにも会っている。父が高輪のホテルで歓迎パーティーを開いたとき、秘書だった清二はニクソンをひと目見て、暗い人という印象を受けています。「競争相手を追い落とすためならどんなことでもやる人ではないか」――僕は名著『指導者とは』を読んで以来、政治家としてのニクソンを大した人物だと思っていますが、確かに暗い。清二の直観には鋭いものがあります。

三島由紀夫が自決したとき、三島と親交が深かった清二は大きなショックを受けます。ニュースを聞いた清二は呆然自失としたまま池袋の西武の事務室に入ります。

> 百貨店はいつものように買い物客で賑わっていた。自分の部屋の椅子に腰を下ろしたが、なかなか仕事が手につかない。それでも僕は机の上に積まれている十数通の稟議書に手を伸ばした。ひとつは女子従業員のロッカー室の扉の改造について、次は提携している地方百貨店の役員の改選についての報告、三番目は百貨店に豚肉と鶏肉を納入している取引先の新しい加工工場完成に、どんなお祝いをするかについての商品部長会の決定の報告書が、取引状況の説明付きでまとめられている。
>
> これらはいずれも大事なことなのだと自分に言い聞かせながら、僕はその全部に承認の判を押した。

清二の受けた衝撃の大きさを見事に伝える文章です。夜になって清二は三島邸を尋ねます。父親の平岡梓が顔を見せて、「あんたのところであんな制服をつくるから倅は死んでしまった」と小言を言います（三島の依頼で西武百貨店が盾の会の制服を作り、納入していた）。平岡梓の小役人的性格が出ています。

最高にイイと思ったのが吉田健一（英文学者にして吉田茂の息子）のエピソードです。僕はこの人が大スキなのですが、いかにも吉田健一らしい話が出てきます。

吉田茂の没後に大磯の屋敷の売却の話が西武に持ち込まれます。清二はこれを引き受け、吉田邸は資金化され、遺産相続問題も円滑に処理されました。吉田健一はこれを大いに喜び、「あれだけあれば3年間は飲める」と分配金を持ってロンドンに出発。しかし2年と少しで日本に戻ってきます。「少しピッチが上がりすぎたが、遺産は全部飲んできた。お蔭でさっぱりした」――実にイイ話です。

堤清二は小林一三には直接会ったことはないのですが、小林の部下で阪急百貨店社長だった清水雅から若いころどんな教育を小林から受けたかという話を聞いています。

小林から「いままとまった資金が手に入ったら何に使うか」と質問され、阪急電鉄が増資することを知っていた清水は、その株を買いますと答えました。すると小林の顔色が変わり、立場上耳にした会社の機密事項を利用して儲けるとは何事か、と1時間説教された。「お前は欲張りですぐ損得の計算をする。その癖をなくさんと成功せん。人間の宝は金ではなく事業だ」と叱られた清水は「これはわしにとって生涯忘れられない教えだった。なにやらこころがすうーっとしましてな」――小林の偉さはもちろん、清水の率直な物言いに人間としての魅力を感じます。

もうひとつ清二が清水から聞いた小林の話も印象的です。ロッパを主役にしていくつもの芝居を成功させた劇作家の菊田一夫が、大戦中の正月に大東亜共栄圏建設の理想を訴える芝居を作った。小林からその真意について質問された菊田が「うちもそろそろ芸術性の高い芝居をやりたいと思いまして」と言うと、劇場の前の路上で通行人が驚いて振り返るほど烈しく叱責された。大衆性こそ演劇事業の核心であり、大衆性を失って何が芝居かという小林の思想の強さを知りました。

清二は父の康次郎と小林一三を対比してこう言っています。康次郎も不動産開発で財を成した人でしたが、小林のそれは「開発行為ではなかった。そこに文化の創造があり、生活スタイルの形成があり、人間が生まれ、遊び、恋をし、笑ったり悲しんだりする場所が出現するのである」――その後に清二がセゾングループでやったこと、例えば無印良品の事業の創造などは、小林の影響がうかがえます。

小林の自由主義経済人としての背骨には、並ではない強さがあったと清二は結論しています。進歩的な考え方の人よりも、頑なな自由主義者の方が統制社会に対する抵抗力が強い。社会主義者の多くは権力の圧力に屈して大東亜共栄圏イデオロギーの推進者に転向しました。小林は社会に対して能動的な姿勢を持った自由主義者で、どんな立場にあっても自分の姿勢を変えませんでした。つくづく偉大な人です。

前の世代が敗戦で公職追放などの措置で退場していたため、１９６０年代から70年代にかけて経済界の主役にいた経営者の多くは、40代で急に経営者の座についた人たちでした。思想的な荒地の時代に主役となった経営者だからこそ、革新の意気に溢れていたわけです。清二は富士銀行の岩佐凱実、三井物産の水上達三、野村證券の奥村綱雄、ソニーの井深大、東洋レーヨンの田代茂樹、ホンダの本田宗一郎といった先輩経営者と交流し、大きな影響を受けています。

とりわけ本田宗一郎のインパクトは絶大で、堤清二は大ファンになっています。清二が「どんな時に常人が思いつかないアイデアが浮かぶんですか」と聞くと、ホンダは一瞬真剣な顔つきになり精神を集中させてから、「僕は何でも、どうしてだろうと疑問を持ってしまうんだ」。庭の方を指さして「あそこに赤いカンナが咲いている。なぜ毎年夏が近づくと同じ色の花をつけるのか。それは本当は大変なことなんじゃないか」――どんな質問にも正面から回答を探す本田の姿に清二は魅せられます。

当時ホンダは2輪車の会社から4輪車メーカーへと脱皮しようとしていました。先発の自動車メーカーの幹部は、オートバイと自動車は本質的に違うものであって、長い技術開発の蓄積があって初めて自動車が作れるとホンダの計画を問題にしない態度を見せていました。ところが当の本田宗一郎は「四輪車と二輪車は違うというが、二輪車を二つ並べてごらん、それは四輪だよ」――本田宗一郎という人の本質を伝えるエピソードです。

　敗戦後の日本経済の成長の原動力は、こうした革新的な経営者にありました。これについての清二の考察が秀逸です。

> 指導者層が一斉に若返ったことがあると思う。この、「一斉に」というところが実は大事なのだ。というのは、個々の企業が若返っても、社会のシステムが若返っていないと、若さが貫徹しないからである。例えば、本田宗一郎が独創的な方向を打ち出したとしても、それを理解し、金融マンの言語に翻案し、その翻案された独創性を評価する柔軟性を持った金融機関がなければならないのである。
>
> 　言い換えれば１９７０年代までは、日本の経済社会には「昔のやり方では駄目だ」「経営革新こそ生きてゆく唯一の方法だ」という気概が満ちていたのだ。

この考察は現在の日本の問題を衝いています。昭和日本の残滓が頭と体の中に染みついている層が完全にいなくなることが、新しい日本のためにいちばん効果があると考えます。

　堤清二が康次郎に徹底的に反発しつつも、やがて受容するようになるという成り行きは辻井喬の作品のモチーフとして繰り返し使われてきました。

　これに対して、コクド、西武鉄道を継承した異母弟の堤義明は康次郎に完全に服従し、前時代的な康次郎の手法そのままの経営を続けました。その結果、西武鉄道グループが異様な経営に傾いたことはよく知られています。

義明の西武鉄道グループの異様さは清二の回想でも触れられています。清二は西武鉄道と同じグループと見なされることに我慢がなりませんでした。清二にしてみれば、幹部視察の際に必ず20人以上の社員が整列して出迎え、最敬礼をしなければ鉄拳制裁を見舞われるというコクド文化は差別意識にまみれたもので、許し難いものがありました。

清二は朝日航洋というヘリコプターの運用会社を傘下に持っていました。あるときコクドの社員が朝日航洋を訪れて、「会長がヘリコプターで現場視察に来たとき、上を見上げていては最敬礼にならないが、あなたの会社はどうしているのか」と相談に来ます。

そんな戯画のような話が生まれるほど世間の常識からずれている企業集団は、いつどんな誤りを犯すかわからない——不安になった清二は、西武鉄道グループとの違いを打ち出すことに努力します。実際に、彼の不安は現実のものとなったのですが、西武鉄道グループに対する執念とも言える対抗心が後のセゾングループの無茶な拡大を招きました。異母兄弟とは言え、義明との対立には業の深さを感じます。

文化の創造——野地秩嘉『キャンティ物語』

三島由紀夫をはじめ、黛敏郎。岡本太郎、黒澤明、篠山紀信、松任谷由実などなど、昭和の才能が蝟集した飯倉片町のレストラン「キャンティ」。オーナーだった川添浩史・梶子夫妻の生涯を辿るノンフィクションです。

僕は子供のころに親にキャンティに連れて行ってもらうのが楽しみでした。小学生のころに驚いたのは何と言ってもスパゲティ・バジリコ。それまでスパゲティと言えばトマトソース（というよりケチャップ）かミートソースしか知らなかったのに、出てきたのは白地に緑の塩味のスパゲティ。こんなにおいしいものがあるか！　と感動しました。今でもキャンティは大スキで、しばしばバジリコを食べに行っています。

僕が大人になってから行くようになったキャンティはフツーの老舗レストランなのですが、本書が描く全盛期のキャンティは往時の最先端を行く人々の社交場でした。そのころについての話はよく読んだり聞いたりするのですが、キャンティという空間を創造した川添浩史については初めて知る話が多かった。

貴族院議員である後藤猛太郎伯爵の庶子として生まれ（母は新橋の芸者）、麻布の屋敷には執事や女中がいるという特別な育ち方をします。早稲田高等学院からソルボンヌ大学に進み、敗戦後は高松宮が所有していた屋敷を転用した迎賓館「光輪閣」の支配人となります。日本文化を海外に輸出する仕事でも活躍するうちに、趣味で開業したのがキャンティでした。

ミッキー・カーチスの回想が面白い。キャンティが真の意味での溜り場だったのは、同じタイプの人間が集まるところではなかった。同じセンスの人間が集まるところには自由はない。芸術家村などというものはナンセンス。ひとつのテーブルに軍人と詩人とサラリーマンが座っている。皇族も作家も不良もおかまも一緒に飯を食う。ぜんぜん話はかみ合わない。それでも一応相手の言い分は聞いている。自由というのは立場の違うものが一緒にいられるということなんじゃないか——川添浩史の考え方をよく示しています。

安井かずみと並んでキャンティ文化のアイコンだった加賀まりこ。女優業に開眼して最初の日生劇場の舞台の幕が開いた時、客席を埋めた人々の全員が正装していることに驚きます。男性はタキシードで女性はイヴニング。舞台よりもはるかに重厚な華やかさがある客席になっている。加賀が不良少女のころから父親のように面倒を見ていた川添が何百人もの知り合いに声をかけて呼んだからでした。

川添はキャンティにたむろしていた若者を熱心に応援しました。アルファ・キュービックを立ち上げた柴田良三もその一人でした。柴田がキャンティで川添と打ち合わせをしていると、高松宮が約束の時間より少し早めに現れた。「たったいま、この青年と大切な仕事の話をしております。ほんの少しの間、そちらでお待ちいただけますか」と高松宮に告げた川添は「さあ、君、続けよう」と柴田を促します。人との付き合いにおいてフェア。決してこびへつらわない。ザ・スパイダースの田辺昭知は近寄りがたくて川添とはあまり話をしたことはなかった。それでも川添の人との応対の態度や様子をじっと観察していたと言います。こういう人が本当の意味での師であります。

浩史は56歳で肝臓がんで亡くなり、梶子も数年後に46歳の若さで孤独死します。晩年は高松宮にも疎んじられ、キャンティも往時の勢いを失います。ある分のおカネを使ってしまう川添夫妻には大した遺産はありませんでした。この辺もすっきりしていてイイ話です。

死の前日まで浩史の意識に乱れはなく、見舞いに訪れた作曲家の村井邦彦にしっかりとした声で「いいことを教えてやろう」。緊張した村井が聞き返すと「この病院の隣の蕎麦屋はうまいぞ」――とんでもなく粋な人でした。

海外経験が長い国際派で美意識が強くおしゃれで外国人相手でも堂々としている。妻の梶子もそうですが、これが頼りにされて幅広い人脈の中心にいたわけで、この辺が敗戦国日本という背景を強く感じさせます。いまとなってはこういう人は日本のあちこちにふつうにいます。本書を読むと、日本が成熟した国になったということを思い知ります。

リーダーの器――出口治明『座右の書「貞観政要」』

唐第二代皇帝の太宗李世民（５９８－６４９）が理想の皇帝像をめぐって臣下と問答をするという形式で書かれているのが呉兢『貞観政要』。リーダー論として名声が高い中国古典を、博覧強記の著者が解説してくれています。以前から出口さんにこの本を勧められてはいたのですが、中国古典がどうにも苦手です。出口さんによる解説なら間違いない。概略を知るために読んでみました。

背景として、李世民は優れた皇帝になろうという自覚が強かった人でした。兄弟を殺して帝位を奪い取った人なので、皇帝になったからにはひたすら正しい政治を行い、その汚名を返上する必要があった。加えて「易姓革命」

という中国の伝統的なロジックがある。徳を失った王朝は天から見放され、王家の姓が変わるという考え方です。さらに中国には歴史が王朝の正史として書き残されるという事情がありました。李世民は後世の人々からどう評価されるのかをいつも気にして行動していた。自分の寿命を超えて後世の評価を基準とする――リーダーにとってとても大切なことだと思います。

勉強になった点を挙げておきます。第1に、リーダーが破滅する原因は外部にあるのではなく、すべてリーダー自身の欲望や過信にあるということ。だから人の意見をよく聞かなければならない。

第2に、部下を信用すべし。こちらがまず信用しなければ、相手は信用してくれない。「実績を上げるまでは信用しない」と言っている上司は愚の骨頂。

第3に、組織は少数精鋭でなければならない。能力を基準にその仕事にふさわしい人だけをつけ、頭数で考えない。少数だからこそ精鋭になる。

第4に、リーダーは時間軸の取り方を決める人だということ。これは僕の競争戦略についての考えとも一脈通じる話で、大いに共感しました。上に立つ人は時間軸を自由に使える権限を持っている。だからリーダーは正しく時間軸を設定し、短期視点に流れることなく、長期でものを考えなければならない。この意味で組織はリーダーの器以上のことはできない。リーダーの時間軸の取り方がすべてを決定する――まったくその通りです。人々が短期へ短期へと流れていく中で、長期視点を回復する。ここにリーダーシップの本質があるというのが僕の見解です。

出口さんが最も優れたリーダーとしているのが秦の始皇帝です。始皇帝は広い中国だけに、文書行政、すなわち官僚制を敷いて中央から地方へと官僚を送って統治しなければいずれバラバラになるということが分かっていた。そこで手間とコストをかけて中央集権国家を構築した。諸侯たちに領土を与えて統治させる封建制の方がずっと効率的です。しかし、始皇帝は封建制を選択しなかった。以来中国には封建時代はありません。ずっと中央集権国家。だからこそ中国の科学は圧倒的な速度で進化したというわけです。将来の果実に対して思い切ったコストをかけ、投資を決断できる人がリーダーであり、目先の損得に右往左往している人はリーダーの器ではありません。

李世民は自分に諫言してくれる人を諫言大夫という役職に置いていました。諫言大夫は魏徴という臣下で、李世民は彼を諫臣として信頼し、徴用していました。魏徴はもともと李世民が権力闘争で殺した李建成に仕えていた人物です。その彼を自分の諫言大夫にする。いくら魏徴が有能だったからと言って、なかなかできることではありません。自分の力を過信せず、人の意見に素直に耳を傾けることの大切さを李世民は肝に銘じていました。これが李世民のリーダーとして傑出したところだと出口さんは強調しています。

それでも貞観13年になると、魏徴は長大な上表文を書き、皇帝を諫めています。その内容はというと、

①宝物を買い集め、異民族から軽蔑されている
②「人民が気ままな行動を取るのは仕事がないから」という理由で人民を肉体労働で酷使している
③大宮殿を作りたがっている
④徳行の備わった人を遠ざけている
⑤商工業優先で農業を疎かにしている
⑥好き嫌いで人物を登用している
⑦狩猟などの娯楽に興じている
⑧臣下に接するときの態度がいい加減になっている
⑨自分の欲望を自制できなくなっている
⑩天災や謀反への備えが疎かになっている

李世民は諫臣から「このままでは到底有終の美は飾れない」と直言されています。李世民ほど自覚的で規律があ

る人でもこうなってしまう。なぜか。何のことはない、一人の皇帝という絶対権力者が統治する帝政だからです。絶対権力は絶対に衰える。これは人間社会の真理です。

李世民は後継者選びでも失敗しています。次の皇帝を選ぶ権限が皇帝自身にしかないというのも帝政の絶対的な欠陥です。企業にしても、いつでも社長の首を切れる仕組みは絶対に必要です。

当時は代替的なガバナンスメカニズムがなかったので仕方ないことですが、李世民ほどの賢帝でも皇帝であることには変わりません。逆説的に帝政の限界を思い知ります。

出口さんが『貞観政要』を初めて読んだのは30歳ぐらいのとき。会社で部下ができて、いい機会だから読んでみよう、これを読んだら立派なリーダーになれるかもしれないと思ったことが動機だったと知りました。以来、出口さんは『貞観政要』を座右の書として、いまに至るまでリーダーとして立派な仕事を続けていらっしゃいます。

本書を読んで、僕は自分がつくづくリーダーに向いていないことを再確認できました。出口さんは言います。どんな人間であってもできることは限られている。自分一人では何もできない。だから他人に任せて、その人にやってもらわなければならない。一方で、どんな組織もリーダーの器以上のことはできない。しかし、リーダーも普通の人なので、いきなり器を大きくすることはできない。

だとしたらどうすればいいか。器の中身を捨てることによって容量を増やすしかない。これが出口さんの結論です。自分の好みや価値観やこだわりをすべて消す。その上で新しい考え方を吸収し、中立的な立場に自分を置いて自分を正しく律する。自分の得意なこと、好きなことほど他人に任せなければならない。組織の強さはポートフォリオで決まる。誰に何を担当させるかを決めた段階でその組織のパフォーマンスはほとんど決まる。リーダーの真価はそこにかかっている——極論すれば、適材適所を決めたらあとは何もしないでもうまくいくというのが究極のリーダーシップということになります。

僕は自分の好みや価値観にこだわることでしか仕事ができません。昔から人を使って何かをするというのが大の苦手で異様に下手です。たとえスケールが小さくなっても、何でも自分のスキなように、自分だけで何から何までやりたい。だから今の仕事を選びました。

なぜ自分にリーダーとしての能力がないのか、その理由が出口さんの『貞観政要』の解説を読んで腹落ちしました。今後ともリーダーの役割だけには近づかないようにという決意を新たにしました。

地面がフワフワして転びそうになる経験——高橋源一郎『高橋源一郎の飛ぶ教室』

僕は聴いたことがないのですが、「飛ぶ教室」というラジオ番組（うちのママが愛聴している）のオープニング部分を2年分書き起こしたエッセイ集。著者の小説はあまり読んだことがありませんが、その書評は最高です。鹿島茂氏と並んで僕がいつも参照している書評家です。本書に収録されているのはそれぞれが短いエッセイで、過去の自分を回顧した話が多い。70歳を過ぎると回顧も豊かになります。

「生涯で一度しか会わない人」という話が面白い。高校2年生の著者はヒッチハイクで広島に行きます。若い衆を連れた明らかにヤクザっぽい男に声をかけられる。立ち話をしているうちに、小説の話になり、話題がドストエフスキーになる。

> そして、その人は「ドストエフスキーでいちばんええのは、『地下室の手記』じゃろう、いちばん飾っとらんからのう、あの作品は」といったのです。（中略）明け方になると、そのやくざは立ち上がり、自分は慶應の大学院でフランス文学を学んでいたが、親が倒れたので広島に戻ったんじゃ、といいました。親はヤクザの組長で、そのあとを継ぐことになったのです。今日これから出入りがある、最後になるじゃろうけえ散歩をしとった、というと、その人は若い衆を引き連れて、どこかへ戻っていきました。翌日、やくざの大きな喧嘩があ

——ったと新聞に載っていました。あの人は、あれからどうしたでしょう。二度と会うことはなかったのですが。

　ドストエフスキーの小説の実写版のようなイイ話です。僕も自分の「生涯で一度しか会わない人」を思いおこしてみたのですが、ここまでドラマティックな経験は見つかりませんでした。

　著者はデビュー前の作家の孤独について書いています。何かを書いて、書くことで生きていきたい。そのために作家になりたい。作品を書いても読者は誰もいない。そんな状態がずっと続く。時には何十年も。自分がやっていることには何の意味もないのではないか。考えると、恐ろしさで震えそうになる。

「もちろん、どんな分野でもそんな人はいるでしょう」——僕もまったくその通りでした。分野は創作ではありませんが、論文を書いても自分以外に読んでくれる人は誰一人としていませんでした。

　著者は30歳で初めてある賞の最終候補4編のひとつに選ばれます。そのときに出版社から届いた連絡が、一生でいちばん嬉しい電話だったと言います。電話を切って外に出たら、地面がフワフワして転びそうになった。もう孤独ではない。編集者や選考委員が読んでくれる。生まれて初めての読者がいた。書いたものを読んでくれる人がいること以上の喜びはない——。

　この気持ちはよーく分かります。僕も書くことがスキで、こうして書いている文章をみなさまにお読みいただけているということがつくづくありがたい。夢のような話です。

「地面がフワフワして転びそうになった」ことが僕にも一度だけあります。28歳のときにMIT-Japan Conferenceという場で発表する機会がありました。日本とアメリカの若手の経営学の研究者が集まって、自分の博士論文の研究を発表し、議論するという趣旨の会議です。後に実務に大きな影響を与えることになった経営学者、クレイトン・クリステンセンさんも発表者の一人でした。彼は名著“*Innovator’s Dilemma*”の元になった博士論文を発表しました。アカデミックな戦略論研究の大家になったウィル・ミッチェルさんもいました。みんな「若手」カテゴリーにいた時代です。

僕にとってこれが最初か2回目の国際的なカンファレンスでの発表でした。場所は日米の中間にあるハワイ大学で、宿舎はクイーンカピオラニという当時すでに相当老朽化したホテルでした。英語での発表になれていなかった僕は、ホテルのヤレた部屋で発表の練習をしました。パワーポイントのようなPCでスライドを見せる道具はまだなく、OHPのシートを何枚も使ったプレゼンテーションでした。本番で話す通りに、鏡に向かって何度も予行演習をしました。

で、幸運にも僕の研究がこのカンファレンスの最優秀論文賞を受けることができました。「オレもこの業界で通用するのではないか」という気持ちに初めてなりました。振り返っても、これが今までの仕事生活でいちばん嬉しかったことです。カンファレンスが終わって大学の建物を出たときに、地面がフワフワして転びそうになったことを覚えています。

ただし、です。僕がダメなのは、これですっかり仕事をナメるようになってしまったことです。その後、クリステンセンさんはご承知のような重要な仕事を着々と積み重ね、10年後にはすっかり大家になっていました。数年後に別のカンファレンスでミッチエルさんと会ったとき、彼はすでに一流の学術雑誌にいくつもの論文を発表し、戦略論研究の大御所になっていました。僕はというと、その後40歳近くまで10数年続く試行錯誤のロング&ワインディング・ロードをダラダラと歩き続けることになりました。

高橋源一郎はこの本の中でパンクロックバンド「銀杏BOYZ」（僕はこのバンドを知らなかった）の峯田和伸氏の言葉に強く打たれたと言っています。「世界がひとつになりませんように」――僕も「絆」とか「つながり」といった言葉のイヤらしさに辟易している一人なので、イイ言葉だと感心しました。峯田さんはこうおっしゃっています。

世の中で何かが起こった、さっぱり関係ないはずなのに、「私はこう思う」とか、世界とすごくくっついちゃってさ。本来、自分と世界なんて違うじゃん。別に関係ないんだもん。世界と一個になろうとしてるんだよね。世界と一個になれないよ、そんなの。

「ばらばらだからおもしろい。ばらばらだから、広い。ひとつの意見、ひとつの考えになった瞬間に、その世界は狭く、息苦しいものになってゆきます」――高橋源一郎の主張に全面的に賛成します。

僕の思考枠組みで言えば、「良し悪しよりも好き嫌い」ということです。一人ひとり異なる人々が「つながる」「ひとつになる」ためには、そこに普遍的な良し悪し基準が必要になります。確かに普遍的な価値基準は世の中に存在するのですが、それは氷山の一角。当たり前ですが、人それぞれに考えは異なる。ほとんどのことは個々人の好き嫌いです。

他人の好き嫌いを尊重するにしても、共感する必要はない。そもそも分かり合えないのが好き嫌いです。天丼がスキな人にかつ丼を強要しても無駄です。お互いが不幸になるだけ。それぞれのスキなものを食べればイイだけの話。自分と好き嫌いが異なる人はこの際関係ないわけで、気持ちよく放置しておくに如くはなし。僕にしても、多くの人とつながりたいとはまったく思いません。絆だけは勘弁してもらいたい（同じ理由で競走馬のキズナもスキになれなかった）。それでも「どうしてもつながってしまう人」というのがごく少数いる。そういう人とだけつながっていればもう十分です。

言語的反射神経の切れ味――みうらじゅん・宮藤官九郎『どうして人はキスをしたくなるんだろう？』

表題の「どうして人はキスをしたくなるんだろう？」に始まり、「恋愛と結婚の違いって何だろう」「色気って何だろう」「自分らしさって何だろう」「お金が大事なのはどうしてだろう」「何のために人は仕事をするんだろう」——答えがないというか、考えても始まらない問いに対する2人の雑談集。

僕はみうらじゅんという人が大スキです（宮藤官九郎は高名な脚本家だということは知っているが作品は知らない）。とにかくくだらないのがイイ。本書でもみうらじゅんが当意即妙に繰り出す言語的反射神経の切れ味を堪能しました。例えば、宮藤が初めてのガールフレンドとキスをしたあとに彼女が映画が見たいと言い出した。で、彼女のリクエストは長渕剛が初めて主演した『オルゴール』だった。それに対してみうらが一言、「難題だね」——アドリブが上手くて速い。

ご本人も言っています。「人間って本来、アドリブな生き物じゃないですか（笑）。日常生活だって台本なんてないわけだし。アクシデントがあったときこそ、特にアドリブ力が問われるわけでさ、そこに人間の優しさや面白みも出るんじゃないかと思うけどね」

両者の仕事への姿勢が実にイイ。とくに共感したのは次のやり取り。みうらの仕事に対する評価は昔から「面白かった」ではなく「楽しそうですね」——宮藤はこれが大事なところだと言います。「いくら売れてたり、いくら有名だったり、いくら世の中に評価されていても、なんかつくっている本人が楽しそうじゃないものや、ツラそうなのはスキじゃないんですよね」

これを受けてみうらがタランティーノを例に挙げます。「『ジャンゴ　繋がれざる者』なんてさ、マカロニ・ウエスタンが好き過ぎて自分でも撮ってみたくなったって、きっとそれだけでしょ（笑）。楽しくないわけないじゃん」。宮藤が「観終わったら毎回、タランティーノらしいねって言っちゃいますしね（笑）。だからやっぱ、本人が楽しそうにしているっていうのが、きっとその人らしいとか自分らしいっていうことなんじゃないですか」

これこそが仕事の軸だと僕も思います。ま、山谷いろいろあるのですが、この軸さえ動かさなければ何とか続けていけます。

危険な男――ボブ・ウッドワード『恐怖の男』

トランプ政権の意思決定過程を暴露するドキュメンタリー。著者はウォーターゲート事件をスクープしニクソン政権を退陣に追いつめた筋金入りの政治ジャーナリストで、『ディープ・スロート　大統領を葬った男』は調査報道の金字塔です。本書も実に面白い。５００ページ超の長尺ですが一気に読みました。

トランプの大統領在職中の迷走と支離滅裂ぶりは日本でもさんざん報道されてきたのでおおまかなイメージは持っていたのですが、本書を読むと思っていた以上にとんでもない。気まぐれで感情的。思いつきと衝動で一貫性を欠いた意思決定を連発する。危険極まりない。世界一の強国の政治指導者として、考え得る限り最悪の人物であったことを思い知らされました。トランプという存在は世界全体にとってのリスクだったと言ってもよい（しかも、今もなお、一定の脅威であり続けている）。

さまざまな意思決定過程で誰がどのように考え行動したのかを淡々と記述していくというウッドワードの手法は効果的で迫力があります。典型例がトランプが大統領に就任してから8カ月後の、米韓自由貿易協定（ＫＯＲＵＳ）破棄の危機です。ＫＯＲＵＳはアメリカにとって情報収集能力の基盤となるものであり、経済のみならず軍事的に最も重要な協定でした。

というのは、アメリカにとって最大の脅威の一つが北朝鮮の核攻撃能力だからです。韓国との軍事同盟関係を通じて、アメリカは高度の軍事的機密情報を韓国から得ていました。北朝鮮の大陸間弾道ミサイルは発射後38分でアメリカ本土に到達する。韓国との特別アクセスプログラムのおかげで、アメリカは発射7秒後にはミサイル発射を探知できる態勢を整えていました。7秒であれば米軍にミサイルを迎撃する時間が確保できます。韓国からの情報がなければ、アラスカの基地の情報収集に頼るしかない。この場合、探知に15分もかかることになる。韓国経済にとって不可欠なＫＯＲＵＳの破棄は、米韓関係を瓦解させ、アメリカの安全保障にとって最重要の情報資産を喪失するリスクを帯びていました。

韓国との貿易赤字や在韓米軍の駐在費用が巨額になっていることに腹を立てていたトランプはＫＯＲＵＳを破棄しようとします。トランプの執務机にはＫＯＲＵＳを破棄するという内容の韓国大統領あての親書の草稿が置かれていました。

　これを見つけた国家経済会議委員長のゲーリー・コーン（元ゴールドマン・サックス社長）は驚愕します。コーンは机から親書の草稿を取り、「保管」と記された青いホルダーに入れます。トランプの頭の中は無秩序に乱れているので、彼は親書の草稿がなくなったことに気づきません。トランプの関心と注意は常に刹那的なので、じきに忘れてしまい、しばらくは事なきを得るという成り行きです。

　コーンは後に同僚に語っています。「デスクから盗んだ。あの男には見せない。ぜったいに見られないようにする。国を護らなければならない」――厳密には職務規定に違反する不法行為です。トランプ政権の内幕はこのような綱渡り的な「危機管理」の連続だったといいます。

　トランプは徹底したアンチグローバリズムでした。オープンな貿易協定のせいで、安価な外国製品がアメリカに押し寄せて、アメリカ人労働者の需要を奪っていると考えていた。グローバルな金融業界を憎悪し、アメリカニズムよりもグローバリズムを優先してきた指導者がアメリカの労働者階級を殺した、というのが選挙戦中からトランプの一貫した主張でした。これがかつての工業地帯だった「ラストベルト」の民主党支持者をトランプ支持にひっくり返したことが、世界をあっと言わせた２０１６年の大統領選の勝利をもたらしました。

　トランプは自分の直観を支持してくれる人物を新設の国家通商会議の委員長に据えます。自由貿易を憎んでいる経済学者のピーター・ナバロです。トランプとナバロは北米自由協定（ＮＡＦＴＡ）からの離脱を目論みます。

　競争を市場にゆだねる自由貿易は、伝統的には共和党の主張でした。アメリカ経済のありようを考えると、貿易赤字は必ずしも悪いことではありません。外国製品に競争力があるのでアメリカ市場に入ってきているわけで、安い輸入品のおかげで余分なお金をほかの消費や貯金に回すことができる。これが自由貿易の効果で、ほとんどすべてのエコノミストはトランプの意見に反対します。

何とかトランプを説得しようとするコーンは「あなた方は勉強が足りない」と言い切ってデータと事実を突きつけます。「貿易赤字が減る唯一の時期は２００８年の金融危機のようなときです。アメリカの貿易赤字が減るのは、アメリカ経済が収縮しているからです。貿易赤字を減らしたいなら、実現できますよ。経済をパンクさせればいいだけです」。それでもトランプは理解しません。

「30年間、ずっと考えは変わらない」というトランプにコーンは反撃します。「だからといって正しいとは限りませんよ。私は15年間アメフトのプロ選手になれると考えていました。だからといって私が正しかったわけではありませんでした」――ホワイトハウスのスタッフはこのようにまるで聞き分けのない子供を相手にするように大統領に接しなければなりませんでした。コーンたちはＫＯＲＵＳの件と同様に、トランプの注意を何とかしてＮＡＦＴＡから逸らそうとするしかありませんでした。

こうした傾向は大統領職に就いてからの時間が経過するほど顕著になったといいます。国務長官のティラーソンは「あの男は知能が低い」と公然とトランプを批判していました。不安定な性格、無知、それ以上に学習能力の欠如――国家安全保障チームはトランプ大統領の存在自体に極度の懸念を抱き続けました。政権としては狂気としか言いようがない状態です。トランプ大統領はアメリカと世界にとって文字通りの「恐怖の男」でした。

本書は人物評伝ではありません。トランプとそのチームの意思決定過程を対象にしています。それがかえってトランプという特異で危険な人物の人となりを鮮明に描くのに成功しています。

僕の感想としては、一言で言って「後先のことを考えない人」。とんでもないポピュリストにしてナルシストなのですが、それもこれも「後は野となれ山となれ」という人だからです。その場の刹那的な自己満足というか自己陶酔を目的に行動する。すなわち、政治家という仕事は最も向いていない。一瞬のひらめきや思いつきでことを動かすのが大スキ。これはむしろトランプの信念のようで、事前の準備をやり過ぎると自分の直観能力がかえって弱まると思っていたフシがある。前もって考えたせいで挫折することを極度に嫌う。計画は自分の力や第六感を奪うとすら思っている。

　トランプが当選した２０１６年の大統領選で選挙参謀を務めたスティーブ・バノン（これがまたとんでもない人物）が述懐しています。「トランプは、勝つだろうとはこれっぽっちも思っていなかった」「大統領になる準備をまったくやらなかった。敗けることは考えていなかったが、勝つとも思っていなかった」「ヒラリー・クリントンは、大人になってからずっと、こういう瞬間のために用意を整えてきた。トランプはこの瞬間のための用意に一秒も費やしていなかった」

　トランプの直観の源泉はテレビ（特にトランプ寄りだったＦＯＸニュース）や新聞やＳＮＳの情報です。トランプはぞっとするほどメディアの視聴に時間を費やしていました。午前11時ごろにならないと仕事を始めない。1日に8時間、とりつかれたようにテレビを観ている。トランプの寝室の巨大なテレビはつけっぱなしで、一人でリモコンをいじり、録画した番組を観てはそのときどきの思いつきを衝動的にツイートする。

　プリーバス主席補佐官はトランプの寝室を「悪魔の作業場」と呼んでいました。週末にゴルフに出かけるトランプがホワイトハウスに帰る時間を遅らせるように、プリーバスは予定を組むようにしていました。午後9時にホワイトハウスに着くようにする。なぜかというと、その時間にはＣＮＮやＭＳＮＢＣのようなリベラル寄りのメディアがトランプが主役となる政治談議を終えて、穏やかな番組を流しているからです。

　伝統的な強い男の役割を演じ、大胆不敵であることそれ自体に価値を求める。ツイッターで無思慮な言葉を連発していたのも、ポリティカル・コレクトネスに屈したと思われたくなかったからです。

　鉄鋼への輸入関税でトランプとコーンが衝突したとき、輸入関税がいかにアメリカ経済全体にとって打撃になるかを示すデータを目いっぱい集めて、コーンはトランプに示します。それでもトランプの決意は揺るぎません。

「やってみよう。うまくいかなかったら、撤回すればいい」というのがトランプの基本姿勢です。コーンは「アメリカ経済をそんな風にもてあそんではいけません。１００％うまくいくという確信があるときに、そういう手を打ち、読みが正しかったことを祈るんです。五分五分の確率で、アメリカ経済にそういうことをやってはいけません」と抵抗しても、トランプは言うことを聞かない。失敗したらご破算にしてやり直せばいいと思っている。

このような危険な思考様式はトランプがそのキャリアを通じて不動産デベロッパーだったことが大きいのではないかと考えます。長期的な戦略思考が問われるビジネスに関わったことがない。その場その場の損得を計算する。単発的な交渉で自分に有利な条件を引き出す。席をけり、合意を吹っ飛ばすと脅す。いざとなったら踏み倒せばいい。それでもだめなら破産宣告をするまでだ――事実、ビジネスマンとしてのトランプは複数回破綻を経験しています。彼にとっては破綻も戦略のひとつ。徹底して刹那的です。

不動産屋の大将ならそれでいいでしょうが、こういう人が大統領をやっているのには根本的な無理があります。知れば知るほどトランプは政治家として救いがたい人物です。

逆説的に浮かび上がる民主主義の頑健さ――園田耕司『トランプ大統領のクーデター　米連邦議会襲撃事件の深層』

トランプ政治の成れの果てが２０２１年１月６日の米連邦議会襲撃事件でした。「民主主義の象徴」とも言える連邦議会議事堂を数千人のトランプ支持者が襲撃し、破壊行為を行う――僕もニュース映像を見て唖然としました。本書はこの「米国史上最悪の事件」の背景と過程を記述するドキュメントです。

２０２０年の大統領選挙でバイデンに敗北したトランプ。投票の集計に不正があったと主張して法廷闘争を連発、なかなか敗北を認めませんでした。逆にトランプ支持者を煽りに煽る。不正選挙キャンペーンを主導したトランプ陣営関係者、選挙結果を覆すようトランプから圧力を受けた共和党や民主党の政治家、逮捕されたトランプ支持者に対する広範な取材がまとめられています。

1月6日当日のワシントンでの抗議集会の前に「今こそ戦争のときだ。これ以上、対話は必要ない。平和は必要ない」とツイートしたトランプ大統領。トランプは暴徒たちの襲撃に理解を示し、確信犯的にその行為を放置していたフシがあります。

法廷での不正選挙の訴えは連戦連敗でした。彼がどんなに大バカ者でもさすがにこの時点で選挙結果が覆るとは思っていなかったはずです。だとしたら、なぜ連邦議会議事堂襲撃という暴挙を煽ったのか。単純に自分の支持者が行動する光景を見たかった、見てイイ気分になりたかっただけなのではないか、というのが本書を読んだ僕の推測です。

議事堂が自分の支持者たちによって襲撃されている間、トランプはホワイトハウスのオーバルオフィスで、襲撃の様子を報道するニュースを見ていました。バイデン勝利を確定させる両院合同会議が延期されるのではないかと喜んでいたそうです。部屋の中を歩き回り、なぜスタッフたちが自分と同じように喜ばないのかを不思議がっていた。その後、警察が暴徒たちを完全に排除し、選挙直後からの選挙結果を覆そうとするトランプの策動にようやく終止符が打たれました。議事堂襲撃は完全にまったく言語道断な話で、アメリカ政治史に残る汚点です。この事件はトランプ政治が必然的に流れつく断末魔だったのではないかと思わされます。

それにしても、です。ボブ・ウッドワード『恐怖の男』と本書を読んで僕が最も強く考えさせられたことがあります。それは、これほどまでにひどい人物が大統領を4年もやっていたにもかかわらず、それでも何とかアメリカという国が持ちこたえているという事実です。これがジンバブエのような国であれば完全に国家の破綻になったでしょうし、歴史的な事例で言えばポル・ポトのカンボジアのような阿鼻叫喚の大惨事になったことでしょう。

トランプ政治は民主主義にとっての反面教師としか言いようがありません。しかし、トランプのようなとんでもない政治リーダーでも、民意と法的なプロセスに訴えるしか手がない。体制転覆どころかそれに近づくこともできなかった。トランプの悪あがきはなおも続いていますが、いまとなっては２０２４年の大統領選挙での返り咲きは難しそうです。それどころか税務申告の不正や議事堂襲撃事件の責任について刑事訴追を受けるリスクに直面しています。頓珍漢なＮＦＴのトレーディングカードの発売は失笑を買い、さすがのトランプ支持者も離れつつある。

トランプ政権の４年間は、逆説的に民主主義や法治国家、言論の自由といった近代政治システムの頑健性を示しています。

こういう家に住みたい ——吉村順三『小さな森の家』

住宅建築の巨匠、吉村順三が自分で自分のために建てた軽井沢の別荘を解説しています。これほど実用的な本は滅多にありません。著者ならでは深い洞察がたっぷりと含まれています。

僕はいわゆる「豪邸」を建て、そこに住もうという人の気が知れません。ま、建てられないので心配はないのですが、住んでいて気分がよいとは思えません。ほとんどの人にとって家というのは私的な生活を楽しむ場所であるはず。質素であること、気持ちがよいこと、安楽なこと、なによりも時間の経過とともに飽きがこない、かえって住む人にとっての価値が高まっていく——これが理想の住宅だと思います。著者設計の住宅はこうした条件をすべて満たしています。

１９６０年につくられた吉村山荘は、誕生から60年以上が経過しているにもかかわらず、まったく古びていません。いまなおスタンダードであり続けています。実物を見ると驚くほど小さい。最後はこういう家に住みたいものです。

スタイル過労死――島﨑今日子『安井かずみがいた時代』

安井かずみ、と言っても40代より若い方はピンと来ないかもしれません。昭和の歌謡曲の作詞で活躍し、その私生活の華やかさ、カッコよさが時代のアイコンとなっていたクリエイターです。作詞した作品は４０００曲以上。「恋のしずく」「美しい誤解」「経験」「私の城下町」「自由に歩いて愛して」「危険なふたり」「草原の輝き」「古い日記」「危い土曜日」「激しい恋」「よろしく哀愁」――これらはいずれも安井かずみの作品です。作詞以外にも多数のエッセイを遺しています。

１９６０年代の日本の女性でこの人がおそらくいちばんカッコよかったのではないでしょうか。英語とフランス語が堪能でスポーツカーを乗り回し、夜な夜なキャンティで最先端の人々と集う。次から次へとヒットを生み、大成功しているにもかかわらず、努力しているところを一切人に見せない。

本書は安井かずみという魅力的な人物の実像を多面的に浮き彫りにします。対象が対象なので面白くないわけがないのですが、同時代のさまざまな人へのインタビューを重ねながら、次第にその実像が明らかになってくるという構成が素晴らしい。

作詞において安井はプロとして正統的な構えで仕事をしていました。難しいものは書かない。あくまでも大衆向けに分かりやすい言葉を使う。ディレクターの指示に忠実に書くが、完成された詩を直されるのは嫌う。安井はこう書いています。

> 私は如何なるテーマのものでもベストを尽くして書いた。打ち合わせや会議の時も、その一枚のレコードのプロジェクトチームが何を、どんな作詞を私に依頼しているのか、間違いなく、正確に請け負った。私は作詞のテーマに、未だかつて、ゆき詰まったり、困ったりしたことは一度もない。私は人生から多大で多面的

な体験や経験を与えられていたからである。

30代後半で加藤和彦と再婚すると（加藤も再婚で前妻はサディスティック・ミカ・バンドのミカ）、安井はそれまでの夜の前衛的なライフスタイルと決別し、昼の保守的で健康的な生活へと一気にシフトします。それまでつるんでいた加賀まりこやコシノジュンコといった尖った友人からも距離を置き、加藤との「理想の結婚生活」を「女の幸せの完成形」と定め、これに全力を投入するようになります。

僕が結婚したころベストセラーになった『ワーキングカップル事情』、二人の結婚生活の具体的なありようと背後にある生活哲学について書いた本ですが、これを読んで驚嘆しました。隅々まで計算されつくした華麗で優雅で美しい生活。あまりにも浮世離れしていて参考にはなりませんでしたが、確かに素敵な生活で、現実にこんなスタイリッシュな暮らしをしている夫婦がいることにインパクトを受けました。僕は読んだだいたいの本を処分してしまうのですが、この本は今でも本棚にあります。

安井かずみは加藤との結婚生活に全身全霊でのめり込みますが、１９９４年、55歳にしてガンで亡くなります。結婚前の前衛的な夜の安井かずみと結婚後のコンサバな昼の安井かずみ、どちらが本当の安井かずみだったのか。本書を読んだ僕の結論は、「どちらも本当でどちらも嘘」というものです。

安井は堅いサラリーマンの家に育ち、夜の時代も周囲にいる人（例えばコシノジュンコ）と比べて、自分のバックグラウンドや感覚が「ふつう」であることを自覚していました。昼の安井には確かに本当の面があった。それにしても、そのスタイリッシュぶりには過剰で不自然なものがありました。傍目には完璧な夫婦生活のように見えても、実際はさまざまな葛藤があったということを島崎の本は明らかにしています。

８歳年上の安井は加藤の前で完璧に魅力的な女性であるように努力をし続けます。加藤も加藤で過剰にスタイリッシュな人なので、安井に合わせて「日本一ゴージャスでおしゃれな夫婦」の実現に取り組む。好循環というか悪循環というか、ようするに共依存のような関係になってきます。吉田拓郎は次のように辛辣な回想をしています。

> 久しぶりに会ったＺＵＺＵ（安井の愛称）は、お前そんなことしないだろ、と思うぐらい家の中にいる女をやっていた。なんかちっちゃくなったなって。加藤の方は立派な男になっていました。お酒が飲めなかった男がワイン通になっていて、えらく一流ごのみになっていた。
>
> 僕からすると絵的におかしいな、と思うわけです。家はまるでホテルで、まったく生活感のない空間でした。普通、夫婦で十年近くも暮らせばもうちょっと漂ってくるものがあるけれど、それがまるでない。もっと言えば、あの六本木の家には暮らしなんて存在していなかった。人間は普通、あんなところに長年いたら疲れてしまいますよ。そんなものやるわけがないはずの加藤がＺＵＺＵと一緒にテニスやゴルフをやっていたのも、僕には、関係を維持するために必死になって共通の話題を作っているようにしか思えませんでした。

加藤和彦は安井の闘病生活を献身的に支えますが、安井の死去後は写真から私物から安井のものをすべて処分し、翌年にオペラ歌手の中丸三千繪と結婚します。よほど安井との結婚生活に疲れ、生活を完全に変えようとしたのかもしれません。中丸とも結婚5年目に離婚。加藤は２００９年に軽井沢で自死します。才能の使い方を間違えていた人、というのが僕の加藤和彦についての印象です。

あっさり言えば、二人の死はいずれも「スタイル過労死」と言ってもよいのではないかと思います。僕が衝撃を受けた『加藤和彦と安井かずみのＫｉｔｃｈｅｎ ＆ Ｂｅｄ』に描かれた生活こそが、歌詞以上に安井かずみの創造した作品の神髄でした。安井は１９８０年代に「結婚とか恋愛があたくしの人生でした。これからもそうです。スタイルを極めた生活に人生をしているその産物が作詞となり、エッセイになるのですから」と発言しています。

殉じたのは本望だったかもしれません。

自覚的生活
――安井かずみ『贅沢に、美しく大人の女』

死の3年前、著者52歳のときに書かれたエッセイです。素敵な大人とただのオバサンの違いは「愛することができるかどうか」「愛こそ人生だと分かっているかどうか」にある。人を愛するには自分を識っていなければならない。それが大人であり、大人になって初めて人を愛せるようになる――これが安井哲学の基底にあります。

愛するためには大人の女の情熱と執着と覚悟が必要だ――文字通り結婚生活を2人で創造する芸術として認識していたことがはっきりと分かります。それに向けて全力で努力する。「緊張感なしに、愛もない。ましてや緊張感なしに、自分の存在もない」――吉田拓郎に言わせれば「そんなの生活じゃない」ということになります。僕も同感ですが、これはもう安井という一大才能を持った人物に固有の気性であり個性であるとしか言いようがありません。

生活の隅々まで強烈な自覚と美意識を持って生きた人だけに、鋭い視点や洞察が本書にはちりばめられています。すっきりするためには極上の少量で装うことを心がける。これが品位となる。大人の女が足すものはパーヒュームと姿勢と笑顔である。

個性とは本人が普通だと思っているさりげない生き方、考え方、価値観であり、意識的に目立ったり反対したり大胆な振る舞いをするのは個性的でありたいふりにすぎず、いまだ個性ではない。きちんと生きていれば必ずその人の個性が出てくる。真に個性的な人は淡々としている。自分を個性的だとは心底思っていない。

とりわけ感心したのはこの考え方です。取捨選択の「捨てる」とは諦めることではない。意思でそれを取らずにこれを選んだという決意であり、自分にふさわしい、自分が好む状態を獲得した喜びである――安井マナーの「エレガントでビューティフル」な生き方の実践は大変な労苦を伴うもので僕には到底できませんが、自己の一貫したスタイルに殉じた人物ならではの凄味があります。

遠い昭和——安井かずみ『30歳で生まれ変わる本』

30代女性に向けた啓発書。いつもの安井節がよどみなく流れます。

> 何かに感動するためには、その何かをよく勉強していなければならない。根深い執着心で、それは何だろうと学習し、憧れ続け、やむにやまれぬ思いで、それと対面した時、どーっと感動が押し寄せるのだ。感動するということは知的行動である。だから感情的とはまったく違うのだ。（中略）感動は一方的にもらえるものではないのだ。（中略）感動を求めない人には感動は来ない。

著者の「女であること」のこだわりには尋常一様ならざるものがあります。僕は女でないので分からないのは当たり前なのですが、それにしても主張の重たさ、極端さにはついていけないものがあります。女はフィジカルに美しくなければならない。世の中を美しく彩る義務がある。男に近づかれる女でなくてはならない。全力で人生をかけて女でなければならない——こういう人には男も究極の理想を求めるわけで、ジッサイは相当に無理があると思います。

安井かずみは昭和の「現代的女性」のアイコンとして絶大な支持を集めました。若くして作詞家として成功し名声と経済的な自由を獲得、英語と仏語に堪能で、パリやニューヨークで浮名を流す。スポーツカーをぶっ飛ばし、レストラン「キャンティ」を根城にわがもの顔で洒落のめす。親友の加賀まりことの初対面は軽井沢の万平ホテルへの道で、加賀が馬に乗り、自分がスポーツカーに乗っているときだったと言います（ホントかな?）。遊びに行くのは赤坂のディスコ「M」。そこに集まる最先端の写真家、建築家、ファッションデザイナー、イラストレイター、アーティストとの華やかな交友。25歳での初めての結婚相手はトリノ大学の美術建築家を卒業したばかりのハンサムな日本人の若者。もちろん大金持ち。結婚式はローマのヴィラ・メディチ城で立会人はヴァルチュス伯爵——とんでもなくゴージャスでビューティフルな生活です。当時の日本にはこういう人に対してストレートに憧れる人が多かったはず。

現在でもそういう人は一定数いるでしょうが、それを表に出す人はほとんどすべてがマガイモノです。今となっては、本当にそういう生活をしている人は世間一般から知られずに「そういう生活」をしているのでしょう。キャンティに集まったりしません。それだけ日本も成熟したわけで、昭和が遠く感じられます。

足るを知る——ポール・スタンレー『バックステージ・パス』

『ポール・スタンレー自伝』の5年後、２０１９年に出た本で、著者が自分の仕事と生活の哲学を論じています。スタンレー68歳。ますます達観しています。

> 若いころの俺はプレイボーイ誌のプレイメイトを手に入れ、銀行口座にうなるほどの現金があれば、すべてが解決すると思った。（中略）俺をいじめていた同窓生たちに同窓会で会ったら、連中に自分の成功を見せつけてやると鼻息を荒くしていたこともある。でも、そんなことをしても気分は晴れなかった。若いころの俺を無視したのと同じタイプの女性に言い寄られたいと、必死に願ったこともある。でも、それが現実になっても、意味のある関係を築き上げることはできなかった。（中略）確かに俺は自分が望んだものは全部手に入れた。

> でも、俺の心は満たされることはなく、自分という人間に違和感を持ち続け、幸せと思ったことなど一度もなかったのである。

僕はプレイメイトを手に入れたことはないですし（当然ですけど）、銀行口座にうなるような現金もありませんが（当たり前ですけど）、気持ちは分かるような気がします。

それでも、そういう時期があって今の自分があることには変わらない。後悔はない。間違いを犯したおかげでいまここにいる——スタンレーは言い切ります。ＫＩＳＳは１９８０年代に入ると一度路線を大きく転換し、大失敗の末、元のハードロックバンドに回帰しています。「共産主義は、資本主義から資本主義へと移行する、最も長くて最も苦しい道だ」というハンガリーのジョークを引用していますが、これは巧い。

良い暮らしをすることが人生最大のリヴェンジだというのはおかしい、とスタンレーは言います。良い暮らしをしていたらリヴェンジはそもそも必要ない、良い暮らしとはリヴェンジしたいとすら思わない生活だ——言われてみればその通りです。

彼が至った真理は「自分以外の人を変えることはできない」「完璧を求めたら誰も幸せにはなれない」「不完全さを受け入れ、どう向き合うかで幸せは決まる」という至ってシンプルなもの。絶対悲観主義とも一脈通じるものがあります。

40数年来のパートナーとして愛憎半ばするジーン・シモンズとの関係もどんどん良くなったと言います。彼の言動で賛同できないことも理解できないこともある。しかし、彼はもともと「そういう人」なのであって、変えることはできないし、変える必要もない。すべては時間が解決してくれる。二人が一緒に築き上げたこと、共有していることを考えれば、取るに足らないことだ——これは仕事の人間関係においてとても重要な考え方だと思いました。

たくさんの人を知っているが、本物の友人は両手で数えられる程度。愛する人も両手で数えられるし、何本か指が余る——Love Gun不要、Shout It Out Loud無用の境地にあります。

安定の賢太世界——西村賢太『瓦礫の死角』

２０１９年に出た短編集。西村私小説は大好物でほとんど読んでいるのですが、未読の本書を発見してあわてて読みました。

表題作は安定の賢太世界。父が性犯罪者となり、家族は崩壊。姉は家出して音信不通。残された母を金をむしり取る対象としてしか見ていない主人公。７年の歳月を経て、父が刑期を終えて出てくることになり、恐怖におびえる母子に奇妙な連帯感が生まれる——読んでいて苦しくなるほど暗く重い話なのですが、その中にも不思議な温かみが残ります。所々で笑ってしまうようなユーモアも健在。唯一無二の味わいです。

藤澤清造に対する狂的な思い入れを綴る『四冊目の「根津権現裏」』もイイ。私小説と見せかけてどんでん返しのある『崩折れるにはまだ早い』は異色の傑作。ミステリー好きの著者の新しい資質が垣間見えます。著者の急逝が改めて惜しまれます。

社会進歩はゆっくりと——バートランド・ラッセル『怠惰への讃歌』

１９３２年から35年にかけて書かれた15編のエッセイが収録されています。仕事場の本棚を整理していてはるか昔に読んだ本書が出てきたので再読してみました。

表題作『怠惰への讃歌』はラッセルの思想が凝縮されている名文として有名です。議論が上手い巧い。

ナポリの旅行者の話。12人の乞食が日向ぼっこをしていた。旅行者はその中で最もなまけものに１リラをやろうと言います。11人の乞食はわれ先に得ようと飛びあがります。ところが1人だけじっとしているのがいる。1リラを得たのはその12人目の乞食でした——この旅行者のやったことは正しいというところからラッセルは議論を起こします。ラッセルは良心に基づいて一生懸命に働き続けてきた。しかし、仕事はよいものだという信念は多くの害を引き起こしている。幸福と繁栄に至る道は組織的に仕事を減らしていくことにある、と考えを変えます。

ラッセルは仕事を３つに分類しています。第1のタイプは、「地球の表面上、またはその近くにある物体の位置を相対的に変えること」。ようするに肉体労働なのですが、こういう定義を与えるところが数学者らしい。第2は、人々にそのような仕事を命令する人。第３に、土地を所有しているために、人々に居住しはたらくことを許可する代わりにその対価を支払わせる地主階級。

地主は怠惰で仕事をしていないのですが、彼らはラッセルの礼賛の対象とはなりません。怠惰でいられるのは他人の勤勉のおかげだからです。歴史的に見ると、彼らの怠惰への熱望が勤労至上主義を生み出している。

言うまでもなく、ラッセルの怠惰礼賛は彼の自由、平等、平和を希求する反権力的社会主義についてのひねりを利かせた主張です。相当のヒマがないと人生の最も素晴らしいもの——文明と教育——と縁がなくなる。この素晴らしいものを奪われている理由はヒマがないということにある。ばかげた禁欲主義に突き動かされて犠牲的に働く必要がなくなった現在（１９３２年）でも、過度に働く必要があると思い込んでいる。

労働は1日4時間でイイ。人々は疲れていないので、消極的で味気ない享楽だけを求めることはない。ごく一部の人は勤労に使っていた時間を公共的に意味のある研究に注ぐだろう。生活が研究に頼っていなければ、学会の長老が設けた基準に調子を合わせる必要もないし、独創性は妨げられない。普通の人々もすり減った神経や疲労の代わりに幸福な生活を享受するようになる。もっと人に親切になり、人を苦しめることも少なくなり、他人を疑いの目で見ることもなくなる。何より、戦争をしたがる気持ちがなくなる。なぜならば戦争は最も長く苛烈な労役を強いるからです。

ラッセルがこの文章を書いてから90年以上が経過しています。ラッセルが今の世の中（日本や韓国や台湾や欧米のような「先進国」）を見たらどう思うか。第1種の労働は明らかに低減している。労働時間は4時間にはなっていないけれども、当時の肉体的疲労は相対的にはるかに軽減されています。おそらく当時と比べれば、程度問題としては、人々は「人に親切になり、人を苦しめることも少なくなり、他人を疑いの目で見ることもなくな」っている。普通の人々の間で、戦争をしたがる気持ちがなくなったのは間違いない。

ただし、疲れてはいなくとも「消極的で味気ない享楽だけを求める」人は依然として多い。「すり減った神経、疲労、消化不良の代わりに、人生の幸福と歓喜が生まれるだろう」というところまでは行っていない。

本書を読み直した僕の感想を端的に言うと、「社会は進歩する。しかし時間がかかる」ということです。大学生のころに読んだときと比べて、この真実に対する確信は深まっています。ラッセルが思い描いたような社会主義に確実に近づいてはいますが、あと４００年はかかると思います。

『怠惰への讃歌』が出版された当時のヨーロッパ（ラッセルはイギリス人）は政治的な緊張状態にありました。第三インターナショナルの理論に基づく共産主義が広まり、その反動としてヒトラーやムッソリーニが主導するファシズムが台頭します。当時は、政治的に見て共産主義とファシズムだけが実際に取ることができる道であり、一方を支持しないものは結局他方を支持することになる、と思い込んでいる人が多数派でした。

こうした時代状況にあって、ラッセルは『怠惰への讃歌』に収録されている一編「前門の虎、後門の狼」で、共産主義とファシズムのどちらにも反対であると主張し、その理由を述べています。

なぜ共産主義はダメなのか。まず、マルクスの哲学に同意できない。レーニンの唯物論も理解できない。歴史的変遷に弁証法的必然があるという信念の理由が分からない。第2に、マルクスの余剰価値説を承認できない。マルクスの経済学は論理的ではなく、資本家に反対する立場を強化するためにリカードやマルサスの話を断片的に拾い集めている。第3に、権威崇拝をもたらす。人間に過失がないと考えるのは無理がある。第4に、民主的ではない。

プロレタリア独裁は実質的に少数の支配階級の独裁であり、支配階級の利益を追求して運営されることになる。第5に、私的自由を制限する。第6に、精神労働者に反対するものとしての筋肉労働者を不当に賛美する傾向がある——。

この先もリストは続くのですが、まったくその通りで、90年後の今となっては、当時のヨーロッパがなぜ共産主義にあれほどの期待を寄せたのかが不思議なぐらいです。もちろん当時はそうした同時代の雰囲気があったわけですが。

ラッセルがファシズムに反対する理由は共産主義に対するそれよりもいっそうシンプルです。いわく、共産主義の目的は分からないでもない（というのは、当時の資本主義にはあまりにも多くの問題があったから）。ただし、手段については上記の理由で賛成しない。一方のファシズムについては、手段はもちろん目的も好まない。

ファシズムは根本的な意味で反民主だとラッセルは言います。最大多数の最大幸福を政治原理として認めない。特定の国家や階級を最上のものとし、残りのものは選ばれた者のために尽くすように力によって強制される。たとえ一時的に成功したとしても、こんな体制が長続きするはずがない。なぜならば、経済的な国家主義に陥るから。ナチスを支持する勢力は国家的に組織された重工業で、彼らは戦争を必要としている。ファシズムが勝利を得るにしたがって戦争が近づく。戦争になるとすべてが崩壊し、ファシズムも一掃されてしまう。

要するにファシズムは自殺的だということです。ファシズムはレッセフェール（自由放任主義）や社会主義のようなきちんとまとまった信念ではなく、感情的な反抗にその本質がある。経済的に苦しめられている一部の中産階級や誇大妄想の産業界の大立者が反抗しているだけ。ファシズムはその支持者が求めていることを果たし得ないという意味で不合理だ、と言い切っています。ラッセルの慧眼はその後の成り行きを正確に言い当てています。この文章の結論としてラッセルはこう言っています。

共産主義およびファシストの独裁のいずれも望ましいものでないとするなら、かような独裁をそれだけが選ぶべき道として、民主主義を古臭いとけなす傾向はなげかわしい。人々が以上の独裁をそれだけが選ぶべき道と思うなら、そういう道になるだろうし、そう思わないなら、そうならないだろう。

今の世の中は１９３０年代前半と比べものにならないほど穏健なものですが、相対的に権威主義が復興し、民主主義への懐疑が強まっているのは事実です。プーチンのような乱暴者が邪悪なのは言うまでもありませんが、それ以上に民主主義国家の政治がヘンなことになっている。「そう思わないなら、そうならない」――これが基盤にして基礎でありまして、結局は一人ひとりの人々が何を価値基準として生きるのかに帰結します。ラッセルの主張と議論はいまなお重要な示唆を与えていると思います。

それにしても、です。『怠惰への讃歌』の日本語訳は読みにくい。僕が読んだのは平凡社ライブラリー版で１９５７年の訳です。古いということもあるのですが、日本語としてこなれていない。今の水準では読めたものではありません。翻訳の日本語もこの70年でずいぶんと進歩したものだと思います。せっかくの名著なのですから、まともな翻訳で復刊されることを期待しています。

第2章

対話する書評

経営読書記録　裏

経営する哲学者――ブルネロ・クチネリ『人間主義的経営』

イタリアのウンブリア州の田舎町の13人家族の家庭に生まれた著者は、幼少のころから牛を引いて畑を耕すのを手伝っていた。真っ直ぐに溝をつくるのが得意で、父に褒められた。なぜ真っ直ぐにすることが大事なのか。父に尋ねると、明快な答えが返ってきた。「その方が綺麗じゃないか」――清潔と秩序の大切さ、沈黙の価値、物事をシンプルにすることの重要性を日常生活の中で自然と習得した著者はカシミアセーターを作る小さな会社を立ち上げる。５年後にウンブリアのソロメオ村に移り、ここを「人間のための資本主義」を実現する場所と定めた。

人間のための資本主義は人間の利益を一義的に追求する。労働は健康で平和な生活を送るためだけにある、と著者は言い切る。消費者と生産者の双方にとって価値のある手作りの製品。手仕事の価値が行き渡った会社の文化。お互いを敬い、真実を重んじる人間関係。美しい労働環境。リラックスできる快適な休息時間。穏やかに生きていくために十分な所得。こうした原理原則は創業以来変わらない。「十分であることが豊かなこと」という考えだ。

綺麗事ではない。ビジネスとしても成果を上げている。「ブルネロ・クチネリ」は２０１２年にミラノ証券取引所に上場し、２０１９年には７７０億円の売上、１０５億円の営業利益、１４５億円の営業キャッシュフローを生む会社にまで成長した。

ＥＳＧだ、ＳＤＧｓだ、サステナビリティだ、と喧しい。背後には、資本主義下の企業活動が人間や社会の利益と背反するという前提がある。しかし、資本主義は道具にすぎない。それをどう使うかは人間に委ねられている。

著者の視座はひたすら長期的。自分の寿命の長さで物事を考えていない。「ゆっくり時間をかけて味わうことで、労働の成果の価値は高まる。樫の苗木を植えてもその木が大きく育って涼しい木陰を提供してくれる時には死んでいる。しかし、将来への投資であることに意味がある」

確かに短期的には経営者と株主と従業員と社会、それぞれのステークホルダーの利害はトレードオフの関係にある。しかし、時間軸を長くとれば、トレードオフは解け、自然とトレードオンになる。競争があっても、独自の価値を長期的に創り続けることができれば、利益を生む。利益は株主にも従業員にも還元される。そのためには何よりも人間が安心して穏やかに働き続けられる会社でなくてはならない。経営者はそうした場をつくることに責任を持つ。著者はその完全な手本と言えるだろう。

リーマンショックに直面した時、著者は社員に静かに語りかけた。「正直なところいま何が起きているのかは私にもわかりません。おそらくわれわれの想像を超えた大きい何かが起きたのでしょう。この会社には５００人の従業員がいますが、危機を耐え抜くお金が二年分あります。だから心配することはありません。ただ、今日は皆に特別なことをお願いしたいと思います。明日から一人一人が今日よりもさらに秩序正しく、愛想よく、創造的で、魅力的であるよう努めてください。それが我々にできるただ一つのことです。それ以外のことはわれわれの外部で起きていることであり、われわれには何もできません。だから心配することは無意味なのです」――危機のときこそ本当の姿が現れる。人間主義的経営の真骨頂だ。

思想を紡いで服をつくる。服に託して哲学を売る。完璧なスタイルがここにある。

［著者との対話］

楠木　ビル・ゲイツ氏に代表されるように、世界の経営者はあるひとつのテーマを決め、寄付や慈善活動を行っています。しかしあなたはより壮大で哲学的なテーマを掲げながらも、実際にされているのは、ブランドの拠点であり、わずか９００人ほどが住むソロメオ村の復興という、極めて具体的な活動です。その目的は?

クチネリ　18世紀に活躍した思想家のジャン・ジャック・ルソーが説いた、自然回帰による人間性回復という考え方に基づいています。

楠木　局所的なように見えて、包括的ですね。生活や仕事といった人間の根本にある場所を定義し、文化的な投資をしていらっしゃいます。

クチネリ　人は生まれたところで最後の人生が過ごせれば、それに越したことはありませんから。

楠木　２０１９年に、アメリカを中心とした世界の経営者たちが〝今後はシェアホルダー資本主義からステークホルダー資本主義の時代だ〟といった内容の共同声明を発しました。しかしコロナ禍の後、そうした経営者たちが一斉に社員を解雇する反面、株主へ配当を増やしていたことが判明しました。あなたはどう思いますか？

クチネリ　まったく賛同しません。人類の共存性に対する意識が欠けていると思います。私は２０２０年の３月12日に世界中の社員と繋げたビデオ会議で、従業員の解雇をしないこと、前年度の給与を保証すること、そして生産に関わる業者にも一切ディスカウントはしないことを伝えました。これは私たちの文化ですし、全人類が同じ問題に直面したときなら、なおさらです。企業は世界の創造物との調和の下に、正当な利益を生むことが大切なのです。

楠木　多くの人々が正しい行動に移せないのは、正当な利益の基準がどこにあるか分からないからです。あなたの基準はどこにありますか？

クチネリ　私は、全人類が生まれながらに持っている〝法〟を重んじています。その儲けはすべての人に利益をもたらしたか？　誰かを搾取して得たものか？　経営者は帰宅後、裸で鏡の前に立って自問自答すべきです。

楠木　そのように自省する本能が、人間に備わっているとお考えですか？

クチネリ　そう考えたいですね。さもなくば人類の成長はありません。我々は今、好き嫌いにかかわらず、新しい資本主義を必要としているのです。

楠木　その〝法〟とは、道徳以前に人間社会を成立させるために必要な原則でしょう。だとすると僕は、倫理とビジネスとは、決してトレードオフな関係ではないと思うんです。つまり長期的に考えれば、最も利益を上げられるようにするならば、倫理的でなくてはならない、と。あなたの経営はまさにそれを地で行くものですが、成長によって難しくなる面もあるのでは？

クチネリ　心配していません。伝わりづらくなるときがあったとしても、経営者が魂から発した文化や思想は人々に伝播し、それが正しく共有されれば、この大きな変革の時期にあっても、今後も維持できると考えます。そしてソロメオ村は調和のシンボルとして、私がいなくなった後も、今後数世紀にわたって残るでしょう。ただそれには、私たちが正真正銘な人間であることが欠かせません。あなたも正真正銘の先生であってください（笑）。

楠木　そうありたいと思います（笑）。ありがとうございました。

2つの自由――山口周『自由になるための技術　リベラルアーツ』

「自由になるための技術」というぐらいだから、「不自由」な状態とは何かを考えるとリベラルアーツの意味合いがはっきりしてくる。例えば、ローマ時代の奴隷。生まれた時代が違えば、著者の山口周氏と私はガレー船の底で横に並んでひたすら櫓をこいでいたかもしれない。自由な時代に生まれた幸運と幸福を噛みしめる。

　ローマ時代、リベラルアーツ（artes liberales）の対概念はメカニカルアーツ（artes mechanicae）だった。ガレー船をこぐ奴隷は一定のメカニカルアーツの持ち主だった。そうでないと船が動かない。しかし、彼らはリベラルアーツとは無縁だった。

　ローマの奴隷は今風に言えば「従業員」。奴隷と言っても生身の人間、主人が上手く使いこなすためにはアメとムチが必要だった。賃金はもちろん、日常生活についても、主人はわれわれが想像する以上に奴隷の働き方に気を配っていたらしい。奴隷にも手段――例えば自分の時間の使い方や仕事のやり方についての工夫――については一定の自由があった。メカニカルアーツに長けていることが優れた奴隷の条件だった。

　つまり、2つの違った種類の「自由」があるということだ。ひとつが、所与の目的をどのように達成するかに関わる手段の自由。メカニカルアーツを駆使するローマ時代の奴隷は、手段の選択においてはわれわれが想像する以上に「自由」だった。

もうひとつが目的選択の自由。リベラルアーツはこちらの方の自由を問題としている。手段を自分で選べるだけでなく、目的を自ら設定できる。自分が何をなすべきか、自分にとって何がいいことなのか、それが自らの自由意思に委ねられているという意味での自由だ。目的設定や価値判断は主人の専権事項だった。奴隷が奴隷である理由は、自分以外の誰か（＝主人）が決めた価値基準への従属を強制されていることにある。他者から与えられた価値基準から自由になる。そこにリベラルアーツの本質がある。

明治期の「創造的翻訳」によって、リベラルアーツは「教養」という日本語として定着した。著者が言うように、「自らに由って」考えることができる――これが最も正確で意味のある教養の定義だと思う。自らの思考と経験を積み重ねる中で、自分自身の価値基準を獲得する。自分以外の何物にも振り回されず、独自の価値基準に従って判断し、選択し、行動する。教養とはその人が拠って立つ基盤となる。もっと言えば、その人をその人たらしめているもの、それが教養だ。

「教養＝博識」と勘違いしている人がいる。教養とは、いろいろなことを知っていて知識の量が人よりもあるといったことではない。どんなに知識量が多くても、自分の価値基準に従って考え、判断し、行動できなければ、教養があるとは言えない。反対に、知識量は限られていても、教養に溢れた人はいる。自分の価値基準が明確で、自分がなぜそう考えるのか、自分の言葉で他者に説明できる。そこに教養が表れる。

本書に収められている著者と7人の対話は、それぞれの分野――中西輝政氏であれば国際政治史、出口治明氏であれば教育とダイバーシティ、橋爪大三郎氏であれば宗教、平井正修氏であれば禅、菊澤研宗氏であれば組織論、矢野和男氏であれば社会物理学とＡＩ、ヤマザキマリ氏であれば異文化体験――についての豊かな知識を伝授してくれる。しかし、本書を読む一義的な価値は個別の知識の獲得それ自体にあるのではない。リベラルアーツが何であって何ではないか、リベラルアーツとメカニカルアーツとの線引きがどこにあるのかを知ることにある。

繰り返すが、教養とはその人が自ら打ち立てたその人に固有の価値基準である。本書の中で、著者とそれぞれの対話者はさまざまな価値判断を下し、意見を主張している。その背後にある基準が何なのか。そこに教養の内実がある。さらに言えば、思索や経験を重ねる中で、それぞれの対話者の価値基準がどのように錬成されたのか。そこを読み取ることによって、リベラルアーツの輪郭はいよいよ鮮明になる。

その人に固有の価値基準という定義からして、教養に一つの「正解」はない。自由であるということは、人によって何が「よい」のかが異なるということに他ならない。「正しい・間違っている」ではない。ある人にはあるし、ない人にはない。教養とはそういうものだ。著者や本書に登場する対話者の価値観にすべて同意し、受け入れる必要はない。当然のこととして、自分の考えとズレがあったり、正面から食い違うこともあるだろう。それでも他者の教養に接することには大きな意味がある。自分とは異なる価値基準を知ることによって、自分の価値基準についての理解もまた深まる。

今日の昼食に何を食べるのかといった些事から、仕事でのここ一番の決断まで、生活や仕事は意思決定の連続だ。私たちは大小さまざまな判断と選択を繰り返す中で生きている。その判断基準を形づくるリベラルアーツは極めて実践的かつ実用的、しかも利用頻度の高い技術だ。リベラルアーツを味方につけることによって、人間は快適かつ思い悩むことの少ない生活を送ることができる。一方で、教養を持たない人は、「なぜ、あなたはそう思ったのか」「なぜそうした選択をしたのか」と問われても、「他の人が言っているから」「世の中の流れがそうだから」、会社であれば「上司の指示だから」という理由に終始する。外在的な基準に判断をゆだねるのは、楽なように見えて、実際は窮屈で不安で苦しいものだ。

リベラルアーツは仕事でも役に立つ。それどころか、自己選択と自己責任を原則とする現代社会において、とりわけリーダーにとっては不可欠の知的基盤となる。ただし、である。リベラルアーツは直接的に仕事で必要とされる「能力」ではない。そもそも、仕事で成功し目立つ成果を上げることと、人生を幸せに生きることはまったくの別物である。人が羨む成功をしながら、まるで幸せでない人は少なくない。逆に、仕事ではぼちぼちでも、幸せな人生を全うする人もたくさんいる。両者の分かれ目は教養の有無にある。

自分の人生を自分の思うままに生きる。これがいちばん大切なことだ。世の中は自分の都合で回っているわけではない。ほとんどのことが自分の思い通りにはならない。それでも、自己に内在化された価値観に基づいて考え、自律的に選択したことであれば、泰然として受けとめられる。失敗は反省や教訓として次につながる。ところが、出来合いの価値基準に乗っかった判断や行動であれば、うまくいかなかったときに犯人探しに明け暮れる。自分の外にある環境や状況を恨む。他責思考の先に人間的成長はない。

思い通りにならない世の中を、思うがままに生きる。そこにリベラルアーツの本領がある。

［著者との対談］

山口　楠木先生、ようこそおいでくださいました。『自由になるための技術　リベラルアーツ』の発刊を記念してこの対談となりますが、先生には書評をいただきましたね。

楠木　ええ、もう大喜びで書きました。

山口　ありがとうございました。では早速、伺いますが、まず先生はリベラルアーツとはどういうものであるとお考えでしょうか。

楠木　一言で言えば書名の通り「自由になるための技術」ですけれど、何かについて考えるときには、その対概念を置いてみると分かりやすくなります。リベラルアーツの対義語はメカニカルアーツ（機械的技術）、この分類はギリシャ・ローマ時代に遡ります。当時の社会には自由市民と奴隷の階層があり、奴隷の人々はメカニカルアーツを身につけ、専門知識を用いた仕事をしていました。奴隷といってもきちんと給料をもらい、仕事に関する創意工夫や裁量の自由があり、能力によって評価されるプロフェッショナル、専門技術職のような人々も数多くいました。

一方、リベラルアーツは自由市民でなければ身につけられないものでした。実務よりも、「何をすべきか」という目的選択、価値判断に関わる技術です。リベラルアーツを身につけているということは、「その人に固有の価値基準を持っている状態」と言えるでしょう。

日本ではリベラルアーツという外国語に対して明治期にさまざまな創造的翻訳がなされ、「教養」に落ち着きました。その言葉のイメージからか、単なる基礎学問であるととらえられがちです。もちろんそうした面もあるのですが、イタリアの大学で教えていた時に気づいたのは、リベラルアーツとメカニカルアーツは異なるものとして横に並ぶ関係であるということです。

リベラルアーツはローマ時代の末期に、文法・修辞学・弁証法・算術・幾何・天文・音楽の自由七科に定義され、その上に哲学、さらに神学があるという体系がつくられました。工学や経済学のような新しい分野はメカニカルアーツに分類されます。私が教えていたボッコーニ大学は経済学・経営学を専門に学ぶ新しい大学で、ミラノ大学のような伝統的大学には経済学部はありませんでした。

山口　オックスフォード大学で最も有名なカレッジの一つ、ベリオール・カレッジの学部もＰＰＥ（Philosophy, Politics and Economics）といって政治経済と哲学が一緒になっています。他のカレッジにも独立した経済学部はなく、経済学は大学院で学びます。

楠木　イギリスもイタリアもそうだと思いますが、なぜ伝統ある大学に経済学部がないのかと言えば、時期尚早だということです。あと数百年もすれば伝統的な学問になるだろうという感覚ですよね。リベラルアーツは単なる基礎分野ではないというのが、本来の位置づけです。

山口　日本では最近、大事なのは実学で、役に立たない学問を大学で教える必要はないなどと言う人もいます。でも、そうした人がよくお手本として挙げるアメリカの大学教育がどうなっているかというと、例えばハーバード大学には経済学部も工学部も医学部も法学部もありません。このことはあまり知られていないようですが、ハーバード大学にはリベラルアーツ学部しかなく、その中の専攻という形で特定分野にウエイトを置いた学習をしていきます。大学で広く学ぶ中で進路を選び、大学院で専門知識を身につけるわけです。

一方、日本の大学は受験の段階で学部を選ばなければなりませんから、むしろ専門化が早いとも言えます。大学の形がこうなったのは、明治維新後、欧米列強に早く追いつこうと、リベラルアーツをじっくり学ぶよりも実学優先で殖産興業に邁進したためでしょう。そのおかげで、西洋が数百年かかった近代化を50年足らずで成し遂げました。ただその背景には、リベラルアーツとして意識されていなくても論語や朱子学などが身についていて、学問の強い足腰となっていたことがあるのではないかと思います。

楠木　そうですね。役に立つか立たないかで言えば、リベラルアーツほど役に立つ、実用的なものはないと思います。例えば、お金が好きな方は多いですよね。僕もわりと好きですけど。

山口　嫌いな人はあまりいないですよね。

楠木　なぜお金が好きなのか。オプションが増えるからだと思います。僕は今日、地下鉄でここまで来ましたけれど、もう少しお金があればタクシーで、すごくお金持ちならヘリコプターで、というふうにオプションが増えていく。これがお金の便利なところです。

ただし、お金があれば自由が手に入るかというと、そんなことはまったくありません。増えたオプションのどれを選ぶかは、その人の価値基準にかかっている。自分の中に価値基準がなくてお金というオプションだけたくさん持っているような人がいます。そういう人は自分の外にある物差し、世間の基準で判断するしかないわけです。モノの価値を値段や他人の評価でしか測れないというのは、かなり不幸なことではないでしょうか。ラ・ロシュフコーという、「うまいこと」をたくさん言った人がいます。

山口　『箴言《しんげん》集』ですね。

楠木　ええ、その中に「人が幸福になるのは、自分が好きなものを持つことによってであり、他人が好ましいと思うものを持つことによってではない」という一節があります。これはまさにリベラルアーツがなぜ役に立つのかを示しています。自分の価値基準がなければ、いくらモノやカネがあっても、定義からして幸せにはなれません。

山口　リベラルアーツは価値判断の基準になるものとおっしゃいましたが、「価値判断」というのは、なかなか深い意味のある言葉だとあらためて思います。経営学では、企業の価値はバリュエーションの計算式に数値を入れて、算出した結果で評価されますよね。その計算式が物差し、価値判断の基準になっています。一方で、その物差し自体は本当に優れているのか、正しいのかという判断もあります。つまり「価値判断」には、あらかじめ与えられた物差しで判断をする階層と、物差し自体の価値を問う階層という2つの階層があると思います。

　リベラルアーツが関係するのは、物差し自体の価値を問う階層ですね。価値判断の基準そのものに批判的な眼差しを向けられるかどうか。自分の外側にある物差しから自由になれるかどうかに関わっています。

楠木　山口さんが『ビジネスの未来』に書かれていたように、ＧＤＰ（国内総生産）という物差しは、もともとアメリカで、世界大恐慌の影響によっておかしくなっている社会と経済の状況を全体として把握したいという目的のために開発されたものですよね。ある種の価値判断に使おうという目的があって開発された指標なのに、今やそれが国の価値を計る指標となり、その数値を高めることが目的のようになっている。だから、物差し自体を疑う必要があるのではないか、何をよしとするかは自分で決めるべきではないかと。

　僕の専門である競争戦略に関連して言うと、経営者はさまざまな戦略的意思決定を行います。例えばＡ、Ｂ、Ｃという3つのオプションがあって、何らかのメカニカルな技術を駆使してそれぞれの期待利益率を計算したら、Ａは10％、Ｂは20％、Ｃは30％となりました。いちばん高いＣを選びましょう、というのは意思決定とは言えません。価値判断を伴っていないからです。戦略的に重要な判断ほど、単純に「いいことを選ぶ」のではなく、「いいことの中からどれを選ぶのか」が問われます。それが本当の意味での意思決定であり、選ぶ時にはその人の中にある物差し、リベラルアーツが必要です。リベラルアーツなしには経営はできないはずです。

山口　先生にぜひ伺いたいと思っていたのが、経営における戦略と自由度の問題です。戦略を決めるとき、一般的には資源を分散するのではなく集中して投入するのがよい、中途半端はよくないと言われています。一方で、さきほどお金があるとオプションが広がるとおっしゃっていましたが、経営でもオプションが多いのはよい状態ですよね。

楠木　そうです。

山口　オプションが少なくなることは、必ず何らかの危険を伴うことになる。こうした選択と集中と、オプションの多さ、自由度の高さの兼ね合いという問題は、どのように整理できるのでしょうか。

楠木　たしかにオプションがたくさんあることはある種の自由なのですけれども、リベラルアーツ＝自由になるための技術と言うときの自由は、人のつくった基準に従属していないという意味ですよね。「自《みずか》らに由《よ》る」ということです。豊富なオプションを抱えていても、結局はその中から何かを選択しなければなりませんから、本当に重要なのは何を選ぶかであり、その選択は意思決定者の価値基準に基づいて行われます。

　そう考えると、自分の価値基準がしっかりとあって、それに忠実に生きるということは、傍から見れば不自由であるかのように見えるかもしれないですね。実際は自分に従っているだけなので自由なのですが。

山口　そのことに関連して、先生の『逆・タイムマシン経営論』はたいへん楽しく拝読しましたけれど、その中に「同時代性の罠」というキーワードがありましたね。私は「呪い」と表現していますけれど、その人の行動の自由度を狭めるトラップが世の中にはあります。例えば今なら「ＤＸ（デジタルトランスフォーメーション）」ですね。デジタル化しないと時代に取り残されると言われる。あるいは昔の「４００万台クラブ」。スケールの小さい自動車メーカーは淘汰されると言われた。そうした呪いが、経営の世界でも個人レベルでも昔からたくさん言われ続けています。

先生は「戦略とは特殊解である」とおっしゃっていますね。つまり、「○○で成功した」というのは、あくまでもその企業やその人独自の戦略ストーリーにおいて成果が得られたということであって、「○○」だけを切り取って持ってきても成功するわけではないと。そこを勘違いしてはいけないのですが、「これからは○○だ」というトラップ、呪いと言うべき風説がさまざま流布される世の中で、それに惑わされずに自由を保つということは、やはりものすごく勇気が要ると思います。

楠木　そうですね。まさに呪いですね。「おまえに呪いをかけてやるぞ」と言われて喜ぶ人はいないはずなのに、「これからはＤＸですよ」「ジョブ型雇用ですよ」という呪いは、むしろかけてほしがる人がいます。リベラルアーツがないと、呪ってもらわなければ何がいいことなのか自分で決められないからです。もちろんＤＸもジョブ型雇用も武器になるものですが、それでうまくいくかどうかは個別の問題です。ですから、経営の基点にして起点は教養なのです。

山口　「自由である」ということはすごくパラドキシカルだと思います。先生も楽器を演奏されるのでお分かりになると思いますが、楽器って最初は自由に弾けません。子供が何も分からずピアノの鍵盤を叩いて音を出すのも、自由と言えば自由ですが。

楠木　機械的な技術という観点では不自由な状態ですね。

山口　おっしゃる通りです。楽器でも道具でも自分の体でも、自由自在に扱えるようになるためには、徹底的に訓練をすること、ディシプリンが必要です。一方で、訓練すればするほど、型通りの動きしかできなくなって、ある種の自由さを失っていくという側面もありますよね。

　これは経営学の勉強でも同じようなことが言えるのではないかと思っています。まず学ぶのはセオリーと言いますか、ある種の成功パターンですよね。例えば、物流なら一度に多く運んだ方が高効率であるといった原理原則、あるいはそれぞれの業界におけるＫＳＦ（Key Success Factor）といったものを自分の中にため込んでいくことが経営学の勉強です。

　ところがパターンをため込んでいくとそれに縛られてしまい、非合理に見えるけれど良い戦略というものに気づかなかったり、環境の大きな変化に対応できなかったりする可能性があります。

楠木　音楽の例で言うと、以前にもこの話を山口さんとしたと思うのですが、私が演奏するエレクトリックベースの界隈では、ものすごく指が速く動いて難曲の速弾きなども完璧にこなしてしまう人がいます。でも、人を感動させる素晴らしい演奏ができても、人を感動させる素晴らしい曲をつくれるとは限りませんよね。作曲というのは、自分はこういう音楽が好きだということを表現する、リベラルアーツの発露だと思います。でも演奏は、場合によっては機械的な技術を追求して、自由になるための技術を殺していくという側面もあります。

　似たような例で言えば、「教養」と「博識」も別物ですね。同じ意味にとらえている人も多いのではないかと思いますが、どんなに博識でも無教養な人というのはいます。つまり、知識は豊富だけれども自分の中に価値基準がない人です。反対に、ものすごく広い知識はなくても、自分の経験、日々の生活から学んで自分だけの基準をつくり上げ、それに忠実に生きている人もいます。そういう人はリベラルアーツが身についているのだと思います。

　経営学の知識が豊富にあったとして、それを活かしつつ自分で判断ができる人もいれば、それにとらわれて変化に対応できない人もいるのではないでしょうか。

山口　よく分かりました。視聴されている皆さんからどんどん質問が寄せられていますので、ここで少しお答えしましょうか。

　最初の質問は「自由になるとはどういうことでしょうか。何からどのように自由になるのですか?」。これは今までの議論の整理になりますけれど、ある種のとらわれ、呪いから自由になるということです。

楠木　書評にも書いたように、「思い通りにならない世の中を、思うがままに生きる」ということですね。

「自由とは人のつくった基準に従属していないこと、つまり主観的な価値判断ということですか？」という質問もありますね。これはその通りです。

山口　主観ということについて少し補足すると、現象学を提唱した哲学者フッサールの言葉に「間主観」というものがあります。客観とは自分の外にあって他人と共通理解できること、主観は逆に個人の中にあるもので、場合によっては他人との間で共感や理解が成立しないこともある。間主観というのは、例えば美に対する感覚は人それぞれの主観的なものですが、「美しい」ということに対する同意、相互理解は成立するというように、主観と客観の間で同意が成立するという概念です。リベラルアーツに基づく主観的価値判断というのは、単なる独善ではなく、間主観に近いことではないかと思うのですが。

楠木　もともとはその人がよいと思うことですから、あくまでも起点は主観です。ただ結果的に、その人の価値判断に触れた周囲の人たちが共感したり、それに惹かれたりすると間主観ということになります。

　教養がある人の例として私がよく挙げる藤沢武夫さん、本田宗一郎さんと一緒にホンダを世界的な大企業に育て上げた方ですが、その藤沢さんと本田さんは、あれだけ二人三脚で仕事をしてきて、経営の第一線も同時に退いたのに、そのあとはほとんど話もせず、会うことすらなかったそうです。本田さんは賑やかな方なので、いつもご自宅に友達が集まってわいわいやっている。そういう集まりに藤沢さんは行かないので、「なぜいらっしゃらないのですか」と聞かれたところ、「趣味じゃない」と答えたそうです。これが教養だと思わされますね。主観的な価値基準に忠実に、思うがままに生きるとはどういうことかが、このエピソードに凝縮されていると思います。

山口　経営者の教養ということで言えば、先日あらためて調べてみたのです、小林一三について。

楠木　すごい方でしたね。

山口　ええ、分析すればするほどすごい経営者だと感じます。阪急グループの創始者として知られていますが、彼の経営戦略は鉄道事業と不動産事業や小売事業を同時に展開することで相乗的に需要を創出していくというもので、今日の私鉄経営モデルの原型となりました。

鉄道事業で利益を上げようとしたときに、普通の発想なら運賃改定と付帯サービス向上を中心とした戦略を立てると思います。ところが彼は沿線住民を増やすことで利用者を増やせばよいと考え、延伸予定地の周辺をどんどん買収して宅地を造成し、さらに金融機関と組んで住宅ローンでの分譲というビジネスモデルもつくりました。それによって中産階級の人々が家を買えるようになり、沿線の人口が爆発的に増えていったのです。

さらに、平日だけでなく、休日の鉄道利用者も増やそうと動物園や宝塚歌劇団をつくり、ターミナルビルに百貨店をつくり、ホテル事業、野球場建設、球団設立、果ては夏休みの旅客需要を増やそうと、甲子園大会の前身となる高校野球の全国大会まで始めました。

インフラとライフスタイルを含む系《システム》を最初からつくってしまおうという自由な発想は、普通の人にはなかなかできないと思います。そうした壮大な構想を持てたのは、「こういうライフスタイルをつくっていきたい」というビジョンがあったからでしょう。美術にも造詣が深い粋人、教養人でしたから、郊外の緑に囲まれた田園都市にゆったりと暮らし、週末には家族で買い物や観劇を楽しむような生活文化のイメージをつくり上げていたのだと思います。

楠木　すごいのは、彼の言う「大衆」にはそうした文化のイメージさえなかった時代に、これから社会や産業構造が変わり、余暇の時間が増えていく中での理想の暮らしというビジョンを持っていらしたことですよね。しかも、そのビジョンに忠実に、ぶれずに意思決定をしていった。

山口　整合性があるわけですね。

楠木　そうです。まず自分の価値基準があったから、そのプロポーザルとして普遍的価値を持つようなモデルを生み出せたのです。

同じ経営者で言うと、山口さんがおっしゃった明治維新後の発展は学問の足腰がしっかりしていたからではないかという、その代表例が渋沢栄一ですね。彼の基本的な価値基準は「最も道徳的であることが最も経済的である」というもので、トレードオフだと思われていた2つの要素をトレードオンだと位置づけ、実際にそのような系をつくった。このことがさきほどの間主観、要するに「だよね」という共感を生み出し、現在に至るまで日本の資本主義の父として尊敬されているわけです。

　彼と同時代には、よく対比される岩崎弥太郎をはじめ、大倉財閥をつくった大蔵喜八郎、浅野財閥の浅野総一郎、東武鉄道をつくった根津嘉一郎といった、野心に溢れた起業家たちがわんさかいました。渋沢栄一は、彼自身は極めて道徳的な人でありながら、そうした野心家の面々も可愛がり、その意欲を買って支援しました。彼は自分自身の判断基準がはっきりしているだけでなく、それに乗ってくる人に対する度量も広い。こういう人が本物の教養人なのだろうと思います。

山口　事業とお金との距離のようなものってありますよね。小林一三も渋沢栄一も、はるか遠くのお金が見えたのではないかと思います。だからこそ目先のお金にとらわれず、それまでの商売の常識、戦略の常識から自由になれたのではないでしょうか。

楠木　おっしゃる通りですね。系が最初から見えていたから、リスクも取れたのでしょう。彼らのように、遠いところにあるお金、儲けに対する態度には、教養が強く表れると思います。

　これは最近読んで感動した本で、ご紹介しようと思って持ってきたのですが、ブルネロ・クチネリの回顧録『人間主義的経営』です。彼は上質なカシミア製品を主力とするイタリアのファッションブランドの創立者で、「人間の尊厳」がクリエイティブにつながるという経営哲学を持つ、ものすごいリベラルアーツな経営者です。業界トップの世界的大企業というわけでありませんが、きちんと収益も上げています。

山口　今、ブランド評価ではエルメスと同等のランクにあるそうですね。

楠木　僕にはちょっと手が出ない価格帯の商品ですけれどね。この本を読んでリベラルアーツが何の役に立つかという問いに対して、「変化への強さ」が挙げられることにあらためて気づきました。

自分の外にある基準に価値判断を委ねている人は、社会の大きな変化があると当惑してしまいます。一方、クチネリさんは、あのリーマンショックが起きたとき、重要な会議で次のような内容の話をしたそうです。「正直なところ今何が起きているか私には分かりませんが、この会社には５００人の従業員が危機を耐え抜くお金が2年分あります。だから心配することはありません。明日から一人ひとりが今日よりもさらに秩序正しく、愛想良く、創造的で、魅力的であるよう努めてください。それが我々にできるただ1つのことです。それ以外のことは外部で起きていることで、心配することは無意味なのです」と。

続いてトーマス・モアの言葉を引用しながら、「変えることができないものを受け入れ、その中でよりよく生きるように努めた」ということを書いています。人間に対する尊厳を大切にするという基準が確固としてあるからこそ、不確実性に直面しても動じない。

今回のコロナ騒動も、本当の意味での教養、その人の中に確固たる基準があるかどうかを露呈させましたよね。

山口　続いて参加者の皆さんからの質問に答えていきたいと思います。「（リベラルアーツを深める方法として）旅に代わるものはありませんか?」とのことですが、海外に行くことで日本を相対化して見ることができ、常識から自由になれるという側面はあると思います。

楠木　そうですね。私のようにあまり旅が好きでない人にとっては、擬似的な経験ではありますが、読書が十分に旅に代わりうると思います。

山口　今はバーチャル空間で旅をすることもできますし、心の旅というのもよいものでしょう。海外ということで言えば、先生が独特の立ち位置におられる、いい意味でエキセントリックでおられるのは、南アフリカで幼少期を過ごされたことと関係があるのでしょうか。

楠木　いや、それほどでもないと思います。もともと懐疑的な性格なんですね。ややひねくれている。でも、「本当にそうなのかな」「自分はちょっと違うけどな」という感覚を持つことは、ものごとを考えるうえでとても大切です。それがやがて自分の価値基準を形成していきます。横並びというのは個々の基準がないことの裏返しですから、何らかの「ずれ」が教養につながるのだと思います。

山口　次に「飛び道具トラップに気をつけろ。DXは飛び道具ですか?」というズバリな質問が来ています（笑）。

楠木　DXそれ自体が飛び道具かそうでないかという客観的な判定はできません。ある経営の文脈では一気に物事を変えるような飛び道具になるかもしれないし、またある文脈では無駄になるかもしれない。だから個別の文脈で考えることが必要だというのが『逆・タイムマシン経営論』で言いたかったことです。

山口　次の質問はなかなかいいところを突いています。「日本には協調的幸福という傾向があり、人のつくった基準に従属していないと協調的になれません。この協調的幸福、周りとの調和と、付和雷同せず独自の価値基準があることはどう考えればいいですか?」と。

楠木　行動や言動が協調的だったとしても、それは自分の持っている基準に従ってそうしているケースもあるでしょう。一方で、ご質問の「協調的」というのが、本当は考えが違うのに、もしくは自分の考えがないから、とりあえず人と一緒に行動するという意味だとすると、それは窮屈で不幸なことです。協調的幸福というのは語義矛盾です。普遍的、社会的な善悪に関わること以外は自分の基準で動くべきで、調和を求められてもそうしたくないと思ったら、藤沢武夫さんのように「趣味じゃない」と言うのが正しい姿勢のように思います。

山口　楠木先生とは別の角度から協調的幸福について言うと、まず人と協調していることでどれぐらい幸福を感じるかは、個人差がかなりあります。私の場合は統計的に低い方の1%に入るようで、99人がAだと言っていても「何言ってんのBだよ」と平気で言えるタイプらしいです。

2つ目は、過去のいろいろな研究結果や名言をひもとくと、孤独というのは悪いことではないと言えます。『荘子』の中に「君子の交わりは淡きこと水のごとし、小人の交わりは甘きこと醴《れい》の如し」という一節があります。小人物はベタベタとした付き合いをするが、教養人は重荷になるような付き合いをしないものだということを言っている。

　また、マズローは晩年の研究で、自己実現を果たした人に共通する15の特徴をまとめているのですが、その中に孤独を好むことや、ごく少数の人と深い結びつきを持っていることが挙げられています。

　そう考えると、リベラルアーツは「独りでも安心して生きられるようになる技術」という言い方もできますね。日本社会は特に同調圧力が強く、自分の判断基準に従っていると孤独になる局面は多いと思いますが、独りでもいいと思えることが幸福につながるのではないですか。

楠木　ええ。そうでしょうね。自分の中に軸があれば、人は人でいいよねと思えますから、リベラルアーツがあるかどうかで周囲の人に対する距離感も変わります。

山口　それで思い出したのが、自殺希少地域の研究です。日本は自殺率が高い国ですけれど、市区町村単位で見てみると、人口あたりの自殺の発生率にはかなり差がある。岡檀さんという自殺予防因子についての研究者が調査したところ、少ないところはほとんどが島にあるのですが、島以外で10位以内に入ったのが徳島県海部町（現在の海陽町の一部）だったのだそうです。その原因を探ろうとフィールドワークやアンケート調査を行い、結果を『生き心地の良い町』という書籍にまとめておられて、これがたいへん面白いのです。

楠木　いい研究ですね。

山口　海部町で自殺が少ない要因の一つとして見つけ出したのが、「赤い羽根共同募金が集まらないこと」なのだそうです。隣の人が募金したから自分も出すという発想がなく、人は人、自分は自分と考える。同調圧力は野暮だという価値観を海部町の住民は持っているのです。だからといって完全に孤立しているわけではなく、困ったとき、必要なときは過不足なく援助するような関係が成り立っている。

　この本を読むと、日本人って一括りで考えがちですけれど、地域によっても人によっても違うということをあらためて感じます。ですから、日本人の協調的幸福というものは本当にあるのか、疑ってみることも必要かもしれません。

楠木　教養とかリベラルアーツの表れとして、「気持ちよく放置できること」もあると思います。「つながらなくてもいいじゃない」とか、「絆って言われるとちょっと重いな」とか。

山口　「絆」は大切ですが、一歩間違うと呪いに転化してしまう側面もありますからね。

楠木　そうですよね。皆さんの中には日本の同調圧力の中で閉塞感や生きづらさを感じて、海外に憧れている方もいるかもしれません。でも、外から見ただけでは分からない問題がある。どこでも一長一短あるものです。結局のところ外的な要因、環境は変えられませんから、自分の中でリベラルアーツを育てて判断基準を持つことが必要です。それによって世界のとらえ方も変わっていくのではないでしょうか。

今こそ原点回帰の時——名和高司『シュンペーター資本主義の先を予言した史上最高の経済学者』

１００年以上前、29歳の若さで「イノベーション」という概念を創造したシュンペーター。この偉大な経済学者の遺産を今日的な文脈に置き直して解読する。とにかく読みやすい。考察の対象が知的巨人であるだけに、かなりの分量のある本だが、一気に読んだ。

多くの人がイノベーションという概念を誤解している。「イノベーションは0→1の創造」「変革を進めるためには両利きの経営が必要」「新たな機会をとらえリスクを取るのが企業家の役割」——こうした言説はいずれもシュンペーターの説くイノベーションとは似て非なるものだ。イノベーションの重要性と必要性が広く認識されている今こそ、シュンペーターのオリジナルな定義と議論に立ち戻るべきだ、と著者は言う。

第3部「資本主義の先を見る」はとりわけ考えさせる。一貫して資本主義の本質を見据えたシュンペーターは、名著『資本主義・社会主義・民主主義』で資本主義の終焉を予想した。イノベーションをエンジンとする資本主義はその成功ゆえに自壊し、徐々に社会主義にシフトするとシュンペーターは考えた。

マルクスが死んだ1883年にシュンペーターは生まれている。経済を「機械」ではなく「生き物」としてとらえ、動態的に分析し、結果的に社会主義への移行という結論に至る――シュンペーターとマルクスには共通点が多い。しかし、決定的な違いがある。マルクスはヒトを労働力としてとらえた。これに対して、シュンペーターはヒトを知力の源泉と見なした。外的な力による革命は必要ない。資本主義はその内在的なメカニズムゆえに社会主義へと自然に移行する、とシュンペーターは言う。

著者の答えは「志本主義」。資本主義が曲がり角にある今、改めて個々の経済主体の「志」が問われている。すなわち、シュンペーターの初期の著書『経済発展の理論』への回帰だ。

［著者との対話］

名和　つい先日、ファーストリテイリング代表取締役会長兼社長の柳井正さんと話す機会がありまして、拙著『シュンペーター　資本主義の先を予言した史上最高の経済学者』のことをすごく褒めてくれたんですよ。あの方が褒めるのは珍しいんですが、「イノベーションの本質を突いている。ここに書いてあることが本当のイノベーションだ」と言っていただけました。

楠木　イノベーションという概念を初めて突き詰めた人が、シュンペーターですからね。日本では、新しいことを生み出すインベンション（発明）とイノベーションを取り違えることが多いですが、明らかな誤用です。イノベーションの本質は「社会実装」と「スケール化」という、人々の暮らしを変えて、行動変容を起こすことにあります。

名和　イノベーションは「技術革新」と訳されることも多いですが、シュンペーターは技術だけに特化していないんですよね。本書でも触れていますが、シュンペーターは、イノベーションを起こす切り口として、商品、プロセス、市場、サプライチェーン、組織の５つがあると説いていて、中でも市場や組織について多く語っています。それなのに、なぜか技術革新と誤解する人が多く……。これも誤用です。

楠木　例えば、京都大学の山中伸弥教授らが作製に成功したｉＰＳ細胞は、科学的な発明としては画期的なものですが、まだ広く一般にスケールできていないことからイノベーションではないわけです。ここを全部ごっちゃにして「イノベーションを起こせ！」とか言ったりする。ずいぶんと底の浅い話だな、と思いますね。

名和　柳井さんも、まさに楠木さんと同じことをおっしゃっていました。世の中はすごく浅い話をしていて、それに飛びついちゃっているところが間違いだ、と。

楠木　「イノベーションの時代だ！」「今こそイノベーションを！」などと掛け声をかけたくてしょうがない人がいる。声を張り上げるのは構いませんが、まずは正しく理解することが先決です。

名和　イノベーションは「０から１」の発明と違って、ゼロからの創造ではないんですよね。これまでに組み合わせたことのない要素を組み合わせる「新結合」によって、新たな価値を創造することがイノベーションの最大のカギです。新しいアイデアを出すことだけに、時間と労力を割いて終わりにするのはもったいないことです。既存のもの同士の新結合によって、新しい世界を見出した方がインパクトは大きい。そして「１→10」のマネタイズを経て、「10→１００」にスケール化するのがイノベーションの意義です。

楠木　新結合というのは、「進歩」ではないんですよね。そもそも、進歩ではとらえきれない現象をとらえるために、新しく必要になった概念がイノベーションです。イノベーションの条件は非連続的です。価値のディメンション（次元）そのものが変わるということですね。ここに世の中に対するインパクトの大きさがあります。

そういえば、初めて日本語に訳されたシュンペーターの本で、イノベーションが「新機軸」と訳されていたことを思い出しました。彼の本が翻訳されたのは比較的早くて、１９３０年代のこと。新機軸とは、それまでのものとは違った新しい工夫ややり方を意味して、ディメンションが変わることを意味しますから、かなり的を射た創造的翻訳だと思います。

名和　確かに、当時の翻訳家は、かなりセンスがありますね。少なくとも、発明や技術革新と誤用してしまう人たちよりずっと……。

楠木　今や、イノベーションのような概念でもなんでも、ネット上で要約されたものが多いですよね。手軽に調べられるのはメリットですが、それを見て分かった気になっておしまいにするのは違う。新しい概念が出てきたら、どうしてこういう概念が出てきたのかな、と古典に当たってほしいんですよね。

名和　まったくもって同感です。古典に当たる＝原点に立ち返る、というのは遠回りのようで、物事の本質に近づくいちばんの近道ですからね。世の中で流布するものについては、その裏側を探って、本当に正しいことかどうかを見極める姿勢が肝要です。本質に迫らないと正しい解釈も、求める結果も得られません。

楠木　本質をつかまないと実行に至らないし、自分の行動になりません。

名和　上滑りや、誰かの物まねで終わります。

楠木　よく古典的なものを理論でしかなくて、実行は別物だと言う人がいるんですが、その考え方はもったいないと思います。突き詰められた理論ほど本質を突いたものはない。実行や実践においても価値が高いんです。名和さんの本でも重要な論点の一つになっていますが、イノベーションの正しい意味と一緒に、イノベーションの担い手であるアントレプレナー（起業家）とは、本当のところどういう人なのか、ということも正しく知ってもらいたいと思います。

名和　アントレプレナーとは、夢を見る人であり、行動する人であります。シュンペーターは、「アントレプレナーは、潮の流れに逆らって泳ぐようなものだ」とも述べています。

私が教える学生でスタートアップ企業を運営する人たちがいますが、世の中を変える気概を持って命懸けでやって、どれだけのインパクトを出せるかが、本物のアントレプレナーだぞ、と言ってます。新しいものをちょろちょろ作って満足してるんじゃないぞ、と。

楠木　名和さんのご著書を読んで再確認したのは、イノベーションの担い手であるアントレプレナー（起業家）は、経済的リスクを取るリスクテイカーではない、ということです。経済的リスクを取るのは、資本を提供する銀行家の役割で、アントレプレナーの役割は、内発的動機で捨て身になって事に当たることだ、と。

名和　銀行家からお金を集める「番頭」的な存在もアントレプレナーに必要不可欠で、むしろ彼らも銀行家だと言えます。日本の代表的なアントレプレナーである松下幸之助にも本田宗一郎にも番頭がいて、彼らが銀行からお金を集める役割を担っていました。番頭は組織の中に存在していて、かつて明治や昭和の時代にはこのペアが機能していたんです。だから、松下幸之助も本田宗一郎も数々のイノベーションが起こせたのでしょう。番頭がいるから、アントレプレナーはリスクを考えずに、イノベーションの実現に向けて思い切り飛ばすことができたわけです。

楠木　近年、本物のアントレプレナーが出てこない裏には、番頭不在という問題が隠れているんですね。

名和　その分、現代の銀行家に頑張れ、と言いたいですね。ベンチャーキャピタルの場合、投資先は上場して終わりにしてしまいますよね。イノベーションで大事なことはその先で、市場に大きくスケールすることなのに。

楠木　上場後も、長期的に支援するリード株主のような存在は、日本にはいないんですよね。そもそも、日本はスタートアップの上場のタイミングが早過ぎる印象もあります。スタートアップがブームになってきているからか、すごく小粒な企業が上場して、その後成長することもスケールすることもない。

名和　結果、ゴミの山ができてしまう。最近は政府もスタートアップ、スタートアップと焚《た》きつけるものだから、ゴミの山が大きくなるばかりです。日本でユニコーン企業がせっかく生まれたとしても、大きくスケールしていかなければ藻くずと消えてしまう可能性もあります。

　そうならないように、やはり銀行家やリード株主のような味方が必要なんですよね。どんなに有能なアントレプレナーも、市場にさらされると数字が気になってしまって、情熱がしぼんでしまいがち。市場の声に合わせ過ぎて翻弄される結果、パーパス=志を見失うとも言えます。

楠木　ゴミの山と言えば、日本にはオープンイノベーションによる失敗事例のゴミの山もできていますね。オープンイノベーションを、単に企業間の境界を越えてコラボすることだと勘違いしてる人が多いせいでしょう。

名和　おっしゃる通り！　自分たちではどうにも変われないから、外部から知恵を借りてくることのように解釈している人も多いんですね。しかしその実、自分たち独自の資産に磨きをかけて一流の価値を持つことが、オープンイノベーションを成功させる前提です。自分たちが一流でなければ、一流の相手と組むことはできません。二流であれば二流以下の相手としか組めず、二流×二流=四流という結果に。市場に出る前に、勝負がついてしまっています。

楠木　オープンイノベーションは、経営学者のヘンリー・チェスブロウ氏が２００３年に提唱した概念で、僕は約25年前、たまたま研究対象が同じだったので、米ハーバード大学にいた彼と共同で研究して、いくつかの論文を一緒に書いたことがあります。

当時はまだオープンイノベーションという言葉は使っていませんでしたが、実質的にはオープンイノベーションについて論じていました。その後、彼は研究を本にまとめて世界的に大ブレイク。彼が提唱した概念や本の内容にはもちろん意義があるのですが、受け取った側がオープンイノベーションという概念を誤解して、そのまま世の中に広がってしまったことが問題です。

名和　以前、楠木さんに紹介していただいてチェスブロウ氏に会いに行ったとき、彼は世の企業はいかにくだらないことをしているか、と嘆いていました。正しい意味でのオープンイノベーションをしている企業は世界的にも例がないと言ってましたね。

楠木　日本での成功例はユニクロと東レの協業だと『シュンペーター』の中でも取り上げていましたね。

名和　ユニクロの大ヒット商品になった「ヒートテック」は東レとの共同開発品で、試作を重ねること5年。世に出るまでに5年もかかってるわけです。「ちょいのり」でできることではありません。

楠木　勘違いした人の中には、オープンイノベーションは自社にはない技術や知識を利用することだから、効率的で時間を買うことと同じ、などと言う人がいますが、5年かかるわけですからね。よほど強い相互信頼がない限り、できることではありません。

　東レはユニクロと組んだからこそ、とんでもないスケールを果たしましたよね。ヒートテックに次いで「エアリズム」も世に送り出すこともできて、自分たちの技術を価値あるものとして広めることに成功。5年かけてコミットした結果だと思います。

名和　5年も対等な関係を保てていることも注目すべき点です。オープンイノベーションは関係をコントロールするのが難しくて、Ｍ＆Ａ（合併・買収）に走る人たちが少なくありません。買収しちゃえば、相手は言うことを聞くと考えるわけですが、それは買収側に相手の価値を何倍にもする力がある場合のみ。力不足で、相手の力だけに頼ったＭ＆Ａは関係性が崩れて失敗します。独立した一つの企業対企業として、緊張感を持って切《せっ》磋《さ》琢《たく》磨《ま》するからこそ、シナジー（相乗効果）が生まれるんです。

楠木　Ｍ＆Ａして自分たちのところで抱え込んでしまうと、緊張感がなくなって、依存的な人材ばかりになりますからね。

名和　そしてまた、二流×二流＝四流という結果になる、という非常に皮肉な成り行きになります。オープンイノベーションの概念が悪いわけじゃありません。間違った解釈をして安易に飛びつく人たちの質の問題です。

楠木　今、多くの企業がイノベーションに躍起になっています。過去の成功体験が邪魔をして、いわゆるサクセストラップに陥って、組織やシステムを変更できないところも少なくないでしょう。そうした問題を解決する人気の経営手法と言えば「両利きの経営」ですね。

名和　両利きの経営について本にまとめたのはスタンフォード大学の経営大学院と、ハーバード・ビジネス・スクールの2人の教授です。「知の深化（今まで培ってきたノウハウや経験をできるだけうまく活用しながら深めること）」と、「知の探索（同じことだけをやっていると行き詰まるから、新しいことにチャレンジすること）」を同時に行うことでイノベーションが起きて、社員のパフォーマンスが上がる、という理論で、『両利きの経営』という日本語版初版が発売されたのは3年以上前になりますね。

楠木　もともと知の深化と探索を提唱したのは、スタンフォード大学のジェームズ・マーチ教授で、半世紀も前のことです。それが時を経て両利きの経営として広まったものの、海外では今ではあまり注目されていません。それなのに、日本ではいまだ人気が衰えていないんですよね。断っておきますが、概念として間違っているわけではありません。僕にとって興味深いのは、日本で人気を維持し続ける点です。

名和さんは本の中で、「両利きの経営はリスクを取れない組織のトップに非常に優しい理論で、すごく都合がいい経営手法とも言える」とズバリ指摘されていましたね。僕も同意見です。よし、今までやってきたことは「深化」して残して、新しいことを「探索」して始める両利きの経営をすればいいんだ、という結論ほど都合のいいことはありません。なぜって、決断を先送りできますからね。

名和　両利きの経営の成功例として、富士フイルムのイノベーションを挙げる人がいますが、それは間違いです。富士フイルムがイノベーションに成功したのは、もともとある強みを軸に新しい鉱脈を掘り当てたからです。具体的に言うと、カメラのデジタル化が進んで経営が悪化したとき、彼らは看板商品だった写真フィルムづくりを止めて精密化学メーカーとして根っこに戻り、液晶ディスプレー用のフィルムを開発しました。深化に深化を重ねて「進化」したわけで、新しいことに手を広げる「探索」ではないんですよね。

シュンペーターも、「イノベーションとは革命（レボリューション）ではなく、進化（エボリューション）から生まれるもの」と言っています。富士フイルムはその後さらに医療機器や印刷システム、化粧品、健康食品などの開発にまで進化しましたね。従来通りに写真フィルムを作りつつ、新しいものも作り始めた、なんていういい加減なやり方ではありません。

楠木　従来の看板商品を手放すのは、ものすごく大きな痛みとリスクを伴う決断ですよね。一度根っこに戻る作業は、停滞感のあることでもあります。そうした痛い思いを一切したくない人たちが、「両利きの経営」に飛びついているんですね。深化と探索はコインの裏表のようなもので、表裏一体だと思います。探索することは深化であり、深化そのものが探索することになる、というのが本当のところだと思います。

名和　おっしゃる通りで、空き地を見つけてちょっと掘ってみても、鉱脈に当たる確率は極めて低いけれど、自分がよく知ってる土地なら鉱脈を当てやすいわけです。自分の強みはいちばん近いところにあって、そこを深掘りしてほかに負けないものに育てていく。これは企業の成長に限らず、一個人の成長にも通じる話ですね。

楠木　名和さんは、強みはいちばん近いところにあって、それを深掘りする重要性について、一貫して主張されていますよね。でも、世の中は一貫して誤解し続けている。それはなぜかというと、みんなもともと持っていたものを捨てる決断をしたくないからです。なかには、捨てるべきものだと分かっているけれど、捨てるのが嫌だから見て見ぬふりをしている人もいるでしょう。

名和　そういう人たちにとって、何も捨てずに済む両利きの経営は本当に都合がいい。それで深化という名の下に、もともとの事業を続けて、新しいことを探索すればいいんですから。なんのリスクも取らずに済む都合のいいことばかり取り入れて、やっている感を得て気持ちよくなっているだけ。それではイノベーションはおろか、成長することもできません。

楠木　繰り返しますが、両利きの経営というコンセプトが悪いわけではないんですよね。ただ、誤用・誤解している人が多い。時代とのズレもあると思います。今の潮流はコングロマリット・ディスカウント（多くの産業を抱える複合企業の企業価値が、単体事業を営む企業の株価より低下して、低く評価されること）です。何をやったって競争がある。

自分の土俵にフォーカスして深掘りすべき、ということで、他の企業ができないことを極めることでしか競争に勝つことはできない、という論理です。

名和　柳井正さんにお会いしたときにも、まったく同じことを言っていましたね。「いずれ我々はＧＡＦＡに全部取られる可能性があるから、本気で専業を深掘りしてやらない限り、生き残れない。広さではＧＡＦＡに太刀打ちできなくて、専業だけが生き残る道。余計なことをするな。そんな暇はないはずだ」と。

楠木　競争に勝つにはそれしかないんですよね。本気で勝とうとしている人はそうしている。痛みもリスクも伴わないことだけをやって勝負に勝てればいいですが、世の中そんなに甘くありません。あれもこれも、と「探索」しても、それをもっとうまくできる競合他社がいればやっても意味はありません。トップが腰を据えてリスクを取り、桁違いの時間とコストをかけて強みを磨いていかないと勝てない。もし、自分の会社の経営陣が繰り返し両利きの経営と言っていたら、要注意だと思いますね。決断を回避している可能性がある。

名和　確かにそうですね。経営者とはリスクを伴う意思決定をする人のこと。それなのにリスクを取らずに済む選択肢を取るというのは、やる気がなくて、やったふりをするだけの軽い経営者ということになります。

　日本の企業は成熟してしまっています。成熟しているというのは、いいことでもなんでもなく、衰退の始まりを意味します。それでも何かしなくちゃいけないというときに、手に取りやすい都合のいい選択肢が、両利きの経営なんですよね。成熟した状態から成長するには、シュンペーターが言う「創造的破壊」、すなわち、それまでの構造を破壊して、新しく組み替えることで創造を生み出すことが必要です。そうやって企業の「中」を入れ替えなければ、真のイノベーションは起きません。

楠木　おそらく、本気で経営している人は、両利きの経営と聞いても、経営はそんな簡単な話ではないと受け止めると僕は推測しています。破壊して新しいものを想像するのは痛みを伴うことですが、その痛みこそ、経営者としての本領発揮なわけですから。

逆にニセモノの経営者――僕は〝代表取締役担当者〟と呼んでいますが、彼らの多くは、自分の任期を乗り切ることで頭がいっぱいで、両利きの経営を都合よく誤用していると思います。

名和　そういうタイプの社長には、オープンイノベーションという概念を、単に企業間の境界を越えてコラボすることだと勘違いして、失敗事例を増やす人が多いですね。

楠木　もし自分の任期のことしか頭にないトップの下で働いていたら、見切りをつけて辞めるか、会社のリソースをうまく利用して好きなことをするか、のどちらかを選択することをお勧めします。後者を選択した場合、もしうまくいかなくても、会社のお金でリスクを取れるので自分の懐は痛みません。それが勤め人の最大のメリットです。

名和　会社のリソースを利用して好きなことをするっていいですねえ。実業家で、京セラ・第二電電（現・KDDI）創業者の稲盛和夫さんも、そうだったんですよ。大学卒業後、松風工業という碍子《がいし》メーカーに入って、そこでファインセラミックという新しいセラミックの開発に着手しました。会社の上層部はいい顔をしなかったのに、課長の立場で開発に必要な人材を採用したりして。そうして培った技術を母体にして、京セラを創業したわけです。

私自身も、大学卒業後に入った三菱商事で好き勝手させていただきました（笑）。トップは数年間の任期を終えたらいなくなることが分かっていたし、運よく、なんでもやってごらん、というタイプの人だった。本当に色々やらせてくれましたね。すんなり許可してくれないときは、少々ホラを吹いて大風呂敷を広げたことも。それでも三菱商事の名前でやると協力してくれる人がたくさんいたから、結果的にはうまくいった。一人ではできないことも、会社の名前があるからできることがある、というのは楠木さんが言う通りだと思います。

楠木　イントラプレナー（社内起業家）は、会社の名前も資金も使えるからリスクを取る必要なし。大失敗しても、ノーリスク。居づらくなったら、別の会社に移ればいいだけのこと（笑）。そのくらい社員もずぶとく、ずうずうしく、会社を利用しよう、という気持ちでやっていっていいと思います。

名和　せっかく会社の名前と資金を使えるんですから、できればフルスケールで市場化してほしいですよね。大きな看板を掲げられる大企業に勤めている人はなおのこと。今のイントラプレナーがよくないのは、小さいものをいっぱいやって満足している点。一つひとつが全然スケールしてなくて、看板を活用できない結果に終わってしまっているんです。0→1のアイデア出しから、1→10のマネタイズまではできていますが、マネタイズできたら成功にしてしまう。本当の成功とは、10→１００にスケールできること。10で終わらせてしまったらまったく意味がありません。

なぜ、看板があるイントラプレナーでさえ10から１００にできないのか。それはそこそこのレベルで満足して、圧倒的な仲間づくりや圧倒的な力をつけるという発想になっていないからだと思います。リクルートのように、10までやってもゴミにすぎない、１００までいかないと成功ではない、と言い続ける迫力ある会社が本当に少なくなりました。

楠木　その根本的原因は、経営者に事業欲が欠けていることにあると僕は考えています。

名和　日本的なサイズでやるのが、心地いいんでしょうね。国内で認められたら、世の中で認められたということにしている。グローバルで認められようという発想がない。日本企業が全体的にサブスケール（規模縮小）している原因は、そこにあると思います。

今回『シュンペーター』を執筆しながら、イノベーションの力は多くの企業に求められるだけでなく、現代という多くの問題が山積した時代を乗り越える力になることも痛感しました。

気候変動をはじめ、動物や植物、菌、バクテリアなどの生物多様性の危機は待ったなしで、ＥＳＧ（環境・社会・企業統治）やＳＤＧｓ（持続可能な開発目標）と言われるものの、私たちはまだ答えを出せていません。経済的な閉塞感も漂っています。それなのに、かつての右肩上がりの成長を追い求めたり、逆にリスクを避けて現状維持に努めたり……。そうした状況を打破するには異次元の想像力が必要で、それによって起きるイノベーションにしか解決の糸口はないと思います。掛け声だけのＥＳＧや、善意だけのＳＤＧｓでは地球を破壊から救うことはできませんし、経済も社会も動かず、いい会社も生まれません。

楠木　今、世界中で「資本主義の行き詰まり」について語られていますが、そのことをシュンペーターは１００年以上前に予想していますね。

名和　行き詰まりと同時に「資本主義の再構築」も語られて、「新しい資本主義」が標榜されていますね。若いＭＺ世代（１９８０年代半ばから90年代初頭に生まれたミレニアル世代と、その後の90年代後半から２０１０年の間に生まれたＺ世代の2世代を合わせたもの）の間ではカール・マルクスの社会主義思想が再注目されて、左傾化が進んでいると言われます。現状の体制に甘んじているかのように見える日本の若者も、実は例外ではなく、マルクスの『資本論』をヒントに「脱成長コミュニズム」を説いた『人新世の「資本論」』（斎藤幸平・著／集英社新書）はベストセラーを記録しています。

ただ、私の目には行き過ぎというか、軽過ぎる変化に思えます。社会主義に傾倒する人の多くは競争することをやめて道徳的に生き、「本当の豊かさや幸せを追求する」などと掲げますが、それは「逃げ」でしかないからです。刹那的で、気分を楽にしてくれる麻酔のような作用があるんでしょうが、競争がなければ新陳代謝もなく、経済も停滞してしまいます。

楠木　道徳的なことと金儲けは相反するもの、と勘違いしている人が多いんですよね。渋沢栄一の『論語と算盤《そろばん》』も、算盤をはじいて金もうけに走り過ぎないように、論語に書かれた道徳をもって制することが大事、という話だと勘違いしている人がいますが、そういう人は『論語と算盤』をちゃんと読んでいないと思います。渋沢栄一が説いているのは、算盤だけのヤツは欲がない、ということ。なぜなら、本当にいちばん儲かる仕事をしようとしたら道徳的な商売をするに限るからです。真剣に利益の増大を追求すれば、自然とＥＳＧやＳＤＧｓを満たすことができる。

名和　シュンペーターも、利他的なことがいちばん儲かる、と言っています。本物の人が考える本質は同じですね。

楠木　戦略のストーリーに沿って時間軸を延ばして長期的な目線で見れば、何の矛盾もなく利益とESGとSDGsともつながって一致します。一致しないのは、短期で見ているから。短期の方が見通しやすいから、制度も設計も透明性の名の下に短期へ短期へと流れていってしまうんですが、その流れを長期的な視点で回復しなければいけない。その役割を担うのがリーダーで、だからこそパーパス（志）が必要なんですね。

名和　目の前のゴールしか見ていない人たちに待ったをかけてステップバックさせ、長期的な視点で見直そうと促すのがパーパスの役割ですからね。その意味で、今私たちに求められているのは資本主義ではなく「志本主義」。シュンペーターも、右でも左でもなく、「第3の道」を自分たち自身の志を頼りに歩み出さなければいけない、と言っています。

楠木　シュンペーターをはじめケインズら当時の学者は、資本主義が行き着く未来は、成熟し過ぎる結果、みんなやることがなくなる、と予想しました。どんどん豊かになっていくと、みんな週に3日しか働かなくなる。あらゆる問題がビジネスによって解決されて、経済活動は後退する。新事業は生まれなくなって、残るのは米・味噌・しょうゆのような純粋消費だけに偏るのではないか――。ところが、いまだにそんなことは起きていないですよね。ということは、人間の志の本質は新しい価値をつくることに向くから、そう簡単にはビジネスは終わらない。

もちろん、競争をやめて「本当の豊かさや幸せ」を追求する人がいていいと思います。昔のように、つるはし振るわないと食っていけない、という時代ではありませんから。そういう選択ができることも、20世紀の資本主義の達成だったと言えるでしょう。ただ、みんながみんなそうしたいわけではない。強烈な事業欲を持って、どんどん競争したい人もいる。

名和　ある意味、二極化していますよね。その中で、誰がリーダーシップを握るのか、と言ったら、やはり志のある人になると思います。自分が行きたい未来に合わせて、リーダーを選ぶべき時代。ただし、競争がなくて気分を楽にしてくれる方を選びたくなったら要注意。思考停止に陥っているも同然なので、今一度考え直すことをお勧めします。

似て非なるもの――レジー『ファスト教養　10分で答えが欲しい人たち』

「手っ取り早く知識を獲得してライバルに差をつけたい」「そうしないと競争から脱落してしまう」――こうした欲動や不安に駆られた昨今の学習のあり方を著者は「ファスト教養」と名づけ、批判的に考察している。ファストファッションはファッションの一分野であり、ファストフードもまたひとつの食のあり方だ。しかし、ファスト教養は教養ではない、というのが読後の結論だ。

教養は「リベラルアーツ」の創造的翻訳だ。すなわち、自由の技法。ここで言う自由とは、「目的を選択する自由」を意味している。ようするに、その人の価値基準だ。古代ローマの奴隷は自らの価値基準に基づいて目的を設定する自由を持たなかった。「こうあるべきだ」と考えるのは市民であり、奴隷はそれを達成する手段を持っているだけ。この点で奴隷は市民に隷属していた。

自由であるということは、その人が、自分の頭と言葉で練り上げていった価値基準があるということ。これが教養の定義だ。自己の価値基準の錬成を目的としていないファスト教養は本来の教養とは似て非なるものだ。

だとしたら、何が目的なのか。「ビジネスに役立てたい」というのだが、あっさり言って「手っ取り早くお金を得ること」が目的になっていると著者は指摘する。人生を豊かにするための教養が財布を豊かにするための小知恵にすり替わっている。

お金はある種の自由をもたらす。しかし、その実態は「選択肢が増える」ということでしかない。選択肢の中から何を取るかを決めるのは、個人の価値基準にかかっている。お金があって選択肢が多いということと、価値基準において自分が自由であるということを、ファスト教養は混同している。自己の価値基準の錬成どころか、価値判断がお金の多寡という物差しに従属してしまう。これは奴隷の状態に他ならない。
　私見では、ファスト教養の正体はエンターテインメントにある。ＹｏｕＴｕｂｅの「教養系動画」を見るのが楽しみだという人がいる。これは僕が『緋牡丹博徒』を見るのと同じことで、スキなだけやればイイ。ただし、教養の獲得手段としては間違いなく間違っている。それどころか、本来の教養からどんどん離れていく。手っ取り早い要約に頼るのではなく、まともな本をじっくり考えながら読み、自分の言葉で価値観を形成する。その方がよほどファストに幸せになれるはずだ。

［著者との対話］

レジー　こうして対立構造をつくると、「ファスト教養」が低俗で、「古き良き教養」が素晴らしいというような印象を持たれるかもしれません。しかし、教養というものはいつの時代も、ある程度は「立身出世」や「モテ」といった願望に結びついていました。それも踏まえて、一概にファスト教養を浅いと断じたり、おとしめたりしたいわけではないことを付け加えておきます。

楠木　おっしゃるようなファスト教養について、僕は別に悪いことだとは思いません。こういう学び方がお好きな人は、好きなだけやればいい。ただ、僕はそういう人とは友達になりたくないということです。世の中にはファストファッションやファストフードがあります。ファストファッションは、ファッションのひとつのあり方ですし、ファストフードだって、ひとつの食のあり方です。ただ、ファスト教養に限って言えば、これは「教養」ではありません。本来の教養とは何の関係もないものです。

――そもそも「教養」とはなんでしょう。

楠木　日本語の「教養」は、英語の「リベラルアーツ」の創造的翻訳です。「リベラルアーツ」の対義語は、「テクニカルなアーツ」です。テクニカルな技法というのは、「ある目的を達成するための技術なり手段」を意味しています。テクニカルなアートの対義語として、リベラルなアートというものがある。すなわち、自由であるための技法ですね。

　自由であるということは、その人が、自分の頭と言葉で、また、自分の経験で練り上げていった価値基準があるということ。それがすなわち、「教養がある」ということです。この定義において、「ファスト教養」は教養ではありません。自分なりの価値基準を獲得することを目的としていないからです。

レジー　ファスト教養が特徴的なのは、いま楠木先生がおっしゃった「自由」というもののとらえ方が、先ほどのまとめで言うところの「ビジネスに役立てたい」という部分に直結しているところではないでしょうか。よりストレートに言えば「お金によって自由を得る」という考え方ですね。

　最近で言うと、「リベラルアーツ大学」という人気の〝教養系〟ＹｏｕＴｕｂｅチャンネルがあります。このチャンネルが提供しているのは、基本的にはお金の稼ぎ方や増やし方に関する知識です。そういうコンテンツが「リベラルアーツ」という名称で流通しているのは、ひとつ象徴的な事象だと感じます。

楠木　いまおっしゃったことは、まさにポイントだと思います。お金というものを間に入れて考えてみると、「自由になるための教養とは何か」ということが非常にはっきりする。お金はある種の自由をもたらしてくれます。しかし、その自由とは、必ずしも価値観における自由ではありません。

　もちろん、僕もお金は好きな方ですし、ないよりはあった方がいいに決まっています。しかし、お金があると何がいいのかというと、「選択肢が増える」だけなのです。お金がないと徒歩で行くしかないところを、お金があれば電車に乗れる。もう少しお金があればタクシーが使える。大金持ちならヘリコプターやジェット機をチャーターすることもできる。

　でも、こうして増えた選択肢の中から何を取るかを決めるのは、個人の価値基準です。お金があって選択肢が多いということと、自分が自由であるということを混同してしまうと、自分の価値基準が喪失されてしまう。そして、人がいいと思うものを手に入れられる状態が幸せだということになる。それはつまり、奴隷と同じ状態ですよね。

レジー　楠木先生の『絶対悲観主義』でも、いま先生がおっしゃられていたような、「自分の価値基準をどうつくるか」というお話を、いろいろな形でされていたのが印象的でした。どこに発表する予定もないのに、ご自分しか読まないレポートを、延々「セルフ発表」されていたというエピソードなどは、まさに個人の価値基準をどれだけ持っているかというところにつながるお話だと思います。

僕自身も、ファスト教養へのひとつのアンサーとして、「自分の〝好き〟が何なのかを見つけよう」ということを本の中でメッセージとして強調したつもりだったので、すごくリンクしますね。

楠木　ちょっとトリッキーなのは、その人が自分の頭と言葉で考えた末に「人がいいと思うものを手に入れることが、自分にとっての幸せである」という結論に達したなら、それはそれで立派な教養であり、価値基準であるということです。

もしくは、エンターテインメントとして、それ自体が目的になるということもあり得ます。先ほどの「リベラルアーツ大学」を見るのが毎晩の楽しみだという人にとって、ファスト教養は何かを達成するための手段ではなく、それ自体が目的です。僕がヤクザ映画を見るのと同じことですね。

大切なのは、目的と手段の関係をはっきりさせておくことです。そのときに、何よりも重要なのが「目的を先に考える」ということです。何が目的なのかを自分でつかんでいないと、どんな手段を選んでも意味はありません。

――ファスト教養に対するニーズの背景には「勉強しないと競争から脱落してしまう」という焦りや不安があるとレジーさんは指摘しています。こちらはさらに切実な話ではないでしょうか。

楠木　それは、問題がないから不安が出てくるだけの話です。本当の問題が目の前にあれば、不安なんて感じないですよ。

レジー　なるほど。マズロー的な話ですね。生きるか死ぬかについての欲求が満たされているからこそ、上位の欲求が出てくる。

楠木　戦国時代に生きていたら、不安なんて言っていられないと思いますよ。現代の日本みたいな普通の国に住んでいて、食べるのに困ることもなく、深刻な健康の問題もないからこそ、不安というものが出てくる。要するに、暇だから余計なことを考えるわけです。

　これに対する僕のアドバイスは「心配するな。きっとうまくいかないから」。それが僕の「絶対悲観主義」です。

　みんな暇だから、ついＳＮＳとかを見てしまう。ＳＮＳではみんな自分の人生のいちばんいい部分だけ切り取っている。そんなところばかり見ていたら、それは不安にもなりますよね。

レジー　不安と折り合いをつけるにはどうすればいいですかという質問を事前にいただいたので、メモを準備していたのですが、そこには「ＳＮＳをやめる」と書いてあります。まあこれは半分冗談なのですが、次に書いたことは決して冗談ではなくて「ＮｅｗｓＰｉｃｋｓに出てくるような〝成功者〟に影響されない」（笑）。

　先ほどの「目的を考えよう」という話にもつながるのですが、「競争から脱落してしまう」という不安があったとして、結局、誰と何のために競争しているのかとか、競争によって何を得たいのかといったことを、どこまで具体的に自分で理解できているのか。それを一度振り返ってみる必要があると思います。

楠木　不安な人には「まあ、落ち着け」と言いたい。とはいえ、どうやったら落ち着けるんですかと聞かれても、「深呼吸してください」ぐらいのことしか言えませんが。いったん落ち着いたら、ＮｅｗｓＰｉｃｋｓ的な語彙で言えば、「解像度が高い」言葉で自分の目的を把握する。最初のうちは、自分で言語化したものに納得がいかないと思います。すると、何が自分の価値基準なのか、もっと解像度を上げていきたいと思うはずです。

　そのときに「あの本を読んでみようかな」という気が起きる。その本を読むときに、「倍速」で読んだりはしないと思います。読書の目的が「他人から博識だと思われたい」みたいなところにはないわけですから。それが僕は、本当の教養への入口になると思います。

諦めから行動が生まれる——高森勇旗『降伏論』

タイトルが実に巧い。幸福への入り口は降伏にある。すなわち、サブタイトルにあるように、できない自分を受け入れるということだ。

「俺はこんなものじゃない」——自分の可能性を信じて、一生懸命頑張っていれば、結果は必ずついてくる。結果が出なくても、一生懸命が自己正当化になる。これまでのやり方を変えず、一生懸命やる。当然、結果は出ない。で、どうするか。「次はもっと一生懸命頑張る」——この悪循環に嵌ると、そのうちに自分のパフォーマンスと正面から向き合うことができなくなる。これまで通りに一生懸命にやること（だけ）が自分の存在証明になる。ようするに手段の目的化だ。

世の中には成功するための方法論が溢れている。にもかかわらず、現実に結果を出せる人は少ない。なぜか。こうやったらうまくいくという方法論はアプリケーションにすぎないからだ。次から次に新しいアプリケーションをスマートフォンに入れても、ＯＳが間違っているときちんと作動しない。

本書が提示するＯＳは明快だ。まずは諦める。「俺はこんなものかもしれない」と諦めることだ。完全降伏すれば、一生懸命の呪縛から解放される。素直に現実を直視し、「すぐに」「大量に」「具体的に」動けるようになる。「いいところを取り入れよう」と選り好みするのは禁物だ。自分にはそこまでの判断能力がないことを受け入れる。下手に判断してしまうと、元の自分に引き戻されてしまう。できるところから少しずつではない。いまこの場で見たこと・聞いたこと・言われたことを即座に行動に移す。自分の判断が介入しそうになったら、躊躇なくその逆を行くべきだと著者は言い切る。

野球に一生懸命に取り組み、ドラフトで指名されプロ野球選手にまでなった著者。6年後に戦力外通告を受け、ビジネスコーチに転身している。自らの経験に基づいた主張には切実なものがある。だから議論に迫力がある。何よりも文章が抜群に上手い。細かなニュアンスの言語化能力には舌を巻いた。ビジネスコーチとして成功したのも納得がいく。

「完了」と「終了」の違いに注目し、まずは「未完了」にケリをつけるべしと説く第1章を読むだけで、本書が本当の意味で実用的な本だということが分かる。何かにつけて腰が重い僕がすぐに実行したぐらいだ（で、結果も出た）。

言われてみればその通りなのだが、言われるまでは気づかない。そうした前提をひっくり返すことによって、行動変容を触発する。あっさり言えば「気のせい」。だから誰でもすぐに実践できる。

これでもダメだという人は、拙著『絶対悲観主義』を読んでいただきたい。

［著者との対話］

楠木　『降伏論』ってすごくいいタイトルですね。

高森　僕は、実は「ＳＵＲＲＥＮＤＥＲ（意味：降伏、降参）」にしたかったんです。でも、「ＳＵＲＲＥＮＤＥＲ」という単語だと、売れないだろうということも分かっていたので、「この本では、今のままで成功できると思うな、一回すべてを諦めないとだめなんだ、降伏してくれということを言いたい」と編集者に話したんです。そうして、この『降伏論』というタイトルになりました。

楠木　僕が考えるいいタイトルというのは、本の内容を最も短い言葉で表しているものです。そういう意味で「降伏論」は完璧だし、キャッチーでもある。そもそも本のコンセプトがはっきりしていたから、いいタイトルが出てきたのでしょう。

高森　サブタイトルは「『できない自分』を受け入れる」。これは建さん（楠木）が提案してくれましたね。

楠木　自分ができないことを「知る」や「認める」というよりは、もっとはっきりと降伏する言葉の方がいいのではないかと思ったんです。受け入れがたい「できない自分」を直視して、受け入れましょうという内容のサブタイトルがいいなと思いました。

高森　よく、「成功している人がやっている〇〇の法則」「〇〇は9割」というようなタイトルがあるじゃないですか。ああいうのには絶対したくないと思っていました。

楠木　そうじゃないからこの本のタイトルはいいですよね。『降伏論』は独自性がある。ところで僕は、「9割シリーズ」というプレゼンテーションのスライドを作ったことがあるんです。「9割」と付く本のタイトルが、いつどのように生まれ、どのように展開していくのかという内容です。出版社の近視眼的商業主義は大変なものだ、ということがよく分かりますよ。本のタイトルって面白いです。

　この本を読んですぐに、僕は高森さんに「いつ横須賀のとんかつ屋に行きますか?」とＬＩＮＥしました。

高森　「本を読みました」という連絡と一緒に来ましたね。この本の1章は「いますぐやる」というテーマなのですが、そこでは「未完了になっていることを完了させよう」という提案をしています。未完了になっていることとは、例えば、誰かとけんかをしている、実家の両親にしばらく会っていない、排水溝が汚いままになっている、貸しているお金が返ってこない、など大きなことから大変小さなことまでです。

楠木　僕は前々から「高森さんと横須賀のとんかつ屋に行きたい」と思っていて、未完了だったなと思い出したんです。まあ、僕のこの例はくだらないですが、完了と未完了という概念は秀逸ですよね。完了という概念に対し、未完了という対概念があり、実効性が高い。なぜ実効性が高いかというと、論理がしっかりしていて、論理を支える言語や概念が非常によくできているからでしょう。高森さんの思考の深さを感じます。それから、高森さんの思考の起点にある体験は、ごく日常的な話が多いですよね。

高森　本には、兄とキャッチボールをしていて窓ガラスを割ってしまい、未完了が発生して、正直に話し謝ったことで完了した、というエピソードを書きました。

楠木　ここ一番の大勝負の経験を語る人もいますが、天下分け目の決戦なんてやったことがない人がほとんどです。一方この本では、普段の生活から出てきた小さい話から議論が展開されていく。高森さんは僕のように思考だけをしているのではなく、体験から言語化されているので、それが本のパワーになっています。

高森　完了・未完了の話は、読んだ人から「インパクトがあった」と言われるところです。なんとなくみんな感じていたけれど、具体的に言語化されたことで「そうだよね」と共感し、印象が強くなるのでしょう。

　それから、「『逆張り』——心が抵抗する方に行ってみる」も本の中で書いたのですが、それは２０１５年頃の自分のことです。自分が抵抗を感じる方へあえて行き続けたことで、引力を振り切って自分の殻を破ることができました。人間は「不快」なことから逃れたいと思ったら、すごい力を発揮するんです。だから、「これはやりたくない」と思ったら、そこから早く抜け出したいから実力も付くし。その結果、まったく違う景色が見られるんです。

楠木　高森さんは以前、「ストレスを持たないと成長しない」ということをおっしゃっていましたが、僕の性格的にはまったく理解できない。言わんとすることは分かりますけど（笑）。

高森　ただ、「心が抵抗する方へ行く」ためには、強制力も大切です。だってやりたくないんですから。そこで、自分以外の力を使ってやるべきことを継続させるんです。この本にも例えば、「朝キツいランニングをしたいときは、人と約束する」などと書きました。行動をどう引き起こさせるかという話なんですよね。「イヤだけど怒られるからやろう」「この場にいたくないからやろう」など、不快感を強制力にしていかに行動させるかが大切です。

楠木　ずいぶん前の話ですが、僕たちが初めて会ったのは、東京・中目黒の焼肉屋でした。高森さんの第一印象は、爽やかで野球選手っぽい人。だけど、その頃に発売された『俺たちの「戦力外通告」』を読んでみたら面白いし、文章がうまい。本の内容と第一印象が違ったという記憶があります。

高森　初めてお会いして、僕が『俺たちの「戦力外通告」』を渡した日は、確か木曜日でした。建さんは「土曜日に読みます」とおっしゃって、本当に土曜日の夜に本の感想をＴｗｉｔｔｅｒに書いてくれたんです。有言実行に感動していました。

楠木　この本が出るきっかけになったのは、音声メディアの「ＶＯＯＸ（ブックス）」でしたね。

高森　そうですね。建さんからＶＯＯＸの編集長の方をご紹介いただき、ＶＯＯＸに出演することになりました。それで1時間ほどの台本を箇条書きにしていったら、「これは本にできそうだ」と思いました。

楠木　いいアウトプットになりそうだなと。

高森　時間がたっても古びない内容にできたんです。そして、これを基に書籍化が進んでいきました。

楠木　高森さんをＶＯＯＸに紹介したのは、元野球選手という主に体を使う人でありながら、非常に言語的な人というギャップが面白いからです。

高森　そうだったんですね。実は、僕にとって野球の世界は、ずっと「合わないな」と感じるものだったんです。プロ野球選手って、ものすごく勝負好きなんですよ。例えば、道を歩いていて、「目の前の人が右と左どちらに曲がるか賭けようぜ」って急に言いだすんです。僕が「なぜですか」と聞いても、「早く早く！　俺右な。勝った方がジュースな」って、ジュースを賭ける。とにかく、何かあったら小さなことでも見つけてすぐ勝負するんです。
勝負が大好きなんですよね。

楠木　本能的に勝負を欲しているんでしょうか。

高森　そういう人に、僕みたいな勝負がそんなに好きじゃない人間は、やっぱり負けるんです。それで（当時同じベイスターズにいた先輩の）佐伯貴弘さんにジュース２００本ぐらい負けたことがあります。とにかくいつも勝負していました。僕は基本的に平穏無事でいたいので、合わなかったですね。

楠木　プロ野球選手になるような人は、自分が勝つ前提で勝負するわけですもんね。

高森　合わなかったけれど、その経験はビジネスの世界で生きています。正直、僕は2軍で信じられないくらいの練習量をこなしたんですけど、そんなに練習をしても、昨日飲んでたやつに負けるんです。

楠木　勝負の世界は残酷ですね。

高森　ええ、だからその後ビジネスの世界に来て、「ここはやったらやった分は報われるな」と思いました。プロ野球よりは努力が報われるんです。それが、この本の「とにかく行動の量を多くする」という内容にもつながっています。

楠木　僕みたいに考えることが職業の人間は、他人や自分の考えをベースに思考を重ねていく。考え続けることが仕事なので、思考が色々と回っていきますが、根っこにあるのもまた考えなんです。

　ところが高森さんの場合は、身体的に経験したことをいちいち言語化していますよね。これが高森さんの特徴だと思います。スキルとしてそういうことができるというよりも、経験を言語化したい、思考したいという内在的な欲求が強いのでしょう。

高森　『降伏論』でも、自分が実際に経験したことと、そこから得たことやその経験についての解釈を書いています。

楠木　僕みたいに活動せずに考え続けている人にとっては、言語化は当然なんです。一方、スポーツ選手や経営者など、活動的に成功した人が自分の経験を基に本を書くと、言語化が甘くなることが少なくない。人には向き不向きがあるから、仕方のないことです。ただ、高森さんの場合は、活動的であるのに言語的でもある。そこが興味深い。

高森　なるほど。

楠木　不親切だったり、読んでも役に立たなかったり、意味がなかったりする本のほとんどは、ロジックが甘い。

ロジックとはつまり因果関係のことです。因果関係は、原因→結果、手段→目的、などのように連鎖していくもので、その連鎖の総体がきちんと分かるというのが、僕の考えるいい本です。

　成功には、原因が必ずあるはず。でも、一部の本では、特に目立つ部分――それは往々にして結果なのですが――だけを取り上げて「これが大切だ」と言っていることがあります。本当は、その前後にずっと因果の連鎖があるはずです。その全体が読者に入ってきたときに、本としての価値が本当に出るでしょう。でも、高森さんの本の強いところはきちんとその因果の連鎖全体が書かれているところです。そして、連鎖の起点にあるのが「できない自分を受け入れる」ということですね。

高森　僕は本に著者の「教え」が出てくると、興味を失ってしまいがちなんです。でも、経験したこととそれを通して感じたことは、否定しようがない。本書には「こんな経験をしてこう思った」という内容も繰り返し書かれています。

楠木　すぐに教訓が出てくる本では、読み手の考えにあまりコミットできませんよね。教訓に至るプロセスこそが、『降伏論』の面白さと価値だと思います。

　野球選手たちはとにかく勝負をしたがる人だという話がありました。一方で高森さんは平穏無事でいたい性格だという。

高森　そうです。休日は週に1日しかなかったんですが、中には、休みの前日には飲みに行って、朝帰りして、昼まで寝ている人もいました。そんな中で僕は、早起きして海が見える場所までランニングしに行って、10時ごろ帰ってきてゆっくりブランチを食べるのが至福だったんです。

楠木　成功した起業家みたいだ。

高森　そんなことをやっている20歳ぐらいの野球選手はいないですよ。他にも、僕はストレッチやトレーニングできっちりと体調を整えて、試合に挑むわけです。でも、僕がノーヒットで、朝まで飲んでいた人がホームランをばんばん打つこともある。そして「結局は結果だから」と言われます。悔しいですが、「確かに結果だしな……」と考える。

楠木　そうですね。

高森　ただ、６年間プロの世界にいて、僕とは正反対の性格の人たちの中でもまれたことは、ビジネスの世界で確実に生きています。百戦錬磨の経営者の方々は、僕に対して「なんぼのもんじゃい」という姿勢で来るわけですが、それと相対してもひるまないでいられます。

　僕は２軍時代に過酷な練習をしていました。本にも書いたのですが、その練習態度について「お前の練習量は、確かにすごかった。これまで見てきたどの選手よりもよく練習をしていたと思う。でも、俺から見ると、〝そこ〟じゃないんだよね。まだ、やれることはかなりあったように思うよ」と言われたんです。これ、実は同時期に入団した梶谷隆幸選手です。彼は試合でうまくいかなかったことを練習し、自分の課題に対するアプローチをしていたので、最短距離でうまくなっていきました。

楠木　なるほど。

高森　野球選手たちは、さぼっているように見えたときがあったとしても、勝負に勝つためにあらゆる思考を巡らせているんです。勝ちに対する執念が違うんです。僕はこのときはそれが分かっていなかったんですね。

楠木　ビジネスもスポーツも、競争があり、成果を出さなければいけません。ただ、スポーツの世界は金メダルが１個しかないですよね。縦一列に優劣が決まり、どちらが優れているか常にはっきりする。横浜ＤｅＮＡベイスターズが勝てば読売ジャイアンツが負けて、読売ジャイアンツが勝てば横浜ＤｅＮＡベイスターズが負ける。つまり、相手をやっつけることが目的になり得るわけです。

　それに比べて、僕が慣れ親しんでいるビジネスの競争はずっと平和です。例えば、ユニクロもＺＡＲＡも現時点ではどちらも勝者。同じ洋服業界で競争はしていますが、どちらがより優れているかの議論をする意味はない。というのは、それぞれ違ったポジションを取り、違ったものを違った人に提供しているからです。ユニクロは生活を快適に過ごすためのライフウエア、ＺＡＲＡはファストファッションです。この点が、スポーツの世界の人が考える「競争」と大きくずれているところではないでしょうか。

　高森さんは、スポーツの世界にいたのに、ビジネスの世界の競争に対する考え方の根底は、僕と近いなと思いながら『降伏論』を読みました。

高森　僕がプロ野球選手になって最初に抱いた違和感は、スポーツの世界の競争に対するものでした。「相手を倒して勝たなければいけない」ということがストレスでしたし、向いていないと思っていました。毎日勝負にさらされるんですから。

楠木　しかもその優劣の基準は、自分以外の誰かによって事前に決められている。プロ野球選手は、みんなそのルールに従って生きている。

高森　僕は美しい仕事がしたいんですが、それはある意味では甘いんですよね。美しいヒットでも汚いヒットでも、それは「ヒット」としか書かれませんし、結果がすべてなんです。

楠木　でも高森さんは、高校生ドラフト４位で指名を受けて入団していますよね。プロになる前から野球選手として優秀だったわけで、高校生のころからそういった競争はあったんじゃないですか？

高森　高校野球で結果を出すべきビッグイベントは、夏の甲子園です。平日は毎日練習して、土日に練習試合をしていると思いますが、究極を言えば、夏の甲子園の時期だけ調子が良ければいいんです。

　ただ、プロはそうではありません。来る日も来る日も試合が続き、毎回真剣に斬り合います。「明日はちょっと休ませてください」とは言えません。だまし討ちをしたとしても、勝ったやつが偉い世界。だから僕は、そこが「美しくないな」と思っていました。でも、泥だらけの中で、「何でもいいからとにかくヒットを打つ」という美しさもあることを、今は知っています。「勝つ」、つまりゴールを達成するという意識を強くし、勝負に勝つために最短で何をすべきかという考え方は今とても生きています。

楠木　一周回って美しさに気づくというのはいい話ですね。

高森　僕がプロ野球選手だったときに言われた言葉で、とても印象に残っているものがあるんですよ。それは、トレーニングコーチの「コーチの仕事は同じことを言い続けることだ」という言葉です。当時は「そんなわけないじゃないか」と思いましたが、今すごくその言葉が響いています。

楠木　同じことを言い続けるだけだったら、誰でもできるじゃないかと。

高森　そのころは、コーチはその人ができるようになったことに合わせて、さまざまなことを指導するんだ、と思っていました。今僕はビジネスコーチになり、いろんな会社に行きますが、毎回まさに同じことを言っています。言う内容はいつも同じです。「目標を認識すること」「課題を明確にすること」「アクションを起こすこと」です。そして、起こしたアクションは完了させて、そこで出た課題を棚卸しして、またアクションを起こすという繰り返しです。

　コーチングする会社を訪ねて「目標は何ですか?」と経営者の方々に聞くと、毎回おっしゃることが違います。認識してなさそうなんですね。次に「では課題はやりましたか?」と聞きます。すると、「ちょっと色々ありまして」と言われるんです。「やったんですか、やってないんですか?」「やってません」「分かりました、ではどうしたらできるか考えましょう」というやり取りをします。

　ちなみに、「それを今からここでやりましょう」ということもあります。例えば、目標に設定した１５０件のテレアポリストを作って上からかけていくことを、１カ月やっていなかったこともありました。でも、そこでかけてもらい、１時間で終わったんです。１カ月できなかったことも、その１時間で目標が達成したんですよ。

　でも、野球などのスポーツではこれは難しい。行動しても、「勝つ」という結果が出るかどうかは運次第なところがあるからです。ビジネスの場合は、成果が出るやり方はほぼ分かっていて、やったら結果が出ます。原因と結果が近いから、そんなに難しいことじゃないんです。

楠木　やっぱり経営の世界でKnowing-Doingギャップは永遠のテーマですよね。知っていることと実際にやることとの間には、乗り越え難いギャップがある。

高森　ビジネスコーチングすると、頭では理解してもらえます。皆さん「いい学びになりました」「本当に感動しました」「人生が変わります」などとおっしゃるんですが、実際にはほぼ行動を起こさない人が多くて、何も起こりません。次にお会いしたときに、「前回こうおっしゃっていましたが、今日までに何を何回やりましたか?」とお聞きすると、「意識して取り組むようにしました」「とにかく一生懸命やりました」とは言われますが、基本的にやっていません。だからやっぱり、『降伏論』にも書きましたが、「行動するための強制力」はものすごく大事なんです。

　さきほど、「美しい仕事」について少しお話ししましたが、ビジネスの世界でもきれいごとが通じないことがあると感じます。

　例えば、大企業の経営者になった方や、中小企業で儲かっている経営者の方は、立派なことを話します。でも、最初のころは、美しくて立派なことはやっていなかったはずなんですよね。地べたに這《は》いつくばって、1件1件ドアをノックして飛び込み営業をしたりなどしています。社員を食わせるために、めちゃくちゃなこともやっていたわけです。

　日銭を稼いで、優秀な人を雇えるようになって、ビジョンを掲げて、それに共感する人が集まってくると、ビジネスモデルがきれいになり始める。さらに商売の上流に行くと、「心が大事」というようなことを話しだします。そうは言っても、ビジネスの序盤にきれいごとはなくて、日銭を稼いで「結果を出してなんぼ」というフェーズをかいくぐってきている感じがします。

楠木　本当にその通りです。ある程度成功した経営者が自分の経験を言語化しようとすると、ロジックが短くなってしまいがちです。さきほどもお話ししましたが、成功のすぐ手前にあった原因や手段だけを取り上げて「これが大切だ」と言う。

僕は経営戦略を考えても、実行する立場にはありません。十何年も前からファーストリテイリングのお手伝いをしているのですが、柳井正さんは「経営は実行です、実行以外に意味がありません、実行してください」とおっしゃいます。僕の意見が柳井さんの考えと合わないときは、柳井さんに「楠木さんが言っていることは評論じゃないですか。経営は実行です」と叱られることもあります。実際に評論をしているだけなので、返す言葉がない。仕方がないので、「僕は評論を実行しています」と言いました。

何が言いたいかというと、僕のような仕事でも、仕事である以上実行が大切なんですよね。『降伏論』は世の中の超間接業務の僕にとっても役に立つ本だったので、ビジネスをしている人にとってはなおさら価値がある本だと思います。

高森さんのように、経験や考えを論理的に展開していくためには、棚卸しが必要です。でも、人間社会って、みんな棚卸しどころか自分を棚に上げていませんか。1年３６５日、棚上げカーニバルですよ。

僕が強くそう思うようになったのは、就職活動のときです。僕の就活では、先輩が会いに来て面接をしたのですが、そのとき「君の夢は何だ」と聞かれました。それに対して、「まずは先輩の夢から聞こうじゃないですか」と返したら、すごく嫌な顔をされました。でも、自分が受けている会社の人の夢が何なのか、知りたいじゃないですか。このときから、「みんな自分を棚に上げているな」と思うようになりました。

自分を棚に上げてしまうと、ロジックがなくなります。つまり、棚上げをする人はきちんと論理が展開できない。多くの人に価値がある、論理的なものを書こうとするなら、まずは棚上げしない人間であることが重要です。

高森　僕が20代のとき、ある高校の野球部の練習を見に行ったら、プロ野球選手になりたいという子が1人いました。僕から見ると、振る力があって、かなりいい感じです。でも、監督やコーチからは、「あいつがプロになれるはずない」という評価を受けていました。僕は彼を呼び出して、「今から俺の言うことだけを聞け。絶対プロになれるから安心しろ。君のことをプロになれないと言う人たちは、プロになったことがない。プロになった俺から見て、君は絶対になれるから、他の大人の言うことは一切聞くな」と話しました。そして実際にプロ野球選手になりました。

楠木　その監督やコーチもそうですが、棚上げカーニバル中の人たちは、論理的でないだけでなく、自分が気持ちよくなりたいだけ。本を書くにしても、コーチングでも、顧客第一が大切です。ターゲットになる人にしっかりと論理が一貫した価値を感じてもらわなければいけない。その点でも『降伏論』は、読者のためになる本だと思います。

高森　ありがとうございます。棚上げをする人に必要なのは、降伏です。

楠木　まさに、できない自分を受け入れ、「降伏」することから実行が始まる。そうしないと自分事にならない。ただ、僕は「心が抵抗する方に行ってみる」というのは向いていない。現世では無理なので、来世でやってみます。

高森　心が抵抗する方へ実際に行くかどうかは置いておいて、心が抵抗する方へ舵《かじ》を切る準備ができていることは大事です。新しい自分と出会うことがある種の「成功」だとしたら、心が抵抗する方に行けば、それがかなうかもしれません。

楠木　なるほど。僕の経験では、夫婦関係においては、心が抵抗する先に成功がありますね。家庭においては、それを実行していると思います。

高森　『降伏論』の帯に「心が抵抗する先に金脈はある」と書きましたが、ありましたか。

楠木　まあまあありましたね。金というよりはいぶし銀かもしれないけど。

山内昌之氏、片山杜秀氏との鼎談

——宮崎賢太郎『カクレキリシタンの実像』、ネイサン・ベロフスキー『「最悪」の法律の歴史』

山内　「カクレキリシタン」というと、私など若いころにレオン・バジェス『日本切支丹宗門史』や片岡弥吉『かくれキリシタン』なんていう本を読んで、殉教とか、弾圧に耐えて秘密の裡に守り伝えられたキリスト教信仰に思いを巡らせたものです。著者は、現在もカクレキリシタンの風習が残る長崎県・生月島や他の地域で、のべ20余年をかけて、実際の信者に遡及的な聞き取り調査を行います。その分析に基づいて、「カクレキリシタン」とは完全に日本化した土着信仰で、キリスト教ではない、と喝破するのです。だから明治になって信仰の自由が認められても、彼らはカトリックに戻らなかった。

楠木　物事を時間と空間の文脈において考えることの大切さを知らされます。宣教師もいない中で、２３０年もの間、信者だけでは教義も分からず、儀礼や行事だけが伝承されてきたのですから、オリジナルとはかけ離れたものになるのは当然ですね。著者は、「フェティシズム的タタリ信仰」と表現していますが、なぜ彼らが信仰を守り続けてきたかと言えば、「カクレをやめたり、カクレの神様を捨てたりすればタタリがある。それが怖くてやめられない」というのが本質ではないかと推測しています。

片山　だから、先祖代々守り続けてきたカクレキリシタンの神を誰かに見せたりすることがタタリを招くかもしれないということで、彼らは隠れているのでない、ご神体を他人に見せない「隠しキリシタン」なのだ、と。

山内　本来のキリスト教の一神教的性格や来世志向は失われ、日常の仏教や神道、同時に呪術的な民間信仰、さらには現世利益をも期待するもの、といった多くの要素を複合的に内包して「カクレキリシタン」が継承されたわけですね。

楠木　この本の魅力は、フィールドワークに非常に迫力があることです。信者たちの洗礼や暮らしぶりに深く入り込んでいますね。

山内　同感です。「お授け」という洗礼の儀式の写真なども豊富に掲載されているのですが、こうした核心部まで調査を許されるのは、相当の信頼関係がなくてはできない。例えば、イスラム教で言えば、シーア派には「悪魔の崇拝者」「正義の民」などといった少数派が非常に多いのですが、こうした宗派について私の知る限り、この本のようなレベルの研究は聞いたことがありません。確かに、行事やハレの日には煮しめを食べる、というカクレキリシタンの風習は面白い。

片山　人々から神への願いを言葉にした「オラショ」の内容も興味深いですね。「天にまします」で始まる「主の祈り」や「天使祝詞（アベマリア）」など今日でも有名なものもありますが、「大漁祈願」「病気平癒祈願」「航海安全祈願」「幼児の成長祈願」「田畑等の悪霊払い」などの現世利益に関わるものは、自分たちの必要に迫られて創作したというんですね。いかにも日本人らしい。

山内　そのオラショでも重要なのは、それがいかに伝承されたか、そしてオラショを唱える儀礼なんです。書き記した物を所持することが難しかったので、口伝で秘密裏に伝承された。しかし、その過程で父であるデウスが「出臼」、神の子であるキリストが「肥料」などと当て字してしまうほどに、意味が分からなくなっているのです。

片山　カクレキリシタンにもクリスマスに相当する「御誕生」などという行事があって、おはぎが用意され、普段は行事に参加しない女性のお参りも許されていたようですが、キリストの誕生日だとは知らず、安産祈願の日だと思われていたようです。

　もっともヨーロッパのキリスト教徒だって、ラテン語で書かれているものの一つひとつの意味を正確に答えられる信者はほとんどいないでしょう。著者自身もカトリック信者ですが、カクレキリシタンはキリスト教ではないと繰り返し論じる背景には、「正しいカトリック」を守ろうという、ある種の使命感があるのではないか、と。遠藤周作が『沈黙』で描いた、日本に土着したキリスト教がまったく別の信仰になっていることに絶望する宣教師を思い浮かべました。

楠木　この本を読みながら、私が思い浮かべたのは、若桑みどりさんの『クアトロ・ラガッツィ』です。天正遣欧少年使節団を描いて、彼らの熱狂的な信仰心、ローマ教会のグローバル化戦略などが読み取れる作品です。
　イエズス会がとった布教戦略は、大名が上から命令して改宗させるという「垂直伝道」という方法なんですね。九州の戦国大名は貿易での利潤を狙って、トップダウンで領内の家臣、農民を改宗させた。だから、いざ禁教の時代ともなれば、いともあっさり棄教する信者が多かったのです。
　本書によると、カクレキリシタンの人々も儀式の大変さや後継者難などで、次第に数を減らしているようですね。

片山　私からすれば、カクレキリシタンが土着化する方向を探るというのならば、カクレキリシタンから学ぶべきことは多いと思うのですが、著者自身が分析しているように、現世利益とは無縁な一神教であるカトリックの土着化は難しいのでしょうね。

楠木　ある意味では、僕たちも仏式であろうと神式であろうと、内容はよく分かっていない儀式を続けていることに変わりないとも言えます。僕はそこに日本の社会の変わらない特質を感じましたね。

山内　そうですね。私が興味深く思ったのは、ある意味で、カクレキリシタンの中に、古くからの日本人らしさを見出すことができることです。オラショの伝授にも手順があって、まず師匠に弟子入りする。師匠のところには、水垢離をとってケガレを落としてから出掛けないといけない。女性は血のケガレがあるので習うことができない。オラショを唱えるときは正装の和服で……と細かい取り決めがたくさんあるのですが、先祖から命がけで伝わった信仰を折り目正しく守り伝える姿勢からは、敬虔さと、一方で教義の意味からはどんどん離れていくことの不思議さに打たれる。信仰というものについても深く考えさせられる本です。

楠木　『「最悪」の法律の歴史』は歴史に関する雑学本の一種ですね。著者はニューヨークの現役弁護士で、古今東西、奇妙奇天烈な法律ばかりが集められています。版元である原書房からはこうした本がよく出されるのですが、『食人全書』とか『自殺全書』とかマニアックなテーマが並んでいます。

この本の面白さは、法律には、その時代、その地域、その社会での人々の考え方が色濃く投影されている点ですね。例えば、古代エジプトでは、国家に対する犯罪は死刑ということで、ナイル川のワニの餌食にするという恐ろしい刑罰があったそうです。

片山　イギリスには、「甲冑をつけて国会議事堂に入るのは違法」「国会議事堂で死亡するのは違法」という法律があるそうです。また、アメリカ・ミシガン州の州法では「ワニを消火栓につないではならない」と定められている。さらに、5世紀、アイルランドのブレホン法などを見ると、「しどろもどろの司祭」や「人をだます詩人」に罰金、「息の臭い女」や「しなびた皺だらけの女」は保護せよと定められていて、一体どんな社会だったのか、にわかには想像がつきません。

　こうした法律が作られるというのは、実際にワニを消火栓につないだ人がいたということでしょう。

楠木　「最大多数の最大幸福」を唱えたことで有名な哲学者のベンサムは、鞭打ちのための機械を提案しています。その理由は、人によって鞭の打ち方に強弱の差がつくのは良くないから。あくまでも刑の公平を追求した結果なんですね。

片山　ベンサムは功利主義者として、いかに最も効率よく、かつ安く社会秩序を保つかを考えた人でもあります。有名なパノプティコンも彼の発案ですね。中央に監視台を置き、その周囲に監獄を並べることで囚人たちを見張れると考えたのです。

山内　鞭打ちといえば、16世紀初頭ごろのロシアのスジェブニクという法令集では、生皮、金属か針金の鉤棒、または牛乳に浸してから天日干しにして硬くした大きな鞭、と鞭の種類や材質について極めて詳しく規定されているのです。

楠木　カクレキリシタンの話とも共通するのですが、人間の世の中というのは、いつの世もそうそう変わるものではないですね。例えば、時代を超えて多くの法律に規定されているのが、「人妻に手を出すな」。アッシリア法典

（紀元前１０７５年ころ）には、道路を歩いている他人の妻を捕まえて、「絶対おまえと性交する」と言い、女が抵抗すれば、男は処刑された。古代ローマ法では、浮気相手の夫から通告を3回受けたのち、浮気相手と一緒にいるところを夫に襲われて殺されても、夫は罪に問われない。人間とは法律で規制しないと人妻に手を出すものなのだ、ということがよく分かります（笑）。

山内　そうですね。この本は、中国や日本など東アジアへの言及は少ないのですが、日本の中世にも、密懐法という姦通罪があって、強姦・和姦の区別なく、姦夫と妻を同罪にするという規定があります。

フランク人のゲルマン部族の法慣習を集めたサリカ法典（7世紀）には、不当に女性を娼婦呼ばわりした者は45シリングの罰金。しかし、女性を「セクシーな女」と言ったときは、たったの3シリング（笑）。この差のつけ方が興味深い。

片山　そこに、その社会の価値観が表れていますね。面白いのは、罰金という考え方が世界最古の法典と呼ばれるハンムラビ法典（紀元前１７５０年ころ）からすでにあることです。つまり、罪を数値化して贖うのですね。「自由民の歯を抜いてしまったときは銀3分の1ミナを支払う」とか。

楠木　しかも妙に理詰めで細かいんですね。フランク王国のカール大帝が編纂したフリースラント法典（７５０年ごろ）には、いろいろな犬を殺したときの罰金が定められていますが、鷹狩り猟犬やビーグル犬を殺すと4ソリドゥスなのに対して、番犬だと1ソリドゥス。ただ家をうろつくだけの犬だと3分の1ソリドゥスだけ。これに比べて、ある貴族が誤って仲間の貴族を殺すと80ソリドゥス。貴族1人と猟犬20頭分というのは、安いのか、高いのか……。

山内　この本の難点は、罰金の額がその時代や国でどのくらいの値打ちがあったのか記されていないことです。それが示されていれば、まさにその社会の価値観をうかがい知る良い材料になるのですが。

楠木　これはなかなかいいアイデアだと思った法律があります。フィンランドでは、スピード違反の罰金は、超過スピードと所得によって計算されるそうです。2002年にノキアの副社長が、制限速度50キロのところを25キロオーバーで走行して、罰金が10万ドルを超えた（笑）。ところが、ストックオプションでもらっていたので、そのあと株価が落ちて収入が再計算された。

片山　結局、5000ドルで落ち着いた。

山内　いい話だね（笑）。日本でも、罪を贖銅つまり銅などで贖うという法慣習がありました。しかしこの恩恵を受けられるのは、律令制の上級官僚など特権階級だけ。こうした不公平さは洋の東西を問いませんね。

この本はこうしたエピソードが次々と紹介されていますが、欲を言えば、こうした比較検討する視点が欲しい。時代や地域を超えて類似の現象が見られる面白さで言えば、中世イングランドの神明裁判が紹介されていますが、これは熱した鉄塊を握って歩くとか、熱湯に手を入れて真鍮や鉛の石を拾い上げ、後日、手が焼けただれていれば有罪、無傷なら無罪。いわゆる「神判」という理非究明の方法です。これはまさに日本の古代における盟神探湯《くがたち》と共通します。さらに言えば、ハンムラビ法典には、裁判で「川の神意」が絶対的な基準とされていたというのですね。罪を告発された者が川に飛び込み、溺れたときは有罪、判決後即処刑。無事に生還すると無罪となり、逆に告発者が殺される。こうした発想は、文明の別なく見られるものなのですね。

そこでお勧めしたいのが、穂積陳重が書いた『法窓夜話』や中田薫の『日本法制史』『徳川時代の文学に見えたる私法』などの著作です。穂積は、いま話題にもなったサリカ法典をはじめ、フランス法や大陸法、さらにはムハマドやイスラム法まで目配りしながら、それぞれの法の論理を公平に比較しています。明治の世にあって、これは優れた業績ですよ。

片山　末川博『彼の歩んだ道』や牧野英一『理窟物語』のように面白い法律エッセイを書く学者が少なくなかったですね。楠木さんも言われたように、法律にはその社会の価値観や習俗が反映している。しかも人間のトラブルを扱うのですから、これは面白いはずです。

江上剛氏との対談——渋沢栄一『論語と算盤』

江上　私は作家になる前、第一勧業銀行に勤務していたので、言ってみれば渋沢栄一さんの後輩です。その時代に『論語と算盤』を読みました。

楠木　第一勧業銀行の前身が第一国立銀行と日本勧業銀行で、どちらも渋沢さんが設立に関わっていますね。のちに一緒になったのが第一勧業銀行で、２００２年には富士銀行と日本興業銀行と合併してみずほ銀行になった。

江上　ええ。第一勧銀は他行と比べると収益優先ではない、わりとおっとりとした銀行でした。ＤＫＢ—でくのぼうなんて呼ばれもしましたが、私は誇りを持って働いていたんです。

　ところが１９９７年、総会屋への利益供与事件が発覚しましてね。長年にわたり４００億円以上の不正融資をしていたことが社会問題になった。私は広報部次長としてこの問題に対応したのですが、そこで銀行の信用が地に落ちていくさまを目の当たりにしました。

　なぜサラリーマンは企業犯罪にノーと言えず、経営者は問題を先送りにするのか。そう考え続ける中で手に取ったのが『論語と算盤』でした。読んで驚いたのは、情報開示の重要性や、組織はどのようにして過ちを犯すのかが示されていたことです。たとえ好人物でも、手腕がない人間が上に就けば、気づかぬ間に部下から慫《あや》まられて組織は窮地に陥る、なんて書いてある。まるで１００年前から喝破されたようで目の覚める思いがしました。

楠木　私ははじめ『論語と算盤』は商売をする上での倫理を説いたものだと思っていました。資本主義は放っておくと暴走するから、日本人の伝統的価値観としている『論語』を使って歯止めをかけようと。一般的にはそう読み取られているのではないでしょうか。でもそれはミスリーディングです。渋沢さんの歩みを知ると、その思いはなおさら強くなります。

江上　『論語と算盤』は、渋沢さんが功成り名を遂げた、76歳のころにまとめられたものですね。

楠木　会社は誰のものか。株主、従業員、顧客、それとも社会のものなのか。これは一見するとトレードオフ〈何かを得るために他の何かを犠牲にすること〉の関係に映ります。

株主に配当すれば労働分配は減る。納税して社会貢献すると株主や従業員に払う分が減る。だからバランスが大事という話になる。でもそれは短い時間軸で考えるからで、時間を延ばしてみると、会社が儲かれば株価も上がり株主も喜ぶ。従業員への労働分配も起きる。業績が良いというのは競争の中で独自の価値がある商品やサービスを提供しているといういちばん正直な指標でもあるので、長い目で見るとむしろトレードオンだと。

つまり『論語と算盤』は、金儲けに走る商人に対して『論語』がブレーキの役割を果たすトレードオフの話ではなく、道徳的であることこそが長期的にはいちばん儲かるという話なのです。渋沢さんは初めから何の矛盾も感じていないと思います。〈物の進みは、ぜひとも大なる欲望をもって利殖を図ることに充分でないものは、決して進むものではない〉――渋沢さんは、商売は欲を持たなければできないと言い切っています。

人間本性に逆らわない。だから無理がない。

江上　トレードオンで言うと、私が書く小説ではステークホルダー資本主義、つまり従業員や取引先、地域社会などあらゆる利害関係者を大事にすべきだと考える人間をずっと描いてきました。ベンチャービジネスの雄みたいな人からはよく「その考えは古い」と言われましたけど、いまでは誰もがＥＳＧとかＳＤＧｓとか言ってるじゃないですか。すっかり新自由主義の方が時代遅れになりました。

楠木　「ＥＳＧ」は環境・社会・ガバナンス。「ＳＤＧｓ」は持続可能な開発目標で、これらにきちんと対応している企業を評価する考えですね。ただ、渋沢さんじゃないですけど、現実の人間社会はそれぞれみんな欲を持って生きています。

最近の話ですが、ダノンという会社がありますよね。

江上　ヨーグルトで有名な。

楠木　ええ。ＳＤＧｓのモデルでありチャンピオンでもあるようなフランスの会社です。その会社のＣＥＯが株主によって解任された。業績不振がその理由ですが、このニュースはＳＤＧｓは不振の免罪符になるか、ということで注目されました。

　企業と株主がトレードオフの関係になっているわけですが、ここで見えるのはＳＤＧｓを掲げても、プレミアムの価値を生み出さなければ企業は持たないということ。どんなに意識が進歩しても、人間は本能的に欲で動くので。でも、この対立を渋沢さん的視点でとらえれば、単に時間軸がズレてるだけで、長期で考えれば何の問題もない。金儲けはいいことである。金儲けがうまくいけば、さらに社会貢献ができる。それが渋沢さんのテーゼですから。

江上　渋沢さんは明治政府の大蔵省の役人として働いていましたが、33歳で退官して実業家の道に進むことを決めた。そのとき、なぜ身分の卑しい商人になるのか、君なら長官や大臣になれるのにと仲間から失望された渋沢さんは、強く反駁したと『論語と算盤』で振り返っています。「金を扱うことがなぜ卑しいのだ。そのように金を卑しんでいては国家は立ち行かない。官位や爵位など、そんなに大事ではない。むしろ人間が勤めるべき尊い仕事は至るところにある」と。

　渋沢さんはこのときに、『論語』の教訓を用いて一生商売をやろうと決心した、と語っています。

楠木　商業を卑しいと考えていた武士の世が終わったばかりだったので、金を扱うことにはまだ抵抗があった。渋沢さんはそこに、商売のためや、長く儲け続けるためには『論語』が入っていた方がいい、そう考えたんですね。しかも欲は抑えず、大欲を持てと。欲は人間の本性、本能に忠実なもので、否定していません。渋沢さんがリアリズムの人だと言われる所以です。

江上　維新後、西洋の考えがバーンと入ってくると、要は西洋崩れみたいな人たちが大儲けしたり、逆に潰れていくさまを渋沢さんはいくつも見たでしょう。優勝劣敗の激しい時代だったと思いますが、その時、どういう会社が生き残っていくのか考えると、『論語』の根本にある中庸、ある種のバランスをとる考えが活きてくるんですよね。

日本は家的思想が強いから、家のように企業を続けていくことに価値が置かれ、中庸を守ることで企業が評価されれば長く維持できるととらえられたと思うんですよね。

楠木　なるほど、家という概念は時間軸で考えると長く、しかも永続を意識していますよね。渋沢さんの時代ではその最たるものが徳川家であり江戸幕府だった。ただ、江戸幕府は260年の間に、だんだん続けることが目的になってしまった。渋沢さんは威張っているだけで何の生産性もない武士に対して怒りを抱いていましたから、儲けのない存続だけを目指す企業には手厳しかったはずです。

江上　明治にのし上がった実業家たちは農民など貧しい身分の出で、幕末期、武士が通れば雨が降ろうがなんだろうが履き物を脱いで頭を下げてきた。武士に逆らってひどい目にあう様子も見て育った。そんな武士でも、へつらう場面がある。それは金貸しなんですよ。商人。だから皆、金が持つ力を知っていたんですよね。

楠木　明治に入り、『論語』は全然入ってないけども、ギラギラの欲を持った企業家がものすごくいっぱい出てきた。三菱財閥を創業した岩崎弥太郎はその代表選手でしょう。彼はピュアに金儲けにはしった。当時の企業家は彼をモデルにしたと思います。大倉財閥の大倉喜八郎や鉄道王と呼ばれた根津嘉一郎なども欲に衝き動かされながら金儲けをしたと思います。ところが渋沢さんの動きは違う。渋沢さんは基盤的なグランドデザインを立てたんですよね。だから、銀行や損保、鉄道・海運、ガスや電力といったライフライン、倉庫業やホテルの設立や支援というかたちで、結果500社近く関わった。適材適所に人を充てて事業を手伝い、うまくいったらすぐ次に行く。当時の実業家としては非常に異端です。

江上　ギラギラした人を決して遠ざけませんでした。

楠木　渋沢さんはシステム全体がうまくいけばいいという大きな考えを持っていたと思います。そのシステムの中で局所的にはギンギンギラギラの人がいた方がうまくいく。明治初期は特にそうだったと思います。

その一方で渋沢さんは、経済視察団で一緒にアメリカに行った根津嘉一郎にモルガン財閥とかカーネギー財団とかを見せて、世の中のためにお金を使うことのカッコよさを見せる。金儲け一本槍の「ボロ買い一郎」なんて呼ばれたような根津は、それを機に根津美術館を作ったり慈善活動に目覚めた。当時の資本家と比べたら、渋沢さんは破格の大きさだと思います。

江上　だから新一万円札の肖像に選ばれるのかもしれませんね。でも考えてみたら、渋沢さんも幕末には攘夷思想のテロリスト活動にはしったり、徳川慶喜の下で最後の幕臣として勤めたり、維新後は新政府の役人にもなった。実は時代の感度がすぐれていたと思うんです。だから大倉喜八郎なんかも渋沢と組んでいれば――みたいなことを考えた。大倉や岩崎は皆「家」を考え大きな財閥を作ったのに、渋沢さんは違った。人を育てて日本全体をどういう方向に持っていこうと考えていたのでしょう。

楠木　あっさり言えばスケールが大きい。何を最適化すればいいのか、そのスコープが世の中全体をカバーしているから結果的に財閥にはいかず、かといって彼らを排斥しない。欲の形が広く、大きいのでしょう。

江上　晩年は社会起業家みたいにもなりました。

楠木　そうですね。ただ、繰り返しになりますが非常に現実主義者でした。人間は、やっぱり欲の発露として始めたことじゃないと、物事うまくいかないことを知っていた。だからその辺は非常に寛容な人だったと思います。ご自身もお妾さんはずっといたわけですし。

江上　そうそう。『論語』で女性を口説いたという話が。

楠木　渋沢さんが原理主義者だったら誰もついてこなかったでしょうね。渋沢さんが亡くなった時、多くの人が沿道で葬列を見送ったそうです。ごく普通の、小さな欲の中で生きている人からも人気があった。庶民の腑に落ちる生き方を見せていたんだと思います。

江上　関東大震災の時には、アメリカに呼びかけて復興の義援金を集めました。

『論語と算盤』は急に注目されたわけじゃなくて読み継がれてきたんですよね。いちばん僕が感動したのは、企業は一個人のためじゃなく、広く社会の利益に供するものだと。そういうことを明確に言い切るから、今でもハッとする人が多いんじゃないでしょうか。会社や世の中の仕組みをどう考えるべきか、我々に課題を突き付けていると思いました。

楠木　しかも、単なる道徳的、社会主義的な考え方ではなくて、「皆が儲かるようにした方が、あなたももっと儲かりますよ」と言う。特異な人です。

江上　世界は、コロナで価値観を変えなくちゃいけない局面に立っています。これまではグローバルが一番だと、最適地で生産、販売すれば最高の利益が上がるし、企業が利益を上げたら税率も低くする。そうしたらトリクルダウン（富裕層が富めば、その富は低所得層へもこぼれ落ちていくという考え）で庶民も豊かになる、なんてこの前辞めた首相は言っていた。ところが実際には一部の人にだけ富が集まっただけだった。

　渋沢さんは、一時はテロまで考えて新しい国にしようと奔走した。でも、徳川の封建体制を倒して出来上がったはずの新政府は、結局、薩長色の強い藩閥政治で動いてしまい、何か限界を感じてしまったのではないかと思います。なぜこんなことを言うのかというと、自分が誇りを持って仕えた銀行が社会的事件を起こし、それがもとで尊敬していた役員が自殺し、他にも親しい役員が何人も私の目の前で逮捕された。人生ひっくり返るような出来事でした。ところが、その犠牲を無駄にしないためにもいい銀行に生まれ変わらなければならないはずの第一勧銀で合併や統合、派閥争いまで起きた。あれだけの犠牲を出したのに、また醜いものを見せられてしまった。

　明治維新と比べれば、たった一企業の話ではあるんですけどね。そういう思いがあったから、僕は谷中霊園の渋沢さんの墓前で、後輩として銀行を守れなかったことを詫びましたよ。

　渋沢さんも自分が目指したかたちと何か違ってきた。だから下野して、民間でできることをする決意をしたような気がするんです。

楠木　やはり先ほど挙げられた中庸の考えは大事になってきますね。これまで政府はアベノミクスに代表されるように、金融資本主義的な考え方を持ちながら、いずれ皆にもお金が回ってきますよ、と聞こえのいいことを言ってきた。でもコロナ禍でその理屈がもたなくなってしまった。一方で、第一勧銀がそうだったかは分かりませんが、新しい商品やサービスの提供をせずにゾンビのように存続することだけが目的になってしまった企業がＳＤＧｓなどの標語を掲げて取り繕うようになると、これは渋沢さんが嫌った幕末の武士みたいになってしまう。

そうならないためには長期、全体、具体で考えていく必要があるかもしれませんね。長期、全体だけだと、ふわふわした精神論になってしまうけれど、渋沢さんのように現実的思考として具体的なものを据えることが大切になる。『論語と算盤』で僕がいちばん感動したのは、『論語』の言う道徳とは日常の行動の中にあって、逆に言うと日常にしかない。だから道徳を説く人と実行する人が別になっては駄目だと。道徳の時間だけ考えるのではなく、朝から晩までついて回るものだと。

渋沢さんほど大きなスケールではなくても、経営者は長期の大欲を持ち、考え続け、実践で答えを出すことが大事だと思います。

組織文化の正体——中竹竜二『ウィニングカルチャー』

中竹　私はこれまで、フォロワーシップやリーダーシップなど、人材育成をメインに活動してきました。加えて、組織マネジメントとして目標設定や準備、振り返りなどのスキルやメソッドを伝えてきました。リーダーシップと組織マネジメントを両輪として、チームを強化したり、企業を良くしたりしてきたわけです。

しかし、組織にはその２つだけではどうにもならない、目に見えない氷山の最下層に横たわる根底的な課題があることに気づきました。

最近では、コーチングの世界でも組織文化が注目され始めました。ところが、そのメソッドはまだ開発されていません。そこで、この分野にいち早く踏み込んでみたいと思って、『ウィニングカルチャー』を執筆しました。楠木先生には、改めて組織文化を経営学の観点から定義していただきたいと思いました。

楠木　「組織文化」という響きは、文化というだけあって、すごくふわっとしていますよね。だからこそ何でも「それって組織文化だよね」で片づけられてしまう面もあるかとは思います。ストレートな定義は、「その組織で共有されている『何が良くて、何が悪いか』という基準」だと思います。

中竹　「何が良くて、何が悪いか」。

楠木　「その組織で」という局所性がポイントです。この組織ではこういうことがいいことで、こういうことが悪いことで、こういうことが正しくて、こういうことが間違っているという、その組織に属する人々に局所的に共有されている価値観です。

文化の対語は、「文明」です。同じ価値観でも、社会的なコンセンサスとして普遍的に共有されているものが「文明」。いま世界を襲っているコロナ禍が、昔の欧州のペストやスペイン風邪のパンデミックのときと少し違うのは、当時と比べると人命第一という風潮が強まっている点です。人命よりも大切なものがあると強く主張する人はあまりいない。普遍的なコンセンサスが成立しています。

つまり文明は一方向的なものです。文明が指し示す方向に世の中がどんどん進歩していきます。その結果として普遍的な価値観が共有されることになります。

もう少し身近なところで言うと、「時間に遅れてはいけない」という価値観、これは「文明」です。文明が遅れている国にはその観念がありません。

一方、同じ価値観でも、組織文化は局所的なものです。例えば、お土産を渡すときに「つまらないものですが」と言うのは日本特有の文化です。しかし中国人にそう言うと失礼になる。

これは普遍的な良し悪しの問題ではありません。中国という国の文化が、日本という国の文化と違うだけです。

アメリカから始まったインターネットは文明です。敵対するイスラム教徒であろうと、調べたいことがあれば「ググって」います。それが普遍的に効率良く、便利だからです。

中竹　とても分かりやすいですね。

楠木　その意味では、文明をリードする国は確実に存在します。かつてのローマ帝国はそうでした。

ローマ帝国は文明の仕組みであり、文化の仕組みではありません。カギになっていたのは、ローマの文明の道路敷設などの土木技術です。ローマ帝国に支配されると、明らかに生活クオリティが上がる。それゆえに、ローマ帝国はあれだけ大きくなっていったのです。

中竹　確かに、ローマ帝国を統治していたのは文明でした。

楠木　だからこそ、当時はローマ帝国の配下にあることが誇りになったわけです。こういうのが文明の文明たるゆえんです。

普遍性の軸で文明の反対側にあるのが文化です。文化とは、あっさり言うと「好き嫌い」です。ラグビーとサッカーのどちらが好きかと尋ねられて、「私はラグビーが好きです」というのは、その個人に局所化された好き嫌いです。

個人にまで局所化されてしまうと、もはや文化という言い方はせずに、単なる好き嫌い。しかし組織文化も、本質的にはその組織や集団の持つ好き嫌いだと、僕は思います。要するにその組織や集団の価値観です。良し悪しではない。

中竹　組織文化の局所的なところが変わっていくプロセスにおいて、どのような要素が入ってくるんですか。

楠木　普遍的な良し悪し問題であれば話は単純です。例えば、コンプライアンス。反社会勢力と付き合ってはいけないと規定されている。「そうは言ってもオレは彼らが好きなんだ」という「文化」が仮にあったとしても、それはやはりコンプライアンスコードに抵触しているので、話はおしまいになります。

しかし組織文化は良し悪しではありません。客観的なルールに基づいて「悪いことだから是正しなければならない」というロジックは成立しません。これが難しいところです。

もちろん、組織文化がまだ固まっていない状態であれば変えやすいでしょう。しかし反対に、がっちりと組織の中の人々に組織文化が共有されているような、古くて大きな企業は、それを変えるのは難しいでしょうね。

そういう組織で文化が変わるとしたら、ものすごくパフォーマンスが下がっている状態が普通です。会社で言えば業績が悪いこと、スポーツチームで言えば連戦連敗であること。こんな状態になると、自然と「自分たちがいいと思っていたことは、本当は良くないのではないか」と考えるようになります。

しかし、業績は良くも悪くもない、成績は中位ぐらい、何かを変えなければならないわけでもなく、自分たちの良し悪しの基準はがっちりと共有されている、というような場合には、「いまの状態が間違っている」と思い直すことができないので、文化を変えるのは難しい。

中竹　成果が出ている組織であれば、なおさらですね。

楠木　組織文化の変革の王道は、一度、業績を徹底的に悪くすること（笑）。

よく「創造的破壊」と言いますが、実際には、自分で破壊するのは容易ではない。誰かに破壊してもらった方がラクなんです。そうなれば、組織の中の人たちは創造だけに注力すればよくなりますから。

一方、悪くなる前に主体的に自分たちから変えていくことは、組織文化の持つ性質からしても、相当に難しいはずです。

だからこそ、組織文化を変えるリーダーシップには価値があるわけです。極論すれば「天丼とカツ丼、どっちが好き?」。天丼が好きな人にカツ丼の方がおいしいと思ってもらうには、かなり特殊なリーダーシップが求められます。

中竹　どのようなリーダーシップが必要なのでしょうか。

楠木　それを理解するには、組織文化を変えようとして失敗した人を見るのが早いかもしれません。

典型的なのは、「いまの時代はこのような正しい姿にならなければいけない」「ベストプラクティスはこれです」などと正しさを振りかざしてしまって、組織文化に踏み込めていないケースです。

「リーダーの半分を女性にしましょう」と正論を主張しても、組織の中にいる人が「やっぱり経営は男だけの方がうまくいくよな」と思っていたとすれば、それ以上は進みません。

少し話が脱線しますが、ダイバーシティそのものは、社会が進む方向なので、先ほどの話で言えば「文明」です。しかしその半面で、もう一つ上位の次元でのダイバーシティは失われてしまいます。そこに論理的な矛盾が生まれます。

もし、男性と女性の管理職がすべての組織で半々の比率になったら、ある種の文明的な達成ではあるものの、女性ばかりの組織、男性ばかりの組織、全員喫煙者の組織、デジタルは一切使わない組織などが、喪失されることになってしまいます。

こういう極端な組織も共存しているからこそ社会的な多様性が生まれるわけで、組織文化は局所性を許容する多様性の源泉になるはずです。

いま、さまざまな議論をするときに、良し悪しのモノサシを持ち出し過ぎなのではないでしょうか。それでうまくいかないことの象徴的な分野が、組織文化の変革ということだと思います。

中竹　確かに、好き嫌いの話が常に軸になっていますね。楠木先生は、企業経営において、組織文化の重要度は以前と比べて増していると思いますか。

楠木　以前と変わらず重要だと思います。何よりも、組織文化は判断や意思決定のスピードを上げます。

組織の中にいる人が、自然とその組織における「これがいいことだ」という価値基準を理解しているので、いちいち集まって会議をしたり、上司に認可を取ったりしなくても、すぐに決められるようになります。

ありとあらゆることを組織文化によって決められるのが、いい意味での組織文化が強い組織の優位点です。決めるのが早い、迷わない、自然とベクトルがそろっていく。

中竹　日本企業は、組織文化が強いところが多いのでしょうか。

楠木　「日本企業」といっても、さまざまです。その組織がつくってきた組織文化というよりは、もともと日本社会が自然に持っている文化に乗っかってそうなっている、ということかもしれない。

ただ、組織文化は目的ではありません。パフォーマンスを上げるための手段です。いまの状態ではパフォーマンスが上がらないだろうという状態に、多くの企業が陥っています。俗に言う「日本的経営」は、戦後高度成長期限定の旬のもので、まったく普遍性はありません。空間的な普遍性はもちろん、長期的に見れば「日本的」ですらありません。

戦前の日本は、いまのアメリカよりもよりアメリカンな経営をしていました。労働市場の流動性は高く、財閥の資本の論理でコントロールされていました。雑誌『中央公論経営問題』は戦前の中心的なビジネスメディアで、その記事の中で当時の識者が経営問題を語っています。

そこには、「日本は常にアメリカに学ばなければならない。フォードのように、会社は家族みたいにならなければいけない」と書かれています。当時、アメリカの大規模製造業では、事実上の終身雇用が定着し、みんなが家族のように会社に帰属し、会社の近くに団地の社宅があって、みんなそこで会社にロイヤルティーを感じていたからです。ちょっと前の「日本的経営」と言われているものと瓜二つ。

当時の日本は、少しでも給料が高いとすぐに職人が会社を移ってしまうために技術が蓄積されず、大規模組織が成立しないという課題に直面していました。しかも、金融資本が自分たちの利益だけを考えて動いていたので、いつまでたってもアメリカのような産業基盤ができないと言っていたわけです。現代の論調とは正反対でしょう。

巨視的に見ると、定着して動かせないように見える組織文化も、たかだか50年や80年のものなのです。しょせんビジネスの世界のことです。話はそれほど深くない。100年持たないものは「国の文化」とは言わないでしょう。

この話は日本という国で見た場合ですが、個別の企業になると、話は別です。つまり「変えようがない」と思える組織文化だって、あっさりと変わることができるのです。

中竹　変えようと思えば変えられるもの、ということですね。

楠木　ケース・バイ・ケースですが、組織の中にいる人たちが強烈に反応するものがあるはずなんです。僕は、そこが組織文化の変革のツボだと思っています。

例えば、霞が関の官僚組織も、組織文化が濃いと思います。よく言えば、国家の役に立ちたい人が集まっている。一方で悪い意味での組織文化は、出世に非常にうるさいこと。出世を阻むようなリスクは取らないでしょうし、保身に回る姿勢は強いと思います。

そんな組織文化の中にいるビジネスパーソンが強烈に反応するのは、「昇進」だと思います。例えば組織のリーダーが、「そんなことやっていたら、ここでは偉くなれないぞ」と言えば、きっと言われた人の言動は変わるはずです。

つまり組織文化に直接手を突っ込んでいるわけではなく、昇進や評価の基準など、組織文化よりも操作性が高いものに手を加えた結果として、組織文化が変わっていく。ただそれが、組織の中にいる人々が強く反応するものでないと、効かないでしょうね。

中竹　影響力があるものをどうやって選ぶか、ということが大切なのですね。

楠木　給料などをインセンティブにして霞が関の官僚組織を変えようとしても、おそらく変わらないはずです。そもそも、それほどお金に興味がない。給料が減ることよりも、偉くなれない方が嫌だと思うはずです。

中竹　官僚組織の中にいる人たちは、そうした文化に自覚的なんですか。本にも書きましたが、組織の中にいる人たちは基本的に自分たちの組織文化を知らないケースが多いように感じます。

楠木　自覚的ではないと思います。自覚的であればもっと早く変わっているかもしれません。

組織の中にいる人が当たり前のこととして受け入れていることでないと、組織文化ではありません。だからこそ、外から来る人に意味があるんです。影響力のある意思決定者が外から来ると、メリットもデメリットもありますが、組織文化を見直したり、変えたりするのが、早くなりますよね。

中竹　企業には社外取締役がいますが、この役割の人に組織文化を変革する役割を担ってもらうことはできますか。

楠木　影響力が取締役の範囲にとどまっているので、会社全体を貫く組織文化については、ほとんどの社外取締役は無力だと思います。

中竹　形の上では組織文化の違和感に気づいたとしても、楠木先生の言う「ツボ」を押せない、ということですね。

楠木　そうです。例えば日本電産の永守重信さんは、M&A（合併・統合）でいろいろな会社を買収したあと、その会社の価値観に手を突っ込んでいきます。このとき、ものすごく手数をかけているといいます。

新しい会社を買収したあと、その会社や工場に近くて質の高いレストランのランチタイムを毎週2回、1年先まで予約したそうです。従業員をいくつかのグループに分けて、一緒にランチを食べながら話して、永守イズムを伝えていったそうです。

中竹　徹底していますね。

楠木　そういうことは、社外取締役にはできません。一度言っても分からないので、それを繰り返し言うことなど、どこまでいっても労働集約的な仕事なんじゃないですかね。とはいえ、組織文化の変革がやりやすい面もあると思います。企業の場合、例えば資本政策を変革するケースでは、それに関わるのは特定少数の人しかいません。ところが組織文化は、そこで働いているありとあらゆる人にとって、毎日、朝から晩まで関係していることです。だから、一人ひとりの行動ににじみ出るのです。

その組織の価値基準なので、どのような職場に入ってもすぐにその人に実感を持って感じられる。少なくとも、いろいろな手を繰り出せる可能性は高いと思います。

中竹　誰にとっても身近な問題になるので、その可能性はありますね。

組織文化変革の壁になるものとしては、楠木先生が『日本経済新聞』のコラムで書かれた「大人の幼児性」が勉強になりました。つまり、本来は好き嫌いの問題なのに、それを良し悪しの問題にすり替えてしまう。これは非常に危険ですよね。

楠木　そうなんです。ただ、そこには両面があると思います。「それは個人の好き好きなので強制はダメだよね。みんな大人なんだから、それぞれの価値観があってやっているんだから」というのはその通りではありますが、そこで終わってしまうと、変革は難しい面があると思います。だからこそ、先ほど言ったような変革の「ツボ」を見抜く力が、組織文化を変革するリーダーに求められるのではないでしょうか。

もちろん、その「ツボ」は人によって違うし、会社によっても違う。組織文化の変革に特殊なリーダーシップが求められると言ったのは、その組織特有の「ツボ」を見抜く力が必要だからです。

中竹　痛いところを突かれた、というその「ツボ」を押せるかどうかですね。

楠木　そうです。みんなが「それはそうだよな」と思えるところが、組織文化を変革する起点になると思います。

そもそも人にはできることとできないことがあって、普通の人ができないことをやってのけるのが本当のリーダーです。その最たるものが、組織文化を変えるという難題ではないでしょうか。そういう意味では、組織文化の変革は「組織の秘孔を突く」というイメージなんでしょうね。

中竹　面白い（笑）。いい喩えですね。

楠木　そこを突くと、一瞬にして周りに波及し、堅牢に組み上がっていたかのように見えた組織文化ががらがらと崩れていく。言葉の力は大きいと思います。

故・野村克也監督は毀誉褒貶が多い人でしたが、組織文化の変革者としての能力は際立っていたのではないでしようか。かつて剛腕で鳴らした江夏豊投手を、日本のプロ野球界で初めて「リリーフエース」という地位につけたのは、野村監督でした。当時のプロ野球の組織文化として、ピッチャーは先発完投型がエースで王道。リリーフは二流の投手がやるものという価値観が定着していました。

江夏投手も先発完投型で、入団から9年連続10勝以上、そのうち20勝を超えたのが4回、15勝を超えたのが2回と、特筆すべき成績を残していました。しかし、血行障害と心臓疾患に悩まされて完投できる体力もなくなってきた江夏投手は、１９７６年シーズンから南海にトレードで移籍します。南海の監督だった野村さんは、江夏投手にリリーフ転向を勧めます。

これは江夏投手の価値観に合わない。反発する江夏投手に対する口説き文句は「野球界に革命を起こそう」。この言葉で江夏投手は「そうか、革命なんだ」と納得したといいます。それからは南海、広島、日本ハムをリリーフエースとして渡り歩きました。野村監督のような言葉の力は必要なのではないでしょうか。

中竹　そうかもしれませんね。

楠木　でも、それはやっぱり江夏投手のツボを押さえているから言えることです。猛烈なプライドがあって、それを支えにプロ野球界を生きてきた人だからこそ、その言葉が響いたのでしょうね。

中竹　ラグビー日本代表のエディー・ジョーンズ監督は、野村監督とは違って破壊する人ですよね。

楠木　そうなんでしょうね。スポーツは勝ち負けが毎回はっきりと出るので、比較的、好循環が始まったときは分かりやすいと思います。でも、ビジネスは成果がすぐに表面化してこないところが難しい。

中竹　そこが大きな違いですね。だからこそ、リーダーにはその難しい役割を担う覚悟が必要になってくるのではないでしょうか。

第3章

自著を語る

経営読書記録　裏

楠木建・山口周『「仕事ができる」とはどういうことか?』

――楠木さんと山口さんの対談本『仕事ができるとは、どういうことか?』が発売されました。本書は、仕事ができる人が持っている「センス」が一貫したテーマになっています。

楠木　「センス」と「スキル」を対比して論じています。スキルは大切です。ないよりある方がいいに決まっている。しかし、あるところから先になると、仕事ができるかどうかはセンスにかかっている。仕事のセンスとは何かについて、山口さんとさまざまな角度から語り合っています。

――センスという、言語化が難しいものをメインテーマにしたビジネス本は珍しいですね。挑戦的な取り組みだと感じました。

楠木　ありがとうございます。ですが、予想通り評判が悪い（笑）。

山口　アマゾンのサイトでも、星1つのレビューが多くあります。

――なぜ、評判が悪いのでしょうか?

楠木　多くのビジネスパーソンにとって、センスの話は「不都合な真実」だからでしょう。「ようするにセンスだ」と言うと、「それを言っちゃおしまいよ」という声が返ってくる。

　本書に対するアマゾンのレビューを見ると、一番上に「とにかく、著者のふたりの会話がイタい。内容以前に気持ち悪すぎたので星1です」というコメントが出ています。

　このレビューを書いた方は「上司世代がこんなことを考えているのだとするとゾッとする」と続けています。そのお気持ちはよく分かります。それでも「ここまで言っておいて恐縮ですが、中身の論考についてはかなり参考になります。センスの定義が具体レベルで言語化されており、その定義に当てはめると、いろいろな普段の経験が昇華されていきます」とも書いてくださっている。これこそ最高の読者ですね。

――一般的に、「仕事がデキる人」というと高いスキルを保有する人というイメージです。

楠木　確かに、スキルは仕事するうえで役に立ちます。しかし、ビジネスパーソンはあるレベルまでいくと、勝負する次元が上位にシフトし、求められる成果も変わってくる。だんだんとスキルよりセンスが必要とされるようになります。

　スキルは、頑張れば頑張っただけ身につく。ですから、人はスキルアップに埋没しがちです。ところが、こういう人たちがキャリアの途中でハマる罠がある。本書ではそういう話をしています。

山口　評判はさておき、とても有意義な対談でしたね。

楠木　センスの重要性はこれまでも繰り返し強調されてきました。古くて新しい論点です。古くは批評家の小林秀雄さん。典型的な「スキルよりセンス」派ですね。ただ、一貫した傾向として、センス派の意見や主張はそもそも受け入れられにくいんですね。

――なぜだとお考えですか？

楠木　即効性がないと感じる人が多いからでしょう。スキルには育てる方法がある。ところが、センスにはそれがない。直接的に育てる方法がないのがセンスなのです。とはいえ、山口さんが指摘しているように、「スキルは必然的にコモディティ化する」というのは厳然たる事実です。ある水準以上になると、スキルだけではやっていけなくなります。

――スキルは陳腐化して価値がなくなると？

楠木　プレゼンテーションを例に考えてみましょう。非常に良くできた教科書があって、そのスキルを取り入れる。すると、プレゼンの質は以前より向上する。しかし、それは最初のうちで、ある時点からスキルの向上とプレゼンの成果は比例しなくなります。プレゼンスキルはばっちりなのに、話がちっとも面白くない、心に残らないという人は少なくありません。

では、どうすればセンスが向上するのか。すぐに効く定型的な方法はありません。だからこそ、まず「センスとは何か」「何ではないのか」「仕事ができるとはどういうことか」というＷＨＡＴをはっきりさせることが大事なのです。ところが、人はＨＯＷについての明確な「答え」がないことを不愉快に感じます。不安に感じると言ってもよい。センス派は受け入れられにくいという成り行きです。

――NewsPicksでも、スキルアップにフォーカスした記事は、よく読まれます。

楠木　NewsPicksはユーザーから購読料を得るというビジネスモデルですから、マスの需要に応えていかないといけません。スキルにフォーカスした記事が人気なのは当たり前です。スキルは不滅の需要ですから、これからも「スキルアップ」に向けた記事を出し続けることをお勧めします。センスの話はほどほどにしておいた方がイイ(笑)。

山口　ところで、不思議なのは、「仕事はセンスだなんて不愉快だ」と思う人が、なぜこの本を買って読んだのか、です。ここに人の心の機微が表れています。仕事には、センスが大事だとなんとなく感じていて、本書を読めばセンスがたやすく身につくかもと期待した、ということなのかもしれません。

楠木　論理的にも、経験的にも、センスが大事なのは紛れもない真実です。身の回りで、本当に仕事ができる人の特徴を挙げたとき、スキルだけでは説明できませんから。

――本書では、仕事ができる人とは、この人なら任せられる、という雰囲気があり、その雰囲気こそがセンスであると定義しています。

楠木　みんな仕事ができるようになりたいと思っていて、そのために時間を割いています。スキル本やネットでのスキルアップに関わる情報の流通量を見ると、一貫して右肩上がりです。なのに、いつの時代も本当に仕事ができる人は稀少です。これはいったいどういうことなのか。山口さんとの本は、このごくシンプルな問いを議論の起点にしています。

――その一方で、本書では「仕事ができる人＝結局は人間力」という論も強引過ぎると指摘しています。

楠木　「ようするに人間力だ」と一足飛びに持論を展開する人がいます。人間力系の話も昔から需要は強いのですが、強引というか、議論が深まっていかないという難点があると考えています。

　例えば、稲盛和夫さんの『心。』や、松下幸之助さんの『道をひらく』。こうした方々がとてつもない「人間力」を持っているのは明らかです。それでも、「仕事の成果は結局人間力で決まる」と言ってしまうと、話が深まらないように思います。

　というのは、人間力の対概念がはっきりしないからです。私は、「それが何であるか」を考えるとき、常に「それが何ではないか」を考えるようにしています。両面から見ることによって、議論の対象がはっきりする。「アート対サイエンス」「スキル対センス」というように、対概念で考えた方が、議論の解像度が上がると思います。「アート派・センス派」は、いつの時代も「スキル派・サイエンス派」と「人間力派」という二大派閥に挟まれ、ビルの谷間のラーメン屋みたいな存在なのです。

　スキルに関わる本には、目に見える数量で効能を表示したタイトルが多いという特徴があります。『○○が9割』みたいな本がその典型です。ちなみに、アマゾンの書籍サイトで「9割」と検索すると、何十冊も出てきます。その中には『伝え方が9割』や『人は見た目が9割』のようなヒット作もあります。ヒットが出ると、今度は『アマゾンで学んだ！　伝え方はストーリーが9割』みたいな文脈をさらに特定したものが出てくる。「9割本」はもはやスキル系ビジネス書のひとつのサブカテゴリーの観があります。

山口　本当に9割本はニーズが強い。

楠木　でも、皆さんの周囲にいる「この人、仕事できるな」「頼りになるな」「この人なら大丈夫だな」と思う人を具体的に思い浮かべてみてください。その人の仕事能力を説明しようとしたら、その9割をスキルで説明するのは難しいはずです。

仕事とは、突き詰めると、人から選ばれることです。「あれができる」「これができる」と言っているうちはまだまだで、「この人じゃないとダメだ」「余人をもって代えがたい」というのが「仕事ができる」ということです。それは世に流通するスキルを超えている。

——そもそもスキルとセンスの違いが、分かるようで分かりにくいのかもしれません。

山口　それはレストランのケースを見ると分かりやすいと思います。ミシュランで星を取るような明らかにセンスがあるシェフは、料理学校にいるときから、盛り付けが巧みだったり、味付けにヒネリがあるなど、いかにも美味しそうな料理を作ります。同じ料理学校や海外のレストランで習っていても、人を惹きつける料理が作れるシェフとそうではないシェフとでは、明らかに差があります。

　僕が思うに、盛り付けが上手で、料理も美味しいというのは官能（感覚）であって、それはある種の美しさに通底しています。料理の見た目が美しく、味も美味しいシェフがお店を作ると、店の佇まいもいい感じになります。

　一方でセンスの悪い人が同じイタリア料理店を作ると、ワインリストにドリンクと書いてあったり、カルパッチョにマヨネーズがかかっていたりします（笑）。料理自体が不味いわけではないのですが、店の佇まいもピンとくるものがなく、2度は行かないなと思います。要するに、センスとは一事が万事に表れるということです。

楠木　料理学校はスキルの学校です。そういうスキルの学校にいる人たちの間にある差を見ると、センスがよりハッキリ認識できるかもしれません。スキルが完全にコントロールされているので、スキル以外に差を生む要素が何なのかも、分かりやすく見て取れる。

山口　学校だとインプット量は同じですからね。

楠木　ビジネススクールで教えていても、似たようなことを感じます。ファイナンス、アカウンティング、経営戦略と、スキルであればみんな一通りできるようになる。ところが、面白い課題を立て、良いアウトプットを出す人と、そうでない人の違いは依然として残ります。一定のスキルを持っている人たちの集団を観察した方が、スキル的な変数がコントロールされているから、センスの有無が浮き彫りになりやすい。

そもそもスキルというのは分業の産物です。スキルの価値は全体のごく一部でしかありません。専門的、先端的なスキルほど局所的になります。例えば、「会計のスキルがありますよ」という場合、すぐに「財務会計か管理会計か」となる。「財務会計」のスキルもさまざまに分化していきます。これを重ねていくと、「財務会計の中のＥＳＧ視点を入れた統合報告書を使ったＩＲ」というふうにごく局所化する。これはある意味で「先端的」なのでスキルとしては悪くない。しかし、仕事全体の価値からはどんどん外れていく。

逆にセンスは総体的な価値を直接的に左右します。レストランの場合、お店の作り、メニュー、盛り付け、料理そのもののすべてにセンスは反映される。センスは全体へと遡っていくもので、分業や分析（アナリシス）の逆の綜合（シンセシス）を指向します。センスとスキルは根本のところでベクトルが逆向きなのです。

山口　ダニング＝クルーガー効果というものがあります。仕事の成果（経験・能力）を横軸に取り、自己評価を縦軸に取ると、Ｖ字を描くそうです。つまり、仕事のできる人は、どちらかと言うと自分の能力をディスカウントして見ているケースが多いということです。

またある調査では、上位20％の人に「自分は上位何％ぐらいのところにいるか」と聞くと、回答の平均は「上位30％」となるそうです。逆に、下位20％の人に同じ質問をすると、「自分は上位50％に入っている」と答える人が40％に上るのだといいます。つまり、下位の人ほど自己評価と現実の乖離《かいり》が大きいのです。

彼ら（下位20％）の特徴は、一般に2つあるとされます。第1は周りが見えていないこと。なので、ベンチマークするポイントがない。2つ目は、自分も見えていないこと。なので、周りの人のレベルも分からない。そういう何となく自己増殖したイメージの中で、自分はイケてると考えている。それが下位20％の人たちの特徴だそうです。

楠木　そういうものですね。

山口　これこそ、「センスがない」ことの表れでしょう。語源的にも、センスとは「感じる」という意味ですから。

楠木　凹凸はあるけれど、何だかんだ言っても自分はイケてるという前提で生きている人が多い。人間の絶対的な本性として、「自分はイケてる」と思わないと、やっていけない面があるのだと思います。社会人として駆け出しのころはなおさらですね。

センスがスキルとまったく異なる点は、勝ち負けではないことです。スキルは特定かつ単一の軸で優劣が決まるので、「私はＴＯＥＩＣ何点」みたいな競技性がある。一方のセンスは一つの次元上に全員の優劣を評価することはできません。そもそも多面性がある。ある部分は優れているけど、ある部分はからっきしダメということもよくあります。

つまり、スキルと比べて、センスは非競争的です。大げさに言えば「平和な世界」。ある人にはあるし、ない人にはない。センスは千差万別で、人によって中身は大きく変わります。フラットにセンスをとらえた方がいいと思います。

――本書の中でも、センスの優劣を考えるのではなく、自分のセンスが活かせる土俵（場）を見つけることが大事だというメッセージが記してありましたね。どうやって自分の土俵を見つけたらいいのでしょうか？

山口　土俵の見つけ方がうまい人の典型例として、ジャズ・トランペッターのマイルス・デイビスが挙げられます。当時のジャズはビバップ（１９４０年代に起こったジャズの新たな流れ）が隆盛して、みんながこれを練習していた。

楠木　ビバップは音数が多いから、スキル的には高度な演奏能力が必要になりますね。

山口　ええ。でも、マイルスは練習嫌いだったので、あまり吹きまくれないタイプでした。セッションにも呼ばれず、悔しい思いをしていた。そこでマイルスは、吹きまくれない自分がカッコよく見える世界を模索して、モード・ジャズを完成させるのです。

それは抑制の利いた音階で、吹きまくっている人がダサく見える。まさに逆転の発想を持って自己プロデュースしたということです。

楠木　同じくモダンジャズのチャーリー・パーカーだったら50音くらいは入るところを、マイルスたったの2音だけですからね。

山口　マイルスが出てきたとき、「なんだ、これは。でもカッコいい！」と、みんながそう思った。でも、チャーリー・パーカーとマイルスのどっちが点数は高いのかという比較はナンセンスです。みんな好き好きでいいのです。レストランの世界でいうと、スーシェフの下にいる担当者の間では包丁を使う速さで競争序列があります。でも、自分で料理を作るシェフになると、もはや包丁に速さは関係なくなる。ジョエル・ロブションとＮＡＲＩＳＡＷＡ（ナリサワ）では、どっちが好きかだけで、序列は関係ない世界になります。

楠木　スキルは明確に見せる、示せるものなので、とかく競争的になりやすい。対してセンスは競争するものではない。ところが、山口さんが「美意識」と言うと、ある種の「美意識競争」にかまける人が出てきます。スキルの文法でセンスを扱うと、非常にトンチンカンなことなる。

山口　センスまで序列を決める道具になってしまうと、未来はないと思えてきて残念ですね。

楠木　本来はセンス的なものをセンスとは認めず、スキルに強制翻訳しがちですね。出版業界もそうです。スキルに対するニーズが強いので、本来はセンスの範疇にあることでも、あたかもスキルのように扱って、安直な方法論を提示しようとする。

　センスは事後性が強く、定型的なノウハウ化は難しい。「ハック」というような考え方と対極にあるものです。とはいえ、天賦の才では決してない。センスがある人は誰もが時間をかけて自分のセンスに磨きをかけてきたのです。どんな人にも周りにセンスある人がいるものです。そういう人を観察することはとても大切だと思います。

――本書で山口さんは「落研出身の人はプレゼンセンスが抜群である」と紹介していました。それが示すのは、自分自身も含めた人間観察力が、センスのベースにあるということですか？

山口　その通りです。先日、ある会社の人事部トップの方とお話をしたときにも、これに関する話を聞きました。

その方は最近、外部の研修会社に依頼して講師を招いたそうです。そうしたら、講師の人の話が明らかにイケてなくて、携帯をいじったりする受講者が出ていたにもかかわらず、同じ話をひたすら繰り返していた、と。

――センスのある講師ならば、受講者の様子を見て、巧みに話題を変えたりしますよね。一方、センスのない人は目の前の受講者が見えていない。

山口　センスのある人は、見てくれている人の機微を読み取れるんですね。

楠木　そこにスキルとセンスの違いの一端が見えます。スキルは比較的クローズドなシステムなので、相手や状況がどうであれ、ある程度まで文脈から独立して機能する。しかし、センスはオープンなシステムです。相手次第で変わっていく。性質が大きく異なるので、スキルだけを重視すると、かえってセンスが身につかなくなるのかもしれません。

山口　そうなんですね。

楠木　汎用性が高いポータブルなスキルを手にすると、そのスキルに値段がついて労働市場での価値が高まります。しかし、相手から見たときに自分の価値がそのスキルに限定されてしまう。裏を返すと、相手が今何を欲しがっているのかを考える必要がなくなる。自分の仕事の価値に対する感受性を阻害する面も出てくるのかもしれません。

山口　僕がコンサルティング会社にいたとき、若手の人によく言っていたことがあります。それは、クライアントが質問するとき、本当に聞きたいことがあって質問してくることはまずないということです。クライアントの質問は、だいたいが「不安です」か「怒っています」のどちらかです。本当に知りたいことがあって質問してくるなんてことはまずあり得ません。感覚的に言うと、９割が怒りです。

では、何に対する怒りかというと、僕らコンサルティング会社が言っていることに対して、怒ったり、心配したりしている。例えば、相手が「間に合うわけない」と思っているときは「このスケジュールで大丈夫ですか？」と聞くのです。

すると、若手のコンサルタントは「大丈夫です」と即答してしまいます。しかし本当に聞きたいことはそうではなく、相手は「お前のスケジュールは無茶がある」と怒っているのです。だから、この質問に対しては「僕らのスケジュールに無理がありますか？」「何かご懸念はありますか？」と聞き返さなくてはいけません。

そう聞き返すと、必ずそこから追加情報が出てくるのです。若手を見ていると、相手が感じている懸念や心配を感じ取れない人が多いと感じますね。

——では、どうすれば相手の気持ちを感じ取れるのでしょうか？

山口　相手の目つき、目の動き、ページのめくり方など、もう全部が情報です。そういう情報から、この人の心の中で今どんな感情が生まれているかを感じ取るしかありません。

楠木　スキル重視の人は、そういう問題があると、ＡＩを駆使したＶＲメガネみたいなものを開発して、「相手の心理は怒りです」と教えてくれる機械が必要だと言いますよね。

今の時代は、さまざまなテクノロジーがセンスのスキル化を促進しています。これは有用なことですが、何でも「テクノロジーを持ってこい」になってしまうとまずい。これこそ能力のコモディティ化です。昔と比べると、センスの重要性を自然に感じる機会が少なくなっているのかもしれないですね。

山口　スティーブ・ジョブズはパワーポイントでのプレゼンを一時期禁止したことがあります。アップルに暫定ＣＥＯとして戻ってきたジョブズは、各事業部のトップから次から次へとプレゼンテーションを見せられるのが嫌で、どんな状況で何が課題で、これからどうやろうと思っているのか、口頭で話してくれと言ったそうです。

で、みんながパニックに陥るのです。プレゼンなら、スライドを作るというスキルがあればうまくできますから。これもセンスとスキルの話に通ずるものがあると思います。

——ではどうすればセンスを錬成することができるのでしょうか？

楠木　直接的な方法はないのですが、間接的な方法はいくらでもあります。前回も話したように、ポイントはスキルとセンスの違いにあります。センスは総体的なもので、スキルは局所的なものだということです。ですから、センスを錬成するなら、センスに溢れる人の全体を見ないとダメです。

それこそ、一本のメール、ひとつの指示、メモの取り方、会議での発言、仕事の段取り、ありとあらゆる一挙手一投足のすべてにその人のセンスが表出しています。すぐにできることは読書です。一流のセンスがある人の評伝や伝記を読み込む。そこからセンスの正体を考えてみるのはとても大事なことだと思います。

山口　僕はコンサルティング会社にいたとき、こんな経験をして不思議に思ったことがあります。マッキンゼーもＢＣＧも同じですが、コンサル会社にはセクレタリー業務やスライド作成をしてくれる女性スタッフがけっこういます。そんな彼女たちとお食事に行って話を聞くと、「あのベテランコンサルはもう老害になりつつある」「あの若手は本当に大丈夫なのか」などと、各コンサルタントに対する彼女たちの率直な見立て（評価）がどんどん出てきました。しかも、その見立ては驚くほど正確だったのです。

では、何をもって見立てているかと言うと、やはり佇まいです。例えば、仕事を頼むときのコミュニケーションスタイルを人によって変えているとか、メール返答の文言の品格などから判断しているようです。

楠木　同僚や上司ではなく、むしろ秘書やサポートの仕事をしている人の方が、能力測定は信用が置けますね。

山口　そうですね。彼女らは、コンサルタントの作るエクセルやプレゼンの様子は直接見ていません。それこそ社内を部下と一緒に歩いている姿など、極めて断片的な人としての佇まいを見て判断しています。

楠木　佇まいに、その人のすべてが表れている、と。

山口　実はコンサルタントのポテンシャルは、女性アシスタントたちのトイレでの会話が一番、正確なんではないかという仮説もあるくらいです（笑）。仕事現場の情報はまったく見ていないにもかかわらず、パフォーマンスの評価は高い蓋然性で評価できる。本当に不思議です。

楠木　急な仕事を依頼されることもあるセクレタリーの人たちは、常に自分ごととしてコンサルタントを見ている。

この事例からも、センスを磨く手段はごく日常の中にあると分かります。本当に仕事ができる人が身の回りにいたら、ずっと一緒にいるだけでも十分に意味がある。

そのとき、「なんでこのときはこんな行動をして、このときはしないのか」を考えてみるといい。その行動の全体を観察できるような関係にならないと、なかなか難しいとは思いますが。センスのある人の周辺では、同じくセンスのある人が再生産されるという構図があるかもしれません。「弟子」とか「書生」とか「カバン持ち」という方法論が昔からあるのはそういう理由だと思います。

センスはスキルと違って、「成功」や「達成」がない。これが大切なポイントだと思います。以前、為末大さんが「オリンピックでメダルを獲ったという成功体験に復讐される。その克服方法とは何か」という深い話をされていました。

為末さんの話とは文脈が全然違うのですが、そのとき思ったのは、「成功」が認知されなければ成功体験に縛られずに済むということです。センスには、どこまで突き詰めても、「成功」や「勝った」という概念がありません。スキルは微分的な思考と親和性が高い。ＴＯＥＩＣの点が大きく上がったとか、資格試験に合格したとか成功体験を持ちやすい。

しかし、センスは長い時間幅の中で醸成されていく積分的なものです。だから、成功、失敗、勝ち、負け、終わり、他者との比較がない。だから長続きする。

――スキル一辺倒で生きていると、燃え尽き症候群になりそうですね。

楠木　努力した量に比例してスキルが上がっていけばいいのですが、上限みたいなものが必ずあります。しかもスキルだけだと、やがてはお声がかからない局面に至ってしまいます。

スキルの人は「法則好き」である点も特徴です。ある調査研究によると、女性はシングルの方が幸せだという研究結果が出たそうです。彼氏や夫がいる女性は、シングルよりも、うつ病などの精神疾患に罹患しやすい。なぜかと言うと、女性は自己犠牲の傾向があり、仕事や家庭、育児など、限界と言われても頑張り続ける一方、男性はそれに甘えがちなため、パートナーがいる女性の方が不幸になりやすいとのことです。

例えばこの研究成果の「法則」に準拠して、「よし！幸せになるために離婚しよう」と考える女性がいたとしたら、相当にヘンな人ですね。これは極端な例ですが、スキルに傾く人は「こうやったらこうなる」「こうやればうまくいく」という外在的な「法則」をすぐに求める。その人の幸せや能力の形はさまざまです。ヘタに法則に従うと、トンチンカンなことになる。これもアウトサイドインの悪い面ですね。

山口　その一例ですが、綺麗な港区女子が、毎週のように違う男性からアッピア（広尾にある人気イタリアンレストラン）に誘われるという話がありました。

——アッピアなら口説けるという法則があるからですね。

山口　そうです。でも、それで、いろいろな悲劇が生まれているそうです。なかなか罪作りですよね。就職活動の世界でも、スキルの人による悲惨な伝説があります。

楠木　サミュエル・ジョンソンがイイことを言っています。「愚行の原因は似ても似つかぬものを真似することにある」

山口　某ビール会社の面接で「志望動機は？」と聞かれたら、背広を脱いで、背中に「男は黙って〇×ビール」と書いてあるのを見せる。それで合格したという話ですが、絶対に嘘なんですね。

——それをやったら非常識だと思われてしまいます。

山口　その人が持っているパーソナリティや佇まいなど、全人格的要素を持ってすでに受かっている状況のとき、多少のネタとして「Tシャツを脱いだんだよ」みたいな話です。ところが、断片的な情報しか知らない学生は、このネタだけ取り込んで法則化してしまう。

なぜなら、このネタ部分は言語化できるからです。一方、全体性や佇まいは言語化できません。それで、言語化できるところだけを盗むと、悲劇が生まれてしまうのです。

楠木　スキルや法則に飛びついてしまうのは、インスタントな成果を求めるという人間の本性が、自分の思い通りになかなかならないというモヤモヤした不安感と結びつくからではないでしょうか。

僕がセンスを錬成するためにお勧めしたいのは、やはりセンスのいい人を1人決めて、なるべく長い間、その人の全体を見ていくことです。僕にとってポーター先生はそういう人です。ミンツバーグ先生とも若いころ使いっ走りの仕事をさせてもらって、そのセンスに多くを学びました。

――師匠（メンター）を持て、ということですね。

楠木　制度化されたメンターとメンティーの関係でなくてもいいんです。職場にいる「これは」という人を観察する。それこそ一挙手一投足を見て、「何をして、何をしない」のか、その理由までその都度、自分で考えてみることです。こっちで勝手にその人をメンターにしてしまう。できたら事後的に、「なんであのとき、あのようにして、ああしなかったんですか？」と理由まで踏み込んで聞いてみるとなおいいですね。

僕の知り合いの同世代の女性で、メガバンクの役員になった人がいます。その彼女が新卒入社したころは、総合職は男性ばかりで、女性総合職は「どうせお茶汲み＝活躍できない」と思われていた時代です。一方で、短大出の一般職の女性からは「偉そうに」という目で見られ、板挟みで苦しんだそうです。

しかし、彼女はあるとき、嫌だったお茶汲みに可能性を見出します。支店長が応接室でお客さんと話す場に、お茶を持って入れる。そこで、支店長に「一緒に話を聞いてもいいですか」と頼んだら同席を許された。いい支店長さんだったんですね。

その支店長は非常に優秀な人で、毎回同席していると、同じような法人案件でも、お客さんの話題によって結論が全然異なることに彼女は気づきます。で、「同じような案件なのに、結論が逆になるのはなぜですか」と、毎回のように聞いていたことが、非常に勉強になったそうです。

その後、彼女は営業職に転じてものすごい成果を上げ、女性役員に就任します。この話のミソは、お茶汲みの機会を利用して、自分だけ優秀な支店長のセンスに触れる状況を自ら作り出したことですね。

山口　学び方にもセンスが出るんですね。

——自分なりの学び方を発見することがセンスに繋がるということですね。

楠木　スキルであればＴＯＥＩＣ ５００点よりも９００点の方がいいに決まっています。つまり、スキルは外的に与えられている基準がある。一方、センスの基準は千差万別で、方向性もそれぞれ異なります。ですから、センスは自分で土俵を決めて、自分でこういうものがいいことだと、自分で基準みたいなのを持っていないと、磨きようがないと思います。

——では、自分の価値基準や自分の土俵をどのように見出していけばいいのでしょうか？

楠木　師匠選びの段階から、この人みたいになりたいという自分の好みが入っているんだと思いますが、基本は能で言う「守・破・離」です。初めのうちは、師匠を丸ごと真似してみる。例えば、メモの取り方だけでも非常に役立ちます。僕自身の若いころを振り返ると、教授会に出たとき、「この人いいな」と思う教授の横に座ってメモの取り方をいつも観察していました。

——プレゼンやＳＮＳでの発信など、派手な部分でなく、地道な努力みたいなところを見るということですか？

山口　見えやすいところだけ真似しがちですが、全部を見ることが大事です。

楠木　努力というほどのことでもなく、ようするに日常の行為や行動の全般ですね。

——プレゼン達人の器でない人が、プレゼン達人の派手な部分だけ真似ると、気持ち悪い人になりそうですね。

楠木　前回の冒頭の話に戻りますが、今アマゾンのサイトで本書へのレビューを見ると、「これは本当に山口周の本なのか、美意識本、ニュータイプ本と比べると残念と言わざるを得ないです」と酷評するコメントがあります。

山口　残念がらせてしまって、申し訳ない思いですね。

楠木　いや、僕のせいですね。センス系の本は、ツボにはまるかどうかで感想も大きく変わる。ハマらない人にはハマらない。

――山口さんのベストセラーになった新書は、「センスを鍛える」ではなく、「美意識を鍛える」というタイトルにした点にセンスを感じます。

山口　実は、あの新書を出すとき、美意識がテーマだけに敗北は見えていると考えていました。

楠木　とはいえ、山口さんの本は非常によく読まれていて、「そっち側（センス）に波が来ましたね」と言う人もけっこういるんです。これからは、美意識、センスの時代だ、と。僕が仕事をしている短い期間でも、このような「センスの時代」と言われるような波が何回かは来ています。でも、ちょっと目を離すと、完全に鎮静化している（笑）。

山口　また〝ビルの谷間のラーメン屋〟に戻ってしまいましたね（苦笑）。

楠木　マスの需要に逆行していますから、仕方ありません。もう、なるべく美味しいスープを作るしかありませんね……。

――本日の対談の結論としては、自分なりの関心や動機、価値基準があるからこそセンスや直感が磨かれるということですね。

楠木　そういうことです。だからこそ、まずは「センスとは何か」「センスがある人はどういう人か」「仕事ができるとはどういうことか」「仕事ができないというのはどういうことか」、方法論に走る前に、真の仕事能力の内実を改めて考えてもらいたいのです。

楠木建・杉浦泰『逆・タイムマシン経営論』

稲垣隆司（株式会社エイムソウル 代表取締役）　さっそく拝読しました。タイトルが孫正義氏の『タイムマシン経営』をもじっていて、目を引かれましたが、さらに中身は大変考えさせられるものでした。楠木先生から、この本を書かれた経緯や概要を教えていただけますでしょうか。

楠木　僕は学生のころ、調べ物をするときによく図書館を使っていたんですよ。当時は今のようにデジタル化されていなかったので、貸出カードを使って目当ての本や雑誌がどこにあるのかを調べて、その棚へ行って、本を取り出してコピーをとる、という時代でした。今だと1秒でできることが3時間ぐらいかかっていたんです。そこで、例えば「『日経ビジネス』の１９７８年●月号、○～△ページ」と、当たりをつける。そして、バックナンバーがあるところまで行って、引っ張り出すわけですが、デジタル検索でＰＤＦをダウンロードしているわけではないので、嫌でもその前後の記事が目に入ります。そうすると、とにかく古新聞・古雑誌に書いてあることが面白くて仕方がなくて。

稲垣　「偶然の発見」がありますね。

楠木　そう、「気がついたら半日経っている」というような経験があったんですよ。20年後とか30年後から見るとトンチンカンな議論を、大の大人が大真面目にしている、という面白さがあって。

稲垣　著書にもあった「同時代性の罠」ですね。確かにいつの時代も世の中は必要以上にバズワードに踊らされていると思いました。

楠木　「同時代性の罠」というのは大体3つぐらいのタイプに分けられて、1つ目が「飛び道具トラップ」。いつの時代も「これからの秘密兵器はこれだ！」とか「バスに乗り遅れるな！」とか、「これが最新の経営手法だ！」なんていう、飛び道具みたいなものが喧伝されています。それを単純にコピペしちゃうと変なことになる。これが

「飛び道具トラップ」です。例えば、少し前だと「ＡＩ」、今だと「ＤＸ」とか「サブスク」とかですね。

　ずっと「仕事がなくなる」と言われ続けているのが面白いですよね。「オートメーションで仕事がなくなる」「コンピュータで仕事がなくなる」「ロボットでなくなる」「戦略情報システムでなくなる」「ＥＲＰでなくなる」……。「ＡＩ」でも、「ＤＸ」でも仕事がなくなるはずなのに、今でもまあまあ多くの人が「忙しい」と言いながら依然として仕事をしている。これが「同時代のノイズ」の典型です。メディアは注意を引くためにパッと人間のアテンションがとれるような打ち出し方をするので、同時代のバズワードが飛び道具として出てくるんですね。

「不安」というものに、人間は強く反応します。「貯金がなくなる」なんて言われたら恐怖ですよね。本当にそうなのだと信じ込んで、ロジックがすっ飛んじゃう。これが「飛び道具トラップ」です。

稲垣　その時代にいると気づかないけれど、確かにＳＩＳやＥＲＰって昔ほど使われなくなりましたね。

楠木　２つ目は「激動期トラップ」。いつも「今こそ激動期」って言っているんですよね。「これまでのやり方は通用しない」と、50年間1日も休まず言われ続けているって、どういうことなのか？　論理的には「激動」という状態は連続しません。「変わっているけれど、変わってない」というのが本当のところなんです。しかし、ついつい「激動期だ！」と言って変化を過大に受け止めてしまい、それが意思決定を狂わせる。だからいつも「革命」なんて言っているんですよ。本来、めったに起こらないことだから「革命」と呼ぶはずですよね。『日経ビジネス』も50年間常時革命状態で、「新産業革命」って10回ぐらいは言っている。

稲垣　確かに「革命」はよく見る2文字です（笑）。

楠木　３つ目が「遠近歪曲トラップ」です。近いものほどアラが目立ち、遠いものはよく見えるというのが、メディアの情報を受け取ったときの人間のバイアスなんです。ですから「シリコンバレー」と言われるだけで「すごい！」と思い、「日本」と聞くともう閉塞感を抱く。こういうことです。

　今も「日本的経営は崩壊する」と言われていますが、『日経ビジネス』を読んでいくと創刊7周年記念号、つまり今から44年ぐらい前の特集記事で「揺らぐ日本的経営」って書いているんです。50年間も揺らいでいられるって、逆手に取れば「日本の経営って、どれだけ頑健なんだよ……」って（笑）。

稲垣　そもそも「日本的経営」というものはあるのか？　と言われていますね。

楠木　これに限らず、過去の記事を見ていくと、いろいろと面白いことが分かります。結局のところ、同時代性の罠の淵源は私の言う「文脈剥離」というメカニズムにあります。

何事も、ある文脈を持って生起しているわけです。例えば、ある企業が「ＤＸですごく成功している」とか、「オープンイノベーションで成功している」とか。そういった成功事例とともに、「これからはＤＸだ、オープンイノベーションだ、ダイバーシティだ！」と言うわけですけども、それは「成功企業に固有の文脈」、私の言葉だと「戦略ストーリー」があって、その中で成果がもたらされているわけですね。飛び道具をむき出しのまま使って成果を得ているのではなくて、実際の成功要因は「戦略」なり「経営の総体」なりにあるわけです。

ところが、「戦略のストーリー」という文脈から引き剥がされた単語だけをコピペしてしまうと、文脈の総体を見失ってトンチンカンなことになる。例えば、最近のベストセラーコミックスに『鬼滅の刃』がありますね。あの作品の中に出てくる読者がみんな痺れたセリフは、『鬼滅の刃』という文脈の中だから意味があるわけです。それをコピーして夏目漱石の『こゝろ』にペーストしてしまったとしたら、小説はぶち壊しになる。こういうことを指して「文脈剥離」と呼んでいます。

『ＦＡＣＴＦＵＬＮＥＳＳ』という本がよく売れました。これは、「きちんと事実を押さえましょう」という内容で、まったくその通りなんですけれど。それに引っ掛けて言えば、逆・タイムマシン経営論が標榜するのは「パストフルネス」です。「パスト」＝過去ですね。

歴史というものは、それ自体「ファクト」の蓄積ですよね。みんなが「未来はこれからどうなるんだ？」と関心を持っていますが、未来は誰がどうやっても正確には予想できません。ところが歴史はすでに確定した事実なので、そもそも「ファクトフル」なんです。

もっと大切なこととして、統計データのようなファクトとは違って、「歴史的な事実」の強みは、それが起きた文脈・背景・状況が豊かだということ。「文脈込みで考える」という意味でも、歴史的な事実、特に古新聞・古雑誌は貴重です。多くの人は、情報の鮮度は高ければ高いほどいいと思っているんですが、むしろ、寝かせてみると本質が見えてくる。

稲垣　「新聞・雑誌は寝かせて読め」。これは名言だと思いますが、何年ぐらい寝かせると面白いんですか？

楠木　10年ぐらいがひとつの目途じゃないでしょうか。みんな、「歴史から学べ」と言うんですけど、『逆・タイムマシン経営論』では「近過去」、せいぜい50年とか戦後70年とか、それぐらいの期間と考えています。さすがに平安時代まで逆タイムマシンで戻っちゃうと、現代には通用しない話になってしまう。「逆・タイムマシン経営論」はあくまでも近過去を対象にしています。

30－40年ぐらいの近過去は、とても勉強になります。ウォーレン・バフェット氏が「潮が引いたあとで、誰が裸で泳いでいたか分かる」とうまい言い回しをしているんですが、何が本物で何が偽物だったかは少し時間を置いてみるとはっきりするんですね。

稲垣　われわれビジネスパーソンが、そういった「罠」に引っかからない、もしくは文脈剥離をせずに本質をとらえるために、身につけるべき習慣はありますでしょうか。

楠木　一言で言うと「knowing」と「thinking」の違いだと思うんですね。「knowing」の場合、現代ほど情報の流通が効率的な時代はないので、多くの人が大体のことは知っている。この「知る」というのは、「いつ、どこで、誰が、何をやっているか」といったことです。「５Ｗ１Ｈ」の中で「なぜ」に当たるのが「thinking」です。

世の中は因果関係でできあがっているわけですから、「なぜ」を考えようとすると、どうしても文脈全体を見なきゃいけない。そのひとつひとつの因果関係にロジックがあるんですよね。そのロジックを知ることが一番大切です。

しかし、現代の世の「進歩」の多くは、一言で表すと「考えるな」という方向に進んでいるわけですよ。人間が「考える」という自然な行動をどんどん阻害されているというか、人間が自然と考えなくなるような方向に、世の中が進歩しているわけですよね。デジタルデバイスという物など、その典型です。ですから、人間が「考える」という行動を取り戻すことが、非常に大切だと思うんですよね。それが「文脈全体に目を」つまり、「ちょっと立ち止まって考える」ということです。

稲垣　「日本人は、クリティカルシンキングが弱い」と言われます。例えば、会社に外国の方が入ってくると、「なぜそのルールがあるの？」といった質問を受けるんですよね。しかし、「ルールで決まっているから」とか、「新人だから」とか、「昔からこうだったから」とかいう回答しか返ってこなくて困惑している外国人の話もよく聞きます。「なぜこのルールがあるのだろう」「時代に合わせ目的を叶えるためにはどうすればいいのだろう」と考えることが、今、必要になっていると思います。楠木先生は、大学の学生にはどのように考えることを促すのですか？

楠木　そもそも大学の教育というのは、常に「考える」ことを促すようにできていますし、そうあるべきです。考えるうえでは、「批判」というものが非常に大切なんです。私は「自分の考えを提供する」ということを仕事そのものにしているので、ちょっとバイアスがかかっているかもしれませんが、「本当にそうなのか？」という批判的な視点で物事を見ることが大切ですね。私の仕事の場合だと、みんなが「Aだ」と言うときに、「やっぱりAですね」と繰り返しているだけでは商売にならない。常に「本当にそうなのか？」と疑うことが仕事そのものなんですよ。『逆・タイムマシン経営論』という著書ひとつとってみても、1ページ目から終わりのページまで、「本当にそうなのか？」と言い続けています。思考の中にあるさまざまなタイプのうちで批判的な思考が大切です、という意味ではなくて、価値のある思考は常にクリティカルなものだと思います。本来、教育というものは、批判的な思考を与えるものなんですよね。大学院のときも徹底的にトレーニングされるのは批判です。非難のようなネガティブなものではなくて、「クリティカル」であるということなんですね。

稲垣　そうですね。「批判的思考」という言葉自体にマイナスの意味が含まれているように感じてしまいがちですが、「クリティカルシンキング」ということなんですね。大学は常に、「なぜ」や「別の視点だとどうなるか」を考える場所なんですね。

楠木　そうですね。教室でのディスカッションでは、「こうだ」という意見の人がいると、すぐに「いや、そうじゃないんじゃないか」という人が現れ、これで議論になります。ベースにあるのは「クリティーク」なんです。

稲垣　日本は労働人口の減少を受け、多様性を受け入れる取り組みを進めようとしています。年齢やジェンダーだけでなく、昨今では外国人材も増えてきました。実際、経営陣は、日本人の50代以上の男性のままほとんど変わらないという会社が多いですが、構造上日本の多様性は否が応でも加速していくわけです。この「ダイバーシティ」もバズワードなのでしょうか。どのような点に気を付けてこの課題に向かうべきなのでしょうか?

楠木　一般論として、ダイバーシティはあった方がいい。まずはその方が社会的に自然だからです。しかし、もっと大きな理由は、「そうした方が得だから」です。だって、人口の半分は女性なんですから、男性ばかりで会社を運営するのは、「利用可能な人的資源があるのにそれを使わない」という意味で「損」ですよね。ピュアに損だと思うんです。ということは、反対に「ダイバーシティを推進すれば、ピュアに得になる」ということ。平たく言うと「そっちの方が儲かりやすい」。当たり前の話です。

外国人材の採用もまったく同じことで、これだけグローバルにビジネスを行う時代になって、潜在的な従業員として見る対象が日本の外にも開かれれば、当然人材がたくさんいる。つまり「シンプルに得だ」ということですよね。ビジネスに限定すればという話ですが、それ以外の理由はないと思うんですよ。さまざまな社会的な問題や人権、法律……そういう観点ならば話は変わりますが、「商売」という視点では、なぜ必要かというと、「その方が儲かりますから」という理由になりますよね。「経営」としてより有利に、得であるということです。

ただし、これは一般論であって、個別の企業で本当に経営に役立てて成果を出していくならば、やはり、個々の会社の文脈というものがあります。「あなたにとってのダイバーシティとは何ですか?」という、また一歩ミクロの問題になってくるわけです。ここに「同時代性の罠」といったトラップが発生する危険性は十分にあると思います。

一般論としては、外国人材に目を向けた方がいいに決まっているんですが、「文脈剥離」や「手段の目的化」を起こすと、「外国人だったら誰でもいいのか」とか、「インド出身者がいい」とか、いろいろな思惑があるじゃないですか。では、「インド人がなぜいいのか?」と尋ねると、「計算ができそうだから」と返ってくるような。全般的な傾向としては正しいのかもしれませんが、「この特定のインドの方は、本当にそうなんでしょうか?」という場合、また話は別です。ですから最終的には「自分にとってはどうなのか」という「当事者として考える」ことが大切なんです。個別特殊解としては、「いや、うちの会社は日本人で運営した方がうまくいく」というようなケースも十分考えられる。そこが「多様性」という概念のトリッキーなところですね。

僕個人は、もっと女性は活躍するべきだし、もっと女性の役員や幹部が出てくるべきだと思います。しかし、仮にその意味でのダイバーシティが行きわたって日本の企業のすべてが、役員の構成比率が男50：女50になったとします。これはある意味ではダイバーシティがより進んだ社会だということになる一方、ダイバーシティの喪失でもある。企業の中に、「いや、うちは男性だけでやるから」とか、「全員関西弁で」とか、「全員喫煙者で」……というような会社もないと、「社会的な多様性」は失われますので。

稲垣　なるほど、マクロで見ると「ダイバーシティが進むと、ダイバースではなくなる」という矛盾ですね（笑）。

楠木　そうです。結局、1段階分析次元を上げると、多様性が高いということは、多様性を喪失することになるわけです。つまり、われわれはいつも、「日本人／外国人」といったように、カテゴリカルにものを考えます。私の「逆・タイムマシン経営論」で言うと、「日本企業と外国企業」「日本企業とアメリカ企業」「日本企業と中国企業」

……と、いつもカテゴリーに当てはめて考える。そうすると、カテゴリー観の違いにばかりに目が行って、カテゴリー内部でのバリエーション、多様性というものを見なくなる。こういうことだと思うんですよ。

当たり前のことですが、日本企業と一口に言ってもさまざまで、メルカリも日本製鉄も同じ「日本企業」ですが、その経営にはほとんど共通点はないと思います。同じように、「日本人」という中にも、非常に多種多様なバリエーションがあります。「外国人を活用しましょう！　例えば中国人を」と言っても、その「中国人」にはすごくバリエーションがありますよね。当たり前のことですが、「日本／中国」という2つのカテゴリーの間の違いよりも、カテゴリー内のバリエーションの方が大きい。

「外国人雇用」というのは具体的な経営のアクションなので、最終的には外国人材・Aさんという人を採用するかしないか、という話になりますよね。それは、「外国人」よりも「Aさんがどんな人なのか」という点が重要なんです。外国人一人ひとりの能力や、その人の得意不得意、それぞれがキャリアで実現したいことも違うでしょうから、「○○国人」などと一括りにしないで、これまで日本人に対して行ってきたのと同じように、その個人とのマッチングを図り、その人の能力を採用して、自社の文脈に向いているか向いてないかを判断する、という当たり前のことが大切になると思うんです。

稲垣　突き詰めていくと、「ダイバーシティや外国人ということではなく、自分の会社に向いているかどうかで判断する」という、当たり前でごくシンプルなところに戻るのですね。

楠木　当たり前のことを当たり前にやるのが一番。問題は「なんでその当たり前から外れていくのか?」ということで、こちらの方が重要な点です。『逆・タイムマシン経営論』では、その理由を語っているんです。なぜ、当たり前のことを当たり前に考えられないのか。「同時代性の罠」があるからです。

楠木建『絶対悲観主義』

――「絶対悲観主義」とは楠木先生が独自に提唱されている概念ですが、いわゆる「悲観主義」とは何が違うのでしょうか？

楠木　「絶対」がついているところです。仕事の種類や性質、自分の能力や向き不向きにかかわらず、あらゆることについてうまくいかないという前提を持っておく、ということです。『幸福論』を著したフランスの哲学者アランは、「悲観主義は気分によるものであり、楽観主義は意志によるものである」と言いました。この名言を、僕なりにアレンジするとこうなります。「悲観主義は気分、楽観主義は意志、そして絶対悲観主義は哲学である」

世に言う悲観主義とは、「根拠のない楽観主義」の裏返しだと僕は思っています。物事が「うまくいかないのではないか」と心配になってしまう理由は、どこかで「うまくいくのが普通だ」という思い込みがあるから。だから「うまくやらなくてはならない」という考えにとらわれてしまう。

そうなると、「うまくいっていない状況」、例えば失敗するとか、見当違いなことをしてしまうといった状況は、ことごとく「逆境」だということになります。そうなるのが不安だから、先行きを悲観してしまうわけです。一方、絶対悲観主義とは「自分の思い通りにうまくいくことなんて、この世には一つもない」という前提で行動することです。

先ほど、絶対悲観主義が「哲学」だと言ったのは、哲学とは現実の出来事が起きる以前の原理としてあるものだからです。哲学は状況に左右されません。自分の能力、仕事の種類や性質、その時々の判断といった条件にいっさい関係なく、自分の思い通りにうまくいくことなんて一つもない。それが、絶対悲観主義の「絶対」が意味するところです。

世に言う悲観主義は、「事後的」に悲観しているわけです。先に「うまくいくものだ」という前提があって、その時々の条件次第でうまくいきそうにないと思うから悲観的になる。つまり、状況に左右されます。それが、悲観主義と絶対悲観主義の大きな違いですね。

絶対悲観主義者の「生きる道」

絶対悲観主義は、僕がさまざまな失敗を繰り返す中でたどり着いた「仕事の哲学」です。つまり、何事においても「うまくいかないだろうな」と構えておいて、「ま、ちょっとやってみるか……」と気楽に取り組んでみる。自分に都合よく考えないからこそ、精進を重ねようという気持ちにもなりますし、失敗してもいちいちダメージを受けず、自然と次に動き出すことができるというものです。それが、「フツーの人にとってベスト」だと僕が思っている仕事への構え。さらに、このやり方で紆余曲折を経た挙句、振り返ってみたときに自分なりの確かな道ができているというのが、僕が考える「絶対悲観主義者の生きる道」です。

――絶対悲観主義の下に行動すれば、いろいろなことにチャレンジしやすくなるということでしょうか？

そうとも言えます。ただ、ひとつ注意を促したいことがあります。「夢に向かって全力疾走」とか「世界を変える」というのはすべて「自分」の方に向いた言葉です。自分がこうなりたい、こういうことをしたい、世の中の人々からこう思われたい……どれも、あえて強い言葉を使えば「我欲」です。こんなことを言うと、NewsPicksの読者には怒られるかもしれませんが。

忘れてはならないのは、仕事とは「相手」あっての話だということです。自分以外の誰かのためになって初めて、仕事と言える。ものすごくあっさり言うと、「釣りは趣味で、漁師は仕事」ということです。直接顧客と関わる仕事でなくても、あらゆる仕事には「お客さん」がいます。あなたの仕事を必要としている同僚や上司は、すべてお客さんです。「お客」の本質は「コントロールが利かない」ということにあります。イーロン・マスクでさえ、誰かに無理矢理テスラのモデルSを買わせることはできません。

命令もできないし、強制もできないお客さんが、自分の仕事を必要とし、場合によっては対価も払ってくれる。それこそが、仕事の醍醐味だと僕は思っています。コントロールが利かない、要は「うまくいかなくて当たり前」だからこそ、喜びがある。つまり、「うまくいかなくて当たり前」を前提とする絶対悲観主義は、「仕事」の本来の定義からしても、至極自然な考え方だと思うのです。

「グリット」は要らない

今回の本を出したところ、１９９０年代に僕の教え子だった人から「言っていることが昔から全然変わらない」と指摘されたくらい（笑）、絶対悲観主義は僕がずっと言い続けているテーマです。

それを、ある程度まとまった文章として初めて世に出したのは、２０２０年4月のこと。『日本経済新聞』に掲載された「コロナ時代の仕事論」という短期連載の中の「絶対悲観主義の勧め」という記事（２０２０年4月29日付）でした。２０２０年の4月というタイミングを思い出してほしいのですが、最初の緊急事態宣言のさなかで、誰もが「世も末だ」とか「心が折れる」とか言っていたわけです。そんな時期に、「人間社会は自然現象なので、過去の歴史を振り返っても、一定の間隔でパンデミックは起きる。そもそも世の中そんなにうまいことばかりじゃない。この際、世の中がそもそも思い通りにならないという当たり前の事実を再確認するよい機会ではないですか」……というようなことを書いたものだから、「不謹慎だ」とか「コロナで苦しんでいる人の気持ちが分からないのか」と、ひどく叱られた。

これって、実に偏狭な話だと思うのです。そもそも僕自身は、近年はやりの「グリット（やり抜く力）」や「レジリエンス（回復する力）」といった言葉にも懐疑的です。考え方そのものを否定するわけではありませんが、趣味が合わないというか、僕にはグッとこないんですね。なぜグリットだのレジリエンスだのがはやるのかと言えば、誰もがあまりにたやすく「挫折」するからです。しかし「それは本当に挫折なのか?」と僕は問いたい。

絶対悲観主義者にとっては、思い通りにならないのが普通なので、挫折とは「朝になったら日が昇る」のにも等しい平常状態です。むしろ、成功する方が異常事態。「事変」と言ってもいい。「成功事変」です。うまくいくはずがないと絶対悲観で構えておくと、結果的に大きな成果が得られたときに喜びはひとしお。また、どうせうまくいかないと考えているので、失敗するリスクに対してもオープンに構えて挑戦できるのです。その結果、リスクの耐性が高まるだけでなく、実際に失敗した場合にも精神的なダメージを受けずに淡々と仕事を続けられます。

若いころ、カナダのマギル大学のヘンリー・ミンツバーグ教授から仕事を手伝ってほしいとの依頼がありました。インターネットが発達していないです。とりあえずモントリオールにあるホテルに来いというので行ってみると、部屋のベッドの上に一冊のファイルが置いてあったんです。そこには資料と地図が入っていて、明日ここにきてとりあえず何かやってくれというメモが。悪戦苦闘しましたが、最初から「うまくいかなくて当たり前」と思えば苦になりません。

最近は、SNSの発達によって、発信者が最も輝く瞬間を目にする機会が増え、そうした投稿に活力を得て「自分も成功できるはずだ」と奮い立つ場合もあると思います。うまくいかないから頑張らなくてもいいというわけではありませんし、楽観的に考える方が生きやすい人もいるでしょう。しかし、自分もそうあるべきなのにうまくいかない、と落ち込んでしまう人にこそ「絶対悲観主義」は有効な心構えです。

昭和時代とは違って、現代社会では、仕事で失敗して殴られたり、ハードなパワハラを受けたりするなど、精神的・肉体的に痛みを覚える機会が少なくなりました。それは社会進歩です。その反面、他人から見れば小さいミスであっても大きな挫折ととらえてしまい、心に大きな負荷のかかる人が増えています。絶対悲観で構えていれば、自らの失敗を自然と受け入れて、挫折とは感じなくなります。

僕に言わせれば、グリットやレジリエンスはある種の呪縛です。「うまくやろう」「成功しなければならない」という思い込みがある。だから、ちょっと思い通りにならないだけで、「困難」に直面し「逆境」にある気分になる。

克服するためには「やり抜く力」や「挫折からの回復力」を獲得しなければならない——悪循環に近いと思います。そもそも挫折だと思わなければ、グリット は不要、レジリエンスも無用です。

——絶対悲観主義は、グリットやレジリエンスに対するカウンターなのでしょうか？

カウンターではありません。オルタナティブと言いたいですね。繰り返しますが、グリットやレジリエンスが僕の趣味ではないと言っているだけで、批判するつもりも、否定するつもりもありません。ただ、グリットもレジリエンスも「緊張系」の話です。人間、始終緊張ばかりしていると体がガチガチになってしまう。とりわけNewsPicksの読者にはそういう方が多いと思うので、たまには思考の「ストレッチ」をおすすめしたい。本書がその一助になればと思っています。

第4章

映画を語る

経営読書記録　裏

娯楽の王道

言うまでもなく映画は室内生活の重要な構成要素です。僕にとっての映画は徹頭徹尾ゴラク。ハラハラドキドキ、笑って泣いてスカッとする、これがすべて。ジャンルはアクション、サスペンス。コメディあたりが好みです。とりわけスキなのが、ギャング・ヤクザもの。スコセッシ（『グッドフェローズ』『カジノ』）やコッポラ（『ゴッドファーザー』）などの超名作はもちろん、和モノも「健さん」「お竜さん」の任侠ものから東映深作実録モノ『仁義なき戦い』シリーズまでまんべんなく大量に観てきました。

実録ヤクザ映画の大作がつくられなくなって久しいのですが、問題ございません。われわれ愛好家にはVシネマがあります。「Vシネ」というとバカにする人もいるのですが、ところがどっこい、わりとイイ。

それもそのはず、そもそもVシネの正式名称は「東映Vシネマ」、東映の登録商標になっています。東映の仁侠映画から実録路線をリードした当時の社長、岡田茂の精神をいまに引き継ぎ、往年の「プログラムピクチャー」の勢いでやりたいほうだいなのがVシネ。かえって東映濃度は増していると言えなくもありません。

Vシネ初心者であれば、まずは清水健太郎主演の作品をお勧めします。どれをとっても間違いございません。リアル社会でも実績があるだけあって、演技のリアリティにおいて他の追随を許しません。いよいよ虚実の境目が判然としない。清水健太郎こそ正真正銘の「実録俳優」です。

で、今日は朝早く起きてしまったので、仕事の前に一発Vシネで景気づけしました。２０１３年の（Vシネとしては）大作『二代目はニューハーフ』です。フライヤーも往年の東映実録マナーで最高。こういうあらすじ。

――巽一家の頭をするヤクザ・竜はニューハーフとなった先代の息子・ナナと対面しあ然とする。ナナからは「私は勘当された身で過去は捨てた」と固辞され、他の組員もナナが跡目を継ぐことに否定的だったが、律儀な竜

——は先代の遺言を守ろうとする。再びナナと会った竜は、自身の生い立ちや先代との〝家族〟の絆を話して説得し、後日彼女は自宅である組事務所に数年ぶりに帰宅するが……。

スジは実録モノの鉄板の展開。いろいろあって最後は新しい組長が襲名、という話なのですが、プロットがイイ。2代目がなぜかニューハーフ——ありそうでなかった新結合。シュンペーターもびっくり。文字通りのイノベーションです。監督・主演はもちろん小沢仁志、刑事役に中野英雄。この現代実録ヤクザVシネの2大巨頭が中軸を形成。ニューハーフの2代目役をやった人はジッサイにニューハーフのバーで働いている人らしい。意外にも演技はしっかりしています。

鉄板にして安心の筋運び。笑いあり涙あり。最後はもちろん泣きました。で、スッキリ爽快。ゴラク映画はこうでなくてはいけません。

Vシネ廃人

昨日はVシネ鑑賞の日といたしました。ジャンルはもちろんヤクザ映画で、川の流れに身を任せ次々に観まくりました。

『日本やくざ抗争史 絶縁』（1・2）
『狂犬と呼ばれた男たち』
『代紋を捨てた男』
『日本極道戦争』（1・2）

1本がだいたい70−80分なので、6本で7時間余り。すっかりVシネ廃人となりました。Vシネが短期中毒症状を起こす理由は次の2つです。第1に、話がどれも同じ。第2に、出てくる俳優がどれも同じ。次から次に観ていると何が何だか分からなくなり、朦朧としてきてトリップと相成ります。

『水戸黄門』でさえストーリーは何パターンかあるのですが、Vシネはただひとつ。利害関係から抗争になり、義理と人情の矛盾の中でますますこじれて抗争が加速し、最後は主人公かその舎弟が何らかの破れかぶれの行動に出て収束する――。ちょっとした設定を変えるだけ（例えば、先日の「親分の血を引く息子が実はニューハーフだった」）で無限にストーリーがつくれます。逆に言えば、それだけ「義理と人情、秤にかけりゃ……」という基本プロットが（僕のような一部の）人の心をわしづかみしまくりやがるということでしょう。

白竜、小沢仁志、小沢和義、史朗、本宮泰風、渡辺裕之、中野英雄、川原英之、赤井英和、松田一三、螢雪次朗……こうしたVシネ名優が入れ代わり立ち代わり出てきて楽しませてくれます。それぞれにきっちりイイ仕事をします。俳優ごとにキャラクターがだいたい決まっているので、出てくるだけで話の展開がだいたい分かります。

作品としては、どれも同じなのですが、『日本やくざ抗争史 絶縁』が特によかった。小沢和義のイケイケ田舎ヤクザの無軌道ぶりが実にイイ。顔の味わい深さが尋常でない。この顔を見るだけでも価値があります。

『狂犬と呼ばれた男たち』の組長役でも出てくる渡辺裕之、この人は異様にカッコいい。これほどスーツが似合う人もめったにいない。映画を見ていて思わず舎弟にしてもらおうかと思いました。『日本極道戦争』の史朗は名演。この俳優をほとんどの方が知らないと思いますが、実にシブい。長いこと脇役でキャリアを積んだ人で、もう70代だと思いますが、本作はこの人のイイところが全部出ていました。

脳がとろけるほどVシネを観る。それもまた休日の愉しみです。

哀愁のイイ顔

２０１４年ニューヨークで公開されたドキュメンタリー作品『ホームレス』。たまたまＡｍａｚｏｎプライムビデオのおすすめに出てきたので観たのですが、期待以上に面白くも味わいがある内容でした。

マーク・レイ。52歳。ニューヨーク在住。ファッション・フォトグラファー兼俳優兼モデル。身長１８８センチメートル。もちろんハンサム。俳優の仕事に出るときはスーツにタイをパリッと着こなす。ところが、着替えをするのはジムのロッカールーム。なぜかというと、この人は仕事が終わるとマンハッタンのビルの屋上のビニールシートで囲った「家」に帰って眠るというホームレス生活を何年もしているのでありました。

寒い冬の日ビニールシートの下で服を何枚も重ね着して眠る。写真の仕事に欠かせないノートパソコンや生活のための荷物はすべてジムのロッカーに置いておく。洗濯はジムの洗面台。公園のトイレで髭を剃って映画のオーディションに出かける日々。

「ファッション・フォトグラファーで俳優」なのですが、ジッサイはまともな仕事はほとんどない。たまにファッション誌に写真作品が採用されたり、映画のエキストラ出演の仕事があるだけ。なぜか。ようするに、この人には肝心の才能がない。そのことを本人もイヤというほど自覚している。

なぜホームレス生活をしてまでニューヨークのファッション業界で生きることにこだわり、可能性を追い続けるのか。ここが普通の「挫折者」とは違うところです。俳優を志して、駆け出しの下積みをしている若者は無数にいますが、ほとんどの人は50代になるずっと前に自分で見切りをつけ、他の仕事に就き、世の中との折り合いをつけるはず。ところがレイはきらびやかなマンハッタンにとどまり、「負け犬生活」を続けています。それは完全に自覚的な行為です。自分の生き方として能動的に負け犬を選択している。ここにレイという人の独自性があります。

本作はそれなりに注目を集めました。映画公開後のインタビューを読むと、レイも自分の人生が少しは変わるかもしれないと思ったそうです。フォトグラファーやモデル、俳優の仕事を求めて、あらゆる方面に58枚ものレターを書いて送ったと言います。しかし、返事はどこからもきませんでした。才能というのはつくづく冷徹にして残酷なものです。

「前向きとは違うんだ。人生の負けを認めているから、生きていける」「誰かを愛するのも、子供を持って家族を築くこともない、でも、自分で選んできたことの結果だ」「これからも僕はこうやって、僕の負け続けの人生をまっとうするんだ」――諦めとも違うし、悟っているわけでも自分を哀れんでいるわけでもない。ようするにこの人は成果や結果は二の次で、生活のプロセスなりスタイルそれ自体がスキで、そこに充実を感じている。

仕事の美学や美意識は結果よりもプロセスに宿る――レイは（この映画を別にして）何も達成していないわけですが、彼の仕事と生活のスタイルを追いかける本作は、観る人の心をつかむ力が十分にあります。辛いことも多いでしょうが、これはこれで幸せな人生です。

何よりもイイ顔。ヒジョーにハンサムなのですが、時折何とも言えないチャーミングな表情を見せます。笑顔に哀しい深みがある。五十数年の人生が顔に刻まれている。見事な歳の取り方です。

もうひとつ感心したのは、レイの服の着こなし。とりわけ何でもないごく普通の白いシャツの着こなしが抜群にカッコいい。彼の着こなしを見るだけでもこの映画を観る価値はあります。僕は氏のようなハンサムではありませんが、自分と同世代だけに、この人の着こなしは大いに参考になりました。これまで襟付きのシャツはわずらわしくてなるべく着用しないようにしていましたが、レイ氏の影響で考えが変わりました。後期中年男の着るものは「フツーの白シャツ」に限ります。若者には真似できない味が出る。さっそくユニクロで２９９０円の白シャツを２枚買いました。

映画で振り返るリーマンショック

ロバート・デ・ニーロ主演のテレビ映画『ウィザード・オブ・ライズ』。リーマンショックで露呈した空前絶後の金融詐欺、バーニー・メイドフ事件の映画化です。僕は本（アダム・レボー『バーナード・マドフ事件』）よりもこちらを先に観ていました。例によってデ・ニーロがバーニー・メイドフ本人にしか見えない。妻のルース役のミシェル・ファイファーもはまり役。まるでドキュメンタリーのようにメイドフ事件の人間ドラマを描くことに成功しています。

本件に限らず、リーマンショックは人間洞察の機会としてはこれ以上ないほど面白いものでありまして、当時のドタバタ劇の阿鼻叫喚をとらえた面白い作品がいくつもあります。

ＢＢＣのテレビドラマ『リーマン・ブラザーズ 最後の４日間』。1時間に満たないコンパクトな作品ですが、なかなか見ごたえがあります。２００８年9月12日金曜日から倒産までの４日間のストーリー。

リーマンは政府や他の金融機関に救済を求めながら社の延命を目指します。ＣＥＯのリチャード・ファルド（悪名高きウォールストリートの怪物で、ジッサイにとんでもない人物）の強欲のえげつなさと自己中心性がよく描かれています。

リーマン危機を受けて、連銀ではポールソン財務長官、ガイトナー連銀総裁が主な金融機関のＣＥＯを招集して「お前らでよく考えろ！」と緊急会議をセットするのですが、そこでの各社の思惑が入り乱れた丁々発止の交渉劇が面白い。メリルリンチＣＥＯのジョン・セインのイヤらしい立ち居振る舞い、「カネはいくらでもあるが、リーマンには公的資金は絶対に使わない」と突っぱねるポールソン長官の冷徹ぶりが味わい深い。さすがＢＢＣ、小品ながら傑作です。

２００８年の金融危機は、サブプライムローンというアメリカの金融業界の悪いところを凝縮した上に火薬を詰めて爆発させたような愚行の産物だったわけですが、これを描いているものとしては、何と言っても『マネー・ショート』（原題のThe Big Shortの方が絶対にタイトルとしてイイと思うのだが、なぜこういう邦題にしたのか?・）。活劇としても見ごたえ十分。マイケル・ルイスのノンフィクション『世紀の空売り 世界経済の破綻に賭けた男たち』の映画化です。原作も絶対のおすすめです。

キャスティングの妙

シリーズ3作目にして最終作の『アウトレイジ 最終章』。1作目、2作目と面白く観ていたので、3作目も見たいと思っておりました。が、アマゾン（このところ映画はアマゾンのサービスで見ている。ネットフリックスには入っていない）にラインナップされていないので、なかなか観れずにおりました。テレビ放送された際に父が録画していることを知り、休日に父の家に出かけて2人で観ました。

期待通りの面白さ。いよいよ筋はない。完全なる「キャラクター映画」だけに、さすがにキャスティングはよかった。前作にも出ていた西田敏行（前作よりもずっとよかった）、塩見三省はもちろん、ピエール瀧もイイですな。この人は『凶悪』を観たときも感心したのですが、さすがの名優ぶりでした。とくに顔。昔の俳優の顔です。

岸部一徳、白竜、大杉漣、金田時雄（この人は俳優ではなく実業家だそうです）の配置は安定感抜群。で、僕は知らなかったのですが、ビートたけしの演じる大友の相棒役として出てくる大森南朋という俳優がまたイイ。こういうドンパチの映画だからこそ、一人ソフトな人が入っていることでぐっと味わいが増す。キャスティングの妙です。

これほど女性が出てこない映画も珍しいのですが、それもまた巧い。

ベテラン俳優がそれぞれに練り上げたキャラクター芸を堪能しました。これでおしまいで次がないのが残念です。

「スパークス」

何か未見のギャング映画を観てみたいと探していたら、ありました。『ギャング・イン・ニューヨーク』です。この映画が描いているのは、１９８０年代の5大ファミリーの一つであるガンビーノ一家のドン、ジョン・ゴッティとその息子の物語です。例によって、親子の愛情と相克を話の主軸にしています。

ジョン・ゴッティはチンピラ上がりの明るい武闘派。何度も刑事告発を受けながらそのたびに無罪になる。「テフロン・ドン」と言われた人物です。ゴッティについては数多くの本や映画作品がありまして、僕はそのほとんどに目を通しています。当然ですけど。最近になってまたしてもゴッティものの映画が製作されていることも分かるように、この話は本当にあった出来事とは思えないようなヒジョーに面白い展開を見せます。

ガンビーノ一家を率いる大ボスのカルロ・ガンビーノは、人望と武闘能力の点で傑出していたアニエロ・デラクローチェを差し置いて、血縁関係にあるポール・カステラーノを後継に指名します。組織の秩序を重んじるデラクローチェは一応これに従うのですが、デラクローチェの子分であるゴッティは納得がいきません。ゴッティはイケイケで、当時のガンビーノ一家では（表向きは）ご法度とされていた麻薬取引もガンガンやっていました。

後ろ盾のデラクローチェが死ぬと、ゴッティと兄弟分のアンジェロ・ルッジエーロはカステラーノから粛清される危険に直面します。で、「殺るか殺られるか」という定番の緊張状態の中で、ゴッティ一味はボスのカステラーノの暗殺を強行。１９８５年12月16日のことでした。カステラーノと彼のアンダーボスはＮＹの老舗ステーキハウス「スパークス」の前で銃弾を何発もぶち込まれて惨殺されます。

で、ゴッティが後を継ぐのですが、彼のキャリアのピークはこのときでした。さすがのテフロン・ドンも次第に検察に追い詰められていき、最後は部下の裏切り（これまた鉄板の展開）にあって仮釈放のない終身刑を受けます。その後伝統的なＮＹマフィアは衰退の一途をたどり、ゴッティはＮＹマフィアの「終わりの始まり」のドアを開いた人物として記憶されています。

映画はあくまでも親子のストーリーなので、デラクローチェとカステラーノの水面下での緊張や、ヤマ場であるスパークス事件の前後があっさりとしか描かれておらず、その辺はいま一つでした。ただし、主役のジョン・トラボルタがゴッティそっくりで、その入れ込みようには感心しました。

カステラーノ・ファミリーの内紛からスパークスの暗殺に至るまでのところは、アメリカのマフィア抗争史の中でも、格別のコクのあるところ。１９５７年にＮＹのパークセントラルホテルの理容室で武闘派ボスのアルバート・アナスタシアが殺された「理髪店の虐殺」事件と並んで、僕が大スキなくだりです。仕事でＮＹに行くときは、かならずパークセントラルホテルで喫茶をし、スパークスでステーキを食べるようにしています。スパークスは老舗の名店で、実際に美味しいニューヨークステーキとロブスターを食べることができます。

『エルヴィス・オン・ステージ』の衝撃

振り返ってみれば、僕の軽音楽好きの端緒は、７歳のころに観た映画『エルヴィス・オン・ステージ』にあります。

僕の育った国ではテレビ放送というものがなかったので、映画が娯楽を独占していました。詳細はよく覚えていないのですが、当地の社交は夫婦単位が基本。両親がパーティーか何かに出ているとき、残った子供だけを集めて預かっておくサービスがございました。子供にお菓子でも与えて映画を見せておく。そういうところであるとき唐突に遭遇したのが『エルヴィス・オン・ステージ』でした。

メトロ・ゴールドウィン・メイヤー配給の１９７０年のアメリカ映画。「キング」エルヴィス・プレスリーのラスベガスでのショーを撮影したドキュメンタリーです。60年代のエルヴィスは、辣腕にして強欲なマネージャー、パーカー大佐との長期映画契約に縛られていました。根っからのシンガーであるエルヴィスは聴衆の前で歌いたくて仕方がない。ところが、一切のライブができない「軟禁状態」に置かれていたわけです。

エルヴィスはこれがもどかしくてたまらない。ついに映画契約から解放され、娯楽の殿堂ラスベガスの「インターナショナル・ホテル」のステージにカムバック。溜まりに溜まった歌唱欲求全開のパフォーマンスを炸裂させる。これがもう素晴らしすぎて、興奮のタコメーターはレッドゾーンに入りっぱなし。「この世にはこんなに楽しくて素敵なことがあるのか……！」と、子供心に痺れにシビれました。

この映画のサウンド・トラックは世界中で大ヒットし、わが家にも当たり前のようにサントラのカセット・テープがありました。家には再生装置がなかった（ように思う）ので、聴くのはクルマの中のカーステレオ。いつもテープのエルヴィスに合わせて収録されている12曲を順に歌っていました。歌うとますます気持ちイイ。「将来はエルヴィスになる！」――母に宣言すると「エルヴィスは職業ではありません」。

『工作　黒金星と呼ばれた男』

北朝鮮の核開発をめぐり緊迫する１９９０年代の朝鮮半島が舞台。北朝鮮の核開発により緊張状態が高まる中、軍人だったパク・ソギョンは「黒金星」というコードネームの工作員として北朝鮮に潜入します。事業家に扮したパクは、北朝鮮の対外交渉を一手に握るリ所長の信頼を得ることに成功し、最高権力者である金正日と会うチャンスもつかむが――。

韓国映画はそれほど観ているわけではないのですが、これは評判通りの傑作でした。名優ぞろいで韓国映画の水準の高さを知りました。主人公のスパイと北朝鮮のリ所長の心象の動きの描写が大変に秀逸で、二人の紐帯を無言のうちに示すラストシーンには泣きました。

韓国の保守派が選挙を有利に誘導するために北朝鮮の軍事的脅威を材料に使っていたこと、そのために金正日と裏取引をしていたというのには驚かされます。ま、もともと同じ国だったのですから、そういうこともあったのかもしれません。映画で出てくる金正日は驚くほど本人にそっくりで、独裁者としての仰々しさにリアリティがありました。

それにしても、南北で分断された朝鮮半島の不幸を思います。

『孤狼の血』

アマゾンのレコメンデーションで知って観ましたところ、大当たりの面白さ。極上の人間ドラマになっています。読んでいませんが、おそらく原作の小説もさぞかし面白いのでしょう。

昭和末期という時代設定にリアリティがあります。暴力団に深く食い込む刑事役の役所広司は何をやっても安定の芸達者ぶり。「男は語らず」の魅力。どこも突出したところがないのですが、それでもどんどん引き込む力があります。

コンビを組む若手の刑事役の俳優は、僕の好みからすればキャラクターにコクがなさ過ぎていまひとつですが、演技はイイ。ま、最近の若手俳優にはこういうタイプが多いのかもしれません。何よりも感心したのが助演の真木よう子。僕は知らなかったのですが、昔の映画女優の匂いのする名演技でした。

完全に追い込み型の映画。自然な伏線とその回収で、後半からどんどん面白くなってくる。アッと驚かせようとするところがないのがかえって巧い。ナレーションの入れ方に往年の東映実録ヤクザ映画の面影がうっすら。オープニングの波しぶきから続編を大いに期待させるエンディングまで、久々に上質の正統派東映映画鑑賞となりました。

仁義なきイイ顔

自分でもどうかと思うぐらい往年の東映の実録ヤクザもの映画がスキでして、その頂点にあるのはもちろん『仁義なき戦い』シリーズ。何度観てもイイので何度も観ています。

このころの東映というか深作欣二監督というか岡田社長は、ひたすらイイ顔の俳優を起用するという方針があったようで、『仁義なき戦い』はイイ顔博覧会状態。イイ顔でお腹一杯になること請け合いです。

「イイ顔」と「いい顔」とは似て非なる概念です。前者が内面からにじみ出る価値を指しているのに対して、後者は単に造形の完成度を指しております。一般に、女性が「カッコいい」というときは後者を意味していることが多いのですが、イイ顔とは程遠いことが多々あります。

『仁義なき戦い』に出てくる俳優のうち、僕がとくにイイ顔だと思う人々を例にとって説明いたしましょう。以下の評点は10点満点で、「いい顔スコア／イイ顔スコア」というように表記してあります。

川谷拓三：3／10
成田三樹夫：7／10
田中邦衛：4／9
金子信雄：3／10
小池朝雄：4／10
渡瀬恒彦：7／9
山城新伍：5／8
松方弘樹：7／9

千葉真一：7／8
小林旭：7／9
丹波哲郎：9／10

イイ顔スコアは軒並み高得点。川谷拓三、田中邦衛、小池朝雄（もうたまりません！）の各氏は「イイ顔はいい顔にあらず」の見本のようなイイ顔巨匠でいらっしゃいます。菅原文太は7／6でして、僕はそれほどイイ顔だとは思わない。

それにしても成田三樹夫はイイ！　成田氏は相当にハンサムでありますが、このイイ顔ぶりは昭和の至宝です。いいとイイが高いレベルでバランスしているのは、何と言っても丹波先生。異様にカッコいい。『仁義なき戦い』とは無関係ですが、やはり異様にかっこイイ俳優として、三船敏郎御大がおられます。このお方は10／9です。ヒジョーに高いレベルでバランスしているわけですが、あまりにハンサムなので、いい顔∨イイ顔になってしまう。イイ顔評価としては丹波哲郎に軍配があがります。

主だった昭和のイイ顔俳優を挙げておきますと、

志村喬：3／8
西村晃：6／8
萩原健一：9／9
宍戸錠：8／10
田宮二郎：8／9

この評価基準を現代の人気者、例えばＳＭＡＰ諸氏（もはや中年なのかもしれないが、これ以上若くなると僕には判別できない）に当てはめると、

中居正広：５／２
稲垣吾郎：６／１
草彅剛：６／４
香取慎吾：７／４
木村拓哉：７／０
ということになります。

　史上最強のイイ顔は、何と言っても、

勝新太郎：６／12

超絶的言語能力

『三島由紀夫ＶＳ東大全共闘　50年目の真実』。三島由紀夫の著書『美と共同体と東大闘争』は読んでいましたし、この映画に収録されている記録映像もすでに何度となく観ていたので、新味はありませんでした。それでも一本の映画としてまとまっているものを観ると、改めて三島由紀夫の超絶的な頭の回転の良さと言語能力がありありと伝わってきます。

　議論に参加した東大全共闘の人々もまじめに考えて行動していたことはまあ分かる。ところが、三島由紀夫が相手になると大人と子供。議論の格がまるで違います。それでも一つひとつの質問に相手の立場に立って考え、嚙み合わない問いかけに対しても、即座に嚙み合うように答えていく三島の能力と姿勢には驚かされます。三島はヒジョーに親切な人だった、というのが本編を通じての感想です。

　もうひとつはユーモアの重要性。例によって三島はユーモアたっぷりに話を進めるのですが、それが会場の緊張を和らげ、やがて東大全共闘の人々の間にも一定の寛容さを生み出していきます。これこそ言葉の力だと恐れ入りました。

『終わった人』

大手銀行の出世コースから外れ、子会社に出向させられたまま定年を迎えた主人公。このまま老け込むのはマズイと感じ、スポーツジムで身体を鍛え直し、図書館で時間を潰そうとするのだが、周りにいるのは「終わった」ように見えてしまう老人ばかり。美容師として忙しく働く妻にも距離を置かれてしまう。そんなとき、訪れたカルチャースクールで出逢った女性と恋の予感が――。

　ということで、ストーリーとしては普通。話を動かしていくエピソードもありがちなものばかり。魅力は何と言っても主人公を演じる舘ひろしのキャラクターです。この人はとんでもなくカッコいいのですが、冒頭からしょぼくれた雰囲気で出てきます。このギャップがイイ。妻役は黒木瞳。初老夫婦の妻役としてはちょっとキレイすぎるようにも思うのですが、ま、舘ひろしとの並びはイイ。浮気をしそうになる相手女性役は広末涼子。この人の演技はあざとくていまひとつ。脇役はそれほど成功したキャスティングだとは思いませんが、舘ひろしのキャラクター（だけ）で引っ張る映画です。

　ひょんなことでＩＴ企業の社長になる舘ひろし。もう一度気合が入り、ビシッとしたスーツで出てくるのですが、これがもうハマりにハマっていて実にカッコいい。余裕綽綽でありながら、所作にキレがある。そもそもカッコいい舘ひろしが前半でしょぼくれて出てきて、途中からどんどんカッコよくなる（というか、本来のカッコよさを出していくだけ）という変化に妙味があります。

　輝いていた青春時代↓出世頭として仕事に打ち込むも完全燃焼できなかったバンカー時代↓定年後のすべった転

んだ↓再び自分の生きる道を見つける、という筋からして、ターゲットは完全に初老。僕はターゲットにきっちりと入ります。が、アタマでは分かっても、ストーリーにはまったく共感できませんでした。

というのは、学生時代の回想シーンにあるように、舘ひろしの演じる主人公はラグビー部のキャプテンで学校のスター。東大法学部に進み、大手銀行で若いうちから頭角を現し出世していくというキラキラした前半生を生きた人です。だからこそ、若かりしころとの対比で「あのころは輝いていて、何でもできる気がした……」――定年後に虚無や焦燥を味わうハメになる。

僕はというと、「15、16、17と私の人生暗かった」を地で行く学生生活でした。青春の輝かしい思い出は皆無。何もいいことなし。ましてや、完全燃焼の経験などございません。したがって、初老になっても喪失感ゼロ。今がいちばんイイと言い切れます。なぜならば、単純に前がよくなかったから。若いころには絶対に戻りたくありません。

若いころはこの映画の主人公のようなキラキラした人を羨ましく思っていましたが、そういう人はそういう人で年取ってからいろいろ大変なわけです。「自分ならできる」と思っている人ほど思い通りにならなかったときに辛い。長い人生、思い通りになるわけがない。そう思えば、別に辛いこともない。自分が初老になってみると、僕のような不燃性の前半生もそれはそれでイイものだったという気になりました。

『ヘッドハンター』

２０１１年のノルウェー・ドイツ合作映画。アマゾン・プライムで面白そうだと思って観てみたら、前にも観たことがあるのに気づいた。それでもとても面白いので、もう一度通しで観ました。ジャンルは犯罪サスペンスです。

有能なヘッドハンターとして成功し、美しい妻と誰もがうらやむような優雅な生活を送っている主人公の男は、裏では美術品泥棒を働いている。168センチメートルという低身長に対するコンプレックスから、妻に贅沢な生活をさせたいというのが動機。その一方で体だけの関係の愛人もいた。そんなある日、電子機器ビジネスで成功した実業家と出会った主人公は、彼が高価な絵画を所有していることを知ると、その絵画を盗む計画を立てる。ところが、この実業家が実はとんでもない人物で――途中からテンポがどんどん加速し、ほとんどコメディのようなドタバタ劇になります。ほろ苦いハッピーエンドまでまったく飽きさせません。

僕がこの映画をとりわけ秀逸だと思うのは、クライムサスペンスでありながら、全体がとても落ち着いているところ。ドンパチやどんでん返しのシーンでも、テンションのかけ方が控えめで、派手さがない。ゆとりがある。しつとりとした成熟の味わい。この辺がノルウェー映画のイイところだと思いました。

抑えてもどうしてもにじみ出てきてしまう。それが受け手に深い印象として残る。これが文化というものです。ハリウッドでリメイクの計画もあるようですが、オリジナルの成熟した味わいは絶対に出せないと思います。

『なぜ君は総理大臣になれないのか』

『キネマ旬報』の文化映画ベストテン第1位を取った2020年のドキュメンタリー映画。評判通り素晴らしい映画でした。大島新監督が17年間追い続けたという時間の蓄積が効いています。

衆議院議員・小川淳也は東京大学を卒業し、自治省（現総務省）に入省。官僚が組織を牛耳る行政組織の構造を目の当たりにする。「ただ社会を良くしたい」という思いで官僚として出世する道を捨てて政治家を志し、「地盤・看板・カバン」なしで2003年、地元の香川で国政選挙に臨む。2003年の初選挙から、2017年の民進党の希望の党への合流の問題、その後の無所属での政治活動をカメラは淡々と追います。

小川氏は途中で希望の党（すなわち小池百合子の我欲）への合流という大失敗をするのですが、その後立憲民主党に入り、先の総選挙では小選挙区で自民党の平井卓也氏を破って当選しています。立民の代表選挙にも出馬意思を持っているらしい（その後、出馬して落選）。

僕は立憲民主党の掲げている政策には7割がた反対です。小川氏個人の政策にも半分ぐらいしか賛成できません。それでも小川氏は間違いなく誠実で真面目な政治家だと尊敬します。もしこの人が自分の住む選挙区から立候補していたら、小選挙区では躊躇なく投票用紙に「小川淳也」と書いたでしょう。

立憲民主党は先の総選挙でいよいよ情けない姿を露呈しました。共産党との選挙協力が失敗だったという意見がありますが、選挙協力がなかったらどうだったでしょうか。小選挙区はもっと議席を減らしていたと思います。

それもこれも党指導部がひどすぎた。枝野幸男氏が代表を下り、辻元清美氏のような呑気な「運動家」（政治家とは到底呼べない）が落選した今、幹部を総入れ替えし、自民党に対抗できる責任野党になってほしいと願っています。

中村喜四郎氏は「党より人」と言っています。そもそも日本のような成熟した国家で、本当の政治争点というのはほとんどありません。所属政党にかかわらず、まともな人がまともな論理で考えれば、何をやるべきかはおのずと決まってくる。それでも、当たり前のことが思うように運ばないのが政治の常です。だからこそ、与野党間の緊張関係が大切になる。自民党が政権を当面担うにしても、野党がつねにプレッシャーを与えなければなりません。

自民党もそうなのですが、立民の議員でピリッとした人物は少ない。選挙以外は何も考えていない烏合の衆に見える。だからこそ、かえって変わりやすい。この際、小川氏のような規律と使命感がある政治家が代表になってガンガンやれば、立憲民主党がピリッとした政党に脱皮する可能性は依然としてある。

幹事長は中村喜四郎氏を希望します。当然ですけど。

『メカニック』

２０１１年のアクション映画。偉大なハゲ、ジェイソン・ステイサム主演。休みの日にぼんやりと見る娯楽映画として最適です。

キャリア初期の『Lock, Stock and Two Smoking Barrels』や『Snatch』でのステイサムは新進気鋭の性格俳優の趣がありました。ところが２００２年の『トランスポーター』の大ヒットですっかりキャラクターが決まってしまいました。確かにはまり役。紳士的で内省的で内向的で冷静なアクションヒーロー。一言で言ってクール。僕はステイサム映画のキャラクターは高倉健に影響を受けていると推測しています。

その後のステイサム主演映画はほとんど同じキャラクターなのですが、超絶クールなのでどれを観てもまずまず楽しめます。だいたいどれも話は同じ。

本作にしても鉄板のステイサム映画でありますが、特にスキで何回か観ています。いつもの話なのですが、わりとスジが凝っている（ま、それでも単純なのですが）。アクションだけでなくストーリーも楽しめます。トーンも抑制的。淡々かつスピーディーに話が展開していきます。

ステイサムはどの映画でも（キャラクターの）私生活がヒジョーにカッコよく描かれているのですが、本作のステイサムはとりわけ趣味の良い生活をしています。家とか服とかオーディオセットとか、隅々まで設定がよくできているのが『メカニック』の見どころ。

出てくるチョイ役の殺し屋（ステイサムの弟子に殺される）にしても、ストレートなタフガイではなく、妙に内省的なゲイの設定。ステイサムの端麗辛口のガールフレンドとの関係もごくごくあっさりと描かれていて、こういう細部の設計が上質な雰囲気をつくっています。ストーリーのキーワードでもある「用意周到」な佳作です。

続編もあるのですが、こちらはしっとりとした雰囲気がなくなっていて、予想通りただのドンパチ映画になっています。

『殺人の追憶』

２００３年公開の本作は名作の誉れ高く、僕が映画評論で全幅の信頼を寄せているタランティーノが「21世紀最高の韓国映画」と言っていたのでずっと気になっていました。

で、ついに観ました。ジッサイに傑作でした。舞台は１９８６年の韓国の農村。１９８６年に起きた華城連続殺人事件をモチーフにしています。田舎の無学で粗雑な刑事２名とソウルから応援に来た若手刑事の３名が苦闘の捜査を展開し、最後は真犯人らしき人物をついに突き止めるのですが――。

評判のラストシーンは確かに巧い。名優の名演技で名脚本が活きています。冒頭のシーンに回帰するのも、定番ではありますが、効果を倍増させています。結末を明示せずに強い余韻を残して終わる。この手法はよほど影響力があったと見えて、先日観た韓国映画『毒戦』（これもまずまず面白かった）も類似の手口を使ったエンディングでした。

映画の筋にダイナミズムを与える原動力のひとつはコントラストがあります。田舎刑事とソウル市警の刑事のコントラストが前半から中盤まで話を動かしていくのですが、それがヤマ場に近づくにつれて逆転していくのが巧い。もう一つ、時間軸でのコントラストも気が利いています。エンディングでは一気に２００３年に飛ぶのですが、かつての雑で貧しい農村がすっかり近代化しています。刑事からビジネスマンに転身した主人公もぐっと洗練されている。日本より少し遅れて高度成長期を迎えた韓国の社会が強い印象を残します。

題材となった華城連続殺人事件は、映画公開から16年後の２０１９年に真犯人が特定されています。別の殺人事件で無期懲役の判決を受けて服役している男でした。ただし、華城事件は２００６年に時効が成立していたので、罪には問われませんでした。

『ヒトラーのための虐殺会議』

出不精で、普段は映画館に行くということがあまりないのですが、こればっかりは映画館で集中して観ようと思い、恵比寿ガーデンシネマに行ってきました。

１９４２年、15名のナチスドイツ政権の高官がユダヤ人の移送と殺害について討議したヴァンゼー会議を描いています。ヴァンゼー会議がユニークなのは、ドイツ第三帝国崩壊時に多くの記録資料が焼却ないし散逸される中で、議事録が残っていたということにあります。ほぼ完全な形で90分の会議の内容を知ることができます。議事録をまとめたのは事務局として出席していたアイヒマン。この人についてはハンナ・アーレントの超絶名著『エルサレムのアイヒマン』を読んで知っているのですが、演じた俳優の演技はいかにもアイヒマンらしいものでした。

議題は「ユダヤ人問題の最終的解決」。「最終的解決」とは、ドイツだけでなくヨーロッパ全土における１１００万人ものユダヤ人を計画的に抹殺することを意味します。移送、強制収容と労働、計画的殺害などさまざまな方策がこの会議で合意され、東ヨーロッパの絶滅収容所へのユダヤ人強制送還の始まりとなりました。

議長は国家保安部長官のラインハルト・ハイドリヒ。ナチス親衛隊と関係各省庁の事務次官がユダヤ人虐殺の方法を巡って組織横断的な調整を議論します。軍人も行政官も官僚組織の中で生きる人々なので、自分が代表する組織の利害を優先しようとします。これは今も昔も戦時も平時も変わらない。

印象的だったのは議論が論理的かつ理知的に行われていたということです。とりわけ主催者であるハイドリヒの議事進行はバランスを保った秀逸なもので、この人物に相当の知的能力があったことを示しています。議論の対象はユダヤ人殲滅というとんでもない悪行なのですが、それぞれが自分の立場と見地から一定の「見識」を持って発言している。

例えば、内務省を代表する法律家の次官、ヴィルヘルム・シュトゥッカートは、ユダヤ人の定義の範囲（例えば混血のユダヤ人をどう扱うか）について、既存の法に基づく判断をするべきだと冷静に主張します。親衛隊の軍人は、２分の１でも４分の１でもユダヤ人の血が入っていれば抹殺の対象にすべきだと主張しますが、そんなことをすると法秩序が崩れ社会が混乱に陥るとして抵抗します。

首相官房局長のフリードリヒ・ヴィルヘルム・クリツィンガーは、従来のユダヤ人殺害の方法は「人道的」ではないという懸念を表明します（それまでは一人ひとり銃で射殺していた）。映画の終盤の非公式の話し合いになって、軍部から「最終的解決」の具体的方法が絶滅収容所の特殊な施設でのガス殺であることが明かされます。これを聞いたクリツィンガーはそれが銃殺よりも「人道的」かつ「効率的」であると胸をなでおろすのでした。

その方法（Ｈｏｗ）については活発な議論がなされるものの、「ユダヤ人は社会に災厄をもたらす邪悪な存在であり（Ｗｈｙ）、したがって抹殺しなければならない（Ｗｈａｔ）」というヒトラーの政策については全員が所与の確定事項としてまったく疑いを持っていない。ここが恐ろしいところです。

この映画が秀逸なのは何と言ってもカメラワークです。会議はベルリンの高級住宅地、ヴァン湖畔にある邸宅で開催されます。ここに軍部や行政の幹部が集まってくるところから、会議を終えて解散するまでの一部始終をカメラは参加者の視点で淡々と追っていきます。このおかげで自分が会議に参加している（とまでいかなくても、少なくとも陪席している）気になって観ることができます。

なぜこの仕立てが優れているのか。観る側に自分がもしヴァンゼー会議の出席者だったとしたらどうするだろうかを必然的に考えさせるようになっているからです。

当然のことながら、自分だったらどうするだろうと自問しました。それがナチスドイツであろうとなかろうと、僕はそもそも行政や軍部の高官になるようなタイプではありません。ですから前提に無理があるのですが、それをひとまず横に置いて、もし僕が軍人でないまでも行政官としてこの会議に出席していればどうしたか。おそらく映画に出てくるクリツィンガーと同じ振る舞いをしたと思います。そう考えると、いよいよ恐ろしい。

ようするに、Ｈｏｗに先行するＷｈａｔとＷｈｙが決まってしまえば、もうダメだということです。手段が目的化してしまう。そうなると人間は取り返しがつかないひどいことを平気でしてしまいます。

重要なのはあくまでもＷｈａｔとＷｈｙです。ＷｈａｔとＷｈｙについて自由な意見を表明し、時の政府の方針に対して疑義や反対ができる（あっさり言えば、言論の自由）ということが民主主義の絶対の条件であるということです。裏返せば、この絶対条件が機能しなくなってしまうところに全体主義や権威主義の絶対的な悪があります。

こんなことはひたすら当たり前の話なのですが、この当然にして自明の真実を自分ごととして考えさせるという意味で、この映画はヒジョーに優れています。社会の構成員として自分は世の中の出来事にどのように構え、日々をどのように生きていくべきか、改めて覚悟を迫られる思いがしました。

『ギルティ』

２０１８年のデンマーク映画。最初から最後まで同じシーンのワンシチュエーション映画。そういうのは大名作『12人の怒れる男』などいくつかあるのですが、本作の独自性は、映画の前提である視覚を封じ、声と音だけで話が進んでいくという点にあります。音楽もなし。

ほとんどラジオドラマのような脚本で、「この手があったか」という斬新な手法です。その点は確かにスゴイと思いましたが、筋はそれほど強いものではないと感じました。同じ手法を使うにしても、もっとハラハラドキドキさせられたと思います。

ただし、この辺の淡白さが北欧映画のイイところなのかもしれません。映像はひたすら抑制的で暗い。スキな人はスキなのだと思いますが、こういう作品はむしろ映画である必然はないわけで、小説で読んだ方がグッとくるのでは。僕はステイサムのアクションものでも観ている方がイイと思いました。

成田三樹夫の笑い声

とある週の『週刊現代』（書評を連載しているので、毎週雑誌をおくっていただいている）、例によって「情熱の時代黒部ダム建設」（昔話）、「70で若返る脳、65で死んでしまう脳」（健康）、「有名女子大出身相沢みなみ　私は全裸の帰国子女」、「悪女のＳＥＸはなぜ病みつきになるのか」（お色気）などなど、高齢者（だけ）の興味関心にジャストミートの記事が並んでいました。

それにしても、悪女のＳＥＸはなぜ病みつきになるのかを知ってどうするのか。なぜセックスという言葉だけＳＥＸと大文字英語で書くのか。なぜ有名女子大と帰国子女が裸の価値をブーストするのか――この辺突っ込みどころ満載なのでありますが、まあイイ。

そうした中にあって、僕の大スキな成田三樹夫の特集「ナイーブすぎた悪役」、これはイイ記事でありました。

１９６５年の『兵隊やくざ』の憲兵役。上官にいじめられて自殺した新兵の亡骸の顔に乗る白い布を取り払い、冷たい視線を送るや、ドスの利いた低い声で一言「たるんどるな、今度の初年兵は」――ひたすら冷徹な悪役で注目を浴びるのですが、だんだんとそこに生きた人間の内実が入ってきて、唯一無二の演技スタイルが確立します。

東大理科Ⅰ類に進学するも、「肌に合わない」と1年で退学し、山形大学文学部に入り直す。大学の演劇研究会で芝居に打ち込み、こちらも中退。俳優座養成所に入ります。養成所の同期は20歳くらいでしたが、成田はすでに25歳。同期生の中村敦夫が回想しているエピソードがたまらなくイイ。「一緒に飲みに行ったりすることが一切ない、孤独なキャラクターでした。ときどき話をしても彼が突然『ワーハッハッ』と笑いだして会話が終わる、ということがありました」

確立された人格を持ち、言葉に対して鋭敏な成田三樹夫には、養成所の仲間と話すことなんてとくにない。別に分かり合いたいこともない。『ワーハッハッ』と笑いだして会話が終わる――目が笑っていない成田三樹夫の笑い顔と声が鮮明に想像できます。後年のインタビューなどでも、よくこれをやっていました。彼にとって、大切なことはそれほど多くないんですね。どうでもいいことは「ワーハッハッ」でおしまい。痺れます。

享年55。とっくに成田三樹夫の歳を追い越してしまったいま、改めてこの独自にして偉大な俳優の魅力を感じます。

『孤狼の血 LEVEL2』

ようやく観ました。良くも悪くも東映の伝統に忠実な2作目です。ナレーションや白黒写真の利用による回想など『仁義なき戦い』シリーズへのオマージュたっぷり。『県警対組織暴力』的な警察内部の葛藤。『仁義の墓場』的な狂気の悪役のキャラクターで引っ張ります。

鈴木亮平演じるヤクザの極悪ぶりには参りました。この人はパッと見、善良そうな顔立ちなので、最初はあれ？と思ったのですが、このギャップが効いています。ミスキャストに見せかけてはまり役。

前作が当たってシリーズ化するとひたすらエスカレーションの道をひた走るのが東映の伝統なのですが、本作も例外ではありません。バイオレンスが強化されています。令和の現代では話が単純化されていて『仁義なき戦い』の群像劇的な人間関係の機微はゼロ。ひたすら暴力シーン。ま、それが面白いのですが、もうちょっと何とかならないものか、とも思いました。

最後の刑事と極悪ヤクザの対決はカタルシスがありましたが、個人的にはあのメタフォリカルなラストシーンは不要だったと思います。2つの敵（ヤクザと警察上層部）との2正面対決がプロットなので、警察上層部をぎゃふんと言わせてスカッとさせてもらいたかった。

主要な登場人物が出そろったところでだいたい話は見えて、実際その通り進んでいくのですが、ひとつ唸ったのは中村梅雀（この人はベース演奏が異様にうまい）演じるベテラン刑事の正体。これはさすがに意外でした。妻の宮崎美子の朴訥な演技があとあと凄味を感じさせるのもうまい。この映画でいちばん怖いのは宮崎美子です。

東映マナーで言えば、主人公の刑事が田舎のおまわりさんになっている、という後日談の設定からして3作目は確実にあると思います。「あの男が戻ってきた……」という展開になるのは間違いなし。楽しみにしています。

内省と再生

2010年代に観た映画の中で、僕のベストはソフィア・コッポラ監督作品の『SOMEWHERE』。ヒジョーにシンプルでそっけない話。父と娘の何ということはない日常を淡々と描いているのですが、これには全身でビリビリとシビれました。

以来、DVDを購入して、年に何度か見直しております。というのは、本作は最高の「内省映画」でございまして、自分の生き方を考えるきっかけとしてよどみなく秀逸なんですね、これが。あらすじは以下の通り（『SOMEWHERE』のウェブサイトから引用）。

ハリウッド映画のスター、ジョニー・マルコは、ロサンゼルスの高級ホテル〝シャトー・マーモント〟で生活している。パーティに明け暮れ、フェラーリを乗り回す彼の暮らしは、見た目は華やかだが、中身はどうしようもなく空虚。

ある日、前妻から娘のクレオを一日預かってほしいと連絡を受ける。久々に会った思春期の娘をフィギュアスケートの練習場に送ってやり、ぎこちないながらも父親として接する。クレオとの一日は瞬く間に過ぎ、新作映画の取材、共演女優との情事、映画の撮影準備といった元の喧騒の日々に戻ることとなる。

そんな中、突然クレオが一人で、ジョニーの部屋にやってくる。母親がしばらく家を空けるのでサマーキャンプに行くまでの間、部屋に泊めてほしいというのだ。〝シャトー〟での父娘の暮らしは穏やかに過ぎていく。プールで泳ぎ、ＴＶゲームではしゃぎ、一緒に食事をしながら他愛ない会話を交わす。ジョニーは、クレオと過ごす日々の中で、いつのまにか忘れていた何かを取り戻しつつあった。しかし、クレオがキャンプに出発するまでの時間は少なくなっていく。

最初に観たときはソフィア・コッポラのセンスの良さに目を惹かれました。淡々と自然かつ静かに進行する映像、スティーブン・ドーフが演じるマルコのファッションやちょっとした生活上の振る舞い、なによりもシャトー・マーモントや主人公と娘がミラノに行ったときに泊まるホテル（フォーシーズンズか？）の佇まいにグッときたのですが、観終わってしばらくしてから強烈な感慨が押し寄せてきました。

僕にとってこの映画は「小さな再生」の物語です。僕は主人公のようなスター俳優でもなければ、フェラーリにも乗っていなければ、パーティーに明け暮れたりとっかえひっかえ女遊びをするわけでもありません。それでも少し抽象化してみると、主人公に共感する面が多々あります。

マルコは惰性で生きている。だからといって不真面目な人ではなく、他人に配慮するし、目の前の仕事はきっちりやる。それでも、生活に芯がない。ちょっと目を離すと目先の快楽や安楽に溺れていく。つまりはフツーにダメな人物として描かれています。この人物造形がヒジョーにうまい。

易きに流れる日常の中で、特別な事件は起きないのですが、ちょっとしたきっかけ（本作では娘との生活）で内省が生まれ、目が覚め、自らの自堕落と決別しようとする。過去の自分との決別を暗示させるラストシーンはホントにグッときました。

ただし、だからといってまったく新しい人間に生まれ変わるわけではない。おそらく別れた妻と復縁して娘と暮らすこともない。これまでと同じように流れるように俳優の仕事を続けていくだけで、傍目には何も変わらない。それでも自分の中では何かが変わり、少しはマシな人間へと成長していく。

こうした小さな再生を間歇的に繰り返して生きていく。僕のようなフツーにダメな人間にとっては、それが最善の生き方だと確信させられました。今さら別の人間に生まれ変わることなんてできないけれども、今よりかはもう少しちゃんとした人間になろう――『ＳＯＭＥＷＨＥＲＥ』を見返すたびに、生活に対する姿勢が正されます。

それでもやっぱり変わらないのですが。

第5章

音楽を語る

経営読書記録　裏

『好きなようにしてください』の淵源

僕が音楽にのめりこむようになった最初は、昔のわが家の薄暗い応接間にあった父のレコード。小学生のころ、そこから無作為抽出しては、いろいろな音楽を聴くようになりました。メロディーよりもリズムやビートに激しく反応する小学生でした。聴くだけでなく、誰も見ていないのをいいことに、薄暗い応接間で一人で踊り狂っていました。

もちろん今でも踊るのは大好き。先日も携帯プレイヤーをポケットに入れてイヤホンで音楽を聴きながら（傍から見たら無音状態）レイ・チャールズのShake Your Tail Featherで激しくツイストしていたら、娘が「不気味だからやめてくれ！」と後ろからとび蹴りを入れてきました。

話を戻しますと、小学生当時、父のレコードの棚に、カルロス・サンタナのレコードがいくつかありました。Black Magic Womanなどが一通り入っていたのですが、ま、ラテン・ロックでありますから、小学生の僕のダンス・テイストにはちょっと合わない。あまり好きにはなれませんでした。

それはそれとして、サンタナから派生して聴いたのが、ペドロ＆カプリシャス。Ｐ＆Ｃと言えば「日本のサンタナ」。Black Magic WomanにしてもＰ＆Ｃバージョンの方が僕にはしっくりきました。「別れの朝」とか「五番街のマリーへ」とかのヒット曲はもちろん、「手紙」という曲には本当にグッときたものです。歌詞が切なくて、大人というのはこういうものか、と嘆じました。

僕にとってのもうひとつのサンタナ・デリバティブがジャーニーです。ギタリストのニール・ショーンはかつてはカルロス・サンタナのバンドのサイド・ギタリスト。ジャーニーは１９８０年代の初めにカラッとしたヒット曲を連発するのですが、僕が聴き始めた初期ジャーニーはわりと湿った曲をやっていました。

最初にグッときたJourneyの曲は何と言っても、Any Way You Want It（１９８０）。スカッとしつつもどことなく哀愁に湿ったシスコ・サウンドで、とにかくリズムが躍動的。エインズレー・ダンバーに代わって加入したドラムのスティーブ・スミスがもう最高！　この曲でも、バシャンというシンバルの音が気持ちイイ。大音響で聴いては恍惚としたものです。スミスはもともとジャズの人なのですが、ロックを叩かせると、とにかくノリが大きい。普通の人が2リッター・カーだとしたら、７０００ccのデカいエンジンをゆっくりと回している感じ。このノリの大きさはちょっと類例を見ません。

何よりも、このAny Way You Want Itというタイトルが最高にイイ。「好きなようにしろ！」というメッセージが、若き日の僕の心に深く刺さりました。このコンセプトで『好きなようにしてください』というタイトルの仕事論についての本を書いたほどです。ニール・ショーンも当時のインタビューで“I wanna be my boss!”ということを強調しておりまして、僕もそうありたい、そう生きたい、と思ったものです。職業選択でも影響を受けました。

所属バンドのBluedogsのライブでも、かってはこの曲をやっていました。いずれまたセットリストに復活させたいと思っています。

よろしく哀愁

夏になって参りました。バスに揺られてイヤホンで音楽を聴いていますと、山下達郎のBig Wave（１９８４）からの名曲の数々が流れてきました。夏にジャストミートの名盤であります。

The Theme from Big Waveから始まり、Jody、Only With You、Magic Ways…と続く甘酸っぱい美メロの数々を聴いておりますと、知り合いから10万円で買った、ボロボロの暴走族仕様小口径ハンドル（車検に通らない）のカローラレビンのカーステ（当時のメディアはカセットテープ）でこれを聴いていた学生時代の夏が脳内によみがえりまくりました。

いま思い出しても哀愁の記憶なのですが、大学生のころ僕はまったく女性にモテませんでした（だからといって、その後もモテない）。

根っからの文化系ひきこもり。男子中高育ちなので女性に対する基礎ができていない。異性に限らず人付き合いが億劫で、屋内で独りで営む読書と音楽鑑賞と考えごとと青島矢一くん（ゼミの仲間）との抽象度の高い議論が大スキ。モテない要素のロイヤルストレートフラッシュを懐深く抱えこんでいる若者でした。ガールフレンドと颯爽とドライブ中にBig Waveを聴きながら「これ、サイコー！」などと言いながら男女交際にいそしんでいる連中を横目に見ては、「ま、自分には縁がない世界だな……」――郷ひろみの名曲『よろしく哀愁』を聴きながら諦観していました。

僕の議論相手の青島くん（現在は一橋大学教授）は大学・大学院を通じたゼミの同級生で、当時からイヤになるほど聡明。僕は自分のアタマが青島くんほどよろしくはないことに漠然とした危機感を感じていました。「こんな優秀な人がいる世界では、僕は研究者としてはやっていけないのではないか……」と憂鬱な気分になりました。

それから30年後、予感はみごとに的中。自分の先見の明にシビれます。青島くんはヒジョーに優れた経営学者としてイイ研究（日経・経済図書文化賞を取った『イノベーションの理由』は経営学研究の一つの理想）を重ねているわけですが、僕といえばアカデミズムに背を向けた邪道一直線。もはや取り返しがつかないところまできてしまいました。

クラシック音楽が好きな青島くんは当時流行りのBig Waveのような音楽を聴く人ではなかったのですが、可愛いガールフレンド（現夫人）がいて、これが僕にとって大変に不快なことでした。彼女が故郷から東京に遊びに来ているときは、僕の大スキな抽象度の高い議論の相手をしてくれなくなるからです。

人間はこういう気持ちが分かる人と分からない人（つまりはモテてきた人）に大別されます。この差は大きい。一生の人格形成に影響すると思っています。両者はお互いの気持ちを決して分かり合えない宿命にあります。

『Big Wave』は今でも大スキなアルバムです。Girls On The Beachを聴きながら、来世での雪辱を期しています。

瞬間音楽の愉悦

その曲のある一瞬を楽しむために音楽を聴くということがあります。ま、全体的にもイイ曲なのですが、ある一瞬が異常にイイとか、興奮するとか、痺れるとか、イカシテルとか、鳥肌立ちまくるとか、イキそうとか、そういうプレシャス・モーメントを楽しむための音楽を、僕は「瞬間音楽」と呼んでおります。

この概念がでてきたきっかけは矢沢永吉の「真っ赤なフィアット」という曲との出合い。この曲の中で永ちゃんが「Lady～♪、＄＃＆％」（ここは例の永ちゃんの「チョー」を少し崩したフレーズが入る）というところ、この部分がたまらなくスキ。矢沢氏のすべてが凝縮されていると言っても過言ではない。凝縮され過ぎていると言ってもよいかもしれません。ここだけを繰り返し聞きたい！　という衝動から瞬間音楽の概念が生まれました。

文化放送の「ニュースマスターズＴＯＫＹＯ」という朝の経済ニュース番組のレギュラー解説を2年ほどやっていたことがあります。なかなか面白いお仕事でした。早朝なので他の業務とぶつからないし、早寝早起きの生活リズムにも合致している。

1時間の出番の途中で音楽のコーナーがあり、選曲を任せてもらっていました。これが楽しみで、隙あらばBluedogsもかけていました。公私混同！

で、そのうち始まったのが僕の独自企画「楠木建の瞬間音楽」。曲を流して、その瞬間に差しかかるところで「ここですよ！」と言って、いったんポーズ。巻き戻して、さらに2度3度、その瞬間だけを繰り返しオンエアするという無茶なことをやっていました。

例えば、ディープ・パープルの名曲Strange Kind Of Womanの場合ですと、第1コーラス終了時に入るイアン・ペイスのドラムフィルがその「瞬間」。この部分を繰り返し再生しつつ、僕の手前勝手な解説をかぶせまくるという代物。

僕のおすすめ瞬間音楽をここにご紹介いたします。各自、アマゾン・ミュージックなどで音源を準備した上でお付き合いください。

まずは、ジューダス・プリーストのYou’ve Got Another Thin Comin’（それにしてもこのタイトル、カッコイイですね）。最後の間奏が終わったところで、ロブ・ハルフォードが“Comin’ for you!”とシャウトするところがその瞬間です。たまりません。カセットテープが擦り切れるほど繰り返し聴いていました。

R&Bの名盤中の名盤、ダニー・ハザウェイのライブアルバムの最後の曲のVoice Inside。この曲はソロ回し（キーボード→第1ギター→第2ギター→ベース）があります。ベースのパートでウィリー・ウィークス（それにしてもこの名前、カッコイイですね）のソロが終わってメインテーマに戻るところ。それまでテクニカルなプレイをしていたウィークスが思いっきりシンプルでどっしりしたルート弾きにチェンジします。これぞプロのツボを押さえた名演。痺れます。

アイアン・メイデンのTwo Minutes To Midnight（これもナイスなタイトル）。最後の方で、チャイナクラッシュが2発＋2発＋1発鳴るところ（5：42）。鳥肌立ちまくり！　これはBluedogsでもよく演奏します。ライブでは一通り演奏した後、この部分だけを繰り返して、実演版瞬間音楽をお届けしています。

ハービー・ハンコックのフュージョン時代の名アルバムにFeets Don’t Fail Me Nowがあります。この1曲目、You Bet Your Loveのピアノソロに入る部分。これは僕が中学生時分に黒いジャズグルーヴに目覚めるきっかけとなった瞬間音楽です。

ディープ・パープルのSpace Truckin’。前奏が終わって歌に行く直前のバスタム2発。鳥肌モノです。イアン・ペイスならではのタイトな音を繰り返しお楽しみください。

チャカ・カーンのI Know You, I Live Youの間奏に入る直前、盛り上がりに盛り上がる演奏にかぶさるヴォーカルのシャウト。興奮し過ぎて過呼吸になります。

ダンスミュージックの王様、シック。Le Freakの最初からずーっと続いていたベースのリフが途絶えて、トートットットトットトトという単音になるところ。これほど踊っていて幸せになる瞬間はない。

東京事変の「空が鳴っている」の第2コーラスのサビの手前でのブレイク。ドラムの「ドコドコドコ、どととつ、ドン」というフレーズおよびその最後の音に被る椎名林檎のため息が最高です。曲はそれほどでもないのですが、この瞬間だけを繰り返し聴きます。

ギターモノで言えば高中正義の名曲Blue Lagoonのソロ。チョーキングを絡めた下降フレーズ。このチューブを巻くようなフレーズが最高。

世界最高のチューブ感（クラクラくる）のギターと言えばこれ。エクストリームのGet The Funk Outのヌーノ・ベッテンコートのギターソロの渦巻くような部分（さすがに言葉だけだと特定が難しい。3：10あたりです）。

カシオペアはスキではないが美メロは認める。Swearの終盤のギターソロのチャック・ベリーっぽいチョーキングのフレーズ。クイクイきます。

そして何と言っても瞬間中の瞬間はジェームズ・ブラウン先生のSex Machine。ずーっとEのコード一発で進行しているのに、1回だけ5度キーが上がってAに移るその瞬間の1・5秒。これは、当然ながら踊りながら聴くわけですが、この瞬間はあまりの気持ちよさに顔をしかめざるを得ません。

まだまだ瞬間音楽のリストは長いのですが、今日はこの辺で勘弁しておきます。

究極のポップス

　久しぶりにモータウン全盛期の数々の名曲をじっくり聴きました。１９６０年代半ばのモータウン・ナンバーこそ究極のポップス。その中でもトップ中のトップの名曲がフォー・トップスのI Can’t Help Myself（Sugar Pie Honey Bunch）（１９６５）。当時のマナーにしたがって2分46秒という短い尺。AメロもBメロもブリッジもサビも前サビも大サビもない。ただひとつのメロのかたまりがあるだけ。

Sugar pie, honey bunch
You know that I love you
I can’t help myself
I love you and nobody else

　これだけ。このフレーズが延々と繰り返されます。

　これ以上ないほどポップなメロではありますが、改めて聴いてみるとどこにもヤマがない。淡々としている。盛り上がりも盛り下がりもないフラットなメロディー。現代の基準で言えば異様にシンプル。それでも最高にキャッチー。このころの主力ソングライティング・チーム、ホーランドとドジャーとホーランド（ＨＤＨ）の比類なき才能の発露であります。

　本作と並ぶＨＤＨの名曲にスプリームスのBaby Love（１９６４）があります。これまたワンメロディーの2分36秒。フワーッとしたメロのかたまりがひとつあるだけ。「構成」というものが成り立たないほどシンプル。使われている音のレンジがヒジョーに狭い。どこにも「さあ、聴かせてやるぞ」という要素がない。異様にナチュラル。で、たまらなくポップでキャッチー。出だしのところでダイアナ・ロスが「ウーウ、ウー」というだけで耳と心が鷲づかみにされます。

モータウンの主力ソングライターとしてこの時代の双璧はスモーキー・ロビンソン。この人の曲もシンプルにしてキャッチーです。例えばテンプテーションズの大ヒット曲My GirlやGet Readyを聴くと、一応A→Bという構成があります（ただし、「ハイここからサビですよー！」という下品なものはない）。

しかし、HDHにはそれもない。ひたすら淡麗にしてピュア。まざりつけなし。何も足さない。何も引かない。それなのにコクが深い。飽きがこない。何度でもいつでも楽しめる。極上の炊き立てご飯の如し。いつの時代も、ホントに優れたクリエイティブというのは、こういうものなのでしょうね。すなわち、「シンプル」「ナチュラル」「流れていく」「狙ってない」「それだけ」――もうこういう曲は誰も創れないのではないでしょうか。

名曲は忘れたころにやってくる

しばらく前の映画ですが、『アイ・トーニャ』はよろしゅうございました。一癖も二癖もあるフィギュアスケーター、トーニャ・ハーディングとそれを取り巻く人々を通じて、アメリカンな愚と間抜けをヴィヴィッドに描いております。出演俳優がいずれも素晴らしい演技で魅せてくれます。

ハーディングの「腹に一物」ぶりが余すところなく描かれています。だからといって憎めないという微妙なキャラクターを演じるマーゴット・ロビーが上手い。母親役のアリソン・ジャネイの芸達者振りも実にイイ。ダメ人間のオンパレードなのですが、全員とにかく反省しない。前へ前へと進んでいく。この妙にカラッとした人間の愚にグッときました。

で、選手としての絶頂期、スケートリンクで縦横に滑る場面にかぶせて、フォリナーのFeels Like The First Timeが流れます。これが映像とジャストミート。ルー・グラムのザラザラと乾いた歌声がハーディングのキャラクターとばっちりフィット。ミック・ジョーンズの高揚感のあるメロディがハーディングの才能が爆発する瞬間を煽りに煽る。映画における音楽の使い方として最上のものを魅せて聴かせていただきました。

「歌は世につれ世は歌につれ」と申しますが、ある曲を聴くとそのころのことごとがブワーッと脳内で再生されることがあります。名曲の文脈保持力・再現力と申しましょうか、これが音楽のひとつの素晴らしいところ。

僕にとってFeels Like The First Timeはまさにそういう曲です。『アイ・トーニャ』はこの曲を全身で楽しんでいたころを思い出させてくれました。以来、移動中の音楽鑑賞でヘビーローテーションがかかっております。

この曲の邦題は「衝撃のファーストタイム」。当時中学生だった僕にとって、フォリナーのデビューアルバム『Foreigner』との遭遇はまさに「衝撃のファーストタイム」でありました。ヒットしたFeels Like The First Timeはもちろん、Cold As Ice、Long, Long Way From Home（中盤のホーンのフレーズはビートルズのパクリとしか思えない）など名曲満載。フリーやバッド・カンパニーがスキだった僕にしてみれば、同じ路線のザラっとしたロックでありながら、メロディーがキャッチー。これはステキなバンドが出てきたものだと大喜びで聴いていました。

私見ではフォリナーはこの最初の1枚がすべてであります。2枚目の『Double Vision』の大ヒット、さらには4枚目の特大ヒットの後は「スーパー・スタジアム・バンド」になります。デビュー時の美点がことごとく除去されてしまったフォリナーにはまったく関心ございません。

日常生活の中には、強文脈・濃文脈の名曲と再会する意図せざる機会が潜んでいます。名曲は忘れたころにやってくる。文字通り、“Feels Like The First Time” feels like the first timeなわけでありまして、これぞプレシャス・モーメント。これからも名曲との偶然の再会が楽しみです。

地獄からの生還

音楽の鑑賞、演奏および歌唱がスキなものですから、10年ほど前まではオーディオ装置にわりと凝っていました。

この方面はキリがないので、その道を突き進む人（例として、アイリスオーヤマの大山会長。ご自宅で聴かせていただいたことがあります。超弩級のアンプとスピーカーから出てくる音はこの世のものとは思えなかった）は果てしなく遠くまで行ってしまうものですが、僕の場合はそこまでいきません。大山さんが富士山の頂点にいるとすれば、３合目あたり。

どういう音楽を聴くかによってどういうオーディオ装置にするかが決まるわけですが、僕は自分のバンドの音源をイイ音で聴くことを最重要視しています。分野がロックなので濃く太い音。加えて、レコーディングスタジオのようなストレートなモニターライクな音が好みです。

ということで、アンプはマッキントッシュ、ＣＤプレイヤーもマッキントッシュ、スピーカーはウエストレイクオーディオというアメリカのメーカーのスタジオモニターを使っていました。そのうちウエストレイクは音が暗いと思うようになり、多くのスタジオで使われているムジークエレクトロニクガイザインという旧東独メーカーのスタジオモニター（矢沢永吉先生もスタジオでご愛用）に替え、これを長く使っていました。

機械を一通りそろえると、次は機械を接続するケーブルに凝るようになる。これが地獄の一丁目。スピーカーケーブルと（アンプやプレイヤーをつなぐ）オーディオケーブルはゾノトーンというメーカーの、電源ケーブルはオヤイデというメーカーのやつが太い音が出るような気がして使っていました。こういうケーブルはむやみに太く、値段もわりと高いのです。今から考えればバカバカしいのですが、スピーカーケーブルだけで10万円以上します（これでも富士山3合目。大山さんのケーブルになると軽くクルマが買える）。あまりにあまりなので、往時はお茶の水のオーディオユニオンという専門店にときどき出向いては、半額ぐらいで買える中古のケーブルを物色していました。

で、悦に入ってデカい音でBluedogsを聴いたりしていたのですが、ある機会にようやく目が覚めました。きっかけはラジオの仕事です。朝の経済・ビジネスニュース番組のレギュラー解説を週に1度、2年間やっていました。

僕の役割はニュース解説なのですが、こればかりだと面白くない。前にもお話ししたように、途中から音楽のコーナーも任せていただき、「都倉俊一傑作選」とか「筒美京平名作選」とか「楠木建の瞬間音楽」といった公私混同企画を提案し、好きな音楽をかけまくっていました。Bluedogsもよくオンエアしていただきました。そう言ってはナンですが、途中からニュース解説は二の次で、僕としては音楽番組のつもりで出演していました。

で、文化放送のスタジオのモニターシステムで音楽を聴いていると、ヒジョーにイイ音がするわけです。当然ですけど。使っている機械はオーディオ趣味の凝ったものではなくて、そっけない業務用。当たり前ですけど。これでもないあれでもないと雑誌を見ては高価な機材を買っていたのがバカらしくなり、スピーカーもアンプもＣＤプレイヤーもケーブルもすべてオーディオユニオンに売却。業務用モニターシステムに路線転換いたしました。

それまではＰＣでデジタルファイルを再生するのは邪道な気がして、いちいちＣＤをプレイヤーに入れて聴いていたのですが、現在はＰＣをプレイヤーとしたデジタルファイルの再生が基本となっております。ＰＣに入っているデジタル音源を、これまたスタジオでよく使われているマイテックデジタル社製の小さなＤＡコンバーター（デジタル信号をアナログに変換する装置）経由でスピーカーに送り出しています。

スタジオの業務用システムでは、独立したアンプを使わずに、パワードモニター（パワーアンプが入っているスピーカー）が主流です。そこでジェネレックというアンプ入りの業務用スタジオモニターの小さいやつを自宅に導入しました。文化放送のスタジオのモニターがジェネレックだったからです。ケーブルも太くて高いのは一切やめにして、ベルデンという業務用質実剛健ブランドを使っています。

ヒジョーにそっけなくてストレートな音が出ます。ツェッペリンを聴いても分離が良く、それぞれのパートの楽器の音がグイグイ聞こえます。考えてみれば、もともとレコーディングスタジオの音がスキだったわけですから、無駄遣いせずに初めから業務用路線にすればよかったのですが、ま、仕方ありません。よほどのことがない限り、もうオーディオ趣味には戻らないと思います。

今となっては携帯用ミュージックプレイヤーやスマートフォンからイヤホンで音楽を聴いている人が多いと思います。音を出すとしても、ＵＳＢやBluetoothでＰＣに接続するスピーカーを使っている人が大半かもしれません。

これはこれで便利でイイのですが、もし音楽がスキであれば、ヒジョーにもったいない。ぜひ、きちんとしたスピーカーで聴いてみてください。音楽再生の次元がまるで変わります。かつてのようにアンプやプレイヤーを用意しなくても、ＰＣとＤＡコンバーターとパワードスピーカーがあれば事足ります。10万円も出せば、スマホのイヤホンとは段違いのイイ音で音楽が聴けるでしょう。

刷り込む

食べもの以上に音楽の好みは刷り込みの要素が大きい。自分を振り返っても、音楽の好みは子供のころに強烈に刷り込まれています。

子供の教育は「好きなようにしてください」を原理原則としておりましたが、音楽ばかりは自分の好みを徹底的に刷り込んでやろうと企み、娘が幼児のころから白物ではエルヴィス、黒物ではモータウン（とくにテンプスとスプリームス）を繰り返し聴かせていました。

エルヴィス漬け、モータウン漬けになった娘はこういう軽音楽がすっかりスキになりまして、リズム感が発達しました。彼女が中高生のころは、テンプスのGet Readyに合わせて二人でしょっちゅう踊っていました（それにしてもこの曲の振りはカッコいい）。

その後、大学生になった娘は友人とダンスサークルを立ち上げ、大学の学園祭やライブハウスなどで踊るようになりました。いまでも娘に会うと、たまに「ちょっとエルヴィス唄ってくれ」とリクエストを受けます。

僕が娘に与えた影響はこれぐらいです。彼女は僕の本も読みません。ま、そういうものだと思います。

超絶的幸運

林山《りんざん》という雅号を持っております。画も書も詩歌も俳句もやらないのですが、気が向いたので自分で勝手につけてみました。

武田信玄の風林火山、「疾きこと風の如く、徐《しず》かなること林の如く、侵掠《しんりゃく》すること火の如く、動かざること山の如し」から風と火を抜くと林山となります。疾くもないし侵掠はあまり好みではないのですが、動かず徐かにしていることにかけては絶対の自信があります。

出不精で興味関心の幅も狭く非活動的な日常を過ごしておりまして、自分から能動的に取り組む趣味や種目はあまりございません。それでもごくまれに観ているだけでなく自分でやってみようと思うことがあります。

子供のころに手品の出し物を観たときのこと。途中で手品師が「ここでちょっとどなたかにカードをシャッフルしてもらいたいのですが……」とか言う。こういうときは真っ先に手を挙げるタイプでした。目の前で繰り広げられる不思議が面白くてたまらない。早速自分でもやってみたいと思うわけです。

トランプと手品の本を買って練習する。そのうち人前でやりたくなる。最初は家族に無理やり見せて喜んでいたが、じきにそれでは我慢ができなくなり、小学校の「お楽しみ会」（いまはどうか分からないが、昭和時代は生徒が得意の出し物を披露する学級会のようなものがときどきあった）で手品をやらせてもらっては悦に入っていました。

僕の数少ない趣味は音楽であります。たまに好きなアーティストの実演を観に出かけるといつも思います。「俺も混ぜてくれないかな……」――もちろん混ぜてくれません。ところが、物事には例外があるものです。

30年ほど前のこと、ブルース・ブラザーズ・バンドが来日して、青山の「ブルーノート」（当時は今とは別の場所にあった）でライブをやりました。映画『ブルース・ブラザーズ』もシカゴ・ブルースも大スキな僕は、大喜びで出かけて行きました。

ノリノリで最前列で踊りながら観ていたら、何と「お前、出て来て一曲歌えよ！」とお声がけいただきました。欣喜雀躍とステージに上がり、ヴォーカル・マイクの前に立ってみると、右にはスティーブ・クロッパー（ギター。ブッカーT＆ザMG'Sの人で、つまりはオーティス・レディングの名曲、Dock of the Bayを作曲してギターを弾いていた人）、左にはマット・マーフィー（ギター。映画の印象と違ってクロッパーもマーフィーもわりと小さな人だった）、後ろにはルー・マリーニ（サックス）。残念ながらベースはドナルド・ダック・ダンではございませんでしたが、それはこの際どうでもイイ。夢のような布陣で気持ちよく「ノック・オン・ウッド」を歌わせてもらいました。天にも昇る気持ちとはこのことです。

人生、たまにはイイことがあります。ある程度の期間生きていると、何回かは超絶的幸運に遭遇することがあります。この56年間で本件も含めて3回ほどありました。死ぬまでにあと1回はあるのではないかと期待しています。

ジェリー先生

ジェリー・バーンズというベーシスト、ま、ご存じない方が多いとは思うのですが、僕はこの人に私淑しております。

ジェイムズ・ジェマーソンやジェリー・ジェモットやＤＤＤ（ドナルド・ダック・ダン）も、もちろん素晴らし過ぎるぐらい素晴らしいベーシストのですが、あまりに独自・天才系なので、コピーするのはイイにしても、ベースのトレーニングには不向きです。

で、もう20年ほど前になりましょうか、ジェリー先生の教則ビデオを観たときに「これだ！」と思い、以来このビデオを繰り返し観ては参考にしてきたという成り行き。ビデオでのコメントも理知的で、穏やかな人格者であることがうかがえます。

ジェリー先生は若いころから妹のカトリーズ・バーンズという人と音楽活動をしていまして、「ジューシー」という濃いめのR&Bバンドでレコードをリリースしたこともあります。僕も弟と兄弟で長年バンドをやっているので、この辺も根拠なき親近感を感じます。

で、その後のジェリー先生はバーナード・エドワーズ亡き後のシックで活躍していました。オリジナル・メンバーのエドワーズも実にかっこイイベーシストでした。ディスコ全盛期のシャープでソリッドなベースライン。タイトで太い音色はもちろん、ミュージックマン・スティングレイを抱えてスーツにネクタイでステージに立つ姿がクールでした。ノリが静かであまり動かないところにかえって凄味がございました。

僕がシックの音楽を知ったのは中学生のとき。当時、ハシガミくんというちょいワルで気のイイ友達がいました。彼は田園調布の豪邸に住むお金持ちのご子息だったのですが、お姉さまが当時R&Bがおスキだったらしく、彼のおうちによく遊びに行ってレコードを聴かせてもらっていました。その中にあったのがシックのGood Times。ずっと同じフレーズの繰り返しで、当時の僕にしてみれば初めはヘンな感じがしたのですが、聴いているうちに体が動き、「これが最新のダンス・ミュージックか……」と得心がいったという次第。

Good Timesはいま聴いても最高にファンキー。このベースラインは間違いなく20世紀を代表するものです。ベースでファンクのノリを楽しみたいときは、いまでもこの曲を弾いて楽しんでいます。

で、話を戻すと、ジェリー先生のシックでの演奏がこれまたものすごくイイ。バンドリーダーのナイル・ロジャースは芸風が頭のてっぺんからつま先まで確立しまくりやがった人で、どんな曲をつくって誰をプロデュースしても（ダイアナ・ロス、マドンナ、デヴィッド・ボウイなどなど）必ず同じようなモノになります。「芸風はただ一つ」のテーゼを身をもって示している。彼に絡むジェリー先生のベースが超絶にファンキー！

教則ビデオの中でも先生は「ベースでいちばん大切なのは間（space）である」ということを繰り返し強調していらっしゃいますが、シックのソロの途中でも大胆な間をとるところがあります。そのときの先生のイイ顔がまたたまりません。ドラムスはオマー・ハキム。ロジャース（g）‐バーンズ（b）‐ハキム（d）はファンク音楽の最強のスリーリズムのひとつではなかろうか。

で、こういうこともあるもんだとシビれたのが、10年ほど前のとある日。すでに取り壊されてしまったホテルオークラ別館の「テラス・レストラン」で業務上の朝食をしておりました折、ふと横をみると、隣のテーブルにジェリー先生がいるではありませんか。

ちょいと失礼かとも思いましたが千載一遇のチャンスなので、「Barnes先生でいらっしゃいますね……失礼とは存じますが僕は先生に私淑しているものでございまして、教則ヴィデオを繰り返し観ては演奏の参考にしております」とご挨拶したら、大人《たいじん》の趣溢れる物腰で――

「そうか、キミもベースを弾くのか…シックのツアーで日本に来て、いまこうしてバンドの連中と朝メシを食っているわけだが、お主はシックはスキかね？」

「ええ、そりゃあもちろん…」

「じゃあ今夜のブルーノートのライブに来たまえよ」

「そりゃあもう伺いたいのですが、今夜は仕事でどうしても伺えません」

「あ、そう。それは残念。じゃあ私の最近のソロアルバムをキミにあげましょう」と言って先生は一度自分の部屋に戻り、わざわざ『Mr. Barnes』というリリースされたばかりの音源を持ってきて、サインまでしてくださいました。さらにはロジャース氏もご紹介いただきまして、握手をさせてくださいました。なんとまあ親切な方でしょうか。

ジェリー先生に（脳内で）師事してよかった！

歴代最強日本女性歌手ベスト3

音域、声量、コントロール、アーティキュレーションといった点で歌の上手い人は、スタジオヴォーカリストを含めていくらでもいる。グッとくる程度で言えば、この3人を挙げたい。期せずしていずれも演歌歌手。やはり日本のオリジナリティはこのジャンルにとどめを刺します。

第3位　藤圭子

暗く重く強い。歌うのがスキなのは間違いないにせよ、「どうせ仕事だから……」という割り切りを感じさせるところがまたパンクでイイ。「圭子の夢は夜ひらく」もイイけれど、何と言ってもベストはデビュー曲の「新宿の女」。浪曲師の両親と子供のころからのドサ周りで鍛えた声はもちろん、投げやりなノリでドス利かせる節回しはもはやパンク演歌。何よりもグッとくるのはその目つき。何とも言えない攻撃性があります。この目つきも含めて歌。まさに総合芸術。

若いころの藤圭子は本当に美人で、日本三大美女に入れてもいいぐらい。この薄幸の美女ぶりは他の追随を許しません。お嬢さんも歌の才能があるそうですが（こちらはほとんど聴いたことはない）、お母さまは別格にして特別でした。

第2位　森昌子

あらゆる技巧派スタジオ系の人も含めて、技術はこの人がナンバーワン。声の伸びとスピード、安定したコントロール、しかも声を張らず常に余裕綽々。すみずみまで本物の技術を感じさせます。

あきらかに都はるみに影響を受けまくっているのですが、デビュー数年後にはすっかり自分のスタイルを獲得しています。19歳のときの伝説的名唱「なみだの桟橋」。作曲家が森昌子のイイところを全部出そうという意図で作った曲だそうです。それにしても19歳でこの歌唱。バケモノです。

森昌子の技術がいかんなく発揮されるのがものまね。この人のものまね能力はホントに尋常ではありませんでした。天才の芸としか言いようがない。演歌でない曲では完璧にビブラートを消すのがスゴイ。声を本人そっくりにコントロールできるわけで、「特徴をとらえている」というのとは次元が違います。

究極の技巧派だった森昌子は、一度引退して復帰しますが、加齢には勝てませんでした。往年の天才的な技術がすっかり色あせてしまい、気の毒でなりません。しばらく前に完全に引退なさってしまいました。

第1位　都はるみ

この人こそ真の天才にして絶対王女です。とにかくオリジナル。完全なアップビートのノリで、まことにソウルフル。

１９６６年の代表曲「アンコ椿は恋の花」。最初の「船が――」のところで早速出る唸りは歌謡史上に残るイノベーション。あくまでも軽く乗るのですが、リズムが異様にイイ。「アンコ――だよりーは――」の歌唱の入りと抜け、これぞ歌唱芸術。

一度引退してから5年後の復帰のステージ。出てくるなり「ミヤコ」「ミヤコ」という我慢できない聴衆の声が飛ぶのがたまりません。演歌が本質的にソウルミュージックであることを痛感します。

都はるみの曲の中では、「涙の連絡船」がベストだと思います。「今夜も汽笛が、汽笛が、汽笛が」のところのマイクワーク。これが天才。

本当の成功

「人間椅子」という3ピースのロックバンドをご存じでしょうか。僕と同世代の方々がやっているバンドで、結成は１９８７年。当時人気だった「いかすバンド天国」で89年にブレイクし、メジャーデビューを果たします。ブラック・サバス系の重くてスローなメタルで、70年代当時のブリティッシュなサウンドに、日本文学的な歌詞を乗せるという独特の芸風で人気を博しました。

　ところが「イカ天」由来のバンドブームはすぐに終わってしまいます。人間椅子はメジャーレーベルを離れてインディーズへ。90年代・２０００年代と商業的には低迷が続きますが、変わらぬペースでアルバムを発表し続け、ライブを重ねます。２００９年までに実に15枚のオリジナルアルバムを制作しています。

　このまま一部マニアのためのセミプロ的なバンド活動を続けていくのかと思いきや、２０１０年代になって人間椅子は絶頂期を迎えます。ライブの集客、ＣＤの売上は２０１１年ごろから増大し、２０１３年のアメリカでのロックフェス「オズフェスト」への出演を契機にブレイク。２０１７年の20thアルバム『異次元からの咆哮』はオリコンチャート18位を記録。コロナの最中にもかかわらず２０２０年にはドイツとイギリスでワンマンツアーを大成功させ、今ではＹｏｕＴｕｂｅの再生も数百万回。世界中にファンを持つバンドになりました。

　絶頂期になってからの作品「なまはげ」——何がスゴイかって、イカ天の時代から世界観と曲調と芸風と音がまったく変わっていない。いい時も悪い時もひたすら同じことをやっている。しかも演奏技術がとんでもない。僕はこの種の重いロックは決してスキではないのですが、それでもメタルの王道を往くリフの嵐には鳥肌が立ちます。

　ベースの鈴木氏は40代後半まで23年間にわたって郵便局の配達員をしながらバンド活動を続けたそうです。この人のAmpeg（僕の大好物のベースアンプ）の真空管サウンドは絶品で、人生が音に出ています。

　これぞ本物、これこそが本当の成功であります。これほど幸せな音楽生活はないのではないでしょうか。僕のバンドBluedogsも結成35年。これからも人間椅子に見習って活動を続けていきたいと思います。

美メロランキング（洋楽編）

イイ曲はたくさんありますが、メロの良さに限定したランキングです。美メロ数々あれど、美メロ中の美メロだと思うものをセレクトしてみました。

第5位　I Need to Be in Love（カーペンターズ）

歌いだしから最後まで美メロの連続。これ以上ないサビからの着地がヒジョーにうまい。

第4位　End of the World（スキータ・デイヴィス）

5歳のころ、プールで遊んでいたときにこの曲が流れてきた。水と日差しと匂いと美メロが一体になって強烈な多幸感を感じたことを今でも覚えています。

第3位　How Deep Is You Love（ビージーズ）

全編これ美メロでサビが判然としないほど。オリジナルがあまりに完璧で名曲のわりにはカバーが少ない。原田知世バージョンが出ているが、これは冒涜と言ってイイ。

第2位　I Can’t Tell You Why（イーグルス）

アメリカンな哀切に満ち満ちた美メロ。30年以上前にBluedogsのリハーサルスタジオでもやってみた記憶がうつすらあるが、さすがに無理でした。

第1位　A Whiter Shade of Pale（プロコルハルム）

オルガンのイントロが強烈。とんでもなくキャッチ――。それに乗るメロも展開も構成も完璧。子供のころ家族で「シシリア」に食事に行ったときに流れていて初めて聴いた。一度聴いたら忘れられない。小学生にもガツンと来る衝撃の美メロ。

美メロランキング（邦楽編）

第5位　青春の影（チューリップ）

いっときは日本のビートルズの観があったチューリップの美メロ。いきなり始まるところがビートルズっぽい。構成も凝りに凝っている。

第4位　夜明けのスキャット（由紀さおり）

ほとんどメロだけ。いずみたくの作曲もスゴイが作詞の山上路夫のセンスが傑出している。

第3位　結婚するって本当ですか（ダ・カーポ）

これぞ日本の美メロ。春先に聴くといよいよグッとくる。

第2位　虹と雪のバラード（トワ・エ・モア）

何と言ってもイントロ。いきなり瞬間美メロ。曲全体も素晴らしい。やりすぎないところが村井邦彦先生のイイところ。

第1位　主人公（さだまさし）

僕はさだまさしという人の世界観がイヤでイヤで仕方がないのですが、それでもこの時期の美メロ創作能力は驚嘆に値します。自然な美メロなのにひたすらオリジナル。ここでは本曲を選びましたが、同時期に出た「つゆのあとさき」「セロ弾きのゴーシュ」を加えた3曲は超絶美メロとしか言いようがない。これぞ才能の爆発。

美メロランキング（クラシック編）

僕にとってクラシックが聴いていていまひとつぐっと来ないのは、リズムによるグルーヴが皆無だから。カルロス・クライバー指揮のベートーベンの交響曲7番の最終楽章やこうもりの序曲、ラデツキー行進曲などを聴くと確かにノリはイイ。それでもＡＣ／ＤＣのRiff Raffのノリを１００とすると、2ぐらいしかありません。

その反面、メロディーの美しさ（だけ）を味わうのに集中できるのがクラシックのイイところ。僕にとってのクラシック音楽の価値は美メロ（だけ）にあります。

第5位　ノクターン第2番（ショパン）

単純なメロディーではありますが、全編これ美メロ。特段のヤマ場がなくてもジワジワと痺れが押し寄せてきます。

第4位　アヴェ・マリア（グノー）

バッハの平均律クラヴィーアの前奏曲にこの完璧なメロを乗せるというのがスゴイ。グノーは美メロ職人。

第3位　G線上のアリア（バッハ）

何と言っても出だしの下降コードに乗る美メロ。これ、よく思いついたなあ。

第2位　カッチーニのアヴェ・マリア（ヴァヴィロフ）

実際には１９７０年頃のソ連のギタリストによって作曲されているので、クラシックというよりもポピュラー音楽と言うべきかもしれません。だいたいこんな気の利いたメロはカッチーニのバロック時代には思いつきようがない。これこそ美メロ。グノーのよりもさらにイイ。これでもかこれでもかという美メロの連続展開なのにさらにもう一段の大サビが乗る。お腹一杯。

第1位　白鳥（サンサーンス）

天上の音楽。一切無駄な音がなくすべてが完璧に構成された美メロ。チェロ曲なのでベースでも弾ける。自分で弾いてもあまりの美メロぶりにうっとり。

貪欲な天才

デレク・トラックスと言えば、オールマン・ブラザーズ・バンドのトラックスの子供で少年のころからプロで、オールマンでもやっているブルース・ギタリスト、ぐらいの認識しかなかったのですが、10年ほど前、ソウライブのライブＤＶＤでゲスト出演してSoul Serenadeを弾いているところを観て、これはフツーじゃない！　と感涙を流し、あわてててチェックしたという成り行き。

ところが、最初に買って聴いてみたのがテデスキ・トラックス・バンドのやつでして、これが意外にも面白くない。おかしいな……と、その前のデレク・トラックス・バンドを聴いてみると、これがまごうことなき極上の軽音楽。

テデスキおばちゃま（トラックス氏のご令室）はフツーに優れたオーソドックスなブルース・シンガー。ま、イイといえば十分にイイのですが、トラックスのような天才ではありません。旦那の方は正真正銘の天才。天才は画像で観るべし、というのが僕の持論でありまして、エルヴィスにしても、ライブＤＶＤを観なければその真の天才ぶりを全身で浴びることはできません。

デレク・トラックス・バンドの『Songlines Live』というＤＶＤは、10年にいちどあるかないかの大当たり。鳥肌立ちまくり！　盆と正月が一緒に来た名盤中の名盤。テレビの画面の前で口をあけたまま涙をひとしきり流しました（←この状態に入れることが音楽の歓び）。

デレク・トラックスはその容貌や弾き方からして恬淡、飄々とした草食系ギタリストに見えます。ま、人格は穏やかな草食系でしょうが、こと音楽に関しては肉食系まっしぐら。貪欲な人です。自分が自分の音楽で気持ちよくなるのをひたすら追求。とにかくブルース・ロックの美味しいところを全部突っ込んで演奏します。これが聴いている方にとっても究極の気持ちイイ音楽になる。どの辺が貪欲なのか。

①ソロが長い：ブルースにしては極めてメロディックな演奏で、きっちりと組み立ててソロを弾くわけですが、それもこれも全部が全部、自分がいかに気持ちよくなるかの一点に集中した結果。どの曲のソロも緩急自在の大演奏なのですが、だいたいの場合は静かなトーンでゆっくりと引き出す。メロディックな序盤から、ブルース・

ギターのいちばん美味しいところ、単音のチョーキングの繰り返しで「かかって」から、一気にハイトーンの超絶トリップへ。で、さらにかかりにかかる。ここでリスナーはとりあえず座りションベン。さらに主メロに戻ってロングトーンのダメ押しが入る。例えば、Up Above My Headのソロがまさにこのパターンなのですが、生まれてから聴いたことがある中でも最上の逸品と断言できます。これだけやりたい放題やると必然的にソロがヒジョーに長くなるのは必然。

②決して枯れない：BBやクラプトンなどの大御所老人は当たり前なのですが、若いブルース・ギタリストでもブルースだと音数を少なくしてシブくシブくもってく人が多い。トラックスはその手の枯れた演奏は一切いたしません。必ず最後はぎりぎりいっぱいまで盛り上がりに盛り上げるソロを弾きます。やる以上は行けるところまで行き倒す。そこが痛快にして爽快。渋く淡々とやるよりも、盛り上がった方が気持ちイイに決まってる。バンドも全力で疾走。例えばJoyful Noise。途中でスピードがどんどん上がる展開など、これでもか、これでどうだ！　と言わんばかりの脳髄直撃のストレートパンチが炸裂。

③オカズが多い：ソロへの入りや曲のバッキングなど、ここでオカズが欲しいというところでは必ずイカしたフレーズが入ります。ギターのフレーズだけでなく、リズムのフックやブレイクなど、ありとあらゆる手を使ったオカズがやたらに豊富。なだ万の高級松花堂弁当のごとし。

④凝ったコード進行：ブルースなのですが古典的なブルースやビバップの進行パターンにきっちり収まらないことも多い。12小節まるまるトニックで弾き続けて、次の12小節の最後のところだけいきなりサブドミナント（4度）へと動いたりする（これがまたカッコイイんだ……）。普通のブルース進行だと8小節目のトニック↓9小節目でサブドミナント↓10小節目でドミナント↓11小節目ですぐにトニックに戻るところを、ずーっとサブドミナント↓ドミナントを行ったり来たりして終わらない、という凝った展開がしばしば出てきます。普通の進行だと気持ちよくなれないいんですね。その気持ち、よーく分かる、分かっとるよ！

⑤キャッチーなメロ：ブルースだとあえてキャッチーなメロを避ける方が渋くてかっこイイという考えが横行しているのですが、トラックス先生は曲のここ一番のところでキャッチーで美味しいメロを何のためらいもなく入れてくださいます。コーラスも王道を行くキャッチーなハーモニー。

⑥最大の特徴として、スタジオ録音よりもライブの方がずっとイイ：スタジオ版ももちろんイイのですが、ライブのクオリティーに遠く及びません。それもそのはず、トラックス先生が本気を出すのはあくまでもライブ。レコーディングはきっちりやって、貪欲全開でトリップするのはあくまでもライブ。理由はその方が気持ちイイからに違いない。

仕事は全然違うし、残念ながら僕はトラックスのような天才でもなんでもないのですが、自分の気持ちよさ優先で貪欲に気持ちよくやるという仕事に対する構え、これが何より大切という大原則を再確認させていただきました。とくに「レコーディング（本や論文）よりもライブ（現場）」、この方針は僕も絶対に曲げないようにしたいと改めて思い知らされました。ライブでのグルーヴに勝るものはありません。

私生活は平和で穏やかに、仕事は貪欲に快感を追求。当然ですけど。そのためにも私生活は一切の高刺激成分を排除してベタ凪をゆるゆるとキープすることが大切。『Songlines Live』を観て、明日への活力が湧いてきました。

創造の組織能力

僕がアフリカで過ごした小学生時代は１９６０年代後半から70年代前半まで。すなわちモータウンの黄金期とほぼ重なる。モータウンのポップスは僕の生活圏ではまさにヘビロテでありました。

当時住んでいた家には、住み込みの黒人のお手伝いさんがいまして、今から考えれば10代の若い女の子だったわけですが、彼女は敷地の中に別棟で立っている長屋みたいなところに住んでいました。しょっちゅう彼女の部屋に遊びに行って、遊んでもらっていたのですが、この部屋には文化的に完全に真っ黒なノリが横溢していました。当たり前ですけど。

　で、当地の娯楽と言えば何と言ってもダンス。彼女はよくラジオを鳴らしていまして、当然のごとくモータウンのヒット曲の数々が流れてくるわけです（当時その国ではテレビ放送はまだなかった）。彼女のノリは文字通りのアフロなものでありまして、流れてくる曲に合わせてアメリカ黒人よりも濃度の高いと思われる切れのイイ反応を連発する。これが子供心にかっこよくて気持ちよくて、リズムの楽しさ、グルーヴの気持ちよさというのを刷り込まれました。

　その後、日本で成人した僕は、意識的にモータウンのポップスを聴くようになります。モータウンの独自性はアーティストと曲の組織的な企画・開発能力にありました。60年代黄金期のモータウンは、何人かの間違いなく「天才」と称するに値するアーティストを輩出したわけですが、そうした人々は独立した個人として才能を開花させたわけではなく、「企画された天才」でした。モータウンの構築したユニークな組織プロセスを経て才能を見出され、優れた楽曲を与えられ、ヒット曲を連発している。

　ここにモータウンの凄さの本質があります。デトロイト時代（西海岸に移転してからは急速にこの組織能力が衰退する）のモータウンは「創造の組織能力」がどのようなものかということをよどみなく教えてくれます。

「企画された天才」たちとは具体的に誰を指すのか。モータウンのアーティストで現在に至るまで音楽好きの人々に普遍的かつ絶対的な評価を確立しているのは、スティーヴィー・ワンダー（とくに70年代前半のTalking BookからInnervisons、Fulfillingness’ First Finaleを経て76年のSongs in the Key of Lifeに至る絶頂期4部作）とマーヴィン・ゲイ（この人の場合は圧倒的に71年のコンセプトアルバム、What’s Going Onに評価が集約されがち）のように見えますが、僕の意見では、この二人はモータウンの組織能力と無関係なところで才能を爆発させた手合いです。僕にしてもTalking Bookこそがモータウン最高のアルバムだと確信しておりますが、

「企画された天才」というモータウンならではの味覚に欠けております。

この2名を除外すると、スモーキー・ロビンソン、テンプテーションズ、ダイアナ・ロス（とスプリームス）、この人たちこそがモータウンの企画された3巨頭です。

⑴二重天才：スモーキー・ロビンソン

ひたすらスイートでメロウな歌声で知られるスモーキーはモータウンを牽引した主要アーティストの一人でありまして、１９６０年代を中心に数々のヒット曲がありました。モータウン最初のヒットとなった61年のShop Aroundに始まり、アレンジが妙に構築的なYou Really Got A Hold On Me、ダンス向きのGoin' To A Go-Go、くどいまでの甘さとせつなさがたぎるMore Love、よくこんなメロ思いつくね！　というChoosey Begger、大ヒットのTears Of A Crown……とイイ曲ぞろい。

モータウンと言えば、「アー」「ウー」「オー」「イエー」「ベイベー、ベイベー」という間投詞が曲中の要所要所に惜しみなく投入され、これがまた気持ちよさをわしづかみにする曲が多い。スモーキーにはOoo, Baby, Babyというそのまんまのタイトルの名曲もありました。

この人のヴォーカルについては「甘噛み系」という卓越した形容が与えられています。ひたすら甘いファルセット・ヴォイスなのですが、それが心地よいだけではなく、歌いまわしに独自性がありまして、ポイントポイントで「キュッ」と噛むようなニュアンスが入る。ここが他の大勢の甘味系ソウルの歌い手と決定的に異なるところであります。

ですが、この際、声を大にして強調しておきたい。モータウンの社員アーティストとしてのスモーキーよりも、モータウン副社長としての裏方のスモーキーの方が何倍も凄かった。もちろん創業経営者兼モータウン一家の家長であったベリー・ゴーディーなくしてモータウンはなかったのですが、モータウンの成果に対する貢献という意味では、スモーキーの存在はゴーディーよりも大きかったのではないか。

ゴーディーが意図したモータウンの創造の組織能力——システマティックかつ集合的に優れた楽曲とアーティストを継続的に生み出す——の中核にどっしりと腰をすえていたのがスモーキーその人でありました。モータウンがつくりあげた創造のためのシステムの結果としてミラクルズのヒット曲が生まれたのですが、それ以上に、そのシステムとプロセスを運営する側としての才能と資質、人格にスモーキーの偉大さがあります。

つまり、スモーキーはモータウンの「企画された天才」であると同時に「天才を企画する」側の中心にもいたわけで、この二重性がスモーキーの本質であります。スモーキーは企画される側と企画する側を行ったり来たりしていた。彼が接合点になって企画する側とされる側、開発する側とされる側、車輪の両輪ががっしりとかみ合って、創造のシステムが駆動されていた、というのが僕の理解です。

スモーキーは歌うだけでなく、曲も作る。しかも自分のためというよりは、人のために空前の名作を惜しげもなく提供する。モータウンの組織能力のカギは組織内競争にありました。アーティストとしてのスモーキーは他のモータウンのアーティストと熾烈な組織内競争を展開していたわけではありますが、にもかかわらず、他のアーティストにピッタリとフィットしたイイ曲を提供しています。実に気前がイイ。

テンプスのGet Ready、The Way You Do The Things You Do、My Girl、マーヴィンのI’ll Be Doggone、Ain’t That Peculiar（この曲はRufus時代のチャカ・カーンがカバーしていて、最高にイイ）、メアリー・ウェルズのMy Guyなどなど、スモーキーの書いたヒット曲はスモーキー自身の曲よりもイイ。もっと言うと、スモーキー曲のカバーであっても、ダイアナ&マーヴィンのI’ll Start Something Newはスモーキー自身の原曲よりもずっとイイ。

スモーキーの利他性というか、モータウンは俺がつくっているんだという強烈なオーナーシップというか、「前面にでてくる裏方」根性というか、この辺がスモーキーのスモーキーたるところであります。

才能を発掘する力も傑出していました。ダイアナ・ロスはガキのころからスモーキーと同じデトロイトの団地にいたらしくて、スモーキーがモータウンに連れてきています。くすぶっていた60年代初頭のテンプスにしてもスモーキーがThe Way You Do The Things You Doで開花させている。

ダイアナのスプリームスは当初「プライメッツ」という、近所の女子友達でつくった「ごっこグループ」でした。一方のテンプスは「プライムス」を名乗っておりまして、ローカル兄妹グループとして活動していました。みんな地元の知り合いだったわけで、たとえて言えば、スモーキーとダイアナが鷺沼にいて、テンプスのエディケンとポールがたまプラーザでつるんでいて、オーティスとメルヴィンが宮前平で、二子玉川にモータウンの本社とスタジオがあったというような感じ？

いずれにせよ、この辺の地域密着感がモータウンの肝心なところ。組織内部では競争メカニズムがバリバリに利いているのに、すべてが人間的なつながりのもたらす必然的な偶然で動いているわけです。知り合いベース、ご近所ベース、友達ベースであれだけの才能が集まったというのもモータウンの創造の重要な要素です。

話を戻して、アーティストとしてのスモーキーで言えば、僕がいちばんスキな曲は何と言ってもI Second That Emotion。ま、これにしてもダイアナとテンプスがデュエットしている方がイイといえばイイのですが、これほどモータウンっぽい曲はちょっとない。甘噛みも効きまくっておりまして、トロトロです。

アーティストなのかプロデューサーなのかソングライターなのか経営者なのか、はたまた教育係なのかスカウトなのかタダの気のいいアニキなのか、まるで判然としないスモーキーは、その全部が絶妙のバランスで混濁している天才を作る天才でした。二重天才として軽音楽の歴史に名を残す存在です。

(2) 分化と統合の同時極大化：テンプテーションズ

１９６０年代半ばから70年代初めにかけて爆発したテンプスのテンプティングな音楽は、ベリー・ゴーディー（総監督）、スモーキー・ロビンソンとノーマン・ホイットフィールド（企画・開発）、テンプスのメンバー（実演）の才能がこれ以上ないほど理想的なバランスでかみ合って生まれたもの。この意味でテンプスは「企画モノの天才」であります。

いかにテンプスが企画モノだったかは、企画開発の中心人物が替わるとわりとガラッとその音楽が変わってしまうという事実に色濃く反映されております。この辺は純粋天才のスティーヴィー・ワンダーと対照的です。

テンプスが誰にも止められないほど大爆発した8年間（64年から72年）は2期に分けることができます。雌伏4年を経て初のヒットとなったスモーキー作のThe Way You Do The Things You Doから、後述するデヴィット・ラフィンが脱退というかクビになるまでのオリジナル・テンプス時代が第1期。第2期はノーマン・ホイットフィールドがその本性を現してサイケなファンク大作主義に突入していった期間。デニス・エドワーズが加入して『Cloud Nine』がリリースされてから、Papa Was A Rolling Stoneで「侘び寂びファンク」に突き抜けてしまうまで。ゴーディー用語で言う「ニュー・ソウル」に傾倒していった時期です。

それ以降は「どうでもいい期」とでも呼ぶべき半世紀。慣性のままにごくフツーのソウル・ファンク・グループとして現在に至ります。テンプスがテンプスだったのは、あくまでも上の2期8年に限定されます。

オリジナル・メンバーはこの5人（キーが高い順）。

エディ・ケンドリックス：通称エディケン。潤んだ瞳のハンサム野郎。超絶ハイトーン・ヴォイスがどこまでも突き抜ける。ノーマンのサイケ大作主義についていけず、またポールの自殺に嫌気が差して途中で脱退。モータウンに残り、ソロでディスコ路線のヒットをだすものの、50歳そこそこで肺癌のため死去。

デヴィッド・ラフィン：「目の細かい紙やすりでハートをこすり上げるよう」と大絶賛された天才ヴォーカリストにして最高のステージ・エンターテイナー。その反面、完全な社会不適応者で、R&B期の終わりにクビに。その後、才能の貯金でソロとしても成功するが、麻薬の過剰摂取のため50歳で死去。トレードマークのメガネも含めて、R&B界の横山やすしとでも言うべき存在。

オーティス・ウイリアムス：実質的なリーダーでグループの取りまとめ役。専門的な音楽解説によれば、オーティスの歌はテンプスのハーモニー構成上重要不可欠だったということですが、表面的には極めて地味な存在。現在も生存する唯一のオリジナル・メンバー。

ポール・ウイリアムス：初期はリードをとることが多かった魅惑のバリトン。ソウルフルな歌唱、リズムの切れともに最高で、ステップのノリはテンプスで随一。アルコールで精神の安定を欠き、サイケデリック・ファンク期の終わりに34歳で自殺。

メルヴィン・フランクリン：ダンスでもヴォーカルでもリードもとれるベース・シンガー。温厚で成熟した人柄はデヴィッドと好対照。「どうでもいい期」に入ったテンプスを長らくオーティスとひっぱるが、90年代に力尽きて死去。

「聴くな、観ろ！」というのが正しい天才の味わい方——長年の僕の主張でありますが、テンプスこそこの真理がガツンとくるアーティスツはございません。曲もリードもハーモニーも素晴らしいものでありますが、これはテンプスの魅力の約43％にすぎません。残り57％はダンス、ダンス、ダンス！　ありとあらゆるステップが最高の状態でパッケージされたテンプス映像はソウル・ステップの満漢全席。聴覚と視覚を総動員して楽しみますと、いつの間にか嗅覚や触覚までもが黒い魅力のとりこに。ポール・ウイリアムスのマニアックなステップが他の４人に伝染してできあがった20世紀の奇跡です。

数あるテンプス・ステップの中でも僕がいちばんスキなのは、I'm Losing You のそれ。ノリ、切れ、コク、あらゆる点で痺れます。The Way You Do The Things You Do の「一列に並んで、はいドーゾ」の怒涛のステップからオリジナルのコーラス・ポジションに戻るところは何度観ても嬉しくなります。

テンプスの魅力を一言で言うと「分化と統合の同時極大化」。ローレンスとローシュ（70年代の経営組織論の研究コンビ）の命題を地で行くグループがテンプテーションズであります。ステップを見ても、ハーモニーを聴いても、完全に調和が確立されているにもかかわらず、一人ひとりの個性がエグイまでに前面に飛び出てくる。

ステップで言えば、完全に振り付けが決まっているにもかかわらず、その実5人がバラバラ。あえて小さくノリをまとめるスマートなエディケン、アドリブでグングンとアウトしていく「ミスター横揺れ」ことデヴィッド・ラフィン、抜群の安定感がクールなオーティス、サイドステップの切れがたまらないポール、豪快で大きなノリのメルヴィン。完璧な規律の下での超ワイドレンジの多様性。それは古今東西の美しさの理念型が凝縮された表現であります。

(3) 自覚的天才：ダイアナ・ロス

何がイイって歌がこの上なくイイ。歌の上手い人は掃いて捨てるほどいますが、歌がイイ人となると天才に限られます。あまりにイイので言葉もないのですが、あえて言語的にその中身を説明して見ましょう。

①声がイイ：第一に特筆すべきはあの声。音域は普通に広いのですが、その煌びやかさが他に類例を見ない声であります。この人はそのことが自分でよーく分かっている。歌の中にわりとセリフ（spoken words）がでてくるのですが、魅力的な声というのはこういうものだと思わされます。

②唱法がイイ：ヴォーカル・スタイルが独特。ソウル、R&Bの女性ヴォーカルとなりますと、やたらパンチを利かせた大声で怒鳴る輩が多くて、また聴く側もこういうスタイルを「歌がうまい」とか言ったりするという悪循環が見受けられます（ヒジョーに悪い見本として、映画Dream Girlsでスプリームスのフローレンスに相当する役をやっていた歌手）。ダイアナはこの手のガナりたてる方向にはいっさい足を踏み入れない。さらさらとした春の小川のような透明感溢れる上品な唱法です。ものすごく自然で、一聴すると「軽い」ヴォーカルなのですが、その実コクがめちゃめちゃあるという極上のコンソメスープのごとし。フツーの「上手い」歌手がモノラルの小さなスピーカーを目いっぱい慣らしているとすると、ダイアナは高価なスピーカーのステレオ・サウンドのようなもの。目の前の霧

がさーっと晴れていくような極上のキラキラしたステレオ・イメージが広がります。

③ヴォリュームがイイ：ダイアナは絶対と言っていいほどソウル系のシャウトはしないので、音量が小さいような気がするのですが、実際は超ハイパワーのアンプで余裕をもって鳴らしているようなもの。ヴォリュームのつまみを右に回せば、どこまでもスムーズに完全に線形で大きな声になります。下手に「上手い」歌手（悪い例として、映画Dream Girlsでスプリームスのフローレンスに相当する役をやっていた若い歌手）はやたらと音圧を大きくしてインパクトを出そうとするのですが、この手合いはいきなり大声を出すのでインパクトがあるように見えるだけ。ダイアナの方が音量・音圧ともにずっと気持ちイイ。しかし量と圧が完璧にコントロールされているので、シャウトしているように聴こえないのが凄みのあるところ。僕はこうしたタイプのヴォーカルが大スキでありまして、類似の天才としてエルヴィスがそうであります。

④スピードがイイ：というか、ひたすら速い。音圧を上げてシャウトする手合い（しつこいようですが、悪い例として、映画Dream Girlsでスプリームスのフローレンスに相当する役をやっていた若い歌手）は、その実、歌にスピードがないことが多い。ここで言う「スピード」とは、音の立ち上がりと立下りの速さのことを意味しています。ダイアナは超高速ヴォーカルでありまして、口をあけるといきなり完全に整った音がでてくる。立下りもまた凄い。これは完全に持って生まれた天賦の才ですね。僕はダイアナのヴォーカルが史上最高速だと思います。

⑤リズムがイイ：歌のすみずみにまで抜群のリズムのよさが横溢しております。唱法そのものはあくまでもさらっとしているというかある意味控えめなのですが、ノリは相当に攻撃的。このことは映像を見ているととくによく分かります。例のダイアナ・オリジナルの「首ノリ」はもちろん、間奏に入ったときのちょっとしたステップは爆発的なものがあります。

⑥アーティキュレーション（歌いまわし）がイイ：とくに語尾。ひとつのフレーズの終わりの部分の歌い回しがとりわけ素晴らしい。ダイアナは大きな声で歌っているときでも、まるで息を吸っているかのように感じるのです

が、そこで繰り出されるちょっとした歌い回しがもう最高。代表的な例として、Stop in the Name of LoveのAメロをお聴きください。

⑦間投詞がイイ：モータウンのこの時期の特徴ではありますが、「あー」「おー」「うー」「いぇー」「ベイビーベイビー」といった間投詞の繰り出し加減、そのニュアンスがダイアナ歌唱の白眉中の白眉。Baby Loveで言えば、歌いだしの「うーう、うーー」一発でメガヒットは約束されていたようなものです。Come See about Meで言えば、ライブでは間奏に入るときにごく軽く“alright…”と言うのですが、このときのノリとタイム感、まさに至福の瞬間であります。伝説のTCBのステージでのI Hear A Symphony。この単調なワンフレーズの曲（それだけに名曲）を「ベイビーベイビー」で引っ張って歌い上げる。それにしてもこの声の速さ！

⑧息継ぎがイイ：もっと言えば、ダイアナは息継ぎだけでも聴かせます。ライブ録音だと、ダイアナは息継ぎのときに「キュッ」という音を立てるのですが、これがまた極上のリズムのアクセントになって、曲をドライブしていきます。

⑨〆がイイ：大スターの条件は、曲の最後の決め技というか〆のポーズを持っていること。エルヴィスであれば例の腕を肩の位置で水平に広げる（エルヴィス・ポーズ）わけですが、ダイアナの場合は体を捻るようにして頭上に突き上げる（なんとも表現しがたい）というもので、これがまったくもって痛快でイイね！

⑩歌うことにしか興味がないのがとにかくイイ：先に書いたスモーキーは企画された天才であると同時に企画する側の中心にもいたという意味で、まさに「企画モノ」の大将だったわけですが、ダイアナはというと、徹頭徹尾企画されっぱなし。

どんな歌でも企画通りに歌う。You Can't Hurry Loveのようなドポップなものでも、Love Is Like an Itching in my Heartのようなファンキーなものでも、I Hear a Symphonyのような「美メロ歌い上げ」ものでも、Love Childのようなロックっぽいものでも、Reflectionsのようなニューソウルものでも、はたまたImpossible Dream

のようなスタンダードでも、You Are My Everythingのようなデュエットものでも、なんでもよしなに歌います。曲をつくる方向でのクリエイティブに一切関心なし。それでも、何を歌っても完全にダイアナになってしまう。この辺が「キング」エルヴィスと相通じるところです。

ダイアナは、企画された、しかしヒジョーに自覚的な天才でした。これほどスター性があり、それを完璧に自覚している歌手を僕は他に知りません。エルヴィスはむしろ無自覚の天才で、たしかにスター性はすごかったけれども、ダイアナほど自覚的ではなく、大スターになった自分に当惑していた。一方のダイアナは生まれたときから「私的には大スター」であります。

64年の立て続けのＮｏ．１ヒッツで大スターになってからのダイアナは、「自己中心的でワガママ」という悪評が終始つきまとうわけですが、彼女をよく知る人いわく「これは彼女の弁護のためにいつも言っているんだけどね、まだ貧乏で、団地に住んでいるころから、彼女はいまとまったく変わらないぐらい態度がでかかったよ。だから彼女の態度がでかいのは有名になったせいじゃないよ」（ネルソン・ジョージ『モータウン・ミュージック』早川書房、p.１８７）。

こういう確信を持っている人はジッサイは天才でもなんでもなく、逆に本当の天才はブレイクしたあとも自分の天才に戸惑い、もてあますタイプが音楽の場合は多い。ダイアナは自分で確信している天才がそのまま世の中に出てきたという例外的なパターンです。

ダイアナの異常天才ぶりは70年代後半以降は急速に収束し、その後は「タダのスーパースター」に格下げというか格上げというか、そういう成り行きをたどります。タダのスーパースターになってからのダイアナの仕事の典型が、シックと組んだアルバム『Diana』。とてもよいアルバムで、大ヒットしましたが、もはやイイものではなくなっております。たぶんダイアナ自身はこの辺についても自覚的で、これ以降は意識的に「フツーのスーパースター」の役割を演じるようになったというのが僕の印象です。ここで列挙したダイアナの「イイ」ところを、ダイアナ自ら殺してしまったのではないでしょうか。

You Can't Hurry Loveに見るロス氏の疾走力

　You Can't Hurry Loveはスプリームスの代表曲のひとつで僕も大スキなのですが、この曲を聴き込んでいると、この時期のポップスがヒジョーによくつくり込まれているということが痛いほど分かります。

　１９６４年からの黄金期のスプリームスに曲を提供していたのは、モータウンのブライアン・ホーランド、エディー・ホーランド、ラモン・ドジャーのチーム（ＨＤＨ）。この人たちはイイ曲というのがどういうものか、きっちりとしたビジョンを持っていた。さすがにモータウンの黄金時代を築いたチームであります。

　ＨＤＨ作のYou Can't Hurry Loveを例にとって、僕なりに聴きどころをご紹介しますと、まずは定番となったあのベース。「どっどっどー、どっどっどっどどー」という例のやつ。当然のことながら美味しい。とにかくぶっとい音で間違いなくプレベ。演奏はジェームズ・ジェマーソンなのか。確認してないですけど、たぶんそうでしょう。

　この曲は珍しくＡメロ→サビ→Ｂメロというフツーの構成をとってはいるのですが、Ａメロの間は、ロス氏は例のヒジョーに軽いトーンでさらっと歌っております。スタートの３ハロンはあくまでも抑える。しかも、歌いだしの後でしばらくの間、ベースの「どっどっどー、どっどっどっどどー」が消える。で、しばらくするとベースが戻ってくる。

　これがこの曲の楽しさを膨らませる重要極まりない効果を持っているというのが僕の見解です。なぜか。You Can't Hurry Loveの最大の聴きどころは、あのタイトルフレーズのリフレインではありませんで、Ｂメロなんですね。Ｂメロに入るやいなや、ロス氏が物凄いタイム感、スピード感でよどみなく疾走。飛ばしに飛ばすロス氏の歌唱の楽しさ。痺れます。この疾走感を出すうえで、最初のＡメロの「どっどっどーなし」が大いに効いているわけです。

Bメロは2回入っておりまして、2回目のBメロが終わった後は、コーラスがタイトルフレーズを繰り返し、ロス氏がそれに乗っかるかたちで歌いまわしていくだけ。つまり、Bメロが終わった後のサビはつけたしと言うか、おまけと言うか、むやみに長いアウトロと言うか、ま、そういうものにすぎないというのが僕の感想です。

You Can't Hurry Loveのころになると、スーパー・グループのスプリームスでメガヒットを飛ばすというモータウンの意図がありありと曲に込められている。そのためには白人にも広く受ける曲であることが最重要課題でした。「どっどっどー、どっどっどっどー」のリズムにしても、モータウンの兄弟グループのテンプテーションズと比較すると、わりと白いというか、黒いノリに欠ける。これが結果的にロス氏のキラキラした芸風とフィットしたのがよかったのではないでしょうか。

そうはいうものの、Bメロの疾走感は、もう真っ黒。だからといってしつこくない。ライトウェイトスポーツカーのようなロス・スタイルが炸裂しています。まったくもってありがたい。合掌して合唱。

初出一覧

第2章　対話する書評

- **経営する哲学者**　ブルネロ・クチネリ『人間主義的経営』（『日経ビジネス』5月10日号、２０２１）（『文藝春秋』12月号、２０２１）
- **2つの自由**　山口周『自由になるための技術　リベラルアーツ』（『日経ビジネス』10月4日号、２０２１）（Executive Foresight Online、5月19日－6月16日、２０２１）
- **今こそ原点回帰の時**　名和高司『資本主義の先を予言した史上最高の経済学者　シュンペーター』（『日経ＢＯＯＫプラス』6月16日、２０２２）（『日経ＢＯＯＫプラス』8月23・24日、10月19日‐21日、２０２２）
- **似て非なるもの**　レジー『ファスト教養　10分で答えが欲しい人たち』（『日経ビジネス』12月12日号、２０２２）（『NewsPicks』9月22日、２０２２）
- **諦めから行動が生まれる**　高森勇旗『降伏論』（『日経ビジネス』6月19日号、２０２３）（日経Ｂｏｏｋプラス2023年6月27・28・29日）
- **山内昌之氏、片山杜秀氏との鼎談**　宮崎賢太郎『カクレキリシタンの実像』、ネイサン・ベロフスキー『「最悪」の法律の歴史』（『文藝春秋』4月号、２０１４）
- **江上剛氏との対談**　渋沢栄一『論語と算盤』（『週刊文春』5月6／13日号、２０２１）
- **組織文化の正体**　中竹竜二『ウィニングカルチャー』（ダイヤモンドオンライン、2月16日、２０２１）

第3章　自著を語る

- **楠木建・山口周『「仕事ができる」とはどういうことか？』**（NewsPicks、1月31日、２０２０）
- **楠木建・杉浦泰『逆・タイムマシン経営論』**（HRpro、12月25日、２０２０）
- **楠木建『絶対悲観主義』**（NewsPicks、7月7日、２０２２）

【著者紹介】

楠木 建（くすのき・けん）
一橋ビジネススクール特任教授

専攻は競争戦略。一橋大学大学院商学研究科修士課程修了。一橋大学商学部専任講師、同助教授、ボッコーニ大学経営大学院（イタリア・ミラノ）客員教授、一橋大学大学院国際企業戦略研究科助教授、同ビジネススクール教授を経て2023年から現職。1964年東京都目黒区生まれ。

著書に『絶対悲観主義』（2022年，講談社+α新書）、『逆・タイムマシン経営論』（2020年，日経BP，共著）、『「仕事ができる」とはどういうことか？』（2019年，宝島社，共著）、『室内生活　スローで過剰な読書論』（2019年，晶文社）、『すべては「好き嫌い」から始まる　仕事を自由にする思考法』（2019年，文藝春秋）、『経営センスの論理』（2013年，新潮新書）、『ストーリーとしての競争戦略　優れた戦略の条件』（2010年，東洋経済新報社）ほか多数。

経営読書記録 裏

2023年12月14日　1版1刷
2023年12月28日　　2刷

著　者　楠木建
©Ken Kusunoki,2023

発行者　國分正哉
発　行　株式会社日経BP
日本経済新聞出版
発　売　株式会社日経BPマーケティング
〒105-8308　東京都港区虎ノ門4-3-12
装　幀　野網デザイン事務所
DTP　朝日メディアインターナショナル
印刷・製本　シナノ印刷

ISBN978-4-296-11907-3　Printed in Japan

本書籍に関するお問い合わせ、ご連絡は下記にて承ります。
https://nkbp.jp/booksQA